사람일까 상황일까

태도와 행동을 결정짓는 숨은 힘

사람일까 상황일까

리처드 니스벳 · 리 로스 지음 ● **김호** 옮김

심심

일러두기

본문의 각주는 모두 옮긴이의 것이며, 원서 참고문헌은 미주로 표기해 실었다.

추천 서문

나는 어떻게 세상을 다르게 이해하게 되었나

아직도 1996년 처음 《사람일까 상황일까》를 읽었을 때가 기억난다. 그때까지 나는 대학교에서 심리학 과목을 수강한 적이 한 번도 없었고 쿠르트 레빈Kurt Lewin과 솔로몬 애시Solomon Asch는 물론 니스벳과 로스라는 이름도 내게 별다른 의미로 다가오지 않았다. 기본적 귀인 오류Fundamental Attribution Error✧조차 무엇인지 알지 못했다. 그나마 〈워싱턴포스트〉 과학기자로 일하면서 〈성격 사회심리학 저널Journal of Personality and Social Psychology〉을 대략 알게 되었지만 그게 전부였다.

그런데 그해 여름 재미난 우연을 연달아 경험하며 심리학과 사랑에 빠진 나는 오후 시간을 길게 할애해 뉴욕대학교 도서관에서 학술저널을 살펴보았다. 어느 순간 나는 진짜 흥미로운 기사

✧ 한 개인의 행동에 미치는 사람의 성향요인이나 성격요인의 영향을 과대평가하고 주변 상황요인이 미치는 영향은 과소평가하는 인간의 심리 경향성. 이 책의 저자인 리 로스가 처음 제시한 사회심리학 용어다.

를 발견했고 여기에 푹 빠져 참고문헌에 등장하는 자료를 가능한 한 많이 찾아 읽었다. 첩보 분야에서 사건의 실체를 파악할 때 흔히 하듯 현재에서 과거로 시간을 거슬러 올라 근원으로 접근해가면서 말이다(이는 뉴욕대학교 도서관에서 오후 시간을 흘려보내기에 좋은 방식이다). 그 작업의 마지막에 찾아낸 것이 바로《사람일까 상황일까》였다. 어느 날 나는 뉴욕대학교 밥스트 도서관의 개인 열람석에 앉아 이 책을 단숨에 읽었다. 그것도 모자라 대출자격이 없음을 아쉬워하며 첫 장부터 마지막 장까지 모두 복사했다. 부끄럽지만 이는 저작권의 모든 조항을 위반하는 행동이었다. 지금도 내 책꽂이에 그 해적판 복사 뭉치가 몇 개 꽂혀 있다. 로스 교수와 니스벳 교수가 이 서문으로 그 미안함을 대신하게 해주기를 바랄 뿐이다.

《사람일까 상황일까》는 왜 그토록 특별한 것일까? 장담하건대 책을 읽고 나면 그 답을 바로 알아챌 것이다. 그 즐거움을 망치고 싶지 않기에 몇 가지 개인적인 생각을 간단히 덧붙이겠다. 이 책은 정말이지 내가 지금껏 읽은 책 중에서 가장 야심만만한 내용을 담고 있다. 이것이 이 책의 여러 장점 중 첫 번째 장점이다. 이 책은 여러분의 일상 경험을 다른 관점에서 새롭게 바라보는 방식을 알려준다. 특히 우리는 타인의 행동과 의도를 인식할 때 더러 실수를 저지른다. 이를테면 타인의 행동과 의도에 존재하지 않는 것을 보았다고 믿거나 하지 말아야 할 예측을 한다. 쉽게 말해 '사람'에 중점을 두고 '상황'의 영향력을 무시해버린다. 이는 인간 지각과 관련해 가장 광범위한 문제를 제기한다.

이 견해는 내게 굉장히 충격적이고 그동안의 생각을 완전히 뒤집는 것이라 이후 나는 계속 고민했다. 예를 들어 며칠 전 나는 어느 스포츠 동호회 모임에서 내가 가장 관심을 쏟는 미식축구의 최전방 공격수 쿼터백을 주제로 짧게 이야기를 나누었다. 그 자리에서 나는 뛰어난 쿼터백과 그렇지 못한 쿼터백을 구분해 순위를 매기는 것, 즉 전설의 미식축구 선수 페이턴 매닝Peyton Manning이 브렛 파브Brett Farve보다 몇 점 앞선다고 확언하는 것은 말도 안 된다고 주장했다. 내 말의 요지는 이랬다. 쿼터백의 능력은 그가 놓인 상황과 밀접한 관련이 있다. 다시 말해 함께 경기하는 동료나 코치의 능력, 리시버✧의 기술, 쿼터백에게 필요한 플레이 등의 영향을 받는다. 우리는 계속 뒤죽박죽 섞인 요소에서 쿼터백의 능력을 정확히 산출하려는 실수를 저지르고 있다!(말하자면 기본적 귀인 오류다) 그때 나는 《사람일까 상황일까》를 읽은 사람들이 하는 방식으로 논쟁을 벌였다. 하지만 이야기를 중간쯤 진행했을 때 나는 내 말이 먹히지 않는다는 걸 깨달았다. 사람들이 내 말의 많은 부분에 동의하지 않자 나는 속으로 그들이 《사람일까 상황일까》를 읽지 않았기 때문이라고 생각했다(다음에는 모임 주최자에게 니스벳과 로스를 초청하라고 제안하리라). 사소한 사례지만 이것이 내가 말하려는 핵심

✧ 쿼터백의 패스를 받는 포지션.

이다. 이 책의 탁월한 점은 우리에게 모든 것, 심지어 페이턴 매닝과 브렛 파브를 생각하는 방식을 새롭게 제시한다는 것이다(당신이 프로 스포츠팬이라면 이 책을 한 권 더 사서 좋아하는 팀의 단장에게 보내길 바란다. 진심이다).

《사람일까 상황일까》는 어떤 책일까? 비중 있게 다룬 많은 참고문헌과 찾아보기를 보면 마치 학술서적 같다(이 참고문헌을 모두 읽어보려면 상당한 시간이 걸리리라). 또 진지하게 논하는 책에 으레 담겨 있는 그래프와 표도 있다. 아마 학교수업 과정에서 채택할 확률이 높은 이 책의 독자는 상당수가 대학생일 것이다. 그렇지만《사람일까 상황일까》를 엄격하게 학술서적으로 분류하는 것은 큰 실수다. 일반적으로 책을 한번 학술서나 교과서 같이 특정 분야로 출간하면 책에 담긴 생각과 책 자체를 계속해서 초기 분야로 분류하는 실수를 자주 한다. 오래전 그날 나는 도서관에서《사람일까 상황일까》가 교과서보다 모험 이야기와 더 공통점이 많다는 인상을 받았다. 이 책을 읽는 여러분도 같은 느낌을 받길 바란다. 책의 거의 모든 갈피마다 여러분을 사로잡을 탁월한 통찰은 물론 보석 같은 연구와 관찰이 있다. 아마 여러분은 각 장이 결국 어떤 방향으로 흘러갈지 도저히 짐작하지 못할 것이다. 이는 니스벳 교수와 로스 교수의 재능과 솜씨 덕이다. 또한 이 책이 속한 분야의 전통 때문이기도 하다. 우리 눈과 우리 앞에 놓인 세상의 교차로에 서 있는 사회심리학은 우리가 보고 있다고 믿는 것과 실제로 존재하는 것 사이의 차이를 이해하도록 돕는다. 난생처음 안경을 착용한 뒤 갑자기 세상이 잘 보여 환희를 맛본 적이 있다면 여러분이 넘길 책장에 무엇이 담겨 있는지 짐작할 수 있으리라. 여러분은 이 책이 마음에 쏙 들 것이다.

말콤 글래드웰

서문
사회심리학의 티핑 포인트를 환영하며

《사람일까 상황일까》를 출간하고 20여 년이 흐르는 동안 이 분야에 많은 변화가 일어났다. 말콤 글래드웰처럼 실력 있는 저널리스트와 대중적인 글쓰기 기술을 완벽하게 익힌 댄 길버트Dan Gilbert 같은 유망한 학자들의 저술 덕분에 사회심리학의 통찰과 인식에 눈에 띄는 커다란 발전이 이뤄졌다. 우리는 대니얼 카너먼Daniel Kahneman이나 아모스 트버스키Amos Tversky가 선도한 판단과 의사결정에 관한 심리학 연구에 큰 빚을 졌고, 사회심리학의 주관주의적 전통에 얼마간 영향을 받은 행동경제학이 폭발적인 관심을 받는 걸 목격했다. 전통 경제학의 이성적인 시장모델에 도전하고 '프레임화한' 방식에 따라 불확실한 상황에서 기대하는 이익과 손해에 반응하는 행동경제학은 '사업적 이유로 이름을 바꾼' 심리학이라 부를 수 있다.

눈에 띄는 또 다른 발전은 활짝 꽃을 피운 문화심리학이다. 이것은 사회인식과 상호작용에서 자연스럽거나 논리적으로 당연한 것이 무엇인지, 특정 문화 맥락의 산물은 무엇인지 다시 한번 생각하게 해주었다. 응용사회심리학도 고무적으로 발전했는데 이는 낙인찍히고 혜택을 받지 못하는 학생들을 위해 이론에 근거해 개입의 정당성을 입증한 것을 포함한다. 예상치 못한 이론상의 발전은 비의식非意識 혹은 암묵적 과정의 영향에 관해 새로운 관심을 불러일으켰다. 그러나 가장 중요한 발전은 전통적인 일회성 실험이 쇠퇴함과 동시에 보다 장기간의 시각이 부상하고, 한 번의 실험으로 확인할 수 없는 행동과 결과의 역동적 영향에 관심이 커진 점이다.

이 새로운 발전을 고려해 우리는 원래 썼던 원고를 수정하고 싶었으나, 그 유혹을 견뎌냈다(사회심리학의 새로운 발견과 방향의 총괄 리뷰는 로스, 레퍼, 워드가 쓴《사회심리학 핸드북The Handbook of Social Psychology》 최신판 서론에서 볼 수 있다). 대신 우리는 짧은 '후기'를 덧붙이는 것이 독자에게 좋겠다고 생각했다. 여기에 우리는 사람과 상황에 대한 우리의 원래 시각에 기반했거나 어떤 점에서는 정면으로 맞선 새로운 발전을, 그리고 인간 행동을 이해하고 영향을 주는 데 사회심리학이 점진적으로 기여한 것들을 담았다.

이 책에 새 생명을 불어넣고 새로운 독자를 만나게 해주었을 뿐 아니라, 초판 발행 후 20년 동안 계속 발전해온 이 분야에 몇 가지 생각을 더하도록 기회를 준 발행인 마틴 와그너Martin Wagner에게 감사를 전한다.

마지막으로 재미있는 서문을 써주고 이 책이 그 자신과 그의 직업에 준 영향을 친절하게 이야기해준 말콤 글래드웰에게 고마운 마음을 전한다. 그가 우리를 과대평가한 것이 아닐까 싶을 정도다. 작가로서 능력이 탁월한 그가 이 분야에 통찰력을 보임으로써 그는 개인적으로 성공하는 한편 사회심리학에 대한 대중의 관심도 다시 불러일으켰다. 그의 노력 덕분에 사회심리학에 티핑 포인트가 만들어졌으니 글래드웰이야말로 아웃라이어라 불릴 만하다.

리처드 니스벳·리 로스

초판 서문

무엇이 우리의 생각과 행동을 결정하는가

몇 년 전 우리 두 사람은 왜 사회심리학에 정부 지원이 필요한지 설명하느라 엄청난 시간을 쓰면서 우리가 이해하는 사회심리학과 이 분야의 가장 중요한 지적 기여를 교과서로 만들어볼 생각을 했다. 사실 우리는 공격성·매력·편견 등의 콘텐츠나 사회적 인지, 사회적 영향력, 집단 간의 관계 같은 전통 주제보다 사회심리학의 기여와 관련해 원고 구성 가능성을 더 많이 상의했다. 하지만 몇몇 성공한 출판사나 저자와의 대화에서 책 구성과 내용 범위, 시장이 요구하는 제시 수준을 듣고 곧 실망했다.

우리는 계속해서 다른 종류의 사회심리학 책을 깊이 고려했다. 1952년 솔로몬 애시가 쓴 고전적인 책은 우리에게 하나의 모델이었고 우리는 대학생은 물론 동료 심리학자들을 위한 책이자 사회심리학 자체를 궁금해 하는 독자와 오늘날 사회적, 정치적, 지적 관심사를 다룰 때 사회심리학이 왜 중요한지 이해하고 싶어 하는 독자를 위한 책을 떠올렸다. 우리가 마음속에 그린 책은 주제를 한

정해 얇으면서도 우리의 관점에서 종합적이고 사회심리학의 성과를 쌓는 데 중요하다고 생각하는 것을 자세히 설명한 것이었다. 한마디로 전통 사회심리학 교과서에 들어 있는 몇몇 주제를 생략하고 우리가 오랫동안 중요시하고 의미 있게 여긴 것이지만 그동안 성격이론가나 사회인류학자, 사회학자 손에 남겨져 있던 주제를 다룬 책이었다.

거의 비슷한 시기에 우리는 초점을 더 좁힌 다른 두 가지 글쓰기 프로젝트를 생각했다. 하나는 쿠르트 레빈의 전통을 이은 인지사회심리학 분야가 성격심리학을 비롯해 행동의 일관성이나 예측 가능성과 어떤 관련이 있는지 설명하는 것이었다. 우리는 광범위하고 안정적인 성격 특성에 예측하는 힘이 있다고 믿는 일반인의 신념(모든 사람이 일상 경험에서 그 증거를 발견한다고 믿는 신념)과 제대로 통제한 실증 연구에서 나온 명백한 통계 결과, 즉 서로 다른 상황 간 일관성cross-situational consistency이 상당 부분 환상임을 보여주는 것의 차이에 큰 흥미를 느꼈다. 다른 하나는 사회심리학에서 실험실과 응용 전통을 연결하는 것이었다. 이것은 두 전통 사이에 계속 이어지는 것을 설명하고 도널드 캠벨Donald Campbell(1969)의 용어를 빌리면 '실험으로서 개혁reforms as experiments'하려는 사람들을 위해 실험사회심리학의 최고 교훈을 논하는 일이다. 우리는 극적이고 의미 있게 적용에 성공한 사례뿐 아니라 몇 가지 유명한 '실패'도 다루려 했다. 여기서 실패란 의도가 좋고 제대로 계획한 사회개입이 작동하지 않거나 이런 개입을 옹호한 사람들이 기대 혹은 약속한 것보다 덜 극적인 결과를 낸 것을 말한다. 우리는 적용에 성공하든 실패하든 모두 기여하는 바가 있고 주류 이론과 실증 사회심리학의 주요 교훈을 제대로 이해하게 만드는 데도 제 역할을 한다는 점을 보여주고자 했다.

수년에 걸쳐 토론한 끝에 우리가 그동안 논의해온 서로 다른 프로젝트가 밀접한 관련이 있으며 이를 모으면 사회심리학을 진지하게 공부하려는 학생들을 위한 책을 낼 수 있다는 점이 점차 명확해졌다. 그 관련성은 사회심리학이 기여한 세 가지 지점이 무엇보다 중요하다는 강한 확신에서 나왔다. 첫 번째이자 가장 기본적인 기여는 상황적 영향력이 행동에 미치는 힘과 미묘함과 관련이 있다. 특히 유명한 실험실 연구와 현장 연구가 입증한 바에 따르면 즉각적인 사회 상황 조작은 그 중요성 면에서 특성의 개인차 유형과 사람들이 통상 사회 행동을 결정한다고 생각하는 성향을 압도한다. 두 번째 기여는 첫 번째 기여를 보다 정교하게 만들고 어떤 면에서는 제한하는 것과 관련이 있다. 이는 상황의 영향력을 살필 때 주관적 성향을 고려할 필요성과 연관된다. 즉, 자기 행동을 자극하고 그 행동의 맥락을 제공하는 상황 앞에서 자신만의 정의definition 혹은 구성construal에 스스로 반응하는 정도를 인식하는 것과 연관이 있다. 세 번째 기여는 긴장 시스템tension system과 준정상 균형quasistationary equilibria이라는 레빈주의자lewinian의 장 이론field-theory과 관련이 있다. 이 개념은 사회체계와 개인의 인지체계에서 변화를 만들어 내는 역동적인 절차와 그 결과를 강조한다. 한 요소나 체계 내에서 관계를 바꾸려는 압력은 항상성恒常性 작용 때문에 종종 무력화되지만 변화가 일어나면 그 결과는 체계 전반에 퍼져가고, 이러한 특성은 '불확실한' 전체 체계가 다시 안정될 때까지 이어진다.

이 세 가지 기여는 일반인이 행동에 보이는 직감이 어떻게 때로는 개인적, 사회적으로 엄청난 비용을 지불하면서까지 잘못된 방향으로 가는지 이해하도록 도와준다. 행위자와 관찰자가 일을 해 나가면서 자신의 행동을 적절하게 추론하는 것의 중요성을 성향상 과소평가하거나 실패한 경우, 이 사회 행동의 결정인자가 무엇인지 사회심리학의 세 가지 기여가 찾아내기 때문이다. 따라서 세 가지 기여를 이해하는 것은 우리가 처음에 쓰려고 한 한두 가지 좁은 주제를 논할 때 매우 중요하다. 이 세 가지 기여로 사회 행동에 일관성이 있다고 보는 현실적이면서도 착각에 불과한 생각의 근원이 무엇인지 보다 새롭고 정교하게 평가할 수 있다. 또한 상황주의자situationist의 유명한 실험실 연구 업적과 장기간 실행한 대규모 사회 개입 프로그램에 나타난 실망스러운 관계도 이해할 수 있다.

오랫동안 고민해온 프로젝트를 하나로 모을 방법을 알아챈 우리는 자연스럽게 집필을 시작했고, 그 과정에서 덤으로 사회심리학 분야를 향한 자부심도 얻었다. 여기에다 상황주의자, 주관주의자subjectivist, 장 이론 전통을 세운 레빈, 애시 그리고 다른 위대한 사회심리학자를 존경하는 마음이 커졌다. 그와 함께 사회심리학 분야의 성과와 가능성을 방어하려는 자신감이 더 강해졌고 미안함은 덜어냈다.

우리의 노력으로 나온 원고를 살펴보니 다소 후회스러운 점도 있고 심지어 두려운 점도 있음을 고백한다. 상황주의, 주관주의, 긴장 시스템 역학이라는 주제를 중심으로 논의를 전개하는 과정에서 우리는 상당한 분량의 훌륭한 연구를 어쩔 수 없이 생략하거나 피상적으로 다뤘다. 특히 사회심리학 분야를 확립하는 데 중요한 역할을 한 태도나 사회관계 같은 주제를 다룬 전통 연구와 법정심리학, 건강심리학, 경영심리학처럼 사회심리학 분야가 훌륭하게 응용력을 기여할 수 있는 현대 연구의 여러 가닥을 제대로 다루지 못했다. 다만 우리의 노력이 잠재 독자의 지적 진지함에 어느 정도 적절히 대응했기를 바랄 뿐이다. 특히 우리는 개인 대 상황에 따른 행동결정요인을 복합적으로 탐구하려 하거나 사회심리학 분야의 교훈을 중요한 정치, 사회, 심지어 철학 쟁점에 연결하고자 하는 독자의 관심에 호응하려 했다. 오래전부터 "우리가 사회심리학에서 무엇을 배울 수 있죠?"라고 묻는 진지하고 비판적인 학생들에게 권할 책이 있었으면 좋겠다고 생각해온 우리는 그런 책을 썼다는 만족감으로 마음이 벅차다.

이 책은 과거 사회심리학의 황금기로 돌아가 앞서 지적 분야를 개척한 선배들에게 올리는 헌정서나 다름없다. 더불어 이 책은 사회심리학계의 동료, 특히 젊은 동료들에게 '당당하고 자랑스럽게 말하는' 격려 연설이기도 하다. 또한 이 책은 성격학을 연구하는 동료들을(우리의 편협함에 실망했을 타당한 이유가 있는 인류학과 사회학 분야 동료들도) 보다 생산성 있는 지적 대화로 초대하는 것이자 화해의 몸짓이다. 나아가 이 책은 심리학자가 아닌 독자 여러분에게 사회심리학의 핵심인 심장과 근육을 소개하는 가벼운 안내서다. 마지막으로 우리는 이 책을 통해 쿠르트 레빈의 위대한 전통에 경의를 표하는 자리로 여러분을 초대한다. 레빈의 전통은 기본 이론을 사회적으로 의미 있는 현실세계 현상 분석에 먼저 연결했고 궁극적으로는 효과적인 사회 혁신으로 연결했다.

차례

1

사회심리학이 우리에게 알려준 것들

사회심리학을 처음 수강하는 학부생은 보통 흥미롭고 즐거운 경험을 찾아 이 과목을 선택하는데 그들이 실망하는 일은 거의 없다. 그들이 배우는 인간 행동의 여러 매력적인 측면 중 어떤 것은 상식과 맞아떨어지고 또 어떤 것은 상식을 벗어난다. 학생들은 흔히 인간 그 자체부터 사회 상황에 관한 수준 높은 가십에 이르기까지 사회심리학에 담긴 흥미로운 가치에 만족한다.

4~5년간 사회심리학 분야 문제와 방향에 몰두하는 진지한 대학원생의 경험은 학부생과는 사뭇 다르다. 오히려 이 경험은 대학원생에게 지적 고통이기도 하다. 인간 행동의 본성이나 원인과 관련해 그들이 정립한 가장 기초적인 가정과 사회현상을 향한 기본적인 예측 가능성이 도전을 받기 때문이다. 대학원 과정이 끝날 즈음 인간 행동과 사회를 바라보는 그들의 시각은 자신이 속한 문화권의 대다수와 완전히 달라진다. 그들이 새로 얻은 통찰과 믿음 중 일부는 일시적인 영향만 미치며 주변에서 벌어지는 사회현상에

일관성 있게 적용되지 않는다. 물론 확신에 가득 차 유지하는 어떤 통찰과 믿음은 대개 자신 있게 적용한다. 하지만 역설적으로 그들이 확신하는 새로운 사회심리학 통찰로도 어떤 사회 행동을 예측하거나 특정 개인 혹은 집단을 추론할 때 동료들보다 더 확신하지 못할 수 있다. 사람들이 세상의 본성을 제대로 이해하지 못하고 있음을 가르쳐준다는 점에서 사회심리학은 철학에 비할 만하다. 이 책은 우리가 제대로 이해하지 못한 핵심이 무엇인지, 그 무지가 인간 조건과 관련해 우리에게 무엇을 말하는지 보여준다.

사회심리학의 교훈과 도전

1960년대 컬럼비아대학교 대학원생이던 우리 두 사람은 사회심리학자 스탠리 샥터Stanley Schachter✧ 교수와 함께 연구하며 다른

✧ 그가 세상을 떠났을 때 〈뉴욕타임스〉는 부고기사 제목으로 '일상의 심리학자'라는 표현을 썼는데 이는 그가 주로 비만, 중독, 정서, 주식투자자의 행동처럼 일반인이 흥미로워하는 주제를 실험했기 때문이다. 예를 들어 정상체중에 속하는 사람은 배고플 때 먹고 배부르면 섭취를 멈추지만 비만인은 군침이 도는 어떤 음식을 보거나 특정 시점 또는 다른 외부요인이 보내는 유혹에 끌려 음식을 섭취한다고 한다. 그는 인간의 정서에서 인지요인이 차지하는 중요성을 강조하는 정서의 2요인 이론Two-Factor Theory of Emotion(이는 제롬 싱어Jerome Singer와의 공동 연구이기 때문에 샥터-싱어 이론Schachter-Singer Theory이라고도 한다)을 주장했다. 이 이론에 따르면 우리가 어떤 정서 상태를

학생들처럼 당시 사회심리학의 실험 전통을 경험했다. 그 과정에서 인간 행동에 관한 가장 근본적인 믿음 같은 문화권의 대다수와 공유하는 믿음, 오랫동안 축적해왔거나 학부 인문학 수업으로 더 강화한 믿음이 대부분 흔들렸다. 이 경험은 사회심리학자로서 커리어를 쌓는 데도 영향을 주었다. 다음에 소개하는 이러한 도전은 사회심리학이 기여하는 부분에 관한 논의의 출발점을 제공한다. 좀 더 확실히 말하면 이 책은 상식과 일반 경험이 사회심리학의 중심에 자리한 실증 교훈이나 도전과 어떻게 조화를 이루려 노력하는지 보여준다. 또한 그 과정에서 사회심리학이 과학적, 지적으로 기여한 것을 전반적으로 보여주고 상식에 도전하는 한편 상식을 개선·확장하는 데 도움을 제공한다.

개인차는 약하다

다음 시나리오를 생각해보자. 회의에 참석하기 위해 대학 교정을 가로질러 힘차게 걷고 있던 존이 한 건물 출입구에 쓰러져 있는 남자를 우연히 발견하는데 그 남자가 존에게 도움을 요청한다. 존은 그 남자를 도와줄까, 아니면 가던 길을 그대로 갈까? 이 질문에 답하기 전 사람들은 대부분 존이 어떤 사람인지 알고 싶어

경험하는 것은 생리적 각성과 함께 신체 상태를 어떻게 인지적으로 해석하는지에 달려 있다. 즉 사람들은 상황에 따라 어떤 각성 상태를 특정 정서로 해석한다.

한다. 그는 냉담하고 무심한 사람으로 알려져 있는가, 아니면 친절하고 배려심 있는 사람으로 유명한가? 교내 봉사단체의 성실한 멤버인가, 아니면 복지예산 남용에 반대하는 보수연합에서 중추적 역할을 하는 사람인가? 간단히 말해 존이 어떤 유형이고 과거에 그의 이타주의가 시험대에 올랐을 때 어떻게 행동했는지 알고 싶은 것이다. 대개는 이런 정보가 있어야 합리적이고 확신 가능한 예측을 할 수 있다는 점에 동의한다.

하지만 사실 존을 알아도 혹은 존에 관한 어떤 정보를 습득해도 그것은 앞에 묘사한 상황에서 존의 행동을 예측하는 데 별로 도움을 주지 않는다. 특히 많은 일반인이 예측하기 전에 알고 싶어 하는 성격 관련 정보 유형은 상대적으로 거의 가치 없는 것으로 밝혀졌다. 반세기에 걸친 연구가 우리에게 알려주는 결과에 따르면 이러한 상황이나 다른 새로운 상황에서 사람들은 특정인이 어떻게 반응할지 정확히 예측할 수 없다. 적어도 한 개인의 성향이나 과거 행동 정보를 근거로 해서는 말이다.

성격으로 개인차를 평가하는 연구와 밀접히 관련된 과학자들마저 특정 상황에서 특정한 사람이 어떻게 반응할지 예측하는 우리 능력이 상당히 제한적임을 인정한다. 즉, 우리의 예측 가능성에는 한계가 있다. 통계상 특정 영역에서 이전에 측정한 개인차와 그 영역을 그럴듯하게 시험할 수 있는 새로운 상황에서 보이는 행동 사이의 통계적 상관관계는 0.30을 넘지 않는다.[◇] 이 예측 가능성의 한계는 어떤 사람의 정직성을 알아보는 성격 테스트 결과를 근거로 그가 어떤 게임이나 시험에서 부정행위를 할지 보여준다. 또 친근한 성향과 외향성을 테스트한 결과는 그 사람이 모임에서 얼마나 사교적일지 예측하는 우리의 능력이 어느 정도인지 알려준다. 뒤에서도 강조하지만 상관관계 0.30은 결코 하찮은 수치가 아니다. 이 정도 상관관계는 많은 예측에서 상당히 중요한 의미가 있다. 그와 함께 상관관계 0.30은 사람들의 행동에 여전히 설명하지 못한 부분이 상당히 남아 있다는 뜻이기도 하다. 더 중요한 것은 이 정도 통계적 상관관계는 대다수 일반인이 각자의 행동을 예측하거나 타인의 개인 특성을 추측할 때 기대하는 예측 가능성에 턱없이 모자란다는 점이다. 더욱이 0.30이라는 값은 예측 가능성의 최대 수치다. 대부분의 영역에서 새로운 행동을 예측할 때 심리학자는 이 상한선에 미치지 못한다. 앞으로 살펴보겠지만 전문가든

◆ 통계에서 상관관계, 즉 두 변수 사이의 선형적 관련성(한 변수가 변할 때 다른 변수가 변하는 강도와 방향)을 수치로 표현할 때는 -1에서 +1까지 가능하다. 여기서 최대 상관관계가 0.30이라는 것은 이런 의미다. 예를 들어 여러분의 자녀가 성격심리 검사에서 내향적 성향이 높게 나왔다고 해보자. 만약 아이가 새로운 여름방학 캠프에 가야 한다면 아이는 과연 어떻게 행동할까? 우리는 보통 성격에 근거해 새로운 상황에서 보일 행동을 예상하지만 그 정도는 최대 0.30의 제곱인 0.09, 즉 9퍼센트(성격만으로 새로운 상황을 예측하는 단순 선형회귀 모형을 고려한 경우로 이 모형의 설명력, 다시 말해 결정계수는 상관계수의 제곱인 0.09와 같다)이므로 예측이 빗나갈 가능성이 크다. 일반적인 생각처럼 개인 간의 성격 차이가 새로운 상황에서 그 사람의 행동을 예측하는 힘은 크지 않다.

일반인이든 이전 상황의 행동을 기반으로 새로운 상황의 행동을 예측하는 것은 확실히 잘해내기 힘든 일이다.

이러한 증거에도 불구하고 대개는 사람들이 새로운 상황에서 어떻게 행동할지 추측하는 데 개인차나 개인 특성을 써야 한다고 굳게 믿는다. 이 성향주의dispositionism는 일반적으로 널리 퍼져 있다. 과학자든 일반인이든 많은 사람이 매일 사회에서 다양한 경험을 하며 성향주의를 더욱 확신하는 것 같다. 이러한 믿음과 실증적 증거 사이의 차이를 설명하는 것은 심리학자가 직면한 중요한 도전 중 하나다. 이 책의 많은 부분에서 이를 다룰 것이다.

상황의 힘은 강하다

존이 출입구에 쓰러져 있는 사람을 도울 것인지 예측할 때 놀랍게도 존의 개인 정보는 별로 도움을 주지 않지만, 그 상황의 특이점과 관련된 상세한 정보는 큰 도움을 준다. 예를 들어 출입구에 쓰러져 있는 사람의 모습이 어떤가? 누가 보기에도 아픈 듯한가? 술에 취해 있는가? 훨씬 더 나쁜 상황으로 마약중독자처럼 몽롱해 보이는가? 점잖거나 깔끔하게 옷을 입었는가, 아니면 노숙자처럼 보이는가?

이 말을 듣고 나면 상황의 특이점을 고려하는 게 당연해 보이고 일반인도 조금 생각해본 뒤 이 점의 중요성을 대개 인정한다. 그런데 실증 연구에서는 주변인 개입에 영향을 미치는 중요한 요인으로 입증된 다양하고 미묘한 맥락적 세부사항과 연관이 있음을 인정하는 일반인은 거의 없었다. 실제로 프린스턴대학교 심리학자 존 달리John M. Darley✧와 대니얼 뱃슨Daniel Batson(1973)은 사람들이 앞서 말한 존과 비슷한 상황에 직면하게 해 개입 행동에 영향을 미치는 요인을 알아냈다. 실험 참가자들은 신학생으로 설교를 연습하러 가던 중이었다. 이들이 (설교 연습시간에 늦었다고 생각해) 급하게 길을 갈 때는 약 10퍼센트만 도움을 주었다. 반면 (설교 연습시간까지 시간이 충분해) 급히 서두르지 않을 경우에는 실험 참가자의 약 63퍼센트가 도움을 주었다.

지금까지 사회심리학자들은 이러한 실증 사례를 엄청나게 축적해왔다. 이 분야의 연구 전통은 매우 단순하다. 먼저 일반적인 상황을 선별한 다음 연구자 관점에서 차이가 있을 것이라고 믿는 직관이나 과거 연구의 상황 변수, 맥락 변수(가급적 일반인과 여러분의 동료 대부분이 인지하지 못하는 변수)를 조작한 뒤 어떤 일이 벌어지는지 살펴본다. 때로는 연구자가 틀릴 수도 있고 조작한 상황

✧ 제노비스 사건에서 영감을 받아 행인의 개입 행동을 연구한 학자다. 이는 1964년 3월 13일 뉴욕 주택가에서 제노비스라는 여성이 무참히 살해되는 동안 여러 차례 "도와 달라"고 외쳤으나 목격자 38명 가운데 누구도 경찰에 신고조차 하지 않은 사건을 말한다. 미국 심리학자들은 이 사건에 큰 관심을 보였고 달리는 심리학자 빕 라타네Bibb Latané와 함께 연구해 비상 상황을 목격하는 행인 숫자가 많을수록 행인이 개입할 가능성이 줄어든다는 결론을 얻었다. 신학생을 대상으로 연구를 함께 진행한 대니얼 뱃슨은 달리의 지도 아래 심리학 박사학위를 받았다.

이 '작동하지' 않기도 한다. 그러나 상황 변수는 종종 상당한 변화를 이끌어낸다. 이따금 거의 모든 차이를 만들어내며 모두가 중요하다고 여기는 특성과 개인차 정보는 사실상 사소한 것으로 드러난다. 이 경우 여러분은 사회심리학의 지적 전통에서 한 부분을 차지하는 상황주의자의 고전적 연구에 기여한 셈이다. 이 같은 실증 사례는 굉장히 중요한데 그 이유는 평범한 사람들이 상황의 힘, 즉 특정 상황의 힘이나 일반적인 상황의 힘과 관련해 오해하기 쉬운 정도를 보여주기 때문이다.

사람들은 성격 특성과 성향의 중요성을 지나치게 믿는다. 그러다 보니 상황요인이 행동에 미치는 영향의 중요성을 잘 인식하지 못하는데 이를 '기본적 귀인 오류'라고 한다.[1] 다른 많은 사회심리학자와 함께 우리는 이 복합적 오류를 기록하는 데 관심을 기울였고 그 근원을 찾아내려 애썼다. 이 책의 각 장에서는 이 오류와 관련된 연구를 논하고 있다. 특히 5장에서는 이 오류가 얼마나 광범위한지 보여주는 근거를 다루며 왜 이런 일이 일어나는지 설명한다.

상황의 미묘함

상황주의의 또 다른 면은 모든 상황요인이 행동의 강력한 결정요인은 아니라는 점이다. 일반인과 사회과학자가 모두 강력한 영향을 미칠 것이라고 직관적으로 생각하는 결정요인도 마찬가지다. 실제로 어떤 상황요인은 놀라울 만큼 약한 것으로 밝혀진다.

특히 다양한 실제 사건이 사회적으로 중요한 결과에 미치는 영향을 분석한 연구에서 겉보기에는 커다란 상황요인의 영향력이 실은 미미한 것으로 드러날 때면 상당히 당혹스럽다. 우리는 이처럼 일부 미약한 효과에 때로 고마움을 느끼기도 한다. 예를 들어 대다수 사례에서 어린 시절에 겪은 신체적·성적 학대는 장기간에 걸쳐 상대적으로 영향이 적은 것으로 나타났다.[2] 십대 때 임신한 경험이 젊은 여성의 삶에 미치는 장기적 영향[3]과 전쟁 포로수용소에서 세뇌당한 경험이 장기간 미친 영향[4]도 적게 드러났다. 안타깝게도 확실해 보이는 긍정적 사건이 때로 영향이 놀랍도록 미약한 것으로 밝혀지기도 한다. 예를 들어 복권 당첨자의 삶이 뜻밖의 횡재에 영향을 받는 정도는 예상보다 낮으며, 특히 대다수가 뜻밖의 횡재를 했을 때 삶이 얼마나 바뀔지 상상하는 것보다 훨씬 더 영향이 미미하다.[5]

사실 중요하고 긍정적인 사건의 효과가 약하다는 놀라운 예는 현대 사회개입 실험의 창시자 에드윈 파워스Edwin Powers와 헬렌 휘트머Helen Whitmer(1951)가 케임브리지-소머빌Cambridge-Somerville 지역에서 수행한 비행 관련 연구와 범죄학자 조앤 맥코드Joan McCord✧

✧ 맥코드는 좋은 의도로 시작한 사회 개선 프로그램이 때론 아무것도 하지 않았을 때보다 오히려 사회에 해로운 결과를 낸다는 것을 데이터로 입증해왔다. 그는 이러한 사회 개선 프로그램과 정책을 엄격히 평가해야 한다고 주장한다.

의 후속연구[6]에서 발견할 수 있다. 이 엄청난 연구(이것은 사회심리학의 적용을 다룬 8장에서 보다 상세히 설명한다)의 실험 참가자는 '비행을 저지르기 쉬운' 평범한 소년들로 이들은 1940년대 아일랜드계와 이탈리안계 사람들이 주로 거주한 미국 보스턴에서 사회경제적으로 환경이 열악한 상황에 놓여 있었다. 일부 소년은 상당히 야심차고 집중적인 실험 개입 조건 아래 약 5년에 걸쳐 사회, 심리, 학업 분야의 지원을 받았다. 이때 전문 상담가가 한 달에 두 번 실험 참가자의 집을 방문해 개인과 가정 문제에 도움을 주었다. 실험 참가자는 학업과 관련해 개인교습도 받을 수 있었다. 당시 많은 소년이 정신의학과 의료 측면에서 도움을 받았다. 또한 이들은 보이스카우트나 YMCA 혹은 다른 커뮤니티 프로그램에 참여했고 상당수 소년이 여름캠프에 참여할 기회도 얻었다. 하지만 이처럼 명백히 호의적인 개입을 집중적으로 받았음에도 불구하고 실험에 참여하거나 '조치'를 받은 소년들은 '조치를 받지 않은' 통제그룹 소년들에 비해 비행을 저지르는 데서 별다른 차이가 없었다. 이 연구 프로그램을 끝내고 30년 뒤 진행한 후속 연구에 따르면 조치를 받은 실험 참가자가 성인이 된 뒤 오히려 더 잘 살지 못하는 것으로 나타났다. 이를테면 심각한 성인 범죄율에서 단순히 관찰만 한 실험 참가자들의 결과보다 나은 것이 없었다.

케임브리지-소머빌 연구에서 조치를 받지는 않았지만 비행을 저지르지 않은 소년을 대상으로 한 후속 연구[7]는 이들의 가정

환경에서 중요한 사회요인조차 놀랄 만큼 효과가 없음을 보여주었다. 연구진은 소년들을 사회적 건강도나 가정생활의 병리 측면에 따라 4개 범주로 분류했다. 최하위 범주에는 심각한 문제가 많은 가정이 자리했다. 예를 들어 알코올의존증에 걸렸거나 학대하는 아버지, 조현병을 앓는 어머니, 재정 지원을 받기 위해 많은 사회기관에 의존하는 것 등의 문제 말이다. 그 반대쪽 끝에는 많은 부분에서 가난한 노동자의 모범이 될 만한 가정이 자리했다. 흔히 아버지는 직장에 다니고 어머니는 전업주부이며 특별한 병이 없고 사회기관에 의존하지 않는 경우다. 이처럼 40년이 지난 후의 후속 연구는 서로 다른 범주에 속한 소년들의 삶을 연구했다. 그런데 소득, 정신건강, 범죄를 저질러 교도소에 들어가는 것, 자살 등 실험 참가자의 어린 시절 환경을 담고 있는 모든 지표는 거의 차이를 만들어내지 않았다.

이 놀라운 무無 효과에서 우리가 얻을 수 있는 교훈은 무엇인가? 그렇다고 사회심리학 실험실 밖 세상에서는 상황요인이 중요치 않다는 얘기는 아니다. 2장부터 살펴보겠지만 실제 세상에서 상황요인의 효과는 엄청난 것으로 나타났다. 이는 보수적인 젊은 여성이 진보적인 환경에 놓였을 때 나타나는 놀라운 변화[8]는 물론 경쟁이 집단 갈등에 미치는 확연한 효과[9]에서 잘 드러난다. 정반대로 '현실세계'에서만 상황요인과 조작이 때로 놀랄 만큼 미미하거나 적은 효과를 내는 것은 아니다. 세상에 발표하는 연구는 보통 효과를 입증한 것이며 그러한 연구 중에서도 사람들이 기대하지 않았지만 효과가 큰 부분이 더 유명해진다. 다른 연구 결과는 파일 서랍에 처박히고 만다. 사회심리학자들이 의미 있는 효과를 낼 것이라는 확신에 가득 차 기대감을 안고 진행했다가 결국 실패한 실험실 조작 연구를 확보할 돈이 우리에게 있었으면 좋겠다. 우리가 알아낸 것을 요약하자면 이렇다. 상황 효과는 직관, 이론, 심지어 현존하는 심리학 문헌에서 이래야 한다고 말하는 것과 때로 상당히 다를 수 있다. 매우 중요할 것이라고 예상한 어떤 요인의 영향력이 사소한 것으로 드러나기도 한다. 반면 약할 것이라 예상한 어떤 요인은 적어도 일부 맥락에서 아주 커다란 영향력을 발휘한다. 상황요인에 따라 발생한 효과의 크기 측면에서 우리가 잘못 '측정한' 부분을 설명하는 것이 사회심리학자를 가르치는 핵심이며 이 책의 주요 주제다.

인간 행동을 얼마나 예측할 수 있을까?

학부생 시절 우리는 사회과학자의 예측력이 크게 제한을 받은 것은 사회과학 역사가 상대적으로 짧은 것과 관련이 있다고 확신했다. 이제 우리는 더 이상 그렇게 믿지도 않고 사회과학 분야의 그런 방어에 의지하지도 않는다. 우리는 사회심리학 분야가 특별히 미숙한 과학은 아니라고 믿으며 사실상 사회심리학이 인간의 사회 행동 면에서 중요한 것을 찾아냈고 이를 문헌으로 입증했다고 생각한다. 동시에 우리는 사회심리학이 특정 개인(우리에게 잘 알려진 사람도)이 어떤 새로운 상황에서 어떻게 행동할지 예측하지 못한다는 점을 인정한다. 여기에서 얻는 필연적 결과는 사회과학 지식을 적용하는 데는 항상 위험이 따른다는 것이다. 심리학자인 우리가 어떤 새로운 일을 시도할 때, 심지어 처음에는 합리적으로 보인 새로운 개입을 할 때도 사람들이 우리가 예상한 것과 사뭇 다르게 반응하는 것을 자주 발견한다.

뒤에서 살펴보겠지만 이러한 예측 불가능성의 근본 뿌리는 매우 깊으며 어쩌면 물리학이나 생물학 현상에 나타나는 예측 불가능성의 근원과 유사할지도 모른다.[10] 예측 불가능성 문제는 이 장의 마지막 부분뿐 아니라 책의 몇몇 다른 지점에서도 다루고 있다.

사회심리학과 일상 경험의 간극

지금까지 살펴본 것처럼 실증 사회심리학의 증거는 종종 우리가 일상생활에서 '알고 있는' 것과 뚜렷하게 대립한다. 때로 우리는 주변 사람의 행동이나 자녀, 친구 혹은 어떤 공인의 예상치 못한 행동에 놀란다. 하지만 전반적으로 세상은 질서 있고 예측 가능한 곳처럼 보인다. 예를 들어 파티에서 전등갓을 쓰는 사람은 내향적인 질Jill이 아니라 외향적인 빌Bill이다. 비슷한 맥락에서 자선을 행하라고 설교하는 사람은 교회의 선한 목사이며 자립과 자유기업 체제를 외치는 사람은 미국에서 가장 부유한 지역의 공화당 하원의원이다. 또 상냥한 응대는 분노를 물리치는 것처럼 보인다. 어린 소년에게 성인 남자의 일을 시키면 보통 실망한다. 그리고 정말 중요할 때는 우리가 기대하는 것처럼 가장 친한 친구가 일을 도와준다.

학계에서 경력을 쌓기 시작하던 초기 우리는 겉보기에 질서정연한 것 같은 대다수가 일종의 인지적 환상이라는 가설을 매우 좋아했다. 또한 인간은 자신이 믿고 싶은 대로 사물을 보는 데 능하고 모순을 그럴듯하게 설명하며, 특히 사람을 실제보다 더 일관성 있는 것처럼 인식한다고 믿었다. 우리는 여전히 편향된 증거 처리가 일관성 인식에서 중요한 역할을 한다고 믿지만 이제는 일상생활의 거의 대부분을 실제로 예측할 수 있다고 믿는다. 동시에 사람들이 행동을 설명하고 예측하고자 이용하는 많은 원칙과 직관은 믿을 만하지 않다고 생각한다. 이는 사람들이 잘못된 믿음과 결함이 있는 예측 전략으로 간혹 정확한 예측을 한다는 의미다.

여기서 아마추어 물리학과 전문 물리학 사이의 비유를 살펴보자. 아마추어 물리학(대체로 아리스토텔레스 물리학이나 중세 물리학과 유사한)은 몇 가지 주요 추정에서 명백한 실수를 했다.[11] 특히 아마추어 물리학은 아마추어 심리학처럼 물체가 존재하는 힘의 장을 무시한 채 물체의 특성에만 집중하는 실수를 저질렀다. 아마추어 물리학의 주요 상호작용 개념, 즉 직관적인 '운동량'[✧] 개념은 물체

✧ 물체의 질량과 속도의 곱으로 나타내는 물리량.

에 가해진 힘이 에너지로 저장되어 점차 소멸한다는 것인데 이는 완전히 잘못된 것이다. (관성이라는) 정확한 개념에서는 또 다른 힘이 작용하지 않는 한 움직이지 않는 물체는 움직이지 않는 상태로 있고, 움직이는 물체는 움직이는 상태로 있다. 어쨌든 아마추어 물리학은 우리 삶에 들어오는 데 성공했다. 공기, 땅, 물 모두에 저항과 마찰이 있는 세계에서는 물체가 어떤 방식으로든 운동량을 잃는다는 개념은 말이 된다. 아마추어 물리학은 오로지 일상생활을 하는 평범한 곳에서 벗어나는 경우, 예를 들면 물리학 실험실이나 우주공간에 발을 들여놓는 경우에만 우리를 심각한 문제에 빠지게 한다.

사회심리학도 마찬가지다. 사람과 그들이 환경에 반응하는 방식을 통제하는 법칙에 관한 우리의 직관적 사고는 직장과 집에서 요구하는 대부분의 목적에 일반적으로 맞아떨어진다. 하지만 습관적인 경험을 넘어선 맥락, 이를테면 다른 새로운 역할이나 책임을 맡고, 새로운 문화를 접하고, 새롭게 떠오른 사회문제를 분석하고, 그 문제를 다루고자 참신한 사회개입을 고려할 때의 행동을 이해·예측·통제하는 경우 이러한 사고에는 심각한 결함이 있다. 학교를 졸업하고 사회에 첫발을 내디딜 때, 집에서 약 8,000킬로미터 떨어진 곳의 노점상과 흥정할 때, 내가 사는 지역사회에서 마약 중독이나 노숙자 문제와 관련된 새로운 프로그램을 시작할 때 우리가 상식처럼 여기는 아마추어 법칙의 약점이 드러나게 마련이다.

이 책에서 우리는 일반인이 상식처럼 여기는 아마추어 사회심리학이 과학적 사회심리학과 어떻게 다른지 설명하고 있다. 이를 위해 사회심리학 분야에서 축적한 주요 통찰로 세 가지 원칙을 알아본다. 이는 일종의 삼각대로 전체 구조의 토대다. 첫 번째는 상황이 미치는 영향력과 미묘함에 관한 것이다. 두 번째는 상황을 이해하는 사람들의 주관적 해석의 중요성을 포함한다. 세 번째는 개인 정신과 사회집단을 추진력과 억제력 사이의 균형 상태로 특징짓는 긴장 시스템이나 에너지 장field으로 이해할 필요성을 설명한다.

여기서는 이 원칙을 간략하게 살펴보고 원칙 적용은 책의 뒷부분에서 다루도록 하겠다.

사회심리학의 세 가지 원칙

상황주의 원칙

사회심리학에서 상황주의 논의는 1930년대 중반 미국으로 건너온 독일인으로 '실험사회심리학의 아버지'라 불리는 쿠르트 레빈을 소개하는 것으로 시작해야 한다. 그는 몇십 년에 걸친 공헌으로 사회심리학 분야를 재정의하는 데 기여했고 사회심리학의 주요 이론과 응용 전통에 지금까지도 지대한 영향력을 발휘하고 있다. 레빈의 일반 이론 공식은 '행동이란 사람과 상황의 기능'이라는 익숙한 말로 시작한다(레빈의 용어로 말하면 생활공간life space 기능인데 이는 개인과 환경에 관한 개인의 심리적 표상psychological representation[◆]을 모두 포함한다). 레빈의 공식[◆◆]은 상황과 성향에 따른 행동 결정요인의 영향력을 공평하게 다뤘으나 그와 그의 제자들이 수행한 실증 작업에서 특징적으로 다룬 것은 즉각적인 사회 상황의 힘이었다. 상황요인의 힘과 사회적 조작에 특별히 관심을 기울인 레빈은 이 두 가지가 일반적으로 개인의 성향과 선호를 반영하는 것처럼 보이는 행동 패턴에 어떤 영향을 미치는지 살피려 했다.

예를 들어 나치즘 망령이 사회과학자와 모든 인류에게 거대하게 다가올 때쯤 레빈과 로널드 리피트Ronald Lippitt[◆◆◆], 랠프 화이트

◆ 표상이란 무언가를 상징하거나 의미하는 것을 말한다. 예를 들어 어떤 물체를 바라볼 때 사람들은 보이지 않는 건너편 모습을 상상하는데 이는 표상과 관련이 있다. 여기서는 개인의 성격과 환경(상황)을 심리적으로 생각하거나 해석한다는 뜻으로 쓰였다.

◆◆ 레빈의 공식 중 가장 널리 알려진 것은 B=f(P, E)로, 이는 행동Behavior은 사람Person과 환경Environment의 함수라는 의미다. 이 공식은 레빈의 생활공간 개념을 사용해 B=f(L)로 표시하기도 한다.

◆◆◆ 리피트는 사회과학을 사회적으로 활용하는 데 관심을 쏟았다. 레빈의 지도 아래 박사학위를 취득한 뒤 2차 세계대전 중 해군 집단 치료를 수행했고, 극동 심리전 트레이닝 학교를 이끌면서 인류학자로 유명한 마거릿 미드Margaret Mead와 일하기도 했다. 전후에는 미시간대학교 사회학과 심리학 교수로 일하며 행동과학을 활용해 서비스의 질과 생산성 향상 연구에 집중했다.

Ralph K. White✧는 1939년 도발적인 실험을 실행했다. 이 실험은 (레빈과 그의 연구진이 연구를 위해 특별히 만든) 취미 동아리에서 권위적 집단 '분위기' 대 민주적 집단 '분위기'를 만들어내기 위해 리더십 스타일을 조작해보는 것이었다. 이 조작은 소년 회원들이 서로 관계를 형성하거나 강자 혹은 약자와 관계를 형성하는 방식에 뚜렷한 차이를 낼 정도로 충분히 강력한 것으로 나타났다. 레빈과 그의 연구진은 희생양을 만들고 권위적 인물에 복종하며 때로 적대감을 표하는 것, 즉 '권위적인 성격'과 관련이 있는 충격적이고 복잡한 반응은 그 사람의 환경에 비교적 단기 조작을 직접 가함으로써 억제하거나 촉진할 수 있음을 보여주었다.

레빈이 확립한 더 중요하고 명확한 전통은 당시 새로운 기법이던 '집단 의사결정'으로 소비자행동, 건강관리 실천, 직장의 생산성 변화를 이끌어내는 일련의 연구였다.[12] 8장에서 사회심리학 이론의 적용을 다룰 때 보다 상세히 설명할 이들 연구는 레빈의 근본 통찰에 영향을 미쳤는데, 이제 이 통찰은 조직심리학자와 트

✧ empathy와 sympathy(한국심리학회 용어사전에는 두 가지 모두 '공감'으로 나온다)를 구분한 연구자로 유명하다. sympathy는 다른 사람과 함께 감정을 느끼는 것, 다른 사람에게 동의하는 것을 내포하지만 empathy는 다른 사람의 사고와 감정을 단순히 이해하는 것을 뜻한다고 정의한다. 이 구분을 따르면 empathy는 공감, sympathy는 동감으로 옮기는 것이 적절하다. 화이트는 이 구분을 기초로 과거 미국과 소련처럼 적대관계에서는 적에게 동의할 수는 없어도 공감할 수는 있으며, 이러한 현실적 이해로 전쟁을 줄일 수 있다고 주장했다.

레이닝을 담당하는 실무자에게 익숙한 것이 되었다. 쉽게 말해 사람들에게 익숙한 일하는 방식을 바꾸려 할 때, 허물없는 또래 집단의 사회적 압력과 제약은 극복해야 하는 가장 강력한 억제력인 동시에 성공을 위해 활용 가능한 가장 효과적인 추진력이다.

결국 레빈의 상황주의가 말하는 핵심은 사회적 맥락이 행동을 이끌거나 억제하는 강력한 힘을 만든다는 것이다. 그는 아마추어 사회심리학에서 그 힘을 자주 간과한다는 점과 이를 밝혀내는 것이 과학적 사회심리학의 중요한 과제라는 것을 알고 있었다. 실제로 레빈은 우리가 앞서 논한 아마추어 사회심리학의 오류와 아마추어 물리학의 오류에 대한 비유를 분명하게 지적했다.

마찬가지로 레빈의 상황주의에서 중요한 부분은, 사소해 보이지만 사실은 중요한 상황의 세부요소가 지닌 가치를 제대로 인정한 점이다. 레빈은 이것이 작지만 대단히 중요한 조력자 또는 장벽이라며 이를 경로요인channel factor이라고 불렀다. 그는 어떤 경로를 열어줄 경우 행동이 일어나기도 하고(예를 들면 공개적으로 행동방침을 약속하거나 조금 주저하면서도 새로운 행동 방향으로 첫 단계를 밟음으로써), 때로는 어떤 경로를 닫는 바람에(예를 들어 적절한 순간에 구체적으로 행동하는 데 필요한 세부계획을 세우는 데 실패함으로써) 행동이 방해받는다는 점을 인식했다.

건강심리학의 권위자 하워드 레벤탈Howard Leventhal과 그의 동료 로버트 싱어Robert Singer, 수전 존스Susan Jones(1965)는 레빈의 경로요인이 어떻게 작동하는지 보여주는 예를 제시했다. 이들은 실험에서 개인이 건강을 관리하려는 좋은 의도를 구체적이고 효과적인 행동으로 전환하는 익숙한 문제를 다뤘다. 실험 참가자는 모두 대학 4학년생으로 파상풍의 위험성과 예방접종의 중요성을 주제로 설득력 있는 메시지를 전달받았다. 나아가 모든 실험 참가자가 예방접종을 받으려면 어디에 가야 하는지도 설명을 들었다. 지필검사 결과만 놓고 보면 이 의사소통이 학생들의 생각과 태도를 바꾸는 데 상당히 효과적인 것으로 나타났다. 그러나 실제로 파상풍 주사를 맞은 사람은 3퍼센트에 불과했다. 반면 똑같이 의사소통을 한 실험 참가자들에게 보건소가 위치한 건물에 동그라미를 친 학교 지도를 주고 자신의 주간 일정을 살펴 보건소에 갈 시간과 가는 방법을 결정하게 하자 접종자 비율이 28퍼센트로 올라갔다. 이처럼 질병과 그 예방 정보를 알려주고 스스로를 보호하는 데 필요한 단계에 일반적 의도를 접목하는 것은 대부분의 실험 참가자에게 효과를 발휘하지 못했다. 정말로 필요한 것은 그들이 보건소에 가도록 만드는 구체적인 계획(아마 지도까지도)이었다. 레빈의 용어를 빌리면 의도가 행동으로 이어지도록 준비한 '경로'가 있어야 한다는 얘기다.

물론 의학 기준에서 보면 28퍼센트도 실망스러운 수치일 수 있다. 보다 더 구체적인 초대와 경로, 이를테면 "화학수업을 마치고 11시에 시작하는 〈심리학 1〉 과목을 듣기 전에 1시간 여유가 있는 다음 주 화요일 10시에 오세요"라는 방식으로 초대하면 실험 참가자가 보건소에 가서 파상풍 예방접종을 하도록 만드는 데 더 효과적일 것이다. 공중보건 서비스 활용 방안을 다룬 많은 현대 연구도 이와 비슷한 의견을 제시했다. 태도나 다른 '흥미로운' 개인차 요인은 병원과 상담시설에 누가 가고 가지 않을지 예측하는 데 신통치 않은 역할을 한다. 그보다는 가장 가까운 시설을 중심으로 개인이 어느 정도 거리에 있는지가 사용 여부를 예측하는 데 더 영향력이 있다. 다시 말하지만 단순한 경로요인이 누가 서비스를 이용할지 예측할 때 다른 모든 요소보다 우선하는 경향을 보인다.[13]

따라서 경로요인 원칙은 왜 어떤 상황요인이 예상보다 더 큰 효과를 보이는지, 왜 어떤 것은 효과가 더 작은지 이해하는 데 하나의 실마리가 된다. 겉보기에 대단한 개입과 캠페인으로 보이지만 상황 압력 형태로 효과적인 투입 경로를 제공하지 않거나 명확한 의도와 계획 형태로 효과적인 행동 배출 경로를 제공하지 않는 경우 실망스러운 효과밖에 거두지 못한다. 또 언뜻 보기에는 사소한 상황요인이지만 중요한 투입 경로나 배출 경로로 작용하면 간혹 만족스러울 만큼 엄청난 효과를 만들어낸다.

구성 원칙

사회심리학이 두 번째로 꾸준히 기여하는 바는 역설적이게도 상황주의 원칙의 이론과 실용 가치에 도전하는 일이다. 어떤

'객관적' 자극 상황이든 효과는 행위자가 그 상황에 부여하는 개인적이고 주관적인 의미에 달려 있다. 개인의 특정 행동을 예측하는 데 성공하려면 그 행위자의 상황 구성construal◇, 즉 그 사람이 상황을 전체적으로 이해하는 방식을 알아야 한다. 행동 통제와 변화가 목적일 때 구성 문제는 비슷하게 중요하다. 의도가 좋고 심지어 잘 계획한 다수의 사회개입이 있어도 그 대상 집단이 이를 구성하는 방식(예를 들어 호선互選, co-option◇◇이나 가부장주의에서 모욕이나 낙인으로 구성하는 방식) 때문에 실패하기도 한다.

3장에서 설명하겠지만 사회심리학의 상황주의는 행동주의자behaviorist◇◇◇ 전통에 나타나는 상황주의와 유사하다. 둘 다 개인차와 독특한 개인사의 중요성을 강조하는 아마추어(그리고 정신분석

◇ 《미국 심리학회 사전APA Dictionary of Psychology》 제2판에 따르면 construal은 "어떤 사람이 자신 또는 타인의 속성과 행동을 지각하고 해석하는 것"이다. 사회심리학자 한규석 교수는《사회심리학의 이해》(2017)에서 construal을 "구성해내는 생각"이라고 옮겼다. 이는 construction(구성), construct(구성 개념)와 구분하려는 시도로 보인다. 한국심리학회는 self construal을 "자기 구성"으로 옮기고 있다. 이 책에서는 construal을 구성으로 옮겼다.

◇◇ 조직 내부의 갈등을 관리하거나 변화를 추진하기 위해 내부투표 등으로 한 사람에게 특별한 지위를 부여하는 과정.

◇◇◇ 행동주의는 심리학자 존 왓슨John B. Watson이 확립한 것으로 심리학을 감정, 동기, 의식 같은 주관적 대상이 아닌 객관적이고 관찰 가능한 사실에 근거해 연구하는 태도를 말한다. 왓슨은 자극-반응 관계, 인간과 동물의 행동처럼 실험실의 엄격한 통제 조건 아래 객관적으로 측정할 수 있는 대상으로 연구를 제한하자고 제안했다. 전통 행동주의자들은 정신은 주관적이라 과학 대상으로 적절치 않다고 보았다.

학) 입장을 받아들이지 않았고, 직접 영향을 주는 자극 상황의 중요성을 강조했다. 그러나 사회심리학 전통과 행동주의 전통은 구성 문제를 둘러싸고 오래전부터 서로 다른 길을 갔다. 행동주의자가 공언한 목적은 객관적 자극 그리고 그 자극과 관찰한 반응 사이에 형성된 연관성을 실험 참가자의 마음 내부, 즉 '블랙박스'를 보지 않은 상태에서 구체화하는 것이었다. 그렇지만 심리학자이자 정치학자인 로버트 에이벌슨Robert Abelson이 우리 두 저자와 나눈 대화에서 적절히 제시한 것처럼 사회심리학은 절대 '행동주의화할' 수 없는 심리학 분야다. 통찰력이 날카로운 사회심리학자는 언제나 실험 참가자가 상황을 구성하는 것이 곧 진정한 자극이라는 점을 이해한다. 이는 이론이 항상 자극과 반응의 관계만큼이나 자극과 반응에 관한 주관적 해석에 집중한다는 것을 의미한다.

1930년대 초 장 피아제Jean Piaget◇◇◇◇나 프레더릭 찰스 바틀렛Frederic Charles Bartlett◇◇◇◇◇ 같은 유럽 심리학자는 구성 과정의 중요성을

◇◇◇◇ 스위스 출신 철학자, 생물학자, 발달심리학자로 현대 심리학과 교육학에 지대한 영향을 끼친 학자다. 아이가 성장하는 과정에서 어떻게 지능을 형성하고 세계를 인식하는지 연구해 '아동은 자기중심적으로 사고하고 외부 세계와의 접촉으로 지적 능력이 발달한다'는 사실을 밝혀냈다.

◇◇◇◇◇ 기억memory 연구로 잘 알려진 영국의 심리학자. 케임브리지대학교에서 실험심리학 교수로 임용한 첫 번째 학자로, 과거 사건과 경험의 기억이란 당시 관찰을 직접 기억해낸 것이 아니라 문화적 태도나 개인의 습관에 따라 채색한 정신의 재구성물이라고 밝혔다.

논했고 도식schema[✧] 개념을 소개해 이 주제를 구체적으로 연구했다. 다시 말해 도식이란 주어진 자극과 사건 유형의 포괄적 지식 그리고 이전 경험을 요약하는 지식구조인 동시에 유사한 자극과 미래 사건에 의미를 부여하고 예상하는 바를 안내하는 것이다. 사회심리학에서 레빈 외에 행위자가 상황을 정의하는 것에 주의를 기울이는 것이 중요하다고 가장 설득력 있게 주장한 사람은 솔로몬 애시[✧✧](1952)다. 3장에서는 애시의 주관주의 성향의 본질을 비롯해 그 자신과 동시대 연구자의 연구 결과를 해석할 때 그가 이를 어떻게 적용했는지 살펴본다.

최근 사회심리학자는 인지심리학과 인공지능 분야 동료들과 함께 무엇을 구성 도구tools of construal로 부를 수 있는지에 다시 집중해왔다. 인지구조(도식, 스크립트script[✧✧✧], 모델, 사회 표상)와 전략(판단상의 '어림법', 대화의 암묵적 규칙), 사람들이 관찰하는 사건을 이해하는 데 도움을 주는 사회심리학자의 역할은 더 늘어났다. 우리는 이 전통 아래 열심히 연구해왔고 1980년 일반인의 구성 도구와 그

✧ 스키마라고도 하며 특히 피아제의 인지 발달 이론에서는 프랑스어로 셰마(또는 쉐마)라고 한다.

✧✧ 폴란드 출신의 미국 사회심리학자. 동조conformity, 즉 또래 압력peer pressure이 인간 행동에 미치는 영향 연구로 유명하다.

✧✧✧ 도식의 한 형태로 '사건 도식'이라고도 한다. 패스트푸드점에서 식사하기, 지하철 타기, 산책하기 같은 친숙한 상황에서 이뤄지는 사건의 전형적인 순서를 일반적으로 도식화한 것을 뜻한다(양돈규, 《심리학사전》 제2판 참조).

도구가 인간을 추론하는 다양한 작업에서 드러낸 단점을 설명하는 데 많은 부분을 할애한 책[◆◆◆◆]을 썼다.

이 책에서는 구성이 어떻게 행동에 영향을 미치고 또 어떻게 작동하는지에 다시 집중하고 있다. 그러나 주관적 구성이 발생한다거나 사람들이 환경에 어떻게 반응할지 결정하는 데 구성이 중요함을 입증하는 것이 우리의 주된 관심사는 아니다. 우리는 일반인이 행동을 결정할 때 구성이 하는 역할을 고려하는 데 지속적으로 실패하고 있고, 그 실패가 개인과 사회에 엄청난 결과를 가져온다는 것을 입증하려 한다. 특히 우리는 사람들이 구성과 관련해 서로 구별 가능하면서도 연관이 있는 세 가지 오류를 범한다는 점을 논한다.

첫 번째 오류는 사람들이 스스로 이해하는 자극이 외부의 어떤 현실을 수동적으로 받아들이고 새기는 것이라기보다 적극적, 건설적인 과정의 결과라는 점을 인식하지 못하는 일이다. 오래된 농담으로 맡은 일을 의논하는 세 명의 야구심판 이야기가 있다. 한 명은 "나는 내가 본 대로 판정해"라고 하고, 다른 한 명은 "나는 있는 그대로 판정해"라고 한다. 그리고 마지막 한 명은 "내가 판정할 때까지는 아무것도 아니지"라고 말한다. 우리 논점은 '있는 그대로

◆◆◆◆ 이 책은 《Human Inference》(1980)로 사회심리학자 한규석 교수가 번역한 《인간의 추론: 판단방략과 그 결함》(1991)이라는 제목으로 국내에 소개되었다.

판정한다'는 심판과 마찬가지로 사람들이 대부분 철학적 현실주의자이기에 자신의 판단에 인지 과정이 어느 정도 기여하는지 거의 이해하지 못한다는 데 있다. 자신이 본 대로 판정한다는 심판처럼 판단에 해석상의 특성이 있음을 간파하는 경우는 드물다. 마지막 심판 같은 극단적인 주관주의는 말할 것도 없고 말이다.

두 번째 오류는 상황 구성에 본래 변화 가능성이 내재되어 있음을 이해하지 못하는 것이다. 어떤 두 사람이 특정 상황을 해석하는 방식이나 특정인이 동일한 자극을 다른 두 시점에 해석하는 방식을 예측하는 것은 불완전하며, 늘 어느 정도는 불확실하다. 사람들은 상황을 구성하는 자신의 사고방식과 다른 사람의 사고방식이 서로 다른 정도를 인식하지 못하므로 다른 사람의 행동을 예측할 때 지나치게 자신감을 보이는 경향이 있다. 심지어 자신이 행동하는 맥락이 새롭거나 모호한 경우에도 자신이 미래에 어떻게 행동할지 예측하는 데 지나친 자신감을 보인다. 우리는 구성이 완벽하게 정확하고 행위자가 행동하는 순간 그 구성을 완벽히 공유할 때만 사람들이 행동을 정확히 예측할 수 있다고 본다.

세 번째 오류는 행동에 따른 인과 귀인causal attribution과 관련이 있다. 사람들은 관찰한 행동과 결과가 특히 놀랍거나 이례적인 경우, 행위자 개인의 독특한 성향이 아니라 행위자가 처한 객관적 상황요인과 그 요인에 관한 행위자의 주관적 구성이 판단 근거로 작용한다는 것을 인식하지 못한다. 사실상 사람들은 누군가를 재평가하는(즉, 그들이 다른 평범한 사람과 무언가 다르다고 추론하는) 것은 지나치게 빠르지만 상황을 재평가하거나 다시 구성하는(자신만의 독자적인 상황 구성이 완벽하지 않거나 오류가 있거나 적어도 행위자의 구성과 상당히 다르다는 추론을 하는) 것은 너무 느리다. 도서관 사서로 일하는 제인이 멀리 떨어진 고향 근처의 여행사로 직장을 옮긴다는 사실을 알게 되었을 때, 우리는 제인이 예상보다 훨씬 더 모험심이 강하다고 쉽게 추정할 뿐 새로운 취업기회가 우리가 인지한 것보다 더 흥미가 있다고(또는 제인이 숨겨온 곤란한 상황이 더 심각할 것이라고) 생각하지는 않는다. 최근 우리가 진행한 연구 중 상당수는 그 목적이 이러한 세 가지 오류에 근거를 제공하고 의미를 찾는 데 있었다. 이 연구는 3장에서 구성, 5장에서 일반인의 성격 이론을 다룰 때 소개한다.

긴장 시스템 개념

사회심리학이 세 번째로 중요하게 기여한 것이자 우리 분야가 놓인 삼각대 개념의 나머지 다리는 개인의 정신은 물론 비공식 사회집단에서 국가에 이르는 집단적인 것도 긴장 시스템으로 이해해야 한다는 원칙이다. 어떤 특정 자극 상황을 분석하든 그 분석은 "행동은 공존하는 사실의 전체에서 나온다"는 인식과 "그 공존하는 사실은 역동적인 장field의 특성을 보이는데, 이는 장의 어떤 부분이 다른 모든 부분에 의존하는 상태에 있는 한 그렇다"[14]는 인식을 반드시 포함해야 한다. 특정 반응에 특정 자극을 연관짓는 단순한 기계론 법칙도 가능하지 않다. 반응과 자극 모두 늘 효과를 바꾸고 제한하는 역동적인 맥락에 들어 있다는 점을 감안하면 말이다.

> "(…) 공장의 생산속도 같은 현상은 많은 힘의 결과다. 어떤 힘은 서로를 지지하고 또 어떤 힘은 대립한다. 어떤 힘은 추진력이고 또 다른 힘은 저항력이다. 강의 유속처럼 어떤 집단의 실제 활동은 이 상충하는 힘이 평형 상태에 도달하는 수준(이를테면 생산속도)에 달려 있다. 특정 문화 패턴을 말하자면 (…) 이러한 힘의 집합체가 일정 기간 동일하게 남아 있거나 적어도 그 기간 동안 일정 수준에서 평형 상태를 찾는 것을 의미한다."[15]

긴장 시스템 개념이 중요하게 기여한 바는 세 가지다. 첫 번째, 저항요인restraining factor 분석은 자극 자체를 분석하는 것만큼이나 새로 도입한 자극의 효과를 이해하고 예상하는 데 중요하다. 공장에서 생산성 향상을 위해 새로운 성과급 제도를 도입할 때 그 효과는 생산성을 현재 수준에서 유지하는 여러 힘 사이의 균형에 달려 있다. 만약 과잉생산이나 '효율적 도급생산으로 임금이 위협받는 현상rate-busting'에 반하는 집단규범이 존재한다면 성과급은 효과가 아주 작거나 심지어 역효과를 낼 것이다. 대립하는 힘 사이의 역동적인 경쟁은 볼프강 쾰러Wolfgang Köhler✧의 '준準정상 균형quasi-stationary equilibrium' 개념에 잘 담겨 있다. 이 개념은 레빈이 말한 유속을 비롯해 공장의 생산수준level of production 같은 어떤 과정이나 수준은 특정 억제력과 추진력에 따라 제한적인 한도 내에서 변동을 거듭한다는 것을 의미한다. 이 수준은 상대적으로 좁은 제한 내에서는 오르내리기가 쉽고 그 제한을 넘어서서 움직이기는 보다 어렵다. 아니, 그 제한을 넘어서는 것은 사실상 불가능하다. 나아가 시스템에서 두 가지 다른 방식으로 변화를 실행할 수 있고 그 결과는 상당히 다르다. 사람들은 추진력을 더하거나 증대하거나(관련 저항력이 그 반대편의 영향력을 더 감지해 시스템의 긴장을 높인다) 원하는 변화를 막는 저항력을 없애거나 약화할 수 있다(이로써 시스템의 긴장을 줄인다). 예를 들어 더 높은 성과급을 약속하는 것보다 효율적인 도급생산으로 임금이 위협받는 현상에 관한 집단규범을 바꾸는 것이 더 효과적일 수 있다.

두 번째로 중요한 점은 첫 번째와 정반대다. 시스템은 때로 변화의 정점에서 불안정하게 균형을 유지한다. 미시시피강의 흥미로운 사실에 주목하면서 강에 비유해보자. 기본적으로 이 강은 멕시코만으로 유입되기 전 마지막 수백 마일을 구불구불 흘러간다.

✧ 독일 심리학자로 학습과 지각을 구조화한 전체로 이해하는 게슈탈트 심리학 발전에 기여한 주요 학자다. 실험 연구로 침팬지도 단순한 도구를 만들고 사용할 수 있으며 간단한 구조를 만드는 능력이 있음을 밝혔다.

이 일반 경로는 대재앙 수준의 사건이 일어나지 않는 한 바뀌지 않는다. 그러나 일부 경로는 사소한 사건으로도 쉽게 급격히 변화할 수 있다. 어떤 사람이 삽으로 적당한 곳을 조금 파낸 것이 커지고 커져 강이 새로운 경로를 따라 흐르면 강 전체 굴곡의 흔적이 사라질 수 있다(이는 19세기 강에 면한 토지를 소유한 사람들이 늘 고려해야 하는 사항이었다. 이들은 사람을 고용해 상류지역에서 땅 파는 도구를 가진 수상한 자가 보이면 총으로 쏘게 했다).

이제 강의 흐름이나 개인과 사회의 심리 변화 과정 사이의 비유가 보여주는 것은 명확하다. 현 상태를 유지하려는 힘 그리고 어떤 면에서는 지나치게 규정된 대립하는 힘의 균형 때문에 준정상 균형 상태를 바꾸기란 힘들다. 다른 한편으로 때론 작고 중요한 보이지 않는 힘이 가해지거나 변형이 일어나 시스템에 극적이고 광범위한 변화가 생기기도 한다. 이에 따라 세 번째 지점은 앞의 두 가지를 연결하는 긴장 시스템 개념에서 나온다. 구성 원칙과 마찬가지로 긴장 시스템 원칙은 명백하게 커다란 상황 조작이 왜 때로 작은 효과에 그치고 명백하게 작은 상황 조작이 왜 때로 커다란 효과를 내는지 이해하는 데 도움을 준다. 커다란 조작은 심지어 더 큰 저항요인에 역행하거나 저항요인의 강도와 저항을 높이기도 한다. 반대로 작은 조작은 시스템의 불안정한 균형을 이용한다. 또는 중요한 경로요인을 촉진해 시스템을 힘으로 움직이기보다 방향을 바꾸게 만든다.

이들 개념은 우리가 책을 쓸 즈음 동구권 국가에서 벌어진 놀라운 사건에 적용해볼 수 있다. 2차 세계대전 종전부터 1985년까지 약 40년 동안 이들 나라는 지금의 관점에서 대외관계뿐 아니라 내부적으로도 상당히 좁은 한계에 갇혀 있었다. 한동안은 반대세력을 억누르는 극단적 탄압이 있었고 그 뒤 탄압을 약간 완화했다. 또 한때는 기업 활동을 일정 부분 용인했으나 또 한때는 거의 용인하지 않았다. 냉전시대에 이들 국가와 서구의 관계에서 긴장과 완화는 거의 섭씨 1도를 잘게 나눈 정도의 좁은 범위에서 일어났다. 사람들은 사회 과정이 미세하게 오르내리는 그 같은 움직임이 준정상 균형 상태에서 비롯된다는 것을 잘 이해한다. 추진력과 저항력은 동일한 힘으로 만난다. 그리고 다양한 과정의 수준 변화는 이에 상응해 소규모로 유지된다.

그런데 그 이후 벌어진 사건들이 보여주듯 이 시스템은 비록 평형 상태에 있었지만 동시에 높은 수준의 긴장 상태에 있었다. 추진력과 저항력의 힘도 모두 엄청났고 이에 상응해 경로가 열렸을 때 숨찬 속도로 변화가 일어났다. 1900~1980년에 태어난 사람들은 머지않아 그 변화된 세상 풍경을 인식하지 못할 것이다.

이들 사건은 긴장 시스템으로 이뤄진 세계에서 예측 가능성을 겸허하게 대하도록 만든다. 1984년 서방에 사는 누군가가 소련의 정치, 경제 시스템이 위로부터의 자유화 혁명으로 바뀌고 뒤이어 모든 동구권 국가에서 실질적으로 공산당 지배 체제가 끝날 것이라고 예측했다면 아마 그 사람은 바보나 몽상가로 낙인찍혔으리라. 합리적인 분석가에게는 동구권 국가들이 빙하 진행처럼 아주 천천히 변화할 것이라는 점이 명백해 보였다. 이 시각을 의심하기에는 너무 순진했던 사람들에게 지난 40년 세월✧은 적절한 증거다.

긴장 시스템 개념을 가장 인상적인 효과에 적용한 사회심리학자는 레온 페스팅거Leon Festinger✧✧다. 그는 개별 인간의 태도는 그들 각각이 속한 대면집단 구성원의 태도에 견주어 긴장 상태에 있을 때 가장 잘 이해할 수 있다고 봤다. 사람들은 동료와 불일치 상태에 있는 것을 좋아하지 않는데 이 상태에 있을 경우 세 가지 균형 회복 과정이 이뤄진다. 이는 다른 사람의 의견을 바꿔 자기 의견과 비슷하게 만들려고 시도하는 것, 자신의 태도를 바꾸려는 다른 사람의 시도를 받아들이는 것, 다른 사람이 집단에서 주요 의견의 중심축으로 움직이기를 거부할 때 그들을 배제하는 경향이 그것이다. 페스팅거는 이러한 과정에서 흥미로운 사회현상을 많이 끌어냈는데 이는 다음 장에서 살펴본다.

또한 페스팅거는 개인의 머릿속 태도도 긴장 상태에 있는 것으로 봤다. 어떤 태도는 서로를 지지하고 또 어떤 것은 서로 모

✧ 1950년대부터 1980년대까지를 말한다.

✧✧ 인지 부조화 이론으로 유명한 페스팅거는 관련성 있는 두 가지 인지(사고, 태도, 신념 등)가 서로 모순(부조화)적일 때 인지 부조화 현상이 일어난다고 말한다. 과식이 건강에 나쁘다는 것을 알면서도 계속 과식하는 경우가 그렇다.

순적이다. 그는 긴장 상태에 있는 모순적인 태도를 부조화dissonance라고 했는데 이는 해결해야만 한다. 이 태도든 저 태도든 시스템을 균형 상태로 복구할 때까지 변화해야 한다는 얘기다.[16]

페스팅거가 긴장 시스템 개념을 가장 극적으로 사용한 경우는 태도와 행동이라는 두 가지 인지요소가 갈등을 빚고 있을 때다. 이런 상황은 누군가가 본래 지닌 태도와는 다르거나 보상을 기대하는 것 같은 외부 힘의 결과가 아닌 어떤 행동을 취했을 때 일어난다. 페스팅거는 이 상황에서 사람들이 행동에 맞춰 자기 신념을 바꿀 수 있음을 보여주었다. 예를 들어 누군가가 연설자가 자신의 신념과 다른 연설을 하도록 조종했을 때를 생각해보자. 연설자가 연설에 따른 보상을 아주 조금 받거나 전혀 받지 못할 경우 연설자의 태도는 연설에서 취한 입장 쪽으로 움직인다. 반면 연설자가 상당한 금액을 받고 연설하면 그 움직임은 달라진다. 이 경우 연설하는 행위는 돈으로 받은 보상과 일치하고 연설자는 이전 신념과 자신이 연설에서 말한 것 사이에 관련성이 없다고 인식한다.

부조화 이론가들이 부조화와 태도 변화를 분석한 것은 동기 연구, 즉 인지하는 개인의 책임과 선택의 중요성을 연구한 사회심리학에 중요한 기여를 했다.[17] 사회적 과정은 사람들이 자기 목표와 태도를 직접 표현한 것으로, 그들이 자신의 행동이 강요에 의해 이루어졌거나 외부 강화요인의 통제 아래에 있다고 생각할 때보다 자신의 행동을 자유롭게 선택했다고 믿을 때, 그 사회적 과정의 전개가 매우 다르다. 돈을 받고 연설하는 사람은 자기 행동이 자신의 신념과 관계가 없다고 생각하며 이때 신념이 변하지 않은 상태로 남는다고 여긴다. 하지만 연설하는 대가로 돈을 받지 않는 사람은 자유롭게 선택했다고 생각하고 결과적으로 자신의 신념에 맞춰 행동할 수밖에 없음을 느낀다. 특정 업무를 특정 순서로 수행하도록 지시받은 공장 노동자는 대개 비효율적인 자동장치처럼 일하거나 뚱한 표정으로 시간을 지루하게 보내는 사람처럼 일한다. 반면 동일한 노동자에게 자신의 업무를 기획하게 하면 그들은 기업이 성공했을 때 얻을 지분이라도 있는 듯 열심히 일한다.

우리는 별도의 장을 마련해 긴장 시스템 개념을 논하지는 않았다. 그렇지만 2장에서 상황의 힘을 논할 때, 6장에서 사회의 예측 가능성 기반을 설명할 때, 7장에서 문화와 성격을 탐구하고 문화의 변화 조건을 이해하려 할 때, 8장에서 성공적인 사회개입과 성공적이지 않은 사회개입의 운명을 분석할 때 이를 반복적으로 말할 것이다.

예측 가능성과 비결정론

사회심리학의 세 가지 기본 원칙은 모두 가장 직접적인 방식으로 예측 가능성 문제를 논한다. 이는 과학자가 달성할 수 있는 궁극적 예측 가능성과 일상생활에서 일반인이 달성할 수 있는 전형적인 수준의 예측 가능성을 말한다. 이 책에서는 과학자와 일반인이 행동을 어떤 방식으로 예측하는지, 예측의 한계는 무엇인지 그리고 예측을 어떻게 개선할 수 있는지 중점적으로 살펴본다. 먼저 우리가 중요하게 생각하는 두 가지 유형의 예측을 살펴보자.

사회과학자의 예측

우리는 사회과학자들이 예측과 관련해 비현실적인 목표를 추구해왔다고 생각한다. 어쩌면 우리는 특정 인물이 새로운 상황에 어떻게 반응할지 (성격 진단이나 객관적인 상황 설명에 근거해) 결코 예측할 수 없을지도 모른다. 또 일반 대중이나 특정 집단 사람들이 새로움에 어떻게 반응할지 예측하지 못할 수도 있다. 상황은 상당히 복잡하고 그 해석도 매우 복잡하다. 이러한 어려움이 뜻하는 한 가지 실천적 의미(이것은 8장에서 보다 상세히 논하겠다)는 사회에서의 해결책은 보통 처음에 작은 규모로 시도해야 한다는 것이다. 이는 그 해결책이 언뜻 비슷한 맥락에서 성공적이라고 밝혀졌을 때도 마찬가지다. 주변 상황의 힘과 저항의 그물망이나 사람들이 그것을 구성하는 방식이 미묘하게 다를 수 있다. 또 개입을 계획하고 실행하는 사람들이 그 차이를 예상치 못할 수도 있다.

우리는 예측의 이러한 한계를 두고 유감스럽게 생각하거나 현실적인 영향에 스트레스를 받지 않는다. 물론 이 말은 개인, 집단 또는 사회 전체의 삶이 더 나아지도록 만들기 위해 우리가 효과적으로 개입할 수 없다는 의미가 아니다. 이 제약은 가능성에 한계가 있으므로 그 가능성을 이뤄내기 전 과학이 최선의 가설과 주의 깊게 실행한 예비 검사의 몇몇 결과를 이용해 조금씩 수정해가야 한다는 점을 보여준다.

유감스럽지 않은 또 다른 이유는 사회과학 상황이 자연과학 상황과 근본적으로 다르지 않기 때문이다. 물리학 법칙에서 나무에 매달린 특정 나뭇잎이 어디로 떨어질지 어느 정도 확신을 갖고 예측할 수 없다는 것은 오랫동안 인정받아왔다. 최근 자연과학자들은 생태계와 기상관측 같은 다양한 시스템에 예측 가능성의 한계가 있음을 인정하기 시작했다. 일부 효과는 강력하고 정확히 예측할 수 있지만 다른 효과는 극도로 불안정하다. '나비효과'라는 용어는 작고 예상할 수 없는 변화가 극적 효과를 내는 현상을 설명하기 위해 만들어졌다.[18] 이 엉뚱한 이름은 한 기상학자가 상황이 맞아떨어지면 베이징에서 나비가 날갯짓하는 것을 보고 며칠 뒤 미국 중서부 날씨를 탐지할 수 있다고 언급한 것과 관련이 있다. 날씨는 지역의 작은 변화에도 극도로 예민해 지금도 장기 날씨예보가 가능하지 않은데, 일부 과학자에 따르면 앞으로도 결코 가능하지 않을 것이라고 한다. 생태학에서도 비슷한 점을 발견할 수 있다. 때론 애벌레를 잡아먹는 딱정벌레를 투입해 목표로 하는 해충을 박멸하는 효과를 기대하기도 한다. 간혹 그렇게 투입한 딱정벌

레는 즉시 포식자에게 잡아먹히고 만다. 심지어 그 딱정벌레가 자신이 박멸하려던 곤충보다 더 큰 위험을 떠안기기도 한다.

다시 말하지만 고도로 복잡하고 상호적이며 비선형적인 시스템에서 이런 효과를 정말로 정확히 예측할 수 있는지 의문을 제기하는 경우도 있다. 그러나 자연과학에서든 행동과학에서든 내재하는 예측 불가능성의 원천을 발견하고 설명하는 것이 변명으로 볼 일은 아니다. 이는 이론과 실천 관점에서 심오한 의미가 있는 중요한 지적 기여다.

일반인의 예측

우리는 사회과학자의 예측보다 일반인의 예측을 위한 사회심리학의 기본 취지에 더 관심이 있다. 이에 따라 우리는 앞서 설명한 세 가지 주요 원칙 측면에서 일반인이 가끔 자신 있게 틀린 예측을 하는 이유를 밝혀내고자 한다. 우선 사람들은 개인차의 크기와 그 차이가 행동을 만들어내는 데서 맡은 역할을 과장하는 경향이 있다. 그 원인의 일부는 기본적으로 지각知覺과 관련이 있다. 예를 들어 랠프가 신체적 외모와 개인 스타일(그의 당당한 몸집, 굵은 목소리, 강렬한 시선, 자신의 말을 강조하기 위해 주먹을 쥐는 습관 등)에 드러내는 연속성은 그가 다양한 상황에서 보여주는 의존성이나 공격성 정도에 실제로 일관성이 부족하다는 점을 우리가 간과하게 만들 수 있다. 다른 요인은 더 인지적이다. 일관성이 부족한 데이터는 일반적으로 과거 행동의 일관성에 환상을 만드는 방식으로 동화된다. 앨런에게 친절하다는 첫인상을 받으면 우리는 빌의 속삭임에 앨런이 냉소적으로 반응하는 것을 보고 빌의 말에 유머러스하게 또는 정당하게 반응했다고 생각하거나 직장에서 스트레스를 받아서 그럴 뿐이라고 해석한다. 즉, 그것을 예전 인상이 잘못되었거나 앨런의 친근함이 오락가락한다는 것을 보여주는 증거로 해석하지 않는다.

우리의 연구는 이처럼 환상에 불과한 일관성의 근거를 논하는 것을 넘어선다. 다시 말해 한 개인이 특정 상황을 구성하는 방식에 나타나는 불확실성 정도와 그 구성을 예측하는 어려움의 정도가 관찰 **가능한** 서로 다른 상황 간의 일관성 정도를 필연적으로 제한할 수밖에 없음을 다룬다. 사회의 특정 상황에서 앨런이 친근하게 굴거나 그렇지 않은 것은 그녀가 상황을 정의하는 방식이나 자신을 향한 행동의 의미와 관련해 모호함을 해결하는 방식에 달려 있다.

동시에 우리는 사실상 사람들이 상당한 예측 가능성을 보여주기 때문에 관찰자가 이를 인식할 수 있다는 것과 일상의 사회관계에서 이것을 활용하는 것이 가능하다고 주장한다. 그렇다면 공식 연구에서 얻은 교훈과 일상 경험에서 얻는 교훈 사이에 분명한 간극이 생기는 이유는 무엇일까? 우리는 고정된 일련의 동일한 상황에 일부 개인의 표본을 노출하고 사람과 상황이 각각 기여하는 바를 살피는 연구 전략에 의존하는 연구자들 때문이라고 생각한다. 이런 연구 전략은 이론가들에게는 명백한 이점이 있어도 우리에게는 일상생활의 일부 중요한 현실을 무시하게 만들 수 있다. 무엇보다 일상 경험에서는 행위자의 특징과 그들이 마주하는 상황의 특징이 대개 복잡하게 얽혀 있다. 중요한 것은 이들이 사회관계에서 우리가 인식하고 의지하는 일관성에 정확히 기여하는 방식으로 얽혀 있다는 점이다. 사람들은 종종 자신을 노출하는 상황을 선택한다. 분명하거나 예상하는 능력과 성향을 기반으로 상황 속에서 선택받기도 한다. 따라서 성직자와 범죄자가 일련의 동일하거나 동등한 상황의 도전을 받는 경우는 드물다. 대체로 목사는 목사처럼 일관성 있게 보고 행동하고 느끼고 생각하게 유도하고, 범죄자는 범죄자처럼 보고 행동하고 느끼고 생각하게 유도하는 방식에 따라 분명한 차이가 있는 상황에 자신을 두거나 다른 사람의 영향으로 그런 상황에 놓인다.

또한 우리는 사람들이 때로 일관성 있게 행동해야 한다는 **의무감**을 느끼고 심지어 스스로 그렇게 다짐한다는 사실이 의미하는 바를 살펴본다. 이는 사회에서의 역할 혹은 그 역할을 따르거나 위반한 사람을 기다리는 현실세계의 유인책과 처벌 때문일 수 있다. 아니면 다른 사람에게 한 약속이나 심지어 스스로에게 부여한 요구사항 때문일 수도 있다. 그 영향으로 우리는 결국 세상이 일관성 있고 예측 가능할 것이라고 기대하거나 적어도 사람들이 일관성 있게 행동할 것이라고 기대한다. 더구나 그 결과는 자신이 가장 관심이 있고 가장 경험 많은 분야에서 사실일 가능성이 높다.

마지막으로 행동에 나타나는 일관성과 외견상 불일치는 모두 사람들이 사회 환경을 이해할 때 구성 과정의 개인차를 반영했기 때문일 수 있다. 여기에서 우리는 프로이트에 기원을 두고 조지 켈리George Kelly[◇](1955) 덕분에 발전하고 월터 미셸Walter Mischel[◇◇](1973), 헤이젤 로즈 마커스Hazel Rose Markus[◇◇◇](1977)[19], 낸시 칸터Nancy Cantor[◇◇◇◇], 존 킬스트롬John F. Kihlstrom[◇◇◇◇◇](1987)이 현대적 성과를 이

◇ 인간의 인지적, 지적 측면을 강조한 성격학자. 1930년대 교사, 부모, 아이를 위한 일종의 아동심리 클리닉을 운영한 켈리는 캔자스 지역 공립학교에서 임상 경험을 했다. 당시 그는 학생에게 불만을 제기하는 교사는 사실 그 불만 속에 자신에 관한 무언가를 반영하고 있음을 관찰했다. 따라서 켈리는 객관적이고 절대적인 진리는 존재하지 않으며 우리 주변에서 벌어지는 현상은 개인이 해석하는 방식과 관련해서만 의미가 있다고 보았다. 이 시각을 구성적 대안주의Constructive Alternativism라고 부른다.

◇◇ 만족 지연 능력Delay of Gratification을 연구한 '마시멜로 실험'으로 잘 알려진 그는 성격심리학에서 상당히 비중 있는 인물이자 행동에 미치는 사람-상황의 역할과 비중 논의에서 핵심 인물이다. 그는 인간 행동에서 성격 특성의 차이가 차지하는 비중이 매우 작다(통상 5퍼센트나 그 미만이며 10퍼센트까지 가는 경우는 거의 없다)는 것을 밝혀내 성격심리학계에 커다란 논란을 불러일으켰다.

◇◇◇ 스탠퍼드대학교 심리학과 교수. 문화가 어떻게 사고, 감정, 행동을 형성하는지 연구해 문화심리학 분야에 공헌해왔다.

◇◇◇◇ 사회심리학자로 개인이 자신이 놓인 사회를 어떻게 지각하는지, 개인 목표를 어떻게 추구하는지, 개인의 삶에서 가장 도전적인 사회 환경에 적응하기 위해 자기 행동을 어떻게 조절하는지 등을 이해하는 데 기여했다.

◇◇◇◇◇ 미국 인지사회심리학자이자 버클리대학교 심리학 교수.

룬 성격 이론의 전통을 따른다. 이들 이론가는 목표와 계획에 주의를 집중하는 자세, 해석과 형성을 이끄는 지속적인 동기요인 그리고 인지 도식cognitive scheme에서 개인차를 이해할 핵심을 발견할 수 있다고 주장했다. 행동의 일관성을 발견할 때 전통적 성격 특성으로 잘 설명할 수 없다는 것은 이들 주장의 중요한 의미 중 하나다. 다시 말해 개인은 주변 사람과 자신을 구별하는 일관성 있는 방식으로 행동하는데, 이는 예를 들어 친근하고 의존적이며 공격적인 자신의 지속적인 성향이 아니라 자신이 세상을 해석하는 일관된 방식에 비춰 일관된 전략을 사용해 일관된 목표를 추구하기 때문이다.[20]

6장에서 상세히 살펴보겠지만 요약하면 일반인의 개인적 일관성과 예측 가능성에 관한 기본적인 가정은 일상 경험으로 입증이 가능하다는 게 우리의 논지다. 인식하는 사람이 그 일관성의 근거를 오해할 수는 있지만 말이다. 일반인의 예측에는 입증 가능한 오류와 편견이 있지만 사실 우리가 매일 경험하는 세상은 어느 정도 예측 가능한 공간이다. 아마추어 물리학과 마찬가지로 아마추어 심리학은 크게 잘못 알고 있는 원칙을 사용하면서도 문제없이 잘 맞아떨어진다. 아마추어 심리학이 실패하는 이유는 사회심리학의 심오한 원칙 때문인데 이 원칙은 우리가 사람들의 행동을 이해하고 심지어 때로 예측하게 만든다.

상황 효과가 저마다 다른 이유

우리의 논지는 어떤 효과는 확실히 방대하고 또 어떤 효과는 상당히 미세하며, 어떤 예측 가능성 수준은 명백히 높고 일부는 명백히 낮다는 것이다.

사회 상황의 힘을 보여준 것은 사회심리학의 중요한 기여 중 하나다. 그러면 우리가 개인 간의 전형적인 성격 특성이나 성향 차이의 힘을 보여주는 데 실패한 것이 성격심리학의 커다란 좌절 중 하나라고 주장한 것을 고려해보자. 이 주장은 관련된 상황 효과가 명백한 의미에서 '크고' 관련된 사람 효과가 명백한 의미에서 '작다'는 의견을 내포한다. 이것은 효과 크기effect size✧를 어떻게 측정하는지 또는 효과 크기를 어떻게 더 명확히 생각할 수 있는지와 관련해 몇 가지 초기 의견을 제안하는 데 도움을 줄 것이다. 이 질문은 놀라울 정도로 논란이 많고 답하기 힘든 것으로 밝혀졌다. 이것은 이 책의 가장 기본적인 관심사로 우리는 이를 분명히 설명하려고 최선의 노력을 다했다.

먼저 관련된 어떤 것이 효과가 크다 혹은 작다고 하는 것부터 짚어보자. 우리의 목적에 적합하도록 상대적인 효과 크기를 세

✧ 두 변수 사이의 관계가 얼마나 큰지 또는 얼마나 의미 있는지 측정한 것을 말한다. 효과 크기는 간혹 연구에서 발견한 결과가 실질적으로 얼마나 의미 있는지 가리키는 척도로 쓰인다.

가지로 정의해 살피되 우리는 이 정의를 통계 기준, 실용 기준, 기대 기준으로 부를 것이다.

효과 크기의 통계 기준

통계 기준을 고려할 때는 효과 크기가 통계적 유의성과 거의 상관이 없음을 먼저 이야기해야 한다. 거의 모든 효과 크기는 단지 관찰 기록을 많이 모으는 것만으로도 통계적으로 의미 있게(즉, 우연히 발생했다고 보기 힘들게) 만들 수 있다. 우리 중 한 명은 대학원에서 어떤 사건을 보고 이 사실이 중요하다는 것을 깨달았다. 그는 전국에서 실시한 설문 분석 결과물을 프린트해 손으로 짚으며 따라 내려가다가 특별히 관심이 있던 상관관계가 통상 수용하는 0.05 유의 수준에서 통계적으로 의미가 있다는 것을 발견하고 기뻐서 펄쩍 뛰었다. 그때 그의 동료는 그가 그렇게 흥분한 상관관계가 0.04(0에 아주 가까운 관계의 정도)에 지나지 않는다는 점에 주목했다. 이 사소한 상관관계가 의미 있는 이유는 설문에 1,000명 넘게 참여했기 때문이었다. 그의 예측(그가 이야기했던 관계)은 들어맞았지만 이는 너무 약해 이론상으로나 현실적으로 의미가 없었다.[✧✧]

✧✧ 이 말을 이해하려면 통계에서 p값(p value, p는 확률을 뜻하는 probability의 약자)과 상관계수correlation coefficient를 알아야 한다. 예를 들어 대학 입학시험 성적과 대학 4학년 때 성적 사이에 상관관계가 있다는 가설을 세웠다고 해보자. 두 변수 사이에 상관관계가 의미 있게 존재하는지 어떻게 판단해야 할까?

효과 크기를 정의하는 훨씬 더 합리적인 방식은 심리학자이자 통계학자인 제이콥 코헨Jacob Cohen(1965, 1977)이 제안했다. 그는 실험 효과 규모는 측정하고자 하는 값의 분산도variability✧에 대비해 판단해야 한다고 주장했다. 코헨의 기준에 따르면 두 개의 평균값 차이가 표준편차의 4분의 1에 해당하면 작은 것으로 여기고, 차이

이 경우 두 변수 사이에 아무런 관계가 없다는 가설을 귀무가설 또는 영가설null hypothesis이라고 한다. 귀무가설 아래 일어날 가능성이 희박한 사건이 일어났을 때(예를 들어 표본조사 결과 대학 입학시험 성적이 높을수록 4학년 성적이 높은 경향이 강하게 나타났을 때) 우리가 세운 가설(이를 대립가설이라고도 한다)을 채택한다. 이를 측정하는 것이 p값이고 이는 0에서 1 사이 숫자로 표현하는데 p값이 낮으면 귀무가설이 참이 아니라는 강력한 증거다. 통상 p값이 0.05보다 낮을 경우 귀무가설을 버리고 우리가 세운 가설을 택한다. 본문의 통상 수용하는 0.05 유의 수준에서 통계적으로 의미가 있다는 것을 발견하고 기뻐했다는 말은 바로 p값이 0.05보다 낮게 나와 좋아했다는 말이다. 이 p값은 표본 숫자를 늘리면(예를 들어 설문에 1,000명 이상 참여하면) 보통 의미 있는(0.05보다 작은) 숫자가 나온다. 반면 상관계수(r로 표현)는 두 변수의 관계가 양(+, 비례)인지 음(-, 반비례)인지 그리고 관계가 강한지 약한지 보여준다. 상관계수는 -1에서 +1 사이 숫자로 표현하며 +1이나 -1은 완벽한 관계를 뜻한다. 0은 아무런 선형관계가 없는 것이다. 코헨은 경험 법칙 아래 r의 절댓값이 |0.1|이면 작은 효과 크기로, |0.3|이면 중간 효과 크기로, |0.5|이면 큰 효과 크기로 보았다. 본문에서는 처음에 p값이 0.05보다 작아 두 변수 사이의 관계가 통계적으로 의미 있다는 것을 발견하고 좋아했으나 상관계수가 0.04, 즉 거의 0(아무런 선형관계가 성립되지 않는 관계)에 가깝다는 것을 발견해 실제로 별 의미가 없었다는 뜻이다.

✧ 한 분포 내에서 여러 점수가 중심 경향에서 떨어져 있는 정도, 즉 점수들이 흩어진 정도를 말한다. 표준편차는 대표적인 분산도(변상도라고도 한다) 중 하나다. 표준편차의 제곱인 분산variance 역시 대표적인 분산도다(양돈규, 《심리학 사전》 제2판 참조).

가 표준편차의 2분의 1에 해당하면 보통으로 여기며, 차이가 표준편차만큼 크면 큰 것으로 여긴다.[✧✧] 이 통계 정의나 관련 정의는 효과 크기를 상세불명의 '무작위' 변동 또는 다른 말로 '잡음'에 대비해 평가한다. 이 정의는 변수의 특성과 측정 단위에 관한 모든 고려사항을 사실상 무시함으로써 효과적으로 처리한다. 그 안에는

✧✧ 또 다른 효과 크기 측정 방법은 d로 이를 코헨의 d라고도 한다. d는 t검정(t-Test)에서 사용할 수 있으며 t검정은 두 집단 간의 평균을 비교하는 통계기법이다. 예를 들어 기업에서 직원의 근무 만족도를 높이기 위해 일하는 시간과 장소를 직원이 자유롭게 결정하는 제도를 실시했다고 해보자. 이때 우리는 제도를 실시하기 전과 후의 직원 만족도 조사 평균을 비교할 수 있다. 혹은 이 제도를 실시하는 기업과 그렇지 않은 기업의 직원 만족도 조사 평균을 비교할 수도 있다. 편의상 이 제도를 실시하지 않은 기업 A와 실시한 기업 B의 직원이 각각 3명이라고 하자. 100점 만점의 직원 만족도 조사에서 A는 70, 80, 90으로 평균 80점이고 B는 80, 90, 100으로 평균 90점이 나와 평균 차이가 10점이라면 이 조사 결과를 근거로 제도에 효과가 있다고 할 수 있을까? 만약 기업 A는 79, 80, 81로 평균 80점이고 기업 B는 89, 90, 91로 평균 90이라면 어떨까? 각 기업의 평균도, 둘의 차이도 이전과 같지만 제도에 효과가 있다고 좀 더 자신 있게 답할 수 있을 것이다. 실제로 t검정을 실시하면 첫 번째 경우는 평균 차이가 의미 없는 것으로, 두 번째 경우는 의미 있는 것으로 나온다. t검정은 평균 차이를 검사해 결정하지만 평균뿐 아니라 값이 흩어진 정도, 즉 분산도도 함께 고려해 결론을 내리기 때문이다. 위 예에서 평균 차이를 신호signal, 분산도를 잡음noise으로 보면 신호와 잡음의 비율signal-to-noise ratio, 즉 신호가 잡음에 비해 얼마나 강한지 따져보아야 한다. 첫 번째와 두 번째 신호 자체의 강도는 같으나 첫 번째가 두 번째에 비해 잡음이 커서 상대적으로 신호가 약한 것으로 볼 수 있다. 이 개념으로 d(Cohen's d)도 잘 이해할 수 있다. d값이 1이라는 것은 두 집단 사이의 평균이 표준편차만큼 차이가 난다는 것이고, d가 0.5면 두 집단 사이의 평균이 표준편차의 절반만큼 차이가 난다는 뜻이다.

주요 장점과 함께 결함도 있다. 주요 결함은 나머지 두 가지 기준 논의에서 명확히 드러난다.

효과 크기의 실용 기준

표준편차에 전적으로 의지하는 단순한 통계 정의에서 가장 빈번하게 제기되는 문제는 많은 경우 우리가 통계 정의로 '크다'고 여기는 어떤 효과에는 조금도 개의치 않는 반면, 통계적으로 '작다'고 판정한 다른 효과에는 상당히 신경 쓴다는 점이다. 이런 상상을 해보자. 어떤 새로운 약이 스메들리 열병이라는 질병에 시달리는 사람들의 생존 기간을 표준편차의 1.5배만큼 늘려준다는 말을 듣는다. 처음에는 관심이 갔으나 곧 스메들리 열병이 열대지방의 치명적 질병으로 치료받지 못한 환자는 평균 40시간 뒤 사망하고 그 표준편차가 4시간임을 알게 된다. 이 말은 약이 환자의 수명을 평균 6시간 늘려준다는 뜻이다. 그다음으로 약의 1회분 가격이 1만 달러라는 것을 알면 그 약에 보인 흥미는 거의 사라진다(반면 이 질병이나 관련 질병의 미스터리를 풀려고 하는 의학 연구자들은 사소한 임상 효과에도 혹한다. 여기에 커다란 통찰이나 진전으로 이어질 실마리가 있을 수도 있기 때문이다).

이제 박빙의 선거를 치르고 있는 정치후보자의 어려움을 상상해보자. 이 후보자는 자신의 득표율에 표준편차의 10분의 1 아래로 영향을 미치는 광고나 캠페인에도 엄청난 자금을 쓸 용의가 있을 것이다(예를 들어 광고나 캠페인이 득표율에 영향을 미치는 비율은 총 투표수의 5퍼센트로 계산할 경우 과정은 다음과 같다. 박빙의 선거이므로 득표율[p]을 0.5로 놓는다. 비율[p]의 표준편차는 'p(1-p)'의 제곱근이라는 통상 공식을 적용할 경우 득표율의 표준편차는 0.5×0.5의 제곱근인 0.5로 그 10분의 1인 0.05, 즉 5퍼센트다). 정치 전문가는 대부분 '5퍼센트' 차이를 만들어내는 광고나 전략의 효과가 '크다'는 점에 동의한다(이 5퍼센트는 20세기 미국 대통령 선거 중 대략 절반의 결과를 바꾸기에 충분했다). 4장에서 살펴보겠지만 이와 유사하게 실행하면서 비용이 많이 들지 않고 어떤 중요한 결과치에서 분산의 '단지' 10퍼센트만 예측할 수 있는 성격진단 검사도 익숙한 평가나 예측 과제, 예를 들어 일부 측면에서 극단적일 가능성이 큰 사람들을 골라내는 데 가치 있고 '비용 면에서 효과적인' 수단일 수 있다.[21]

이러한 예는 효과가 큰지 아닌지 살필 때 실용성 고려가 거의 필연적으로 판단에 영향을 미친다는 사실을 보여준다. 효과는 특정 작업을 하는 경우 만나는 장벽과 관련해 크거나 작다. 또한 그 작업의 중요도에 비례하며 이는 특정 목적을 달성하는 데 충분히 큰지 작은지뿐 아니라 그 목적을 우리가 얼마나 중요하게 생각하는지와도 관련이 있다.

효과 크기의 기대 기준

마지막으로 우리 목적에서 가장 중요하다고 봐야 할 '결과'

는 우리가 기대한 것에 비춰 상대적으로 크다고 혹은 작다고 할 수 있다. 이를 기대 기준expectation criterion이라 부르는데 그 이유는 그것이 어떤 결과나 사건을 믿는 사람들의 이전 신념 또는 베이즈 선험bayesian prior✧ 변화와 관련이 있기 때문이다. 이 기준에 따르면 관련 데이터를 우리의 기대와 그 기대를 지배하는 이론에서 크게 수정하도록 만들 경우 효과는 크고, 만약 변화를 거의 강제하지 않거나 변화가 없으면 효과는 작다. 매우 작은 효과(여기서는 통상적인 통계 기준에서 작다는 뜻이다)도 때로 우리가 기본적이고 잘 정립한 이론을 이 맥락에서 재고하게 만든다는 점을 생각해봐야 한다. 아무런 차이가 없을 것이라 기대할 만큼 잘 정립한 근거와 어떤 차이를 실제로 발견하거나 어떤 차이도 발견하지 못할 만한 매우 정확한 측정 기술이 있다고 가정할 때 말이다.

이처럼 결과는 우리의 주관적 확률을 바꿀 정도의 한도 관점에서 평가할 수 있다. 뉴햄프셔 예비 경선✧✧에서 5등을 하리라고 예상한 스노트 상원의원✧✧✧이 2등을 하면 우리는 그가 전체 투표에서 '큰' 부분을 얻었다고 느낀다. 예비 경선에서 1등을 할 것이라고

✧ 18세기 통계학자 토머스 베이즈Thomas Bayes의 이름을 딴 베이즈 통계학에서는 통계 추론을 할 때 현재 주어진 데이터에 존재하는 정보 이외의 다른 정보는 사용하지 않는 전통 통계와 달리 연구 대상에 관해 사전에 알고 있는 정보, 다른 연구에서 나온 정보, 연구자의 사전 지식과 주관적 의견도 반영한다.

✧✧ 미국 대통령 선거에서 초반 판세를 결정하는 중요한 정치 행사.

여긴 그럼프 주지사가 2등을 할 경우에는 그가 전체 투표에서 '작은' 부분을 얻었다고 느낄 수 있다. 두 사례 모두 우리는 이전 예측이나 신념을 기준으로 두 캠페인의 운영 효과 기능을 '성공' 혹은 '실패'라고 규정한다.

사회개입과 그 기반인 과학 이론은 우리의 기대와 비교해 그것이 얼마나 잘 작동하는가로 판단한다. 상당히 잘 정립한 이론도 그 두꺼운 갑옷에서 예측의 약점을 발견하면 재검토할 수 있다. 또 이론 창시자가 과학자들이 받아들인 의견과 정반대로 한두 가지 예측을 했는데 그것이 맞는 것으로 밝혀지면 언뜻 믿기 어려운 이론이 엄청난 신뢰를 얻기도 한다. 이 마지막 정의에는 흥미롭고도 중요한 결과가 있다. 우리의 기대에 영향을 미치는 어떤 경험, 훈련 심지어 미사여구는 특정 효과의 크기와 그 효과를 만들어낸 개입의 만족이나 실망을 평가할 때 모두 영향을 미친다. 헤드스타트Headstart(빈곤한 아이들을 위한 취학 전 교육 개입 프로그램)와 학교 내 인종 통합 같은 사회개입의 긍정적 효과는 통계상 그 의미가 항상 크지 않을지 모르지만 효과는 현실적으로 의미가 있었다. 그러나 이 개입 프로그램을 시작한 시대의 정치적·사회과학적 미사여구와 그에 따른 커다란 기대 때문에 상대적으로 그 효과는 하찮은 것

◇◇◇ 1965년 미국 아티스트 조지 리히티George Lichty가 〈피할 수 없다면 즐겨라Grin and bear it〉라는 만화에서 만들어낸 가상인물로 미국 상원의원의 전형적인 인물을 말한다.

으로 여겨져 광범위하게 묵살을 당했고, 미래를 위해 그 긍정적 프로그램을 유지하고 강화하기보다 무시하는 근거로 삼았다.

이 책에서 우리가 상황 효과가 크다고 말할 때는 보통 위에서 언급한 기준 중 적어도 두 가지(통계 기준과 기대 기준)를 근거로, 또 때로는 실용 기준을 근거로 효과가 크다는 것을 의미한다. 우리가 성향 효과dispositional effect가 작다고 말할 때는 보통 동일한 두 기준(통계 기준과 기대 기준)을 근거로, 대개는 실용 기준을 근거로 효과가 작다는 것을 뜻한다. 우리가 개입과 적용 효과를 말할 때는 보통 실용 기준을 근거로만 크기를 측정한다.

효과를 비교할 때 우리는 어떤 경우든 가급적 비율 형식으로 결과를 제시하고자 한다. 예를 들어 실험이나 개입 효과를 말할 때 실험 조건 또는 대조 조건에서 특정 방식으로 행동했거나 특정 결과를 보여준 사람들의 비율을 밝힐 것이다. 성격 특성과 관련이 있는 차이를 밝힐 때는 특정 방식으로 행동한 사람들의 비율을 비교할 것인데, 중앙값median 위와 아래의 비율을 서로 비교하거나 중앙값 위로 표준편차의 2배만큼 지점 대비 중앙값 밑으로 표준편차의 2배만큼 해당되는 지점에서의 비율을 비교할 것이다. 물론 효과 크기를 비율로 나타내는 것은 효과 크기의 각 세 가지 기준과 관련이 있지만 그 방식은 대략적이고 상당히 가변적이다. 효과 크기를 비율로 나타낼 때의 커다란 장점은 모든 사람이 쉽게 이해할 수 있는 공통 지표라는 점이다. 이런 이유로 부분적으로는 기대 기준에 따른 효과 크기를 추정하는 데 사용하기에 가장 효율적인 지표라고 할 수 있다. 5장에서 보겠지만 대체로 효과 크기에 관한 자신의 기대치를 비율 추정치로 변환한 뒤 이를 실제 비율과 비교하는 것이 쉽다.

책의 개괄과 구성

요약하면 이 책은 현대 실험사회심리학과 인지사회심리학 관점에서 행동의 예측 가능성과 일관성을 다루고 있다. 우리는 상황요인이 간혹 대다수 과학자나 일반인이 추측하는 것보다 더 강력한 행동 결정요인으로 밝혀진다고 주장하는 연구 역사로 시작한다. 이 상황주의의 교훈은 배경이 서로 다른 사람과 신념이 다른 사람은 물론 심지어 성격이 명백히 다른 사람들마저 어떤 상황을 동일하게 이해하고 반응한다는 점이다. 달리 말하면 인간에게는 우리가 일반적으로 생각하는 것보다 더 유사한 것으로 밝혀진 적어도 몇 가지 중요한 측면이 있다.

동시에 연구와 일상 관찰이 우리에게 알려주는 것은 사람들이 특정 상황과 사건에 보이는 반응이나 일상 행동 패턴이 극적으로 다를 때가 자주 있다는 점이다. 우리는 고정적이고 일관성 있으며 논리정연하고 예측 가능한 개인차에 관해 일반인이 공유하는 확신이 언제나 단지 인지적 착각만은 아니라는 점을 논한다. 오히려 이 확신은 상당 수준으로 일상 경험에서 나온 데이터에 근거하고 있다. 또 우리는 개인차의 존재나 의미를 반박하기보다 이를 인정하고 그 근거와 의미를 탐색한다. 더 구체적으로 말하면 상황주의자와 주관주의자가 설명하는(사람들이 사회 시스템의 복잡한 역동성과 구성 과정의 역할에 비중을 두는 것) 개인차를 소개한다. 결국 우리의 목표는 개인차 설명에 있으며 특히 어떤 종류의 차이가 존재하고 왜 중요한지, 어떤 때 모호하며 언제 그 차이를 잘못 해석할 수 있는지 설명한다.

2장부터는 사회심리학의 고전 연구를 살펴보며 우리가 말하는 상황요인의 힘이 무엇인지 보여준다. 2장에서는 먼저 집단 영향에 집중한 뒤 행동 변화를 촉진하는 조력자이자 억제하는 장벽이라는 경로요인 개념을 다룬다. 3장에서는 구성 과정의 의미를 논한다. 우리는 구성이 개인마다 다양하며 사회 행동의 중요 결정요인이라는 사실을 되풀이한다. 더 중요하게는 사람들이 자신의 행동을 예측하거나 다른 사람의 행동을 해석할 때 구성의 예상 밖 변화를 인식하고 감안하는 데 실패할 수 있음을 강조한다. 그 실패의 결과로 사람들이 너무 자주 행동에 관해 잘못 예측하고, 예측 실패를 행위자가 안정성을 추구하는 성향 때문이라고 설명함으로써 실수를 배가한다.

그다음 네 개 장에서는 개인 행동의 예측 가능성을 보다 상세히 다룬다. 4장에서는 고정된 일련의 상황에 노출된 사람들의 행동에서 서로 다른 상황 간 일관성, 특히 외향성이나 솔직함 같은 전형적인 성격 특성과 관련된 행동의 일관성을 입증한 주요 연구를 살펴본다. 5장에서는 사람들에게 이런 연구 데이터가 정말 놀랍다는 것을 보여준다. 다시 말해 질적, 양적 측면에서 어떤 측정과 정의를 개선해도 바로잡을 수 없다는 점에서 일관성과 예측 가능성에 관한 일반인의 신념이 잘못되었음을 보여준다. 6장에서는 행동의 일관성과 예측 가능성의 진정한 이유라고 믿는 것을 논한다. 일부는 역할과 상황이 요구하는 개인차와 관련이 있고 어떤 것은 안정적인 개인차와 전혀 관련이 없다. 7장에서는 오래되었지만 최근 도외시하는 행동의 문화 효과 문제로 주의를 돌려 상황, 구성, 긴장 시스템의 역할을 다시 강조한다. 또한 우리는 현대 서구 사회에서 찾아볼 수 있는 지역의 하위문화를 포함해 문화권이 다르면 행위자가 서로 다른 상황에 놓이고 다른 사회 역동성에 노출되면서 결국 행위자 구성에 독특한 차이가 생기는데, 이 점이 사회 행동에 실질적인 영향을 미친다는 점을 설명한다.

마지막 8장에서는 개입과 사회 변화 차원에서 앞선 일곱 개 장에서 다룬 분석이 무엇을 의미하는지 살펴본다. 특히 이 책에서 말한 상황주의자, 주관주의자 그리고 긴장 시스템 전통의 가치를 잘 보여준다고 판단한 몇몇 응용 연구를 살펴본다. 우리는 사람들이 강력할 것이라 기대한 어떤 개입은 왜 실망스러운 결과를 내는

지, 왜 덜 강력한(비용이 덜 드는) 다른 개입은 더 좋은 결과를 만들어내는지 분석해서 설명한다. 이 분석은 이론적으로 지향하는 가장 높은 수준의 사회심리학 전통에서 응용 전문가가 배울 수 있는 교훈과 성공했거나 성공하지 못한 응용 역사에서 이론가들이 배울 수 있는 교훈을 보여준다. 또한 이것은 사회심리학을 일상생활에 적용하거나 심각한 사회 문제와 도전에 대처하기 위한 사회의 노력을 이해하려는 일반인에게도 도움을 줄 것이다.

2

상황의 힘

몇 년 전 유럽에서 수백 명의 분노한 영국 축구팬이 라이벌인 이탈리아 축구팬 수십 명을 공격하는 과정에서 벽이 무너져 39명이 사망하고 400명이 부상을 당했다.◇ 우리는 이런 일에 충격을 받고 관련자들을 비난한다. 특히 그들의 행동을 이해하지 못하고 그 원인을 개인의 공격성으로 돌리는 경향이 있다. 사실 일상적인 상황이나 폭력 가담자의 삶을 살피는 것으로는 예측할 수 없는 군중 폭력을 야기한 상황의 특성을 인식할 수 없다.

심리학자 고든 올포트Gordon Allport◇◇(1954)가 사회심리학의 근원을 다룬 자신의 고전적인 글에서 언급했듯이 장 가브리엘

◇ 1985년 5월 29일 벨기에 브뤼셀 헤이젤스타디움에서 열린 유러피언컵 결승에서 영국 리버풀 팬들이 이탈리아 유벤투스 팬 사이에 세워둔 벽을 밀어 넘어뜨리면서 벌어진 참사. 사망자는 대부분 이탈리아 사람이었다.

◇◇ 미국 최초로 성격 특성 관련 논문으로 박사학위를 취득한 성격심리학의 아버지다. 성격 이론과 사회심리학 응용 분야에서 많은 업적을 남겼다.

드 타르드Jean-Gabriel de Tarde[✧](1903)와 귀스타브 르 봉Gustave Le Bon[✧✧](1896) 같은 사회철학자는 개인의 욕구와 특성의 범위를 넘어서서 분석할 필요성을 인식했다. 그들에 따르면 폭도 상황mob situation은 개별 참가자에게 즉각 열기를 돌게 하고 이들의 행동을 이끄는 이성과 예의를 빼앗는 것으로 보인다. 혼자일 때는 수치심과 부끄러움을 불러일으킬 만한 행동도 집단 속에 있으면 자발적으로 강력히 행하게 된다. 도시 폭동이나 인종차별을 비롯해 이보다 덜 불길하긴 하지만 학기 말에 학생들이 플로리다와 캘리포니아 해안가에서 흥청망청 파티를 벌이며 몰개인화한deindividuated[✧✧✧] 행동을 할 때 우리는 현대의 집단행동을 본다. 또한 뉴올리언스의 마르디 그라스Mardi Gras, 리오의 카니발 같은 축제기간에도 그런 집단행동이 나타나는데 이때 독실한 신자들도 비난받는 것을 두려워하지 않고 통상의 제약을 벗어던진다.

이러한 우발 사건은 어떻게 설명할 수 있을까? 단순한 흥분과 자극일까, 아니면 익명성의 영향일까? 책임이 분산되거나 처벌

✧ 프랑스의 사회학자이자 범죄학자로 19세기 프랑스 사회학계를 대표한 인물이다. 사회학을 개인 간의 심리적 상호작용으로 설명했다.

✧✧ 프랑스의 사회심리학자로 집단 속 개인의 감정과 무의식에 주목한 군중심리학을 연구해 현대 사회학 연구에 지대한 영향을 미쳤다.

✧✧✧ 자기 인식 상실이나 지각 변화, 내적 제약 감소 등으로 이상한 행동을 하거나 때로 반사회적 행동으로 이어지는 상태를 말한다. 집단 속의 익명성은 이러한 상태를 일으키는 한 원인이다.

받을 가능성이 줄어든다고 생각하기 때문일까, 아니면 19세기 사회철학자들의 생각처럼 어쨌든 군중은 어떤 신비한 에너지의 원천을 뿜어내는 것일까? 그 결정인자가 무엇인지 실마리를 푸는 것은 오래전부터 흥미로운 연구 주제였다.[1] 그 근원이 무엇이든 린치를 가하는 군중, 약탈 대상을 찾아 돌아다니는 소년 무리, 미친 듯 날뛰는 축구팬은 모두 상황이 행동을 어떻게 통제하는지 잘 보여주는 예다. 이런 사건이 터지면 상당 부분 상황을 놓고 이해해야 하지만 필연적으로 배타적 성향만으로 설명하는 기본적 귀인 오류를 저지른다. 우리는 자기 자신, 친구, 이웃 혹은 사회의 꽤 괜찮은 사람들이 그 문제에서 집단의 영향력에 굴복하지 않을 것이라고 생각한다. 집단의 방종 사례를 생각하기 힘든 이유가 여기에 있다. 우리는 집단의 영향력에 굴복하는 사람들의 개인 성향이 돌이킬 수 없을 정도로 불안정하고 그들이 어떤 악의까지 드러낸다고 생각한다.

이 장에서 살펴볼 사회적 영향력과 상황 통제의 고전적 연구에서는 두 가지 주제를 강조한다. 하나는 사회의 압력과 그 밖에 다른 상황요인이 우리가 일반적으로 생각하는 것보다 인간 행동에 더 강력한 효과를 발휘한다는 점이다. 다른 하나는 특정 사회 상황의 영향을 이해하려면 때로 미묘한 세부사항에 주의를 기울여야 한다는 것이다.

사회적 영향력과 집단 절차

실험실의 획일성 압력:
셰리프의 '자동운동' 연구와 애시의 패러다임

집단 영향력과 동조conformity✧에 관해 가장 널리 알려져 있고 아마도 가장 흥미로운 방식을 제시하는 일련의 실험실 연구로 이야기를 시작해보자. 그것은 바로 솔로몬 애시의 유명한 연구다. 역설적으로 이 독특한 실험은 개인이 생각 없이 집단이 명하는 바에 굴복하는 현상을 가장 잘 보여주는 것으로 꼽힌다. 이것이 역설적인 이유는 적어도 초기에 애시는 그 정반대 결과를 입증하려 했기 때문이다. 더구나 당시 그는 터키에서 미국으로 이주한 무자퍼 셰리프Muzafer Sherif라는 독특한 이름의 젊은 심리학자가 몇 년 전 실시한 창의적이고 중요한 실험이 오해를 불러일으킨다고 생각해 이를 바로잡을 생각이었다.

셰리프의 '자동운동 효과' 패러다임

셰리프의 실험(1937)은 집단규범의 발생과 유지를 보여주기 위한 설계였다. 자신이 특별한 정신물리학 실험에 참여한다고 생

✧ 다른 사람들의 의견, 판단, 행위와 일치하도록 자신의 의견, 판단, 행위를 조정하는 것을 말한다.

각한 실험 참가자들은 완전히 어두운 방에 앉았다. 그들 앞에는 얼마간 거리를 두고 작은 불빛이 있었다(실험 참가자들은 정확한 거리를 확실히 알 수 없었다. 심지어 자신이 앉아 있는 방의 크기도 알지 못했다. 이 실험에서는 객관적 '준거틀frame of reference'을 없애는 것이 중요한 조건이었다). 잠시 그 불빛을 똑바로 바라본 뒤 실험 참가자들은 갑자기 그 불빛이 **움직이다가** 사라지는 것을 봤다. 곧이어 새로 불빛이 나타나 움직이다가 다시 사라졌고 이는 '실험'을 완료할 때까지 연속해서 이어졌다. 하지만 실제로는 정지한 불이 움직이는 것처럼 보였을 뿐이다. 이를 자동운동 효과autokinetic effect라고 부르는데 확실히 움직이는 것처럼 보인 것은 지각과 관련된 환상 때문이다.

셰리프는 실험 참가자들에게 단순한 과제를 내주었다. 그것은 실험할 때마다 불빛이 얼마나 멀리 움직였는지 추측하는 일이었다. 이 과제를 실험 참가자가 한 명씩 수행할 때는 추정치 변동폭이 사람마다 매우 컸고(1인치에서 몇 피트에 이르기까지 다양했다) 적어도 초기에는 첫 실험에서 다음 실험까지 추정치가 불안정했다. 그런데 실험 참가자가 두 명씩 짝을 이루거나 세 명이 집단으로 과제를 수행할 때는 결과가 크게 달랐다. 실험 참가자들의 추정치는 예외 없이 수렴되기 시작했고 집단규범이 빠르게 잡혀갔다. 더욱이 서로 다른 집단은 상당히 다른 규범으로 수렴되었는데, 두 명이나 세 명으로 이뤄진 특정한 조에 속한 사람은 자신이 속한 집단의 표준에서 크게 벗어나는 추정치를 제시하는 것을 꺼리는 듯했다. 개인의 판단이 적절한지 가늠하는 객관적 기준이 없던 상태에서 집단 구성원이 사회 기준이 되어버린 것이다.

한 연구에서 셰리프는 실험 협조자를 투입했다. 당시만 해도 이런 속임수로 실험하는 것은 거의 알려지지 않았고 악의도 없던 시대라 어떤 참여자도 의심하지 않았다. 아무것도 모르는 실험 참가자 한 명과 함께 실험에 참여한 이 협조자는 실험 참가자들이 보통 추정하는 수치보다 훨씬 높거나 낮은 수치를 일관성 있게 추정치로 말했다. 실험 참가자들은 협조자가 내놓은 높거나 낮은 기준을 곧바로 받아들였다. 이 결과가 보여주는 것은 사회 규범은 선의는 있지만 확신은 없는 진실 추구자의 의견을 수렴하면서 시작되는 것만은 아니라는 점이다. 그 대신 강압할 힘도 없고 전문성이나 정통성을 주장할 수도 없는 한 개인이 확신 없는 다른 사람들 앞에서 자기주장을 일관성 있고 확고하게 이어가는 것만으로도 사회규범이 만들어질 수 있음을 보여주었다.

셰리프와 그 이후 연구자들이 보고한 추가 결과를 보면 앞서 말한 것이 더욱 이해가 갈 것이다. 실험 협조자의 영향이든 집단 수렴을 거치든 일단 의견이 형성되면 자동운동 규범은 이미 내면화했다. 동료들이 자리를 떠나 더 이상 그들의 판단이 (맞는지 틀린지) 보고 있지 않을 때도 실험 참가자들은 이 규범norm을 고수했다. 심지어 1년이 지나도 그들은 바뀌지 않고 그대로였다![2] 실험 참가자들은 새로운 집단에 들어가 상당히 다른 판단을 내놓는 동료들과 함께 있을 때도 **예전** 규범을 고수했다. 도널드 캠벨✧과 그의 동료 제이콥(1961)이 수년 뒤 입증했듯 자동운동 규범은 실험 참가자 한 '세대'에서 다음 세대로 순조롭게 전달이 가능하다. 이 연구에서는 실험을 할 때마다 아무것도 모르는 새로운 실험 참가자 한 명이 들어가고 기존 실험 참가자 중 한 명은 실험에서 나오게 했다. 이 방식으로 몇 번 실험하는 동안 모든 참여자는 그 상황에 새로 들어가는 역할을 했다. 그럼에도 불구하고 몇 차례 교체된 사람들이 이전 집단규범에 가까운 의견을 전하면서 그것이 이어졌다. 처음 그 규범을 제시한 사람이 떠난 지 이미 오래되었는데도 말이다.

단순히 불확실하고 모호한 상황에 직면했을 때 사람들이 동료의 판단에 더 비중을 두고 따른다는 것이 셰리프 연구에 함축된 메시지는 아니었다. 그보다는 세상을 향한 우리의 기본적인 인식과 판단은 사회적으로 조건화하고 영향을 받는다는 점이었다. 인식과 사회의 영향 절차를 오랫동안 연구한[3] 솔로몬 애시는 실험 초반에 '자동운동' 패러다임을 또 다른 실험 절차로 교체하면서 이러한 제안에 적극 도전했다. 이때 그가 사용한 실험 절차는 그의 이름을 따서 부르고 있다.[4]

✧ 미국 사회심리학자로 심리학, 사회학, 정치학 연구에 방법론을 제시했다. 다중기법multimethod이나 유사실험quasi-experiment 설계처럼 방법론에서 기여한 점이 가장 잘 알려져 있다.

애시 패러다임

셰리프의 실험과 마찬가지로 애시의 실험에 참가한 사람들은 연구실에 들어서면 시지각visual perception 관련 실험에 참여할 거라는 말을 듣는다. 7~9명으로 그룹을 이룬 실험 참가자 앞에는 이른바 기준선이 하나 있었는데 이들은 세 가지 '비교'선 중 어느 것이 기준선과 일치하는지 맞히는 작업을 몇 차례 시행했다. 각 실험 참가자는 한 명씩 돌아가며 답변했다. 심리학개론을 수강한 대학생이라면 모두 알겠지만 실험 참가자 중 오직 한 사람, 즉 각 시행에서 맨 마지막에 답변하도록 설계한 사람만 아무것도 모르는 실험 참가자였다. 나머지 실험 참가자는 연구자가 미리 심어둔 실험 협조자로 이들은 정해진 각본대로 답변했다.

시작하기 전 연구진은 실험 참가자들에게 실험 목적상 서로 이야기를 나누지 않고 독립적으로 판단해야 한다고 말했다. 이 지시사항과 과정상의 다른 세부사항은 처음엔 그리 중요하지 않은 듯 보였다. 실험 참가자가 판단해야 하는 것이 아주 쉬웠기 때문이다. 너무 쉬워서 처음 몇 번의 시행에서는 참가자 9명 모두 똑같이 '당연한' 정답을 반복하는 바람에 따분하고 약간 무의미해 보이기도 했다. 그러다가 아무것도 모르는 실험 참가자는 네 번째 시행에서 어떤 이상한 일이 벌어지는 상황과 마주한다. 이것 역시 앞선 시행과 마찬가지로 그리 어렵지 않았지만 첫 번째 답변자가 조금도 망설이지 않고 명백하게 틀린 답을 댔다. 기준선 1.5인치와 길이가 똑같은 비교선을 정확히 '맞히는' 것이 아니라 0.5인치에 불과한 비교선 중 하나를 선택했다(나머지 비교선은 2인치였다). 예상했던 대로 아무것도 모르는 실험 참가자는 눈이 휘둥그레지면서 믿을 수 없다는 표정을 지었고, 첫 번째 답변이 완전히 틀렸다는 점을 다시 한번 확인하고는 더러 불안 섞인 표정으로 피식 웃거나 동료의 어리석음에 불편한 마음을 드러내는 듯한 반응을 보였다. 그런 반응은 집단 내 다른 참여자가 똑같이 틀린 답을 말하고 반복하는 동안 훨씬 더 커졌다. 마침내 아무것도 모르는 실험 참가자가 답변해야 하는 순간이 찾아왔고 그는 만장일치의 대다수 답변을 따르지 아니면 독립적으로 자신이 생각하는 답을 말할지 결정해야 했다.

실험을 완전히 끝내기 전 전체 10회와 18회 시행 중 이 같은 '결정적' 동조 시행은 (특정 연구에 따라) 5회에서 12회 포함되었다. 각각의 결정적 시행에서 실험 참가자는 똑같은 딜레마를 겪었다. 동조해서 자신이 생각하는 근거를 부정하는 것과 확신에 찬 대다수의 만장일치 앞에서 독립적으로 남는 것 중 하나를 선택해야 했으니 말이다. 애시가 처음에 실험 참가자는 대부분 만장일치를 이룬 다수 앞에서도 독립적으로 자신의 신념(적어도 자기 인식을 향한 자신감)에 따라 용기 있게 말할 것이라고 기대했다는 사실을 기억하자. 이 기대는 틀린 것으로 밝혀졌다. 지각 판단 과제의 성격이 단순하고 구체적이었음에도 불구하고 실험 참가자들은 대체로 명백하게 갈등과 불편함을 드러냈으며 드물지 않게 다수 의견에 동조했다. 사실상 실험 참가자의 50~80퍼센트(실제 비율은 연구마다 다르다)가 최소 한 번은 대다수의 오류를 따랐고 모든 결정적 시행의 3분의 1이상에서 동조가 나타났다.

애시는 후속 연구에서 두 가지 중요한 사실을 재빨리 찾아냈다. 첫째, 그의 패러다임에서 만장일치를 이루는 다수는 규모가 특별히 클 필요가 없었다. 실제로 애시는 공모자의 수가 여덟 명에서 세 명이나 네 명으로 줄어도 동조 비율이 크게 줄지 않는다는 것을 알아냈다(여기서 셰리프가 앞서 진행한 실험 결과를 떠올려볼 필요가 있다. 아무것도 모르는 실험 참가자 한 명과 실험 협조자 두 명이 있는 그룹에서는 상대적으로 동조가 거의 일어나지 않았다. 실험 협조자가 한 명만 있었을 때는 실제 사회적 영향력을 보여주는 증거가 전혀 없었다). 둘째, 오류를 범하는 대다수는 만장일치를 이뤄야 했다. 한 명이라도 독립적으로 판단하는 사람이 있으면 대상 실험 참가자가 동조하는 퍼센트와 빈도수 모두 급격히 떨어졌다. 심지어 독립적으로 판단하는 사람과 아무것도 모르는 실험 참가자가 그들과 다른 의견을 제시하는 7~8명 모두와 마주하는 경우에도 말이다.

처음에 애시는 놀라워했지만 기본적으로 물리적 현실에 대한 인식이 사회적 영향을 받을 수 있다는 결론을 결코 내리려 하지 않았다. 자신의 입장을 방어하기 위해 애시는 대략 3분의 1의 실험 참가자가 한 번도 동조한 적이 없었고, 또 다른 3분의 1은 자기 입장을 양보하는 대신 만장일치를 이룬 대다수에 더 많이 반대했다는 점을 지적했다. 한 발 더 나아가 애시는 (자신의 입장을 강화하기 위해 실험 뒤 인터뷰한 결과를 이용해) 사회적 영향에 직면해 동조했을 때도 이는 실험 참가자의 지각이 바뀌었기 때문이 아니라고 주장했다. 그와 반대로 실험 참가자들은 개인적인 지각에도 불구하고 동조했는데 이는 자신의 지각이 무언가 잘못되었고 만장일치를 이룬 대다수가 맞는다고 믿었거나 대다수가 틀린 것을 확신하면서도 혼자 반대자가 되고 싶지는 않았기 때문이라고 했다.

애시의 해석은 설득력 있고 그의 후속 연구에도 깨달음을 주는 부분은 분명 있다. 그러나 그의 기본적인 실증 연구 결과, 즉 많은 개인이 집단에 반대해 혼자 서기보다 확실한 자기의식을 드러내는 논거조차 기꺼이 부인하려는 것은 애시와 동시대를 살아간 사람들의 상상력을 사로잡았고 지금도 우리는 이와 비슷한 문제를 겪고 있다.[✧] 1950년대 사회심리학자들은 즉각 애시의 연구 결과를 현실세계와 연관지었다. 그때는 전례 없는 정치적·사회적 정통주

✧ 오늘날에도 동조는 때로 심각한 사회 문제를 불러일으킨다. 높은 자살률과 이를 다루는 언론의 태도는 비슷한 처지에 있는 사람들의 자살 시도를 부추길 수 있다. 아이를 학원에 보내지 않고 마음껏 놀게 하고 싶어 하는 부모도 주변 사람이 모두 아이를 밤늦게까지 학원에 보내는 현실과 마주하면 선뜻 혼자서 다른 교육 방식을 취하기 어려워한다. 잘못된 것임을 알면서도 관행이라며 남들이 하니 나 역시 해도 괜찮다는 생각도 동조다.

의orthodoxy◇, 즉 매카시즘과 충성 서약, 비슷한 형편의 중산층이 모여 사는 교외, 완고한 기업 문화의 시대였다. 1960년대 초 흑인 민권운동civil right movement이 등장해 갈등과 사회적 대립이 시작되고 베트남전쟁에서 미국의 역할에 반대하는 시위가 절정에 달할 것이라 예상한 사람은 거의 없었다. 1950년대 사회비평가들은 상대적으로 소수인 반대 의견과 그 반대 의견자들이 치러야 했던 가혹한 대가에 항의했다. 또한 이들은 미국 건국 초기의 특징이라 믿은 독립정신과 강력한 개인주의의 실종을 한탄했다. 그뿐 아니라 기업과 교외 가정에서 똑같이 벌어진, 즉 '회색 양복을 입은 사나이The Man in the Gray Flannel Suit'◇◇가 매일 저녁 말쑥한 차림으로 올바른 생각을 하고 소비지상주의를 믿는 가족에게 돌아가는 모습에 욕을 퍼부었다. 그 비평가들에게 애시의 실험은 또래 압력의 위험을 알려주는 교훈적 이야기로 보였다.

사회심리학 분야 중에서도 집단의 역학관계와 사회적 영향력의 원칙을 연구하려 한 레빈주의자들은 애시의 실험을 '획일성 압력'이라는 영향력에 관한 논쟁거리로 사용했다. 애시의 실험 상

◇ 여기서 정치적·사회적 정통주의는 그 시대에 주류로 여긴 정치·사회 이념이란 뜻으로 쓰였다.

◇◇ 1955년 슬로안 윌슨이 출간한 소설의 제목이다. 2차 세계대전 참전용사인 주인공이 가정과 직장일 사이에서 어떻게 균형을 잡아야 할지 고민하는 모습을 담은 것으로 1950년대 미국의 사회·문화 가치와 기업문화 등을 보여주는 대표적인 작품이다.

황에서는 상당한 동조가 나타났다고 볼 수 있다. 과제가 쉬웠고 누가 봐도 객관적인 상황이었으며 보상이나 처벌과 관련해 집단의 힘이 상대적으로 없었기에 동조 압력conformity pressure은 최소화한 상태였다. 그렇다면 (논의는 이 방향으로 나아갔는데) 서로의 판단을 존중하되 질책은 두려워할 만한 집단 구성원이 모호한 문제를 놓고 토론하는 일상 상황에서는 더 엄청난 동조가 나타날 것이라고 예상하지 않을 수 있겠는가?

우리의 직관과 선개념preconception✧✧✧을 문제 삼는 모든 고전적 실험과 마찬가지로 애시의 실험은 일반화 가능성과 유의미성에 의문을 불러일으킨다. 애시의 연구 결과는 사회적 영향력이 실제 세상에서 작동하는 방식과 상관없이 단지 사회심리학 실험실에서 나온 인위적 결과물일까? 그게 아니라면 이 연구 결과가 인간 행동에 따른 설명, 예측, 통제와 관련해 우리에게 알려주는 것은 무엇일까?

이후 오랜 기간에 걸쳐 애시의 기본 결과가 실험실 상황이라는 온실에서 나온 인위적 결과물이 아니라는 것이 밝혀졌다. 스탠리 밀그램Stanley Milgram✧✧✧✧ 덕분에(그의 고전적 연구는 곧 상세하게 살펴

✧✧✧ 정보를 습득하기 이전에 어떤 판단 대상에 보이는 신념이나 기대를 말한다.

✧✧✧✧ 미국 사회심리학자로 '권위에 대한 복종' 실험으로 잘 알려져 있다. 이 실험은 홀로코스트에서 영감을 받은 밀그램이 일반인이 권위에 복종해 타인에게 해를 가하는 행동을 하는 과정을 보여주어 당시 많은 충격과 논란을 불러일으켰다.

본다) 우리는 애시가 밝힌 엄청난 결과가 대학생을 대상으로 한 실험 때문이라거나 실험 참가자들이 심리학 실험에 참여한다는 것을 인지했기 때문이 아니라는 점을 안다. 밀그램(1961)은 자신이 제트여객기의 새로운 신호 시스템을 테스트한다고 생각한 성인들의 반응을 살펴보았다. 그 맥락에서 대상 실험 참가자들은 기준 음조의 음높이와 비교 음조의 음높이를 평가하도록 요구받았다. 몇 차례에 걸친 중요한 시행에서 앞서 다른 실험 참여자들(연구진의 실험 협조자)은 모두 기준 음조의 음높이에 비해 분명하게 높거나 낮은 것을 고른 뒤였고, 대상 실험 참가자는 동조할지 독립적으로 판단할지 결정해야 했다. 애시의 원래 실험처럼 밀그램 실험의 주요 결과 역시 잘못된 대다수에 동조하는 비율이 높았다. 이 결과는 애시의 실험 결과가 실제 세상에서는 나타나지 않을 것이라던 회의론자들의 입을 다물게 만들었다. 회의론자들은 실제 세상에서는 틀린 답을 제시할 경우 그 결과에 스스로 책임을 져야 하므로 연구 결과처럼 다수가 빚어낸 상황의 힘이 크지 않을 것이라고 판단했었다.

애시의 실험 결과를 놓고 보다 광범위한 이론상의 의의를 묻는 질문에는 더 복잡한 답이 필요하다. 우리는 수학문제, 일반상식, 사회적·정치적 판단을 포함해 다양한 유형의 자극에서 상당한 정도의 동조가 일어난다는 것을 분명히 알고 있다.[5] 본래 애시 실험의 후속 연구는 단순히 객관적 자극을 사용하는 것에서 점차 주관적 해석과 의견 문제로 바뀌었다. 이러한 판단이 일상생활에서 벌어지는 동조와 더 관련이 있고 연구하기에 더 용이하며 많은 동조를 이끌어 내리라는 걸 더 확신하는 한편, 어떤 의미에서는 실험 참가자들을 덜 폄하하는 것으로 보여 바뀐 것이었다. 이들 연구는 반복해서 임의적으로 구성한 집단, 심지어 사람들이 동조에 보상하거나 그들에게 장기적으로 다른 의견을 처벌할 힘이 없을 때도 강력한 동조 압력을 발휘할 수 있음을 밝혀냈다.

그렇지만 사람들이 대부분 쉽게 동조하는 모습을 보이는 애시의 현상을 기반으로 성급하게 결론을 내리면 안 된다. 다시 말해 사람이 양 떼처럼 남과 다른 목소리로 불협화음을 내기보다 성향상 어느 정도는 대다수에 속하려 한다고 결론을 내리면 안 된다. 비록 애시와 동시대의 관습에 따른 관점에서는 그랬지만 이런 결론은 우리가 이 책에서 지적하고자 하는 기본적 귀인 오류를 반영하는 것이다. 애시가 그랬듯 "사람은 양 떼와 같다"는 해석에 반박하기 위해 우리는 대다수 실험 참가자가 많은 경우 동조하지 않았다는 사실을 독자 여러분에게 거듭 밝히고 싶다. 또한 애시의 실험 상황에서 다수, 더 정확히 말하면 대다수 의견이 만장일치로 모이지 않을 때 동조하는 정도가 급격히 떨어졌다는 점도 유념해야 한다. 이 모든 결과는 사람들이 꽤 자주 소수의 관점을 표현하려 한다는 것을 보여준다. 최악의 경우 자신과 유사한 의사를 밝힐 동료가 없을 때 사람들은 반대 의견을 제시하기 힘들어한다. 하지만 동조 압력이 있을 때도 반대 의견을 제시할 수 있고 제시한다는 것을 입증하기 위해 실험 결과까지 필요하지는 않다. 우리는 자신이 혹은 우리에게 익숙한 다른 사람들이 반대 의견을 적극 표현한 사례를 들 수 있다. 이런 사례들 가운데 간혹 우리는 실제 세상에서 언뜻 보아도 애시의 실험에서 반대 의견을 내는 사람이 감당해야 할 것보다 훨씬 더 커다란 잠재적 대가가 예상되는 상황에서도 대다수 의견에 맞서 반대 의견을 내는 경우를 본다.

로스, 귄터 비어브라우어Günther Bierbrauer, 수전 호프먼Susan Hoffman(1976)은 '사람들은 언제, 왜 반대 의견을 제시하는가'라는 의문을 놓고 연구를 진행했다. 이들은 애시의 실험 상황을 참여자들의 인과 귀인 측면에서 분석했다. 로스와 그의 동료들은 근본적으로 동조와 반대 사이에서 선택해야 하는 사람은 거의 언제나 자신의 다른 관점에 이유를 댈 수 있다고 주장했다. 그 이유로 목표나 동기, 갖고 있는 정보 혹은 기존 추정이 다르다는 점을 내세울 수 있다. 합리적인 사람은 이 차이점 때문에 동의하지 않으며 또한 자신이 동의하지 않는 이유를 정당화한다. 그런데 특이하게도 애시의 실험 상황에서는 잠재 반대자, 즉 실험 참가자가 함께한 사람들이 명백한 오류가 있는 의견을 만장일치로 제시할 때 이를 설명할 방법이 없었다. 실험 참가자에게는 제대로 판단하는 것이 아주 당연해서 단지 바보나 미친 사람만 실수할 것이었고, 주변 사람들도 자신과 마찬가지로 옳은 답을 분명히 알 것이라고 추정할 충분한 이유가 있었다. 이에 따라 실험 참가자들은 주변 사람들과 달리

반대 의견을 말함으로써 무능하거나 심지어 미친 사람처럼 보일 만한 위험을 감수해야 했다. 실험 참가자에게 실험을 함께한 주변 사람들의 판단이 이해할 수 없는 것으로 보인 것처럼 실험 참가자가 다른 의견을 제시하면 주변 사람들이 자신을 이해하지 못할 게 뻔했다. 실제로 실험 참가자가 반대 의견을 제시하는 것은 다른 동료들의 집단 능력에 도전하는 것으로 보인다. 다시 말해 자신에게 세상을 제대로 이해하는 능력이 있다고 생각하지만 갑자기 그 능력이 의심스러워질 때, 자기 의견을 제시하기가 꺼려지는 상황에 놓이는 것이다.

이러한 귀인歸因 분석을 시험하기 위해 로스와 그의 연구진은 애시 실험 상황의 다른 형태를 만들었다. 이때 실험 참가자는 두 음조의 상대적 길이를 판단하는 단순한 과제를 부여받았다. 이 실험은 어떤 상황에서 틀린 대답을 했을 때 나올 결과가 다를 경우 실험 참가자들이 실험에 더 적극적으로 반대 의견을 낸다는 것을 보여주었다. 실험 참가자는 자신이 실험에 참여한 주변 사람들과 다른 의견을 냈는데 만약 그 답이 맞을 경우 높은 보상을 받는다는 것을 알고 있었다. 또 명백히 맞는 판단을 한 경우[✧]에는 낮은 보상이 주어질 뿐이라는 것도 알고 있었다. 이 상황에서는 동조하는 정

✧ 다른 실험 협조자들도 실제 맞는 답을 제시하고 실험 참가자도 같이 맞는 답을 제시하는 경우를 말한다.

도가 상당히 떨어졌다. 로스와 공동 연구진에 따르면 이런 현상이 일어나는 까닭은 실험을 진행하며 보상에 차등을 둘 경우 실험 참가자가 자신이 동의하지 않을 때 그 나름대로 그럴듯한 이유를 만들기 때문이다.

실험 참가자들은 "내 판단과 달리 그들의 판단은 작은 보상이 아닌 큰 보상을 기대하는 바람에 잘못되었어" 혹은 "그들은 가능성은 희박하지만 큰 보상을 기대할 수 있는 쪽으로 생각하는군. 하지만 난 아냐"라고 판단할 수 있었다. 다시 말해 로스와 그의 연구진이 도입한 불평등한 보상구조는 애시의 실험 상황에서 가장 독특하면서도 강력한 특징을 없앤 셈이었다. 애시 실험의 특징은 주변 사람들과 자신의 지각이 명백히 다른 것처럼 보이는 상황을 아무것도 모르는 실험 참가자가 설명할 방법이 전혀 없다는 것이다. 애시 연구의 의미와 동조에 영향을 주는 요인을 곰곰이 생각해 보는 것은 이 연구에 익숙한 심리학자에게도 신선하고 흥미로운 활동이다. 여러 심리학자가 행한 각기 다른 연구 결과마다 선호하는 해석이 있긴 하지만 애시의 연구에 모두가 동의하는 부분도 있다. 그것은 사람들이 대부분 절대 의지하지 않을 것 같다고 확신하는 행동, 즉 우리의 개인 관점이 완전히 다를 때 다른 사람의 관점에 공개적으로 동조하는 행동을 만들어내는 놀라운 상황의 힘을 애시의 연구가 잘 보여준다는 점이다.

정치 성향 변화를 다룬 베닝턴 연구

사회적 영향력을 다룬 두 번째 고전적 연구는 실험실 바깥에서 이뤄졌다. 이 연구가 다룬 것은 특별한 실험 패러다임의 미묘한 세부사항이 아닌 우리에게 익숙한 정치적 설득 문제다. 모두가 알고 있듯 누군가의 정치 관점을 바꾸는 것은 매우 어렵다. 대중매체를 활용한 선거 캠페인은 때로 성공하지만 그 경우에도 유권자의 기본적인 정치 관점을 바꿔 성공하는 경우는 드물다. 캠페인을 벌여 후보자 개인의 매력, 리더십 능력, 열정을 효과적으로 포장할 수는 있다. 또 저열한 방법으로 상대편의 평판을 깎아내리기도 한다. 그렇지만 캠페인이 진정한 의미의 정치적 변화를 일으키는 경우는 사실 드물다. 고도의 수사修辭 기술을 발휘해 호소해도 보수주의자를 설득해 진보 측 후보자나 국민발의에 투표하게 하는 경우는 드물며 그 반대도 마찬가지다. 유권자를 설득해 기본 이념을 바꾸도록 하는 경우는 더더욱 적다. 사실 가장 성공적인 캠페인은 유권자의 관점을 바꾸려 하지 않는다. 대신 '누구에게 표를 던질지 결정하지 못한' 표를 가져오려 노력하며 자신을 지지하는 사람을 찾아내 그들이 투표일에 투표하도록 만드는 데 집중한다.

지금부터 많은 실증 연구 결과[6]로 입증한, 투표 성향은 변하지 않는다는 정치적 지혜의 배경과 대중매체가 사회나 정치에 보이는 태도를 바꿔놓는 데 대개 실패했다는 연구[7]와 반대되는 결과로 여러분을 초대하고자 한다. 1930년대 후반 시어도어 뉴컴Theodore Newcomb◇(1943)이 진행한 유명한 베닝턴 연구The Bennington Studies 결과를 살펴보자. 이 연구의 기본 결과는 간단하게 요약할 수 있다. 1935~1939년 베닝턴대학에는 대부분 중상류층 가정에서 성장한 젊은 여성들이 입학했다. 이들은 일반적으로 보수 성향의 공화당 정치 이념과 그들 부모의 투표 성향을 공유하고 있었다. 그런데 몇 년 동안 베닝턴대학 환경에 노출된 이후 학생들의 관점과 선호도는 자신의 가족 구성원이나 그들과 유사한 사회계층의 대다수 미국인과 다른 진보 성향으로 옮겨갔다.

1936년 대통령 선거를 치르며 캠퍼스에서 비공식 여론조사를 한 결과는 그 변화에 설득력 있는 증거를 보여준다. 그해 프랭클린 루스벨트 대통령의 재선 캠페인은 여러 도전에 직면해 있었다. 무엇보다 진보적인 뉴딜정책을 비판하는 공화당과 불황에 지친 미국인에게 더 급진적인 변화가 필요하다고 설득하는 데 꽤나 성공을 거두고 있던 사회주의 진영과 공산당 후보를 상대해야 했다. 선거 기간에 캠퍼스에 새로 입학한 베닝턴대학 1학년 학생 중 60퍼센트 이상은 공화당 후보(알프 랜던Alf Landon)를 지지했고, 30퍼센트 미만은 재임 중인 민주당 대통령(루스벨트)을, 10퍼센트 미만은 사회주의자(노먼 토머스Norman Thomas) 또는 공산주의자(얼 브로더

◇ 미국의 대표적인 사회심리학자로 미시간대학교 사회심리학과를 만들었고 미국 최초의 사회심리학과 교과서 중 하나인 《실험사회심리학Experimental Social Psychology》(1937)을 썼다.

Earl Browder)를 지지했다. 이 투표 선호도 비율(특히 급진적 후보 두 명이 누리는 적지 않은 지지 수준을 포함해)은 부유한 학부모와 그들이 속한 사회계층의 다른 사람들 성향과 비슷한 것이었다. 학교에 들어온 지 1년 조금 넘은 2학년 학생 중에는 이미 진보 성향으로 바뀐 학생이 상당히 눈에 띄었다. 랜던과 루스벨트가 대략 비슷한 수준의 지지(43퍼센트)를 얻었고, 급진적인 후보 둘은 나머지 14퍼센트의 지지를 나눠 갖고 있었다. 3, 4학년의 변화는 더 극적이었다. 단지 15퍼센트만 랜던(그들의 부모 대다수가 확실히 지지하는 후보)을 지지했고 약 54퍼센트가 루스벨트를, 30퍼센트 이상이 급진적 후보 두 명 중 한 명을 택했다.

이러한 투표 비율은 4년간의 연구에서 뉴컴이 수집한 다른 많은 측정치와 함께 사회 상황이 꽤 많은 사람의 사회적·정치적 태도에 엄청난 변화를 가져올 수 있음을 보여준다. 이것은 연설, 신문기사, 토론으로도 만들어내지 못하는 종류의 변화다. 나아가 가족의 태도와 가치에 반하는 걸 알면서도 또한 마르크스주의를 연구하는 학자들이 강조하는 경제 이기심이나 계층 이익과 관련된 일종의 '객관적' 요인에도 불구하고 이 변화가 나타났다는 것은 주목할 만하다. 가장 놀라운 것은 학생들이 베닝턴대학을 떠난 뒤에도 오랫동안 꾸준히 진보 성향을 보였다는 점이다. 20년 이상이 지난 1960년 대통령 선거에서 존 F. 케네디가 미국 북서부의 잘사는 개신교 대학 졸업자들에게 소수의 지지(뉴컴에 따르면 잘해야 30퍼센트 정도)만 받았을 때, 1935~1939년 베닝턴대학을 졸업한 사람들 중 대략 60퍼센트가 케네디에게 투표했다. 당시 그들에게 정치 입장을 표현해달라고 했을 때 65퍼센트 이상이 대부분의 논점에서 자신을 '진보주의자' 혹은 '중도보다 왼쪽'에 있다고 말했고, 16퍼센트만 '보수주의자'라고 표현했다(나머지는 자신을 '중도주의자'라고 했다). 요약하면 그들의 정치적 유대감은 베닝턴대학에서 형성된 참조집단reference group✧의 영향을 지속적으로 반영했다.[8]

뉴컴은 자신의 연구 결과로 베닝턴대학 환경과 관련해 몇 가지 중요한 관찰을 했고 사회적 영향력에 관해 몇몇 특별한 가설을 검증했다. 1930년대 베닝턴대학은 흥미진진하고 커뮤니티 결속력이 강한데다 자립적이라 중요한 몇 가지 점에서 주변 지역과 차이가 있었다. 예를 들어 교수들은 젊고 활동적이었으며 정치 쪽은 진보를 선호했고 강의실 안팎에서 만나는 중상류층 젊은 여성들의 인식과 사회 참여를 높이려 노력했다. 또 소속감이 강하고 획일성에 집단 압력이 있음을 보여주는 명확한 근거가 있었는데, 특히 진보주의와 행동주의라는 베닝턴대학의 규범에 압력이 따랐다. 뉴컴은 보수주의 학생보다 정치적으로 활발한 진보주의 학생이 친구로 선택받거나 리더 혹은 주목받는 자리에 뽑힐 가능성이 높다

✧ 개인이 자신의 능력이나 태도, 신념을 결정할 때 기준으로 삼는 집단이다. 참조집단은 공식·비공식 집단일 뿐 아니라 상상 속 집단이기도 하고 심지어 자신이 속하기를 거부하는 집단인 경우도 있다.

고 밝혔다. 진보주의 학생들은 확실히 내집단ingroup◇◇을 형성했고 어떤 면에서는 학생집단 자체가 하나의 제대로 된 사회운동으로 변화해갔다. 새로 들어오는 대다수 학생에게 베닝턴대학에서 만나는 동급생은 주요 참조집단이 되었고 이들은 동급생에게 속하거나 인정받기를 갈망하며 동급생의 가치를 내면화했다. 하지만 소수집단에서는 이런 현상이 일어나지 않았다. 이들은 거리를 두고 지냈으며 태도도 거의 바뀌지 않았다. (뉴컴이 제안하듯) 이들은 아마 가족에게 결속되고 발생 가능한 갈등이나 반감으로부터 스스로를 격리했기 때문일 것이다.

뉴컴은 분석을 거쳐 학생들의 정치 성향 변화에 담긴 적응상의 사회 기능을 강조했다. 이를테면 동료에게 사회적으로 인정받고자 하는 욕구와 새로 진보주의나 급진주의를 받아들이는 것은 서로 관계가 있다는 점이다. 이후 애시(1952)와 다른 연구자들이 목격했듯이 뉴컴은 인지 측면에 거의 관심을 기울이지 않은 것 같다. 미국이 대공황으로 어려움을 겪고 나치가 힘을 길러 유럽에서 전쟁을 준비한 그때, 베닝턴대학 학생들은 당연히 세상의 중대한 사건을 생각하고 이야기하고 있었을 텐데 말이다. 특정 집단과

◇◇ 자신이 속한 집단, 특히 다른 집단(외집단outgroup)과 차별화한 집단이라고 생각하는 집단을 뜻한다. 자신이 애정을 보이는 고등학교 동창회 등이 그 예다. 사회학자 윌리엄 섬너William G. Sumner가 정의한 개념으로 우리 집단we-group이라고도 한다.

여론 주도층이 어떤 정치적 정통주의를 강제하는 데 성공했는지는 전혀 명확하지 않다. 그러나 적어도 베닝턴의 사회 상황, 즉 집단 결속력이나 상대적으로 경쟁하는 세력들과 분리되어 있었던 점을 비롯해 사회적 수용과 배제 위협으로 의견을 일치해야 하는 압력이 학생들이 진보적으로 변화하게 만드는 데 필요한 특징이었다는 점은 명백하다. 세상에서 벌어지는 동일한 사건, 더 위대한 사회 정의, 경제개혁의 필요성에 관한 동일한 논의는 다른 사회적 환경에서 다른 사회 압력을 받는 형제자매나 동료들에게는 상대적으로 거의 영향을 미치지 않았다.

베닝턴 이야기의 다양한 요소를 각각 나누어 보는 것, 그리고 이와 유사한 시도들, 즉 집단 압력의 성격, 사회적 소외와의 연관성, 집단 응집력의 원인과 의미를 탐구하는 것이 1950년대 심리학자들의 주요 프로젝트였다. 이들이 집단 환경에서 일어나는 복합적인 수많은 사회 과정을 성공적으로 풀어내고 조사할 수 있음을 입증하면서 현장 연구[9]와 이후 수많은 실험 연구[10]에서 더 발전하고 엄격한 새로운 기준이 필요해졌다. 그런데 같은 시기 셰리프는 다른 지적 전통을 따르는 현장 연구에 열중하고 있었다. 이제 우리가 관심을 돌릴 부분은 바로 이 연구다.

셰리프의 집단 간 경쟁과 갈등 연구

셰리프가 수행한 사회적 영향력 연구는 19세기 한 상황주의자의 생각에서 비롯되었다. 그 상황주의자가 사회과학에 미친 영향은 정치학, 경제학, 사회학에 비하면 심리학에서는 훨씬 낮게 느껴진다. 문제의 상황주의자는 바로 카를 마르크스Karl Marx다. 그는 한 세기 전《정치경제학 비판A Contribution to The Critique of Political Economy》(1859/1904)에서 "사회적 존재를 결정하는 것은 사람의 의식이 아니다. 반대로 사회적 존재가 사람의 의식을 결정한다"(10쪽)라고 말했다. 셰리프는 마르크스주의 원리를 염두에 두고 개인이 지각하고 판단할 때의 사회적 근거를 보여주는 과제로 돌아왔다. 이 과제는 이미 한 세대 전에 자동운동 효과 연구로 출발했다. 이번에는 셰리프가 집단 간 갈등에서 고전으로 남을 일련의 현장 실험을 진행했다.

셰리프가 진행한 세 가지 실험의 목적[11]은 집단 간 적대감과 부정적인 지각이 다양한 사회 집단화의 필연적 결과가 아님을 보여주는 데 있었다. 대신 셰리프와 그의 연구진은 적대적인 정서와 행동은 희소자원을 놓고 벌이는 집단 간 경쟁이나 다른 실질적인 이해 충돌 혹은 그렇게 보이는 것에서 일어난다고 주장했다. 더욱이 집단들이 서로 경쟁하기보다 협조할 때, 한 집단의 행동이 다른 집단의 목표를 방해하기보다 도움을 줄 때, 집단 간 적대감은 사라질 수 있다.

이 상황주의자의 논지를 시험하기 위해 셰리프와 그의 연구진은 수년에 걸쳐 여름캠프를 운영하며 과제를 진행했다. 이들은 캠프에서 집단 간 관계를 조작했고 정서와 행동 변화 결과를 측정했다. 가장 잘 알려진 세 가지 실험의 핵심 특징은 유사하다. 캠프 참가자들은 모두 백인 중산층 가정의 열두 살 소년으로 3주간 진행하는 여름캠프 전에는 서로 만나본 적이 없었다. 연구진은 이들을 두 개의 다른 오두막에 배치했다. 연구 초기 첫 번째 단계에서는 두 집단 사이에 상호작용이 거의 없었다. 각 집단은 미국의 중산층 여름캠프에서 보통 진행하는 공예와 스포츠 활동을 했다(이때 집단 내부에 일종의 사회구조를 만들었고 집단의 상징과 의식, 용어, 집단 내의 적절한 행동을 위한 규범을 형성해갔다). 두 번째 단계에서 두 집단은 일련의 시합(야구, 축구, 보물찾기, 줄다리기)을 했다. 이긴 팀에게는 트로피와 개별 상품(예를 들면 새로 나온 주머니칼)을 주겠다고 약속했지만 패한 팀에게는 좌절과 실망이 있을 뿐이었다.

시합을 마친 뒤 연구진은 경쟁이 태도와 행동에 미치는 효과를 기록했고 이어 실험의 세 번째 단계를 진행했다. 이때 소년들은 다른 집단의 희생으로 한 집단만 받는 보상을 놓고 겨루는 대신, 두 집단이 한 가지 '상위' 목표를 공유하고 집단 간 협력으로만 목표를 달성할 수 있는 상황에 놓였다. 가장 극적인 예는 두 집단이 공동 야유회를 갔다가 캠프 트럭이 고장 난 것을 발견한 상황이었다. 소년들이 점심식사 시간에 맞춰 돌아가려면 어떻게든 트럭이 움직여야만 했다. 이들은 트럭의 앞쪽 범퍼에 줄을 감아 함께 끌어당겼다(그들이 얼마 전 줄다리기 시합을 할 때 사용한 바로 그 줄이다.

물론 이는 우연이 아니었다!).

단기간의 변화 과정을 다룬 이 현장 연구 결과는 명확하고 주의를 끌 만했다. 캠프 참가자를 물리적으로 따로 떼어내 각각 집단을 만들었을 때 이들은 집단 내부에서 우정을 만들어갔고, 심지어 자신이 속한 집단이 상대방 집단보다 더 좋다고 평가하는 성향을 보였다. 그렇다고 이것이 두 집단 사이에 부정적 관계를 만든 것은 아니다. 집단이 희소자원을 놓고 경쟁할 때만 집단 간 폄하와 적대감이 생겨났다. 비공식 관찰과 게임으로 표현하고 설계한 작은 실험 몇 가지로 연구진은 평화로운 공존 규범은 경쟁이 시작되고 달아오르면 사라진다는 것을 입증했다. 두 집단은 서로를 헐뜯고 상대의 능력을 깎아내리고 공공연하게 공격성을 보이면서 서로 관계를 맺을 수 있는 작은 기회들을 놓쳤다. 경쟁이 끝날 때쯤 두 집단은 서로 아무것도 함께하고 싶어 하지 않았다. 같은 기간 동안 내집단 연대는 커졌고 거친 행동은 더 바람직한 것으로 여겨졌다. 요약하면 집단 간 경쟁은 그들 사이에 적대감이 나타나기 시작하는 충분조건으로 드러났다. 셰리프는 집단 사이의 문화나 관찰 가능한 물리적인 차이가 적대감을 만들어낼 수는 있지만, 그 차이가 그러한 적대감을 만들어내는 필요조건은 아니라는 결론을 내렸다.

셰리프의 관점에서는 집단 간 갈등이 상위 목표를 도입하고 그 목표를 달성하기 위해 협력하면서 줄어들 수 있음을 입증한 것이 마찬가지로 중요했다. 그는 비공식 관찰과 소규모 실험으로 지금까지 경쟁관계였고 심지어 이전에 적이던 집단 사이에서 정서가 바뀌고 우정이 생겨나는 것을 설명했다. 셰리프는 이러한 이득이 즉각 주어지지도, 꼭 필요한 것도 아니었다는 점을 지적하기 위해 각별히 애를 썼다. 물론 첫 번째로 진행한 협력으로는 '우리'와 '그들'로 나누는 집단 성향이 없어지지 않았다. 셰리프는 도덕 가치에 호소하는 단순한 정보 캠페인은 적대감을 줄이는 데 일반적으로 실패한다는 점을 언급해야 했다. 적을 용서하고 경쟁을 중단하며 형제애로 함께 협력할 것을 호소하는 일요일 종교행사는 아무런 효과가 없었다. 캠프 참가자들은 종교행사에 엄숙한 표정으로 참여했지만 몇 분 만에 싫어하는 외집단을 물리치거나 못살게 구는 것에 심취했다. 집단 간 태도와 행동을 바꿔놓는 것은 집단 간에 존재하는 상호의존 유형의 변화뿐이었다.

1950년대 사회과학자들은 셰리프가 입증한 것이 종교와 민족 편견, 특히 인종 편견이라는 현대 문제와 관련이 있다는 점을 놓치지 않았다. 그의 연구 결과는 주택, 고용, 교육에서의 차별폐지 지지자들에게 힘을 주었다. 동시에 이 결과는 '단순한 접촉', 즉 공유하는 목표[12]를 위한 어떤 협력 추구(성공적인 협력 추구라고 하는 것이 더 맞겠다)가 없는 접촉의 가치에 대해 경고하는 것처럼 들렸다.

지난 20년[✧] 동안 셰리프 이론 중 적어도 한 측면에 맞서는

✧ 1970년대와 1980년대.

흥미로운 도전이 있었다는 점은 주목할 만하다. 사회심리학자 헨리 타즈펠Henry Tajfel과 그의 동료 연구진[13]은 사람들을 각각 다른 명목상의 집단으로 '단순히 범주화'하면 집단 구성원 사이에 어떤 친근한 관계가 없어도 내집단 구성원을 향한 편애와 외집단 구성원을 향한 차별을 이끌어낼 수 있음을 입증하려 노력해왔다. 예를 들어 한 연구에서 어린이들은 두 개의 최소 집단minimal group(클레와 칸딘스키 그림 중 선호하는 그림을 기반으로 형성된 집단) 중 하나에 배정받았다. 이들은 특별히 누구인지 서로 알지 못하는 내집단과 외집단의 다양한 구성원에게 돈을 배분하는 과제를 받았다. 서로 다른 몇몇 나라에서 동일한 방식으로 반복 진행한 이 연구의 주요 결과는 매우 강력했다. 외집단 구성원에 비해 내집단 구성원에게 더 많이 보상하는 성향이 (비록 약간이라도) 의미 있게 나타난 것이다. 다시 말해 임의로 만든, 또한 외형상 하찮은 집단 구분마저 차별 행동의 기반이 될 수 있다. 타즈펠과 그의 연구진이 수행한 연구 결과에 비판적 입장에 있던 사람들은 인위적 장치(보상 배분을 측정할 때 지필紙筆검사를 이용한 것)에 불만을 제기했다. 이는 현실세계의 연관성과 적절한 해석에 관한 격렬한 논쟁에 불을 붙였다.[14] 그렇지만 이 연구는 적어도 '우리'가 어쨌든 더 낫고 더 자격이 있다는 작업가설로 세상을 '우리'와 '그들'로 바라보는 성향이 사회적 지각의 기본 측면임을 보여준다. 여기에다 이 연구는 단지 물질적·객관적 측면뿐 아니라 사회생활의 주관적 측면도 사회관계에서 중요한 역할을 할 수 있다는 반反마르크스 가설을 제시한다. 7장에서 객관적 상황과 문화의 주관적 측면에서 사회 행동의 효과를 논할 때 우리는 다시 이 문제를 다룰 것이다.

주변인의 개입을 방해하는 것은 무엇인가?

레빈이 확립한 상황주의자 전통에서 뛰어나고 흥미로운 연구는 적어도 초기에는 광범위한 이론이 아니라 현실세계 사건을 세심하게 분석한 것에서 나왔다. 그중 고전이 된 주변인 개입 연구bystander intervention studies는 20여 년 전 존 달리와 빕 라타네가 진행한 것이 가장 잘 알려진 사례가 아닐까 싶다.

1960년대에는 많은 사람이 미국의 사회구조가 무너지기 시작했다고 느끼도록 만든 사건이 많았다. 특히 달리와 라타네는 여성이 공격당하는 상황에서 아무도 피해자를 도우러 나서지 않은 사례가 빈번했다는 사실에 주목했다. 그러던 중 한 사건이 전국적인 주목을 받았다. 뉴욕시 퀸스 지역의 중산층이 사는 큐가든에서 키티 제노비스라는 여성이 폭행범에게 30분 넘게 반복적으로 칼에 찔렸다. 그동안 제노비스는 계속 도와달라고 소리쳤지만(이후 경찰이 밝혀낸 것처럼) 적어도 38명✧이 그 소리를 들었고 사건이 벌

✧ 제노비스 사건은 50년이 지난 지금까지도 논란의 대상이다. 38명이라는 목격자 숫자가 어떻게 나왔고 그들이 모두 사건을 목격한 것이 맞는지를 둘러싼 논란이다. 지금까지의 결론은 38명이란 숫자는 정확하지 않으며 그 많은 사람

어지고 있음을 알면서 누구도 어떤 방식으로든 개입하지 않았다. 심지어 경찰에 전화한 사람이 한 명도 없었다!

인간 행동을 어떻게든 설명하는 뉴스 매체는 만장일치로 이웃이 개입하지 않은 것을 거대도시 거주자 사이에서 늘어가는 소외와 무관심 탓으로 돌렸다. 그러나 상황주의자와 주관주의자의 연구 전통을 훈련받은 달리와 라타네는 다르게 생각했다. 그들은 이 사건을 비롯해 주변인bystander 집단이 사고, 질병 또는 범죄(자신이 어떠한 위험에 노출되지 않고 다른 중대한 대가를 치를 필요가 없는 상황에서도) 피해자를 돕지 않은 다른 많은 사건에서 잠재 이타주의자들은 무관심이 아니라 사회 상황의 중요한 측면 때문에 개입하지 않았다고 가정했다. 특히 이들은 다른 잠재 이타주의자가 있고 다른 사람이 개입하지 못하는 것처럼 보이는 상황이 행인들이 도움을 억제하게 만들었다고 생각했다.

달리와 라타네는 집단 상황이 행인의 개입을 두 가지 방식으로 억제할 수 있다고 주장했다. 첫째, 가장 분명한 것으로 다른 사람들이 존재해 각 행인이 느끼는 책임감이 희석되거나 분산된다("아무도 돕지 않는데 왜 내가 개입해야 하지? 내 역할은 얼마든지 하겠지만 내가 모든 책임을 뒤집어쓰지는 않을 거야"). 둘째, 덜 분명하지만 다음

이 모두 목격한 게 아니라는 것이다. 알려진 것처럼 큐가든에 있던 모든 사람이 사건 당시 무관심하거나 냉담했던 것은 아니다. 그들은 정말 살인사건으로 희생자의 비명이 들린 것인지 불확실해 혼란스러워했고 일부는 두려워했다.

장에서 보다 일반적인 용어로 다룰 구성 문제 또는 사회 정의social definition 문제다. 쉽게 말해 상황의 특성이나 그 상황에 맞는 적절한 반응의 특성에 모호함이 있을 때 다른 사람들이 행동하지 않는 것은 자신도 개입하지 말아야겠다는 해석이나 생각을 구성하게 한다("틀림없이 집안싸움일 거야." 혹은 "그녀는 보기보다 많이 다쳤거나 큰 위험에 처한 게 아닐 거야." 또는 "이 상황은 개입하는 것이 부적절하고 심지어 위험할지도 몰라. 신중하고 세상물정에 밝은 사람이라면 피해야 해!"). 어떤 점에서 보면 악순환이 시작된다. 다른 사람의 존재가 빠른 개입을 막고, 초기에 개입하지 않은 것이 개입이 불필요하고 지혜롭지 않으며 부적절하다는 상황 정의를 뒷받침하고, 이는 다시 더 주저하고 늦추게 만든다. 반면 행인이 혼자인 경우나 개입하는 책임을 공유할 사람이 없거나 상황 정의를 도와줄 사람이 없는 경우에는 이러한 악순환이 절대 시작되지 않는다.

이 가설을 확인하기 위해 달리와 라타네는 여러 연구를 진행했다. 그것은 피해자가 도움받을 가능성은 주변인이 여러 명 있을 때보다 혼자 있을 때 더 높아진다는 가설이었다. 라타네와 달리가 진행한 '위급 상황 시 주변인 개입 연구'(1968)에서 컬럼비아대학교 남자 학부생들은 혼자 설문지를 작성하거나 두 명의 다른 실험 참가자와 함께 혹은 이후에 벌어질 '응급' 상황에서 무표정하게 하던 일을 계속하라고 연구자에게 지시받은 실험 협조자 두 명과 함께 설문지를 작성해야 했다. 응급 상황이란 벽의 통풍구를 타고

'연기'가 흘러 들어오기 시작해 결국 방 전체를 채우는 일이었다. 혼자 있던 실험 참가자는 75퍼센트가 방을 나와 연기를 신고했지만 무표정한 두 명의 실험 협조자와 함께 있던 실험 참가자는 10퍼센트 그리고 세 명이 함께 있던 집단◇에서는 38퍼센트만 이 상황에 개입했다.

그럼 컬럼비아대학교에서 곤경에 처한 여성의 상황을 활용해 연구[15]한 내용을 보자. 이때 설문을 혼자 작성하는 사람, 무표정한 한 명의 실험 협조자와 함께 설문에 응하는 사람, 아무것도 모르는 두 명의 실험 참가자로 이뤄진 그룹이 이동식 칸막이 건너편에서 여성이 심하게 넘어지는 소리를 들었다. 여기서도 대다수의 혼자 있던 주변인(70퍼센트)과 무표정한 실험 협조자 옆에 앉아 있던 주변인 중 소수(7퍼센트)만 도와주기 위해 개입했다. 이 경우 여성 피해자는 모르는 사람이 주변에 둘이 있을 때(40퍼센트 개입)보다 주변인이 혼자 있는 경우(70퍼센트)에 도움받을 확률이 더 높았다.

마지막으로 뉴욕대학교에서 진행한 또 다른 연구[16]를 살펴보자. 여기서 실험 참가자들은 구내전화 시스템으로 자신처럼 실험에 참여하는 중이라고 믿고 있던 또 다른 실험 참가자와 이야기를 나누다가 상대방이 간질 발작을 일으킨 것 같은 소리를 들었다. 실험 참가자가 자신이 그 소리를 들은 유일한 사람이라고 믿을 때

◇ 실험 협조자 없이 실험 참가자 세 명이 함께 있던 집단을 뜻한다.

는 85퍼센트가 개입했다. 실험 참가자가 또 다른 한 명이 그 소리를 들었다고 믿을 때는 62퍼센트가 개입했다. 그리고 그 소리를 들은 사람이 네 명 더 있다고 믿을 때는 31퍼센트가 개입했다. 뿐만 아니라 (앞서 살펴본 두 연구와 마찬가지로) 실험 참가자들은 자신이 유일하게 개입할 수 있는 사람이라고 믿을 때 더 빨리 도와주었다. 실제로 가짜 발작 소리를 들은 뒤 첫 1분 내에 혼자 들었다고 생각한 실험 참가자의 50퍼센트가 피해자를 돕기 위해 왔지만, 자신이 그 소리를 들은 다섯 명 중 하나라고 믿은 사람은 누구도 1분 내에 오지 않았다.

1980년까지 40여 개의 후속 연구가 이뤄졌다. 일부는 실험실에서 가짜 응급 상황을 연출했고 또 다른 연구는 영문을 모르는 행인들이 길거리, 가게, 승강기와 지하철에서 일어난 가짜 사고, 질병, 도난에 직면하게 했다. 비교 연구의 약 90퍼센트에서 혼자 있던 행인은 집단으로 있을 때보다 도와줄 가능성이 높은 것으로 나타났다.[17] 나아가 달리와 라타네가 1960년대 후반 그들의 유명한 연구에서 찾아냈듯 대부분의 연구에서 피해자가 도움받을 가능성은 주변인이 여러 명 있을 때보다 의지할 행인이 한 명만 있을 때 더 높은 것으로 밝혀졌다.

특히 실험이 끝난 뒤 실험 참가자들과 진행한 인터뷰 결과는 예감이 맞았음을 보여주었다. 주변인이 홀로 있는 경우보다 집단으로 있을 때 사람들이 잠재 개입 상황을 다르게 구성한다는 예감 말이다. 위험을 연출한 연기가 환기구로 들어올 때 집단 구성원은 연기를 에어컨에서 새는 것이거나 화학 실험실에서 나오는 증기로 해석했다. 이들은 사고 피해자가 비명을 지르거나 신음소리를 낼 때도 살짝 다친 사람이 불평을 늘어놓거나 욕을 하는 것으로 해석했다. 집단 구성원은 상황에 즉시 개입하는 것을 '무례하게 불쑥 들어가' 그 자리에 있던 사람을 난처하게 만드는 행동이라고 생각했다. 흥미롭게도 집단 상황은 실험 참가자들의 응급 상황 인식을 처음부터 억제하는 것처럼 보였다. '연기 연구'에서 혼자 있던 학생들은 설문지를 작성하며 자주 방을 둘러보는 경향이 있었고 보통 5초 내에 연기를 알아챘다. 집단과 함께 있던 학생들은 설문지 작성에 집중하느라 연기가 짙어질 때까지 알아차리지 못했으며 환기구로 연기가 처음 들어오고 20초 정도가 지나서야 알아챘다.

달리와 라타네 연구의 교훈을 이해하는 것은 어렵지 않다. 하지만 '대도시'에 사는 사람이 이런 이야기를 접할 때 그 교훈을 기억해내기는 때로 힘들다. 1975년 영화 〈미드나잇 카우보이〉에서 순진한 청년 '조'는 텍사스 방목장을 떠나 돈을 벌기 위해 맨해튼 거리로 온다. 버스에서 내려 엄청난 인파 속을 걷고 있을 때 조는 우연히 인도에 누워 있는 사람을 발견한다. 몸을 굽혀 그 사람에게 문제가 없는지 살피던 조는 그 사람을 그냥 지나치는 주변 사람들을 보게 된다. 행인들은 마치 산길에 쓰러져 있는 통나무를 피하듯 보도에 누워 있는 사람을 피해 지나간다. 놀랐다가 곧 실망한 조는 어깨를 움츠린 채 다른 행인들처럼 자기 길을 간다.

사람들은 거대도시에서 무관심과 냉담함을 경험할 때마다 이런 장면을 떠올린다. 그렇다면 스스로에게 다음 질문을 던져보자. 뉴욕·보스턴·필라델피아 등의 대도시에 사는 사람들은 아이오와주 수폴스Sioux Falls 같은 소도시에 사는 사람보다 집 없는 고양이, 탄광 붕괴로 갇힌 광부, 학대받고 소외되어 역경을 겪는 아이, 치명적인 암에 걸려 고통받는 젊은 운동선수의 어려움에 마음이 덜 움직일까? 우리 경험에 따르면 그렇지 않다. 그런 문제 앞에서 사람들이 장소에 따라 더 냉담해지는 것은 아니다. 왜 도시 사람들이 거리에 누워 있는 불행한 사람을 피해서 걸어가는지, 인접한 아파트에서 비명을 들었을 때 살피거나 경찰에 연락하지 않는지 설명하려면 관련 사회 상황의 특징을 살펴봐야 한다. 물론 여기에는 그들에게 그 개입 기회가 지속해서 존재하는 동안 행동규범을 명확하게 혹은 함축적으로 어떻게 전달했는지도 포함되어 있다.

왜 사회적 영향력은 강력한가?

왜 사람들은 다른 사람의 태도나 행동에 그토록 많은 영향을 받는 것일까? 심지어 알지 못하거나 자신의 삶에 어떤 힘도 발휘할 수 없는 사람인 경우에도 말이다. 사회과학 분야의 몇몇 흥미로운 이론 작업은 사회적 영향력을 정보와 규범 측면에서 풀어내고 이 질문에 답하는 것에 집중해왔다.[18]

사회적 영향력이 가진 정보의 힘

타인은 세상에 관한 좋은 정보 원천 중 하나다. 만약 내 앞에 있는 동물이 고양이처럼 보인다면 (거의 확실하게) 고양이가 맞다. 만약 이보다 훨씬 더 모호한 문제를 판단해야 한다면 어떨까? 예를 들어 내게 주어진 과제가 얼마나 어려운지, 내게 그 일을 해낼 능력이 얼마나 있는지 등을 판단할 때는 대체로 다른 사람의 의견이 옳은 결론을 내리는 데 도움을 준다. 내 의견이 다른 사람의 의견과 다를 경우 나는 단순히 통계를 바탕으로 그 사람의 의견을 고려해야 한다. 장기간을 놓고 보면 어느 두 사람이 내놓은 의견의 평균은 어느 한 사람의 의견보다 더 맞을 가능성이 높다. 다른 사람들이 내놓는 의견의 '기준점'을 살펴보는 것은 합리적이다. 이 기준점을 너무 살피지 않는 사람은 독선적이거나 무모하다는 소리를 듣는다. 애시의 실험을 포함해 극적인 사회적 영향력을 보여주는 많은 실험이 이 기본 사실을 이용한다. 우리가 동료들의 의견을 무시하지 않는 것은 과거에 그들의 의견이 내가 세상을 이해하는 데 도움을 주었다는 훌륭한 근거가 있기 때문이다. 다른 사람의 의견에 동의하지 않아 마음이 불편할 때 우리는 상대의 입장을 따라가거나, 상대를 내 입장으로 이끌거나, 내 분야와 영역에서는 상대가 유용한 정보 원천이 아니라고 생각함으로써 이 불편함을 해결한다.

동조 압력의 기원에는 반드시 대다수 의견에만 영향력이 있는 것이 아니라 소수 의견도 그렇다는 흥미로운 함축적 의미가 있다. 어떤 의견이 있는 사람이 힘이 없어도, 대다수에 속하지 않아도, 그들의 관점이 집단 의견에 영향을 줄 가능성은 있다. 실제로 세르주 모스코비치Serge Moscovici✧와 그의 동료들,[19] 찰런 네메스Charlan Nemeth✧✧(1986)의 연구는 모든 동조가 다수 의견과 관련된 것은 아니라는 점을 보여준다. 소수의 관점은 대다수가 잘 인지하지 못하는 때도 종종 영향력을 발휘한다. 소수의 관점은 여러 아이디어가 경쟁하는 곳에서 엄청난 반대에도 불구하고 이를 이겨내기도 하는데 특히 그 관점을 일관성 있게 확신을 담아 표현할 때 그렇다.

사회적 영향력과 규범

우리가 주변 동료의 관점에 주의를 기울이는 두 번째 이유는 집단의 목표를 향한 노력이 상황에 얼마나 의견 일치를 보이는가에 의존한다는 것을 알기 때문이다.[20] 만약 우리 모두가 수행할 과제가 무엇인지, 어떻게 수행할 것인지에 관점이 다르다면 심지어 마주한 사건의 의미를 다르게 이해한다면 협력이나 효과적 조

✧ 루마니아에서 태어나 프랑스에서 활동한 사회심리학자. 당시 사회심리학에서 다수의 영향력을 다룬 이론에 의문을 품고 사회 변화가 어떻게 소수집단에서 시작하는지 연구했다. 그는 주요 사회 변화나 혁신은 적극적이고 일관성 있게 목소리를 내는 소수집단의 힘으로 이루어진다고 주장했다. 저서로 《다수를 바꾸는 소수의 심리학》 등이 있다.

✧✧ 캘리포니아대학교 버클리 심리학과 교수. 팀 의사결정에 심리학적으로 접근해 합의보다 반대 의견 충돌이 빚어내는 장점을 연구해왔다.

치는 어렵거나 불가능하다. 이런 이유로 대다수 의견은 대개 규범이나 도덕의 힘을 얻는다. 사람들과 어울리려면 동의하라! 동의하지 않으면 소외된다. 집단은 자신들의 움직임을 막는다는 이유로 다수 의견에서 벗어나는 사람을 처벌하려 한다. 동의하지 않을 경우 동료의 분노를 불러올 수 있음을 알기에 우리는 위험을 감수하길 주저한다. 조화를 위해 양보하고 냉철하게 판단해 필요할 때만 맞서는 것이 낫다.

사회적 영향력과 긴장 시스템

1장에서 살펴보았듯 쿠르트 레빈의 긴장 시스템 개념은 사회적 영향력을 다룬 주요 이론, 특히 레온 페스팅거(1954)와 그의 동료 이론가[21]에게 큰 영향을 주었다. 이는 집단 수준과 개인 정신 수준 모두에 들어맞는다.

집단은 지속적으로 긴장 상태에 있다고 봐야 한다. 한편에는 획일성uniformity 요구가 있고 다른 한편에는 구성원이 집단 기준에서 벗어나도록 작용하는 힘이 있다. 개인은 중요한 주제에 관해 다른 정보를 갖고 있고 이 정보를 다양한 방식으로 구성한다. 이로써 의견이 이탈하고 집단이 원하는 획일성을 향한 힘과 부딪힌다. 집단의 힘은 완벽한 의견 획일성을 보이는 일종의 엔트로피 상태, 고정된 상태로 향한다. 하지만 사건과 성격은 그 상태에서 계속 이탈하려 한다. 그러한 이탈이 충분히 클 때 획일성을 향한 힘은 실제로 집단 분열을 만들어낼 수 있다. 물론 집단은 중요한 문제와 관련된 이탈을 어느 정도까지는 참을 수 있다. 그러다가 이탈이 견딜 수 있는 수준을 넘어서면 집단은 이탈하는 구성원과 하위집단을 사회적으로 거부하거나 때로 공식 제명한다.[22]

개인도 집단 기준과의 갈등 측면에서 긴장 시스템으로 생각해볼 수 있다. 사람이 집단규범과 자기 관점 사이의 불일치를 발견할 경우 긴장이 생기는데 이때는 셋 중 하나의 방법으로 해결해야 한다. 그것은 집단에 영향력을 발휘해 개인 관점을 받아들이도록 하는 것, 집단의 영향력을 받아들여 집단 관점에 개인 관점을 접목하는 것, 개인 관점을 기준으로 집단을 거부하는 것을 말한다. 집단을 개인 관점 쪽으로 움직이게 하는 것이 불가능해 보이고 집단의 정보가 그다지 설득력이 없을 때 **그리고** 개인이 집단을 거부하는 것이 마음에 내키지 않을 때는 특히 강력한 종류의 긴장이 존재한다. 프리츠 하이더Fritz Heider✧와 뉴컴, 페스팅거를 포함해 1950년대 많은 이론가가 그 긴장을 인정했다. 페스팅거는 이 긴장을 인지부조화cognitive dissonance라고 불렀다. 결국 그는 이 개념을 확장해 각자 다른 원인이 서로 다른 방향으로 태도를 이끌어내는 다양한 상황에 따른 긴장을 여기에 포함했다. 사회적 영향력에서 부조화는

✧ 오스트리아 출신 심리학자로 성격과 사회사를 연구했다. 그가 주장한 균형이론Balance Theory은 인간에게 사고와 가치관, 감정적 태도, 행동 등에서 일관성 있게 균형 상태를 추구하는 경향이 있다는 이론이다.

개인 관점과 집단 관점(동조를 요구하는 것 포함) 사이에 존재한다. 이 부조화는 간혹 단순한 타협이 아니라 개인의 의심을 누르고 집단 관점을 다수 채택하는 것으로 해결이 가능하다. 어빙 레스터 제니스Irving Lester Janis◇◇(1982)는 유명한 분석에서 이 부조화 축소가 빚어내는 결과를 밝혔는데, 이 분석은 '집단 사고'에서 나온 형편없는 군사적·정치적 결정을 다룬 것이었다. 다시 말해 충성스러운 집단 구성원은 계획된 행동에 관한 의심을 억누르고 합의라는 착각을 한다. 이는 지지하는 사람이나 의심하는 사람 모두 제안에서 잘못된 점을 찾아내거나 대안을 고려하는 걸 차단한다.

긴장 시스템 개념은 다음에 나오는 경로요인 개념을 고려할 때 특히 염두에 두어야 한다. 경로요인은 하나 혹은 그 이상의 동기 상태 사이에 긴장이 존재하는 곳에서 정교한 균형을 이루는 시스템으로 에너지를 주거나 방향을 재설정하기 때문에 매우 중요하다. 어떤 행동의 경로나 태도 상태를 선택할 때는 종종 아주 작은 상황 변화의 영향을 받는다.

◇◇ 미국 사회심리학자로 사회와 건강심리학 분야를 연구하면서 의사결정과 스트레스 등을 주로 다뤘다. 집단 사고 개념을 제시한 그는 집단 사고가 일어나는 과정을 그 원인과 관련 증상, 결과로 나눠 구체적으로 설명했다.

행동을 결정하는 중요 요소, 경로요인

지금까지 우리는 상황주의의 한 측면, 즉 행동을 이끌어내는 놀라운 상황의 힘에 집중해왔다. 이전 논의에도 상당 부분 담겨 있는 상황주의의 또 다른 측면은 상황 사이의 작은 차이가 간혹 커다란 행동 차이로 이어진다는 점이다. 사소해 보이는 환경상의 상황이 커다란 행동 효과를 내는 것을 발견하는 경우 우리가 어떤 경로요인을 찾아낸 것은 아닐까 의심해보는 것은 당연하다. 여기서 경로요인이란 특정 강도나 안정성으로, 행동 의도를 끄집어내거나 유지하는 자극 혹은 반응 경로를 말한다. 이제 우리는 일반적인 태도와 모호한 의도 그리고 그로 인해 경로요인이 사회 행동 사이의 연관성을 어떻게 만들어내고 억제하는지 보여주는 세 편의 고전적 연구를 살펴볼 것이다. 이 각각의 연구에서 핵심은 관련 환경 조작이 종속 변인 측정치에 상당한 변화를 만들어내는 게 아니라 관련 효과가 크고 중요하다는 사실이다. 크다는 것은 우리의 기대치에 비해, 또 일반인이 보통 행동을 결정하는 가장 중요한 요소라고 생각하는 개인차 요인에 비해 상대적으로 크다는 의미다. 성공적인 사회개입을 목표로 하는 사람이 무시하기에는 관련 효과가 매우 크다는 뜻도 담겼다.

전쟁 채권 판매 캠페인

2차 세계대전 중 미국 정부는 군사 작전에 들어가는 어마어마한 비용을 대기 위해 전쟁 채권 구매를 독려하는 대중 캠페인을 수차례 시도했다. 당시 사회심리학자들에게 출판, 라디오, 영화를 기반으로 대중 설득력을 높여 이 캠페인의 효과를 높일 방안을 마련해달라는 부탁이 들어왔다. 집단의 역학관계와 사회적 영향력 원칙을 연구하는 레빈주의자들은 캠페인의 효과를 높이기 위해 다소 다른 방향을 택했다. 이는 사회적 영향력은 사람들에게 특정 신념을 갖도록, 더 나아가 특정 의도를 갖도록 설득하는 것뿐 아니라 행동을 위한 특별하고 명확한 길이나 경로를 촉진하는 것에 달려 있다는 통찰에서 비롯되었다.[23]

이것은 상대적으로 일반적인 호소("전쟁 채권을 사세요")에서 보다 구체적인 호소("채권을 100달러 **더** 사주세요")로 나아가고 또 특별히 정한 시간이나 장소(예를 들어 "직장에 채권 판매원이 방문하면 사주세요")를 구체적으로 표현하는 것을 뜻한다. 사회심리학자 도윈 카트라이트Dorwin Cartwright가 말하듯 이처럼 호소에 변화를 줌으로써 채권 판매는 2배(전체 임금 노동자의 25퍼센트에서 50퍼센트로)로 늘어났다. 가장 놀라웠던 것은 직접적인 대면 요청의 중요성이었다. 사실상 거의 모든 미국인이 정부의 호소를 들었고 채권 구매가 바람직하다는 데 동의했으며 채권을 구매할 수 있는 곳(예를 들어 은행이나 우체국)을 알았다. 하지만 직접적인 대면 호소가 없는 상태에서는 임금 노동자의 20퍼센트 미만이 추가로 채권을 구매했다. 반면 누군가가 직접 대면해 구매를 부탁하고 그 자리에서 서명만으로도 구매를 결정할 수 있을 때는 거의 60퍼센트가 자신의 이름을 신청서에 적어 넣었다.

경로요인의 중요성이 주는 교훈은 오늘날 설득하는 일을 맡은 사람들에게 더욱 가치가 있다. 자선단체나 비즈니스에서는 보통 직접 전화를 걸거나 방문판매 등에 기대 바로 그 자리에서 사든 말든 결정하게 만든다. 이로써 구매자가 사려는 것의 장점을 다른 것과 비교할 틈을 주지 않는다(더 중요하게는 실제 구매를 결정하지 않고는 다른 문제에 주의를 돌릴 틈을 주지 않는다). 장시간에 걸친 자선단체의 TV방송은 또 다른 모습을 보여준다. 물론 이러한 방송 프로그램은 사람들이 관심을 기울일 만한 질병이나 문제의 정보를 두드러지게 보여준다. 여기에다 심금을 울리도록 호소하면서 시청자가 관심을 갖고 행동하도록 동기를 부여하는 장면도 빠뜨리지 않는다. 이 경우 가장 독특하고 흔한 장치는 전화번호 하나를 화면에 띄워놓고 방송 호스트가 시청자를 정면으로 쳐다보며 "이 번호로 지금 전화하세요. 그리고 우리의 자원봉사 프로그램에 동참해주세요"라고 지속적으로 부탁하는 것이다. 시청자가 일단 전화를 걸어 첫 단계에 접어들면 다음 단계는 모두 그들이 알아서 안내한다. 다시 말해 그들은 여러분이 오랫동안 모호하게 품고 있던 의도나 순간적인 기분을 완벽한 기부로 신뢰할 만하게 변환해줄 행동경로를 만든다.

기독교 전도사도 경로요인의 중요성을 민감하게 받아들인다. 선교사들은 사람들에게 삶의 방식을 바꾸거나 예수를 구세주로 삼으라는 식의 모호하고 일반적인 호소 대신 바로 그 순간에 할 수 있는 한 가지 구체적인 행동을 요구한다. 예를 들어 결심을 보여주는 의미에서 자리에서 일어나 앞으로 나오라고 한다(그런 다음 자원봉사자의 핵심 구성원이 새로 온 신자를 조용한 곳으로 데려가 교회에 더 헌신하도록 유도한다). 한마디 덧붙이면 성공적인 전도사가 늘 경로를 만드는 것에만 의존하는 것은 아니라는 점에 주목하자. 어떤 전도사는 앞서 살펴본 것과 동일한 사회적 영향력을 발휘하는 기술을 효과적으로 사용한다. 특히 그들은 본보기를 보여줄 사람들을 이용한다. 즉, 자원봉사자들에게 전도사의 호소에 응해 즉시 자리에서 일어나도록 구체적으로 지시해 '분위기를 조성'함으로써 다른 사람들이 보기에 일어서는 것이 더 규범적인 것처럼 만든다(결국 자리에 그냥 앉아 있는 것이 오히려 불편해진다).

선한 사마리아인이 될 시간

우리는 이미 달리와 라타네의 연구에서 하나의 명백하게 사소한 사회장치(다른 사람이 있거나 없는 것)가 주변인의 개입에 뚜렷하게 영향을 줄 수 있음을 살펴보았다. 1장에서 간단히 살펴본 한 후속 연구에서 달리와 대니얼 뱃슨(1973)은 심지어 덜 중요해 보이는 사회 상황의 특성이 잠재 행인에게 거의 동등한 영향력을 행사할 수 있음을 보여주었다. 달리와 뱃슨에 따르면 그들의 실험은 선한 사마리아인 우화에서 영감을 받은 것이다. 이 우화는 사회에서 중요한 위치에 있는(아마도 바쁘게 살았을) 사제와 레위인 모두 강도를 만나 상처를 입은 여행자를 그냥 지나쳐 서둘러 간 반면, 사회에서 천시받는(아마도 덜 바빴을) 사마리아인은 여행자에게 필요한 도움을 주는 내용이다. 이 우화를 곱씹던 연구자들은 그 안에 분명한 상황주의 메시지가 있다고 생각했다. 달리와 뱃슨은 잠재적 '선한 사마리아인'(이 실험에서는 우연이 아닌 모두 프린스턴대학교 신학생들이었다)을 '바쁜' 상태와 '바쁘지 않은' 상태로 조작해보기로 했다.

실험 초기 단계에 젊은 신학생들은 짧은 즉석 연설(실험 참가자의 절반에게 이는 선한 사마리아인의 우화 자체와 같았다)을 근처 건물에서 녹음할 테니 준비를 하라는 말을 들었다. 일단 건물 위치를 설명하고 한 조건에 속한 신학생들에게는 "늦었다. 당신이 올 것을 기대하고 사람들이 몇 분 전부터 기다리고 있다. 서두르는 게 좋겠다"라고 말했다. 또 다른 조건의 신학생들에게는 "녹음 준비를 하기까지 몇 분이 남았다. 하지만 바로 가는 것이 좋겠다"라고 했다. 지정한 건물로 가는 길에 '(약속에) 늦은' 그리고 '(약속보다) 이른' 조건에 있던 참석자 모두 우연히 출입구에 쓰러져 머리를 숙인 채 기침하며 신음소리를 내는 사람을 만났다. 예상대로 약속에 늦은 신학생들은 거의 도와주지 않았다. 실은 10퍼센트만 어떤 형태로든 도움을 주었다. 반면 시간이 넉넉했던 '이른' 조건의 신학생들은 63퍼센트가 도움을 주었다.

이 연구 결과가 실험에 참여한 신학생들이 세상의 고통에 무관심하거나 자신들의 도움이 필요해 보이는 불우한 사람보다 자신을 기다리는 지위 높은 사람에게 상대적으로 우선순위를 두고 있다는 점을 입증하는 것일까? 여기까지 읽은 독자라면 이 연구 결과는 신학생의 개인 성향은 거의 보여주지 않지만 이타주의를 결정하는 상황요인은 꽤 말해준다는 것을 예측할 수 있을 것이다. 다시 한번 말하자면 우리는 상황 조작의 미묘한 세부사항 중 일부가 중요했을 수 있고 이를 어느 정도 강조해야 한다고 생각한다. 우리는 달리와 뱃슨이 이용한 '(약속에) 늦은' 상황 조작이 젊은 신학생들이 멈춰 서서 돕는 것을 주저하게 만들고 틀림없이 곧 해야 할 연설을 좀 더 걱정하고 긴장하게 했으리라고 본다. 이러한 조건은 그들이 쓰러져 있는 사람에게 주의를 기울이지 못하게 만들기에 충분하다. 반면 '(약속에) 이른' 상황 조작은 젊은 신학생들이 좀 더 천천히 걷고 주변 상황을 더 깊이 생각하게 했을 것이다. 어쩌면 연설 약속을 지체할 수 있는 변명거리가 생긴 것(약속보다 일찍 도착해 어색하게 기다리는 것보다 마치 자신을 위해 준비하고 있던 것처럼 '모르는' 사람을 만나게 된 것)을 좋아했을지도 모른다.

5장에서는 이러한 상황의 영향력이 대다수가 예측하는 것보다 훨씬 크다는 점을 보여준다. 수많은 연구가 이타적 행동의 또 다른 상황 결정요인을 탐구해왔다(그리고 상당수 연구가 이타주의의 성격 특성을 살펴보았다). 이들 연구 중 몇몇 결과는 직관적으로 이해할 수 있다. 예를 들어 심리학자 제임스 브라이언James Bryan과 메리 앤 테스트Mary Ann Test(1967)는 이타주의 실험에서 '모범을 보이는 사람'(유사하거나 동일한 상황에서 본받을 만한 도움을 준 동료)의 유무에 따라 실험 참가자가 곤란을 겪는 운전자를 기꺼이 돕고 구세군 냄비를 보았을 때 적극 도울 가능성 모두 증가하거나 감소한다는 것을 보여주었다. 다른 연구들은 더 놀랍고 때로 보다 복잡한 결과를 보여주었다. 예를 들어 많은 연구에서 죄책감[24]이나 행복감[25] 같은 특정 기분은 실험 참가자가 도움을 요청받았을 때 기꺼이 들어주는 정도나 다른 이타적 행동을 보이는 정도를 눈에 띄게 높이는 것으로 나타났다. 그러나 우리가 보기에 어떤 연구도 달리와 뱃슨의 단순한 연구만큼 일반적인 상황주의 메시지와 경로요인의 중요성을 알기 쉽게 제대로 보여주는 것은 없다. 성실한(분명 과거나 미래에 다양한 유형의 불행한 사람을 돕기 위해 많은 시간을 쏟아왔고 앞으로도 그럴) 젊은 신학생이 선한 사마리아인을 주제로 짧은 설교를 하기 위해 급한 마음에 고통받는 피해자를 그냥 지나칠 뻔한 상황을 깊이 생각해보면 우리는 전통 레빈주의의 핵심 메시지를 얻을 수 있다.

'그래, 바로 경로요인을 만들었기 때문이야.'

최소 순응 효과

상황주의자의 시각은 사회적 영향력 전략에서 인지와 동기 유발 요소에 호소하는 설득의 전통 방식과는 다르다. 가장 강력한 전략 중 하나는 분명해졌다. 이는 사람들이 초기엔 작고 별로 중요하지 않지만 결국 훨씬 더 크고 중요한 행동으로 이어지는 단계를 밟게 하는 것이다. 사실 우리는 모두 이와 관련된 법칙을 보여주는 개인 경험을 한 적이 있다. 우리는 제한적인 방식으로 누군가를 돕거나 어떤 작은 책임을 떠맡는 데 동의한다. 그런데 처음에 한 행동은 어떻게든 또 다른 행동으로 이어지고 우리가 알아채기도 전에 더 깊이 개입하는 바람에 마지못해(때로는 기꺼이) 더 많은 시간과 돈, 에너지를 쏟고 있는 자신을 발견한다. 개입하기 전에는 의도하지도, 예상하지도 않았고 심지어 동의하지도 않은 일에 말이다.

문제의 법칙을 대인관계를 능숙하게 조종하는 사람이 쓰면 일단 상대가 "문에 발을 들여놓게" 만든다. 즉, 작은 도움이나 약속을 요구하고(그 맥락에서는 거절하기 힘든) 그 뒤 진짜 목적이 담긴 더 큰 약속이나 일을 요구한다. 심리학자 조너선 프리드먼Jonathan Freedman과 스콧 프레이저Scott Fraser(1966)는 지금은 고전이 된 한 실험에서 이 법칙을 세련된 방식으로 보여주었다. 한 사람이 스탠퍼드대학교 주변의 중산층 거주 지역 주부들에게 접근해 처음에는 상대적으로 부담스럽지 않은 어떤 것을 해달라고 부탁했다. 예를 들어 탄원서에 서명하거나 논란의 여지가 적은 명분(예를 들어 안전 운전)을 홍보하는 작은(3인치짜리 정사각형) 전단지를 자동차 혹은 집 유리창에 붙여달라고 했다. 이때 거의 대다수가 이 대단하지 않은 요구에 응했다. 이는 그리 놀랄 일이 아니다. 2주 후 두 번째 사람이 똑같은 표본의 주부를 방문했고 또 이전에 접촉한 적 없던 통제집단에게도 접근했다. 이들은 전보다 훨씬 더 큰 종이를 들고 와 말도 안 되는 요청을 했다. 그는 집 앞에 커다랗고 투박하게 쓴 누가 봐도 보기 싫은 '안전 운전' 표지판을 설치하게 해달라고 부탁했다. 이렇게 요청하며 사진 한 장을 보여주었는데 사진에서 그 보기 싫은 표지판은 그 지역의 또 다른 집 문 앞을 가리는 것처럼 보였다.

이 연구의 결과는 매우 놀라웠다. 자기 집 창문에 작은 안전 운전 전단지를 붙이는 것에 동의한 실험 참가자의 무려 76퍼센트가 크고 보기 싫은 '안전 운전' 표지판을 집 앞에 설치하는 것에 동의했다. 반면 작은 전단지를 붙여달라고 요청하지 않은 가정은 '단지' 17퍼센트(사실 이 수치도 절대 기준으로 보면 놀랍도록 높다)만 표지판을 세우는 데 동의했다. 흥미롭게도 실험 참가자가 처음에 동의한 관련 논점이 그 이후 요청한 것과 관련이 없을 때마저(이를테면 처음에 '캘리포니아를 아름답게'라고 쓴 창문 스티커를 받거나 진정서에 서명했을 때도) 요청에 응하는 비율이 50퍼센트에 가까웠다. 이는 통제 그룹에서 나온 순응✧ 비율의 거의 3배에 이르는 수치다.

많은 후속 연구가 프리드먼과 프레이저의 기본 결과를 확인해주었다. 예를 들어 사회심리학자 퍼트리샤 플리너Patricia Pliner와 그녀의 동료들[26]은 토론토 교외 거주자로 이뤄진 표본에서 곧 있을 모금운동을 홍보하는 라펠핀lapel pin◇◇을 하루 전에 부착해달라는 부탁(문간에 발 들여놓기 기법foot-in-the-door technique을 이용해 누구도 거부하지 않았다)에 동의하면 암협회에 돈을 기부할 가능성이 2배로 높아진다는 것을 밝혔다. 그렇지만 이러한 연구 메시지를 지나치게 전폭적으로 받아들여서는 안 된다. 우리는 후속 연구에서 문간에 발 들여놓기 기법으로 중대한 모든 요청을 촉진할 수 없음을 발견했다. 일부의 경우(만약 첫 요청에 충분히 의미가 있어서 요청받은 사람이 '이미 내 할 일을 했다'는 느낌을 받으면) 첫 요청에 응하는 것이 후속 요청에 순응하는 것을 더 꺼리게 만들기도 한다.[27]

같은 이유로 처음에 중대한 요청을 거절한 사람이 부담 없고 적절한 두 번째 요청의 손쉬운 먹잇감이 될 수도 있다. 예를 들어 사람들은 가치 있는 대의명분을 돕는 일을 거절하고 난 바로 뒤에◇◇◇ 자신이 그렇게 냉담하거나 불합리한 사람이 아니라는 것을

◇ 타인의 요구나 소망에 복종하는 행동 혹은 태도를 뜻한다. 응종應從, 순종順從이라고도 한다(양돈규, 《심리학사전》 제2판 참조).

◇◇ 양복 왼쪽 옷깃에 꽂는 핀.

◇◇◇ '바로 뒤'라는 말에 유념하자. 사회심리학자 로버트 치알디니Robert Cialdini에 따르면 상대방이 내 커다란 요구(예를 들어 높은 연봉 요구)를 거절한 순간 차선책(이를테면 교육비 보조 등의 비용 분담 요구)을 제시하면 상대가 내 요구를 받아들일 가능성이 높다. 역설적으로 상대방이 내 요청을 거절한 순간이 곧 기회의 순간이라는 말이다.

보여주려 한다.[28] 항상 그렇듯 맥락에 따른 세부사항, 때로는 미묘한 세부사항이 아주 중요하다. 어떤 종류의 초기 요청이 그 이후 어떤 종류의 순응을 촉진할 가능성이 가장 높은지 알아내려면 어떤 기술(더 좋은 것은 어떤 사전 검사)이 필요하다. 그렇지만 초기에 약속을 받거나 다른 경로 조작을 세심하게 사용할 경우, 이전에 보여준 행동과 견해에 비춰보아 자기 자신을 포함해 어느 누구도 예측하지 못한 후속 행동을 하도록 사람들을 이끌 수 있다는 점만큼은 사실이다.

문간에 발 들여놓기 기법이나 최소 순응 조작을 사용하는 단순한 공식에 집중하기보다 이를 사용해본 연구자들이 설명하는 효과성을 간단히 살펴보자. 기본적으로 연구자들은 작은 순응 행동이 실험 참가자가 그런 행동과 일치하는 태도를 받아들이게 한다고 말한다.[29] 또한 그 행동이 실험 참가자들에게 지금까지 검토하거나 시험해보지 않은 관점의 특징과 정도를 '알려주는 데' 도움을 준다고 주장한다.[30] 실험 참가자들이 앞서 한 행동을 정당화하든 자신의 진정한 태도나 우선순위의 단서로 사용하든 그 결과는 그에 따라 흔쾌히 행동하는 것이다. 예를 들면 그런 태도를 보이는 사람에게 적절한 더 중대한 약속이나 행동을 한다. 우리는 이러한 인지 설명이 적어도 부분적으로는 맞는다고 생각한다. 그러나 우리가 이번 장과 이 책 전체의 중심 주장 중 한 부분을 암묵적으로 인정하지 않는 한 이런 인지 설명은 알려주는 것이 별로 없다. 다시 말해 사람들은 상황요인에 영향을 받기 쉬울 뿐 아니라 그 영향의 정도를 과소평가하기 십상이다.✧[31] 만약 사람들이 자신의 순응이 태도와 일치하므로 이는 자유의지로 선택한 것이라기보다 상황 압력에 따라 만들어진 것이라는 점을 깨달았다면 일관성을 '유지하기' 위해 태도를 변경할 필요는 없었을 것이다.

모두 종합해보기: 스탠리 밀그램과 악의 평범성

1965년 도덕철학자 한나 아렌트Hannah Arendt는 유대인 대학살, 즉 홀로코스트와 당시 매일 벌어진 끔찍한 일은 무고한 사람의 고통을 즐기는 가학적 쾌락보다 관료적 무지와 무관심에 그 원인이 있다는 논문을 발표했다. 그녀는 예루살렘에서 있었던 나치 친위대 장교 아돌프 아이히만Adolf Eichmann의 재판을 본 뒤 이런 결론에 이르렀다. 아이히만은 유럽의 유대인을 강제수용소로 이송하는 것을 감독한 사람이었다. 아렌트가 상자 안(아이히만은 재판에서 방탄유리로 만든 상자 안에 있었다. 이처럼 이스라엘 경찰은 아이히만이 고소인들을 만나

✧ 이 점이 현실에서 의미하는 바는 상당히 크다. 상황의 힘을 모르는 대다수 사람들은 자신의 행동이 그토록 작은 상황 변화에 영향을 받는다는 점을 모르거나 인정하지 않는다. 결국 사회심리학이 주는 과학적 교훈을 알고 현실에서 영향력을 적절히 행사하는 사람도 있고, 그 이유도 모르는 채 주로 다른 사람의 영향을 받는 사람도 있다. 따라서 상황의 힘을 이용할 때는 윤리를 적용하는 것이 매우 중요하다. 나아가 똑똑한 소비자나 시민이 되고 싶다면 사회심리학이 주는 교훈을 보다 잘 이해할 필요가 있다.

기 전에 암살당하지 않도록 만전을 기했다)에서 본 것은 창백하고 머리가 벗겨지기 시작한 중년의 남자였다. 그는 단지 명령을 따랐을 뿐이고 그가 중부유럽에서 수용소로 사람들을 이송할 때 그들에게 무슨 일이 어떻게 벌어지는지 신경 쓰지 않았다고 변호했다. 아렌트는 아이히만이 가학적 괴물이 아니라 명분 없는 동조주의자였다고 기꺼이 믿었다. 아렌트가 보기에 아이히만은 채소 운반 책임을 맡았을 수도 있고, 더 중요하게는 수많은 채소 운반 책임자가 아이히만처럼 괴물 같은 역할을 했을 수도 있다고 생각했다.

우리는 사회비평가 앨프리드 케이진Alfred Kazin(1984)이 품은 의심에 공감한다. 케이진은 자신이 어떤 사람이었는지, 무엇을 했는지 그럴싸하게 부인할 수 없는 사람에게 남겨진 단 하나의 변호 논리를 아렌트가 곧이곧대로 선뜻 받아들였다고 비판했다. "단지 명령을 따랐을 뿐"이란 말은 국가의 이름으로 악행을 저지른 부하들이 자신을 방어할 때 항상 써오던 것이었다. 동시에 우리는 극악무도한 행위는 분명 극악무도한 동기에서 나온다는 더 쉽고 상투적인 결론에 저항한 아렌트에게 경의를 표하지 않을 수 없다. 우리가 그동안 강조해왔듯 어떤 행위가 벌어진 이유를 관련된 개인의 성향으로 바라보는 것은 아마 사회적 추론에서 가장 근본적이고 일반적인 실수일 것이다. 아이히만이 악마 같은 사람이었는지 우리는 모른다. 악마 같은 사람은 아니지만 고의로 나치즘의 희생자를 끔찍한 운명으로 내모는 역할을 한 독일인이 많았다는 점은 의

심하지 않는다. 많은 나치 강제수용소 경비요원이 끔찍한 복무 이전이나 이후 비난받거나 책임을 지지 않았다는 것은 틀림없는 사실이다.[32] 이 같은 공모관계를 설명하려면 일반인이 놀라울 정도의 악행을 저지르도록 유도하는 사회나 상황의 특별한 맥락이 존재한다고 가정해야 한다.

아렌트가 악의 평범성banality of evil 논지를 연구하고 있을 때와 비슷한 시기에 밀그램은 실험실에서 악의 평범성을 입증하고 있었다. 앞서 살펴보았듯 밀그램은 애시 패러다임의 후속 연구를 먼저 진행했다. 이 연구에서 밀그램은 사람들이 비행기의 신호 시스템을 시험하고 있다고 생각했을 때도 다수의 만장일치에 동조한다는 것을 보여주었다. 그는 계속해서 동일한 패러다임을 이용해 동조에 나타나는 문화 차이를 연구했다(이 연구에서 그는 '논쟁을 좋아하는' 프랑스인이 '더 내성적인' 스칸디나비아인보다 덜 동조한다는 것을 보여줌으로써 민족 관련 고정관념을 얼마간 입증했다). 이 결과를 본 밀그램은 동조 반응이 잠재적으로 해로운 행동과 관련될 때도 유사한 문화 차이가 나타날지 궁금해 했다.

오늘날 그의 이름을 따 '밀그램의 실험'으로 불리는 이 상황을 그가 설계한 것은 이런 목적을 염두에 둔 것이었다. 애초에 상황은 '통제' 조건으로 고안했다(사람들이 다른 사람에게 해가 될지도 모를 무언가를 하도록 연구자에게 요청받은 상황이었다). 이 상황은 어떠한 동조 압력도 없음을 의도적으로 보여준 것이었지만, 오히려 매우 강력한 상황의 힘을 내포하고 있었다. 위 상황을 이용해 보통의 미국인, 즉 독립성과 권위 혐오감이라는 문화 전통을 강하게 고수하는 사람들을 대상으로 실시한 몇 가지 예비시험 결과를 보고 밀그램은 바로 동조에서 복종으로 관심을 옮겼다.

밀그램 실험에는 여러 사회계층이 실험 참가자로 참여했다. 이들은 상황에 쉽게 영향을 받는 대학 2학년생이 아니었다. 그들은 다양한 직업에 종사하는 성인 남성들(적어도 가장 잘 알려진 그의 연구에서는)이었고 예일대학교에서 수행할 학습 연구에 참여해달라는 신문광고를 보고 온 사람들이었다. 이제 밀그램이 밝힌 실험 시나리오를 상세하게 살펴보자.

실험실에 도착한 밀그램의 실험 참가자들은 또 다른 '실험 참가자'를 만났는데 그는 예의 바른 중년의 남자였다(실험 참가자는 모르는 사람으로 사실은 실험 협조자다). 이때 연구자는 학습에서 처벌 효과에 관심이 있다고 말한다. 그는 모자에서 종잇조각을 뽑아 누가 '선생'이 되고 누가 '학습자'가 될지 결정한다(이 추첨은 조작한 것으로 실험 참가자는 반드시 선생이 되고 실험 협조자는 학습자가 된다). 선생이 할 일은 학습자에게 일련의 단어 조합을 가르쳐주는 것이다. 그 뒤 선생은 학습자가 전기의자 기구에 끈으로 묶이는 모습을 본다(연구자는 "과도한 움직임을 막기 위해서"라고 설명한다). 학습자의 손목에 전극을 붙이고 피부에 전극봉을 붙인다("화상 방지를 위해서"라고 설명한다).

연구자는 전극봉이 전기충격기에 연결되어 있고 선생이 해야 할 구체적인 역할은 학습자가 단어를 암기하지 못하고 실수할 때마다 (전기충격기 스위치를 눌러) 학습자에게 충격을 주는 것이라고 설명한다. 이어 선생을 학습자가 보이지 않는 가까운 방으로 안내해 전기충격기 앞에 앉게 한다. 이 충격기에는 레버 스위치가 30개 있는데 15볼트로 시작해서 15볼트씩 증가해 450볼트까지 라벨이 붙어 있다. 충격 강도도 '약한 충격'에서 '위험: 심각한 충격'까지 적혀 있다. 마지막 두 개 스위치에는 불길하게 보이는 'XXX'라는 라벨에 붙어 있다. 연구자는 선생에게 학습자가 틀리게 답할 때마다 15볼트씩 충격 수준을 높일 것이라고 말한다. 그리고 실험 참가자에게는 "충격이 극도로 고통스러울 수 있지만 세포 조직에 영구 손상을 입히지는 않습니다"라고 단언한다. 연구자는 선생 쪽에 남고 이후 실험 내내 함께한다.

시나리오대로 학습자가 제시받은 네 개 단어에서 선택해 버튼을 눌러 답을 표시하면 선생 쪽의 전기충격기 위에 있는 4개 표시 중 하나에 불이 들어온다. 학습자가 첫 번째 실수를 하면 선생은 15볼트의 충격을 주고 다음에 계속 15볼트씩 더 높인다. 선생의 딜레마는 불운한 학습자가 보내는 '피드백'에 따라 높아진다. 처음에는 전기충격의 고통에 소리를 질러 항의하면서도 학습자는 계속 실험에 응한다. 그러다가 충격 수준이 300볼트에 다다르면 학습자는 저항하며 벽을 쾅쾅 두드리고 이 시점부터는 학생이 답을 하지 않아 선생 앞에 있는 답을 가리키는 판에 불이 들어오지 않는다. 학습자는 매번 충격이 가해질 때마다 계속 벽을 세게 두드리지만 이내 벽을 두드리는 것마저 그만둔다.

그 과정에서 연구자는 선생의 의무를 반복해서 말한다. 선생이 연구자를 쳐다보며 어떻게 해야 할지 물으면 연구자는 "계속 하십시오"라고 말한다. 선생이 학습자가 더 이상 답하지 않는다고 항의할 경우 연구자는 무응답은 오답으로 간주해야 한다고 말한다. 만약 선생이 실험 진행을 주저하거나 학습자의 상황을 살펴봐야 한다고 말하면 연구자는 단지 "당신은 이 실험을 계속해야 합니다"라고 말한다. 이때 선생이 고집을 부리면 연구자는 "당신에게는 선택권이 없습니다. 계속해야 합니다"라고 말한다. 실험 참가자가 학습자에게 생길지도 모르는 문제에 자신은 책임지지 않겠다고 항의할 경우 연구자는 "책임은 내게 있습니다"라고 확신에 차서 말한다.

심리학 입문 수업을 들은 학생은 모두 알겠지만(사실 서구에서 교육받은 사람은 대부분 이 실험을 알고 있는데 이는 밀그램의 실험이 서구사회가 공유하는 지적 유산의 한 부분이기 때문이다.[33]) 이 우울한 실험은 대부분 끝까지 실행됐다. 대다수(밀그램이 행한 실험 가운데 가장 잘 알려진 실험에서는 68퍼센트)는 막판까지 '위험: 심각한 충격' 수준을 넘어 마지막 '450볼트, XXX' 수준까지 복종했다.

이 결과는 밀그램 자신이나 다른 모든 사람이 예상한 것이 틀렸음을 입증한다. 밀그램이 자문을 구한 일반인, 사회심리학자,

정신과 의사 모두 누구도 최고 수준 충격까지 실행하지는 않을 것이라고 확신했다. 왜 그토록 많은 사람이 완벽하게 복종했을까?(달리 보면 왜 그토록 결과를 정확히 예측한 사람이 없었을까?) 이 의문은 오늘날까지도 남아 있다. 지금도 밀그램의 실험 결과를 읽을 때마다 우리는 우리 사회와 일반적인 인간에 관해 어떤 끔찍한 것을 알아냈다는 느낌이 든다. 즉, (애시의 연구 결과가 보여주듯) 사람은 온순한 양에다 권위에 맞서지 못하는 약골이거나 더 나쁘게도 가학적인 구석이 있어서 언제든 그것을 드러낼 수 있다는 결론을 내리게 된다.

어떤 사람은 밀그램의 결과를 두고 다소 안도감을 주는 결론을 내리기도 한다. 실험 참가자들이 장난인 것을 눈치채 피해자가 실제로는 전기충격을 받지 않는다는 것을 알았다는 얘기다. 어쨌든 '누구라도' 예일대학교처럼 평판 높은 기관은 "절대 그런 끔찍한 일이 일어나도록 하지 않을 것"이라고 생각한다. 그런 반대를 예상한 밀그램은 자신의 실험 결과가 그처럼 쉽게 묵살되지 않도록 하겠다고 마음먹었다. 그는 코네티컷 브리지포트에서 쇠퇴한 지역의 허름한 빌딩에 실험실을 차리고 연구를 진행했다. 이번에는 잘 알려지지 않은 한 시시한 '리서치 기관'의 이름으로 진행했지만 복종이 하락하는 수준은 상대적으로 적었다. 또한 그는 일부러 의심 많은 사회과학자들을 초대해 반투명 거울 뒤에서 실험을 지켜보게 했다. 모두들 자신이 목격한 복종 수준뿐 아니라 복종과 동시에 일어나는 사람들의 괴로움을 보고 충격을 받았다. 한 과학자는 이렇게 보고했다.

> 처음에 나는 성숙하고 침착해 보이는 회사원이 웃음을 띠며 자신감 있는 모습으로 실험실에 들어오는 것을 보았다. 20분도 지나지 않아 그는 위축되어 경련을 일으키고 말을 더듬는 등 만신창이가 되어 빠르게 신경쇠약 상태에 이르렀다. 그는 계속해서 자기 귓불을 잡아당기고 손을 비틀었다. 어느 순간에는 자기 주먹으로 이마를 치며 중얼거렸다. "세상에나…! 그만하자" 그러면서도 연구자의 모든 말에 계속 반응했고 끝까지 복종했다.[34]

이 보고는 밀그램의 실험 참가자가 단순히 연구자의 장난을 따라갔을 가능성을 부인하게 만들고, 이 정도 나이에다 도시에 사는 익명자는 낯선 사람에게 무슨 일을 하든 신경 쓰지 않는다는 예상 가능한 설명의 신빙성을 없애준다. 밀그램의 실험에 참가한 사람들은 대부분 자신이 겪는 일을 실제라고 믿은 것이 명확해 보이며 대개는 이를 고통스러운 경험으로 받아들였다. 그렇다면 왜 그들은 멈추지 않았을까? 왜 연구자를 꾸짖지 않았을까?

그 해답은 밀그램의 실험 상황에 나타난 몇 가지 미묘한 특징(이 연구를 읽은 모든 사람과 심지어 그 상황을 직접 지켜본 사람도 그 영향력을 인지하지 못하거나 평가하지 않는 것 같다)들이 일반인조차 매우 이례적으로 행동하게 했다는 데서 드러난다. 우리가 그 모든 특징을 찾아냈다거나 어떻게, 왜 그토록 강력한 효과를 만들어냈는지 정확히 이해한다고 주장하기는 어렵다. 하지만 그중 일부는 윤곽을 그릴 수 있는데 그것이 우리가 다른 연구에서도 이미 살펴본 상황의 영향력과 경로요인 중 일부와 동일한 것으로 밝혀진 건 우연이 아니다.

밀그램은 실험 참가자들이 이유를 묻지 않고 시키는 대로 하고 자신의 책임을 자진해서 양도한 권위자에게 충실히 따르게 한 암묵적 계약을 분석했다. 그 분석에서 그는 상대적으로 받아들일 만한 행동으로 시작해 무의미하고 잔인하며 위험한 시련을 주는 공모에 이르기까지 조금씩 단계적으로 변화한 특징을 강조한다. 우리가 분명히 기억해야 할 것은 선생 역할을 맡은 실험 참가자가 아무 죄가 없는 피해자에게 한 번에 엄청난 전기충격을 가하라는 단순한 명령에 복종한 게 아니라는 점이다. 처음에 선생이 진행한 것은 스스로 과제를 수행하는 데 도움을 주는 일로 학습자가 그 피드백을 받겠다고 동의한 약한 처벌(그야말로 피드백)이었다. 선생은 학습자가 그랬듯 자신이 동의한 최종 결과를 상상하지 못한 상태에서 특별한 처벌 과정(각 오답마다 일정 강도로 처벌 수준을 높이는 것)에 동의했다. 단계적으로 계속 진행하면서 가한 충격이 걱정스러운 수준에 이르고 나서야 선생의 심리적 딜레마가 분명해졌다. 어떤 면에서 선생은 (자신과 연구자에게 그리고 아마 학습자에게도 만족스러운) 이유를 찾아야 했다. 다시 말해 지금까지 진행해오다가 이제 그만두기로 한 결정을 정당화해야 하고, 조금 전까지는 살짝 덜한 정도라 충격을 주는 것이 괜찮았을지 모르지만 다음번 충격은 그렇지 않다는 것을 설명할 수 있어야 했다. 그 이유는 찾기 힘들다. 실제로 실험 과정 가운데 딱 한 시점에서 그 이유를 찾았다. 그것은 학습자가 답변을 그만두는 시점으로 이는 전기충격을 받는 것을 암묵적으로 동의한 것을 철회하는 시점이었다. 바로 이 시점에 가장 자주 의미 있는 정도로 복종 거절이 있었다.

실험 참가자가 자신의 상황과 행동을 어떻게 보았는지 이해하려면 밀그램의 실험에서 덜 분명해 보이는 몇몇 특징을 더 살펴봐야 한다. 특히 처음부터 끝까지 명령에 질문을 던지지 않거나 실험을 계속하는 것에 아무런 반대 표시도 하지 않고 복종한 실험 참가자가 상대적으로 소수였다는 점에 주목하는 것이 중요하다. 밀그램의 연구 보고서는 이 중요한 사안을 더 정밀하게 다뤘어야 했다. 참여자는 대부분 '복종하는 실험 참가자' 역할에서 벗어나 실험을 계속해야 한다는 연구자에게 그것이 타당한 일인지 이의를 제기하고, 연구자가 학습자의 상태를 확인해야 한다고 주장했으며 하고 싶지 않다는 의사를 표시했다. 사실 많은 실험 참가자가 결국 "그만두겠다"고 말했다. 밀그램의 실험 패러다임에는 가장 중요하면서도 미묘한 특징이 있는데 그것은 그만두겠다는 의도를 밝혀도 실제 참여를 끝내기가 어렵다는 점이다. 대다수 실험 참가자는 연구자에게 맞섰고 계속 실험하는 것을 격렬하게 거부하기도 했다. 그렇지만 연구자가 이들이 제자리에 가도록 만들었다("당신은 이 실험을 계속해야 합니다", "당신에게는 선택권이 없습니다"). 사실 밀그램의 실험은 결국 비효과적이고 우유부단한 불복종보다 '파괴적인 복종'에 관해 시사하는 바가 없을 수 있다.

여기서 한 가지 사고 실험thought experiment이 도움을 줄 것이다. 이런 상황을 가정해보자. 시작할 때 연구자가 언제라도 선생이 실험을 그만두고 싶을 때는 앞에 있는 책상 위 버튼을 눌러 의사를 표시할 수 있다고 이야기한다. 독자 여러분도 우리와 같은 생각을 할 것이라 믿는데, 만약 이 경로요인이 생기면 복종 비율이 밀그램 실험과 비교해 몇 분의 일에 불과할 가능성이 크다. 이와 달리 저주받은 밀그램의 실험 참가자들에게는 자신의 불행한 행동을 그만둘 '불복종 경로'가 없었다. 레빈주의자의 용어를 빌리면 선생이 실험 참여를 중지하고 그 상황에서 빠져나가기 위해 사용할 수 있는 잘 정의한 적절한 경로가 없었다. 여기에다 그 경로를 만들려는 어떠한 시도도 연구자의 확고한 반대에 부딪혔다. 이들은 선생이 걱정하는 일의 타당성을 절대 인정하지 않았다.

또한 실험 참가자 입장에서 매우 중요했을지 모르는 밀그램 실험의 미묘하고 더 찾기 힘든 특징이 한 가지 더 있다. 당시 벌어진 상황은 실험 참가자 입장에서 '말이 되지' 않거나 '앞뒤가 맞지' 않았다. 실험 참가자의 과제는 더 이상 아무것도 배우려 하지 않는 학습자에게 심한 전기충격을 주는 것이었다. 연구자는 이를 강요하며 학습자가 괴로워서 외치는 소리나 심장 상태에 관한 경고, 답변을 거부하는 것 그리고 불길한 침묵을 전혀 의식하지 못하는 듯 보였다. 한술 더 떠서 연구자는 사건 전개에 관해 아무런 걱정도 하지 않았고 그런 행동을 설명하거나 정당화하려 하지도 않았으며, 왜 실험을 계속해야 하는지 이유를 설명하지 않았다. 심지어 그는 학습자의 상태를 확인하라는 실험 참가자의 요청도 들어주지 않았다. 실험 참가자가 이 속임수의 성격과 실험의 진짜 목적을 모두 이해하지 않는 한(만약 이해했다면 실험 참가자는 아이히만처럼 둔감하게 악랄한 명령을 실행할 사람이 아니라는 것을 보여주기 위해 아마 불복종했을 것이다), 그들로서는 안정적으로 '상황을 정의할' 방법이 없었다. '어떤 것도 말이 되지 않고' 행동과 주변에서 벌어지는 결과에 관해 자신이 이해한 것이 분명 제한적이고 부족할 때 사람들은 어떻게 반응할까? 우리가 보기에는 소수만 단호하게 행동하거나 독립성을 주장하는 방식으로 반응한다. 많은 사람이 평상시와 달리 우유부단해지고, 권위에 도전하거나 역할에 따른 기대를 부정하지 못하며 침착하게 확신에 차서 지시하는 사람들에게 상당히 의지한다. 요약하면 사람들은 밀그램의 실험 참가자가 보여준 것처럼 그렇게 행동한다.

우리는 지금까지 살펴본 밀그램 실험의 분석 요점이 명확하다고 믿는다. 밀그램의 연구에서 우리는 사람들이 권위자에게 의문을 제기하지 않고 심지어 해롭고 위험한 행동을 할 정도로 복종하는 경향이 있다는 증거를 발견하지 못했다(우리는 꼬박꼬박 논문을 읽고 강의노트를 깔끔히 정리하며 시험공부를 제때 하라는 우리의 명령에 무조건 복종하는 학생이나 지도학생을 본 적이 없다. 이것은 그들이 우리를 권위자로 여기지 않기 때문이 아니다). 그보다 밀그램이 알려준 것은 특별하고 상대적으로 미묘한 상황의 힘이 사람들의 친절한 성향을 넘어선다는 점에 관한 날카로운 지적이다. 또한 밀그램은 관찰자들이 행동을 곧이곧대로 받아들이고 극단적인 개인 성향에 잘못이 있다고 간주함으로써 행위자의 파괴적인 복종(또는 바보 같은 동조)에 어떻게 오류 섞인 추정을 쉽게 하는지 보여준다. 나아가 그의 연구는 행동을 이해하고 해석하는 일은 행위자가 상황을 어떻게 이해하는지 파악하려는 노력에서 시작되어야 한다는 것을 알려준다. 그러므로 다음 장에서는 사람들이 상황을 어떻게 구성하는지 그 일반적 질문을 따져보는 것이 적절하겠다.

3

세상을 구성하기

심리학에서 상황주의 전통을 처음 만든 사람들은 사회심리학자가 아니라 행동주의자였다. 존 B. 왓슨John B. Watson✧은 20세기 초 이런 움직임을 이끌었고 인간 행동 형성에서 상황요인이 하는 역할에 관해 멋진 글을 썼다. 왓슨의 유명한 자랑은 이것이었다. (자신이 적절한 환경과 강화reinforcement✧✧ 이력을 조작해) "(…) 어떤 아이든 의사, 변호사, 예술가, 최고의 상인, 심지어 거지나 도둑으로 만들 수 있다. 재능, 선호, 성향, 능력, 소명, 조상의 인종과 상관없이 말이다."[1] 물론 이 주장은 '사람' 변수가 행동을 결정하는 데 중요하지 않다는 의미가 아니다. 그보다 '사람'은 다만 과거에 경험한

✧ 시카고대학교와 존스홉킨스대학교에서 심리학을 가르쳤고 소비자심리, 실험심리, 생리와 동물 심리학을 연구했다. 그가 주창한 행동주의는 1920년대와 1930년대 미국 심리학의 주류를 형성했다.

✧✧ 어떤 행동에 따른 결과를 제공하는 절차로 그 행동의 확률을 증가 또는 유지하게 한다.

상황의 수반성contingency[◇]이 낳은 총합이라는 뜻이다. 수반성은 객관적으로 표현할 수 있으며 행동을 정확히 예측하거나 통제하기 위한 기반을 제공한다.

하지만 행동주의자가 말하는 상황주의는 인간 마음에서 일어나는 내면 작업이 심리과학의 주제로 적절치 않다는 그들의 주장과 밀접한 관련이 있다. 이들은 사람들이 주관적인 정신 경험을 스스로 돌이켜보게 하는 19세기 연구 전략인 내성법內省法을 버려야 한다고 주장했다. 대신 새로운 심리과학을 관찰 가능하고 수치화할 수 있는 사건으로 한정하게 했다. 특히 명시적 반응과 그런 반응을 만들어내는 관찰 가능한 환경 자극 그리고 그 반응의 결과인 명시 가능한 객관적 결과물(예를 들어 잘 정의한 생물학적 추동[◇◇]과 관련된 '강화') 등이 그것이다. 모든 행동은 미묘하거나 복합적이지만 자극, 반응, 쾌락적 결과 사이의 연관성 관점과 유사성을 기반으로 하나의 자극이나 맥락이 다른 것을 만들어내는 일반화 관점에서 이해해야 한다.

행동주의자는 고전적이고 중요한 조건화 탐구, 더 일반적

◇ 유관 또는 유관성이라고도 한다. 특정 사건이나 현상이 또 다른 사건이나 현상에 종속된 관계를 뜻한다(양돈규, 《심리학사전》 제2판 참조).

◇◇ 추동과 강화의 관련성은 이렇게 설명할 수 있다. 예를 들어 물과 음식이 부족하면 물을 마시거나 음식을 먹도록 추동한다고 한다. 이때 추동을 떨어뜨리는 자극, 즉 물과 음식을 강화 혹은 강화물이라고 한다.

으로 말하면 학습과 동기 연구 분야에서 여러 가지 이론적, 응용적 토대를 닦았다. 그러나 이들은 주관적 경험을 무시하고 객관적으로 명시할 수 있는 사건에만 집중하는 전략적 결정으로 20세기의 대부분 동안 이어진 딜레마를 만들어냈다. 심리학은 인간의 행동을 아주 객관적으로 설명하려고 애썼지만 인간의 직관과 경험에 따르면, 그리고 우리의 연구도 마찬가지로 다음과 같은 점이 분명해졌다. 즉, 대다수는 아닐지라도 인간 행동의 많은 부분, 특히 사회적 행동을 설명하고 예측하는 것은 오직 이러한 행동에 관여하는 사람들의 주관적 해석과 신념을 알거나 정확히 추측할 수 있을 때만 가능하다는 것이다.

주관적 의미를 중요하게 고려해야 하는 이유

다소 일반적인 에피소드를 생각해보자. 제인이 여학생 클럽 모임에서 만난 젊은 남성 밥에게 말한다.

"이런 모임에 자주 오나요?"

그는 웃으며 대답한다.

"아뇨, 하지만 앞으로는 **더** 자주 올 것 같네요."

이야기에 등장하는 두 사람은 관련 자극에 명확히 반응했고 그 반응은 중요하다. 그러나 이 에피소드를 제대로 이해하려면,

특히 두 사람의 미래 행동에 미치는 영향을 이해하려면, 각 인물이 전체 상황을 어떻게 지각했고 서로의 반응을 어떻게 해석했는지 알아야 한다. 그 모임에서 받은 주관적 인상은 무엇이고 그런 인상은 그들의 목적, 기대와 어떤 관련이 있는가? 그들은 상대방의 단어(그리고 그 단어에 동반한 어떤 비언어적 행동)에 어떤 의미를 부여했는가? 밥은 제인의 질문을 있는 그대로 받아들였는가, 아니면 제인이 밥에게 관심이 있을 수도 있다는 표현이라고 생각했는가? 만약 그랬다면 밥은 그 관심을 좋아했을까, 아니면 싫어했을까? 마찬가지로 제인은 밥이 향후 모임에 참석하려 한다는 말을 밥이 이 모임을 즐기고 있으며, 제인에게 관심이 있다고 콕 집어서 표현한 것이라고 해석했을까, 아니면 그저 좋은 말이지만 별 의미 없는 대화 기술이라고 해석했을까?

우리는 관심 있는 행동과 관련해 아무리 객관적인 정보가 많아도 참여자가 미래에 어떻게 행동할지 예측할 수 없다고 생각한다. 그 사건에 보이는 참여자 반응의 주관적 의미를 알거나 제대로 추측해야 개인이 왜 그렇게 행동하는지 알 수 있다. 자극과 반응이 참여자에게 어떤 의미가 있는지 알지 못하면 어떤 특별한 반응이 강화 혹은 약화했는지 알 수 없다. 또 그 에피소드가 앞으로 제인과 밥이 서로에게 보일 반응이나 여학생 클럽 모임과 다른 사회 환경에 미칠 영향도 알 수 없다. 이 같은 사회 사건의 특성과 영향을 온전히 이해하려면 사람은 서로의 말과 행동을 **해석**하려 할 뿐 아니라 다른 사람의 해석을 예측하고 관찰해 조심스럽게 영향을 미치려 한다는 점을 기억해야 한다.

여학생 클럽 모임 이야기의 요점은 매우 일반적이다. 이런 이야기를 객관적이고 과학적인 자세로 관찰하는 사람이든 그 이야기의 참여자든 우리는 주관적 의미를 깊이 질문해야 한다. 첫째, 그들의 과거 경험과 세상을 향한 현재 신념의 영향을 받아 참여자가 그 상황을 어떻게 범주화하는지 알아야 한다. 둘째, 참여자가 그들의 행동과 차후 결과 사이의 수반성이 무엇이라고 믿는지 알아야 한다. 즉, 그들이 특정 결과에 어떤 가능성을 부여하는지 그리고 그 가능성을 지배하는 인과관계를 두고 무엇을 가정하는지 알아야 한다. 요약하면 자극, 반응, 강화와 이들 사이의 연관성에 관한 객관적인 설명이 우리 목적에 충분한 경우는 거의 없다는 점을 알아야 한다. 우리는 참여자 자신이 이 '객관적' 사건을 어떻게 지각하는지 그들 사이의 연관성에 관해 무엇을 믿는지 알아야 한다.

클라크 레너드 헐Clark Leonard Hull✧, 버러스 프레더릭 스키너 Burrhus Frederick Skinner✧✧를 비롯해 20세기 상반기에 엄청난 영향력을

✧ 미국 심리학자. 행동이론의 대표 학자인 그는 학습 이론learning theory 연구에 많은 공헌을 했다. 저서로《행동의 원리Principles of Behavior》,《행동 체제A Behavior System》등이 있다.

✧✧ 행동주의 심리학의 대표 학자. 그가 사망했을 때 〈뉴욕타임스〉는 부고기사 제목을 '행동주의의 챔피언이 사망했다'로 했다. 그만큼 그가 행동주의에 미친 영향은 지대하며 행동심리학이 실험실의 과학이자 설득력 있는 철

행사한 행동주의 전통 이론가들이 주관적 구성 문제를 효과적이고 '능숙하게 처리'하는 방법을 찾아낸 것은 우연이 아니다. 우선 이들은 반응 습득과 변화를 연구하기 위해 일반적으로 인간보다 주변 환경의 의미를 덜 생각할 것이라 여긴 쥐와 비둘기에 의존했다(여하튼 이들 유기체에게 개별 해석, 기대, 동기와 관련해 개인 생각이 있더라도 이들은 그것을 우리에게 말해줄 수 없다). 그런데 이들 연구자가 사용한 자극은 주관적 의미에 관한 질문을 제기하기 더 어렵게 만들었다. 이들이 명확하고 대상물의 의미가 상대적으로 변함없는 강화물reinforcer(이를테면 음식 알갱이나 물방울처럼 이전에 동물을 배고프고 목마르게 만든 것 또는 모든 동물이 피하려 하는 전기충격 같은 유해한 자극)과 일시적으로 일차 강화물primary reinforcer✧에 연결될 때까지 대상물에 거의 어떤 특별한 의미가 없는 자극이나 반응(빛, 소리, 레버 누르기 등)만으로 작업해왔기 때문이다.

행동주의 전통 연구자들이 인간을 대상으로 실험할 때 이들은 비슷한 방식으로 해석이나 의미 문제를 회피했다. 예를 들어 이들은 실험 참가자의 각막에 연기를 쐴 때 의미 없는 소리와 짝을

학으로 발전하는 데 기여했다. 그가 이룬 중요한 성취는 조작 행동 이론을 체계적이고 종합적으로 설명한 것이었다. 저서로 《유기체의 행동Behavior of Organisms》, 《과학과 인간 행동Science and Human Behavior》, 《행동주의에 대하여About Behaviorism》 등이 있다.

✧ 사전 경험이나 별도의 훈련 없이도 강화 효과를 내는 강화인reinforcer을 지칭한다(양돈규, 《심리학사전》 제2판 참조).

이뤄 눈 깜빡임 조건화(눈 깜빡임은 선천적, 본능적인 반사작용 자극)를 연구했다. 또는 다른 대상물로 풍성하고 다양한 의미가 있는 실제 사건 기억을 탐구하기보다 실험 참가자가 무의미한 철자나 일상 물건의 목록을 배우게 해 학습과 기억을 연구했다.

이런 전략과 실험실에서 학습 이론가들이 이룬 성공에도 불구하고 특히 실험실 외부 행동에 관심을 보인 학습 이론가와 사회 심리학자에게는 이 같은 객관주의 접근 방식이 지닌 한계가 점차 뚜렷해졌다. '살균을 덜한' 실험실 밖 환경에서는 자극이 보다 복잡하고 실험실처럼 생득적 추동innate drives에 따른 만족과 행동 선택이 확실하게 연결되지 않으며, 유기체가 현실세계와의 수반성을 경험한 것에 기반해 나름의 이론을 형성하기 쉽다. 이러한 환경에서는 정확한 행동을 예측하거나 통제하는 것이 더욱 달성하기 힘든 목표로 밝혀졌다. 이는 마틴 셀리그먼Martin Seligman✧✧(1970)이 심리학에서 행동주의 패권이 거의 끝나갈 때쯤 쓴 혁명적인 논문에서 지적했듯 비둘기, 쥐, 고양이에서도 참인 것으로 나타났다. 심리학자들은 의미 없는 자극과 일차 강화물로 확립한 '학습 법칙'

✧✧ 긍정 심리학의 창시자로 연구 초기 '학습된 무기력learned helplessness'이라는 주제에 집중했다. 그는 쥐와 개를 이용한 학습된 무기력 연구를 인간 실험으로 확장하기 위해 사회심리학과 귀인 현상을 연구했고, 무기력을 연구하면서 사람이 어떻게 낙관적으로 변하는지 연구하는 단계로 나아갔다. 저서로《긍정심리학》,《낙관성 학습》등이 있다.

이 유기체에게 이전에 상당히 의미가 있던 자극이나 반응을 조건화하려고 할 때는 적용되지 않는다는 점을 발견했다. 연구자들은 매끄럽고 점진적인 학습곡선이 아니라 갑작스럽게 단일 시행 학습one-trial learning✧을 발견하거나 심지어 아무런 학습도 발견하지 못했다. 예를 들어 고양이가 음식을 얻기 위해 줄을 당기도록 가르칠 수는 있지만 음식을 얻기 위해 자신의 털을 핥도록 가르칠 수는 없다.✧✧ 후자 반응이 훨씬 높은 '자발적' 또는 기저基底 수준으로 발생함에도 불구하고 말이다. 마찬가지로 비둘기는 음식을 얻기 위해 스크린을 쪼지 **않도록** 배우기 전에 먼저 죽을 것이다.✧✧✧

판단과 동기 현상의 상대성

순응 수준

급진적 행동주의자는 입력과 출력을 순전히 객관 용어로 정의해야 한다고 주장하지만, 심리학자는 지난 수십 년 동안 이 부분

✧ 첫 번째 훈련을 시행한 뒤 어떤 기술에 숙달하는 것을 뜻한다.

✧✧ 고양이는 자기 몸에 묻은 이물질을 제거하기 위해 털을 핥는다. 고양이가 위생관리를 위해 매일 하는 이 행동을 주인에게 음식을 달라는 신호로 받아들이도록 교육시킬 수는 없다는 의미다.

✧✧✧ 스크린 쪼기 과제screen-peck task는 컴퓨터 화면에 나타난 커서를 비둘기들이 부리로 쪼면 음식을 주는 수의학 분야의 과학 실험이다. 스크린을 쪼지 않아야 음식을 받도록 교육시키기는 힘들다는 의미다.

을 우려해왔다. 게슈탈트 심리학자◇◇◇◇들은 오래전부터 자극의 절대판단은 가능하지 않으며 자극은 다른 자극과 비교해 판단해야 한다는 점을 즐겨 입증했다. 이들이 좋아한 실험은 쥐 한 마리를 두 갈래 빛으로 자극하는 것인데 하나는 다른 자극보다 빛이 더 밝으며, 이때 덜 밝은 빛 아래에서 레버를 누르는 반응을 강화한다. 검증 시행에서는 쥐에게 원래 반응을 강화한 빛◇◇◇◇◇과 그보다 덜 밝은 빛이 주어진다. 객관주의자는 이 쥐가 원래 반응을 강화한 빛을 선택해야 한다고 주장할 것이다. 그러나 실제로는 새로운 자극을 선택한다. 쥐가 학습한 것은 "20와트짜리 불빛을 선택하라"가 아니라 "덜 밝은 빛을 선택하라"는 것이기 때문이다. 이는 쥐가 단순히 노출한 자극의 객관적 물리요소를 등록해 자동화하기보다 정보를 능동적으로 해석한다는 것을 의미한다.

판단의 상대성을 연구하는 전통은 심리학자 해리 헬슨Harry Helson(1964)의 연구로 미국 실험심리학 내에서 그 중요성을 인정받았다. 그는 자극 규모 판단은 항상 상대적이라는 것을 입증했다. 여기서 상대적이란 현재 또는 조금 전에 경험한 자극이나 유사한

◇◇◇◇ 20세기 초 독일 심리학자들은 구성주의와 행동주의에 반발하면서 게슈탈트 심리학을 제안했다. 게슈탈트gestalt는 독일어로 형태, 형식, 전체를 뜻한다. 구성주의와 행동주의가 경험이나 행동을 여러 구성요소로 나눠 분석한다면, 게슈탈트 심리학은 경험을 조직화한 하나의 전체로 파악하면서 각 구성요소를 전체를 구성하는 필수요소로 본다.

◇◇◇◇◇ 앞선 자극에서 두 빛 중 덜 밝은 빛.

종류와 비교해 그렇다는 뜻이다. 예를 들어 무게는 조금 전에 더 무거운 것을 들고 난 직후보다 더 가벼운 것을 들고 난 직후 더 무겁다고 판단한다. 일정한 온도의 물은 실험 참가자가 손을 뜨거운 물에 잠시 담근 뒤에는 차갑다고 판단하고 찬물에 담근 후에는 따뜻하다고 판단한다. 결국 자극 판단은 늘 최소 두 가지 중요한 요인의 작동에 따른다. 그것은 객관적으로 측정한 자극의 가치, 그와 유사한 종류의 자극에 반응하는 그 사람의 '순응 수준adaptation level'이다.

<u>프레이밍 효과</u>

판단의 상대성 인식은 현대 인지심리학의 지배적인 한 흐름이다. 현대 의사결정 이론가들은 사람들이 주어진 결정의 결과가 미칠 절대수준보다 자신의 상태에 생길 변화에 훨씬 더 크게 반응하는 것에 특히 주목했다.[2] 일반적으로 말하면 사람들은 '프레이밍' 효과framing effect에 커다란 영향을 받는다. 프레이밍 효과에 따르면 사람들은 여러 행동이 불러올 비용과 이득을 판단하며 선택에 따른 다양한 정도의 후회를 경험한다. 이때 후회는 최종 결과에 대한 것이 아니라 문제가 제시될 때 암시적으로 또는 분명하게 드러난 비교에 대한 것이다.[3] 따라서 사람들은 재산과 관련된 임의의 출발점과 비교해 어떤 행동을 선택하지만, 또 다른 출발점을 생각하도록 교묘하게 조정할 경우에는 다른 행동을 선택하는 경향이

있다. 최근 대니얼 카너먼[◊]과 그의 동료 데일 밀러Dale Miller(1986)는 이 점을 모든 인지로 확장했다. 이들은 모든 자극은 판단하려는 것의 기억에서 비교 자극을 끌어온다고 주장했다. 예를 들어 여러분은 지금 먹고 있는 야채수프를 지난주에 먹은 야채수프, 지난달에 먹은 미네스트론minestrone[◊◊], 어린 시절에 먹은 통조림 야채수프 등과 비교한다. 이 모든 것은 현재 자극을 판단하는 측면에서 '규준'을 구성한다. 행동주의자에게 이 같은 관점은 허무주의와 다름없다. 각 개인에게는 서로 다른 삶의 경험이 있어서 다른 기억이 준거틀로 만들어진다. 실험 참가자 머릿속의 블랙박스를 참고하지 않고 자극을 객관적으로 바라보려는 행동주의자의 꿈에서 이보다 더 멀어지기는 힘들다.

심리학에서 상대주의 관점은 행동주의자가 매우 중요시하는 객관 행동과 동기에 따른 결과를 포함하는 것으로 여겨져 왔다. 예를 들어 카너먼과 트버스키(1979)는 선택 처리를 다룬 전망 이론prospect theory[◊◊◊]에서 사람들이 동일한 양의 이득보다 같은 양의 손

◊ 심리학자 최초로 노벨경제학상을 받은 인물. 인간의 비합리성과 그에 따른 의사결정 연구로 인간이 선택을 할 때는 심리와 감정이 결정적 영향을 미친다는 사실을 밝혀냈다. 그는 1979년 동료이자 의사결정 연구 전문가인 아모스 트버스키와 함께 '불확실한 상황에서 행하는 인간의 판단과 행동'을 설명하는 전망 이론을 발표했다. 이는 심리학과 경제학을 융합한 행동경제학의 출발점이 되었다. 저서로《생각에 관한 생각》,《생각의 해부》등이 있다.

◊◊ 야채와 파스타를 넣은 이탈리아식 수프.

실을 피하도록 더 자극받는 상황에서는 손실과 이득 사이에 불균형이 있음을 입증했다. 이 원칙을 보면 왜 사람들이 이득 전망보다 손실 전망에 따라 행동하는지 이해가 간다. 미국 노동조합은 노조원을 위해 더 나은 근무조건, 더 높은 임금, 주간 노동시간 단축을 이끌어낸 과거의 성공을 정당화하며 자랑하지만 노조 역사가들은 미국 내 노조의 성장과 투쟁은 이득을 약속한 것보다 손실을 위협한 것과 경험이 실질적 원동력이었다고 말한다. 특히 노조가 성장한 위대한 시기와 노동조합 역사에서 가장 격렬했던 시대는 일자리를 찾는 이민자가 밀어닥쳐 고용주들이 임금을 삭감하던 20세기 초였다. 고용주들은 훨씬 더 불리한 사회·경제 환경에서 탈출해온 새로운 이민자에게는 아주 적은 임금의 일자리라도 반드시 필요하므로 저임금 고용이 받아들여질 거라며 안심했다.

과거와 비교

동기 측면에서 비교 평가의 중요성을 보여주는 또 다른 예

◇◇◇ 사람들이 의사결정을 할 때 위험, 불확실성, 손실, 이득에 보이는 자신의 태도가 어떻게 영향을 받는지 설명하는 이론. 이 이론에 따르면 사람들은 확률을 체계적으로 생각하지 못하며 일반적으로 이득 전망보다 손실 전망에 더 큰 영향을 받는다. 예를 들어 식당 메뉴판에 적힌 '○○○ 안 드시면 후회합니다!'라는 문구는 '○○○ 드시면 정말 좋아하실 거예요'라며 이득을 강조하는 문구보다 먹지 않았을 때의 손실(후회)을 강조하는 방식으로 손님에게 더 영향력(주문)을 발휘한다. 이는 사람들이 손실을 싫어하기 때문인데 이것을 손실 혐오loss aversion라고 한다.

는 과거와 관련이 있다. 사람들은 때때로 향수에 젖어 '좋았던 옛 시절'을 말하거나 배고팠던 30대, 2차 세계대전의 공포, 무서웠던 냉전시대가 지나갔음을 고맙게 생각하기도 한다. 이러한 과거 기억은 현재에 영향력을 행사한다. 2차 세계대전 중 나치가 행한 900여 일간의 레닌그라드 포위 작전에서 대다수가 굶어 죽은 사건과 다른 공포에서 살아남은 가족을 둔 소련 동료들에 따르면, 그 뒤 20여 년 동안 소련 사람들은 상대적으로 풍족한 환경에서 산다고 느껴 지도자들을 비난하려 하지 않았다고 한다. 그러나 그곳에 가본 서구인은 견디기 어려울 정도로 식량과 다른 필수품이 부족해서 정치적 저항이 일어날 충분한 동기가 될 법하다고 생각했다.

동기부여 차원에서 판단의 상대성을 생각할 때 흥미로운 함의 중 하나는 행복과 불행 모두 어느 정도는 자기 제한적selflimiting이라는 점이다. 이는 사회심리학자 필립 브릭먼Phillip Brickman과 그의 동료 연구진[4]이 수행한 연구에서 강력히 드러났다. 이들은 행운이나 비극적인 사건으로 생활환경이 극적으로 바뀐 사람들을 연구했다. 예를 들어 브릭먼은 복권에 당첨된 사람이 처음에는 많은 재산을 얻어 기뻐하지만 1~2년 뒤에는 일반인보다 자기 운명에 덜 만족한다는 사실을 밝혀냈다. 사고로 몸이 마비된 사람이나 삶을 위협하는 질병으로 고생한 사람도 자신의 환경에 유사하게 적응하는 것으로 보인다. 처음에는 비참함이나 자살 충동을 느끼기도 하지만 결국 보통사람과 마찬가지로 행복하게 살아간다.

이처럼 감정과 동기부여 상태는 필요 충족의 절대수준이 아니라 환경에서 일어나는 직접적이거나 '일부' 변화에 사람들이 반응하는 것으로 변동을 거듭한다. 널리 알려진 지혜 중에 '가여운 부잣집 소녀Poor Little Rich Girl'라는 말이 있다. 이 소녀는 오늘 갖고 있는 커다란 테디베어 인형을 어제 놀던 조랑말과 비교하며, 자신의 상황이 부족하다고 느끼기 때문에 이런 상황에 처한다.

사회적 비교와 상대적인 박탈

자신이 놓인 상태를 두고 사람들이 내리는 주관적 평가와 그에 따른 동기 혹은 행동에 많은 영향을 미치는 두 번째 비교 유형은 다른 사람, 특히 자신과 사회적으로 관련이 있다고 여기는 사람과 연관된다. 자기 평가self-appraisal에서 사회적 비교 과정과 그들의 동기부여에 미치는 결과는 1930년대부터 1950년대까지 사회심리학의 중심 주제였다.[5] 이 분야의 대표적인 사례는 아주 오래된 예들 중 하나다. 새뮤얼 스토퍼Samuel A. Stouffer✧(1950)는 2차 세계대전에서 미군의 태도와 정서를 서술하며 미국 남부지역에 주둔

✧ 미국 사회학자로 대규모 양적 사회조사 연구 방법론의 토대를 만들었다. 2차 세계대전 당시 미 국방부에서 전쟁에 참여한 군인과 관련해 대규모 연구를 담당했고 그 결과물을 총 4권으로 내놓았다. 그중 유명한 것이 《미국 병사American Soldier》인데 여기에 상대적인 박탈relative deprivation 개념이 처음 등장했다.

한 흑인 병사와 북부지역에 주둔한 흑인 병사의 사기에 놀라운 간극이 있다는 점을 밝혔다. 놀라운 이유는 남부에서는 인종에 따라 자유를 제한하는 분리주의 법과 사회 관행이 있었음에도 불구하고 그곳에 주둔한 흑인 병사가 북부에 주둔한 흑인 병사보다 자신의 운명에 더 만족했기 때문이다(그들이 남부 사람이든 북부 사람이든 상관없이 말이다). 하지만 이 역설은 사회적 비교와 관련된 연구를 생각해보면 쉽게 설명이 가능하다. 남부지역에 주둔한 흑인 병사는 자신이 순탄한 환경에 있다고 느꼈는데 이는 자신보다 더 가혹한 사회·경제 상황에 처한 남부지역에 사는 부대 밖의 흑인과 자신을 비교했기 때문이다. 반대로 북부지역에 주둔한 흑인 병사는 자신의 운명이 불행하다고 느꼈는데 이는 부대 밖의 다른 흑인이 높은 임금을 받으며 과거에 백인만 고용하던 공장이나 업체에서 일하는 전례 없는 기회를 누렸기 때문이다.

사람들의 자기 평가가 본질적으로 상대적이라는 개념은 이제 사회심리학에서 중요한 부분이다.[6] 사람들은 자신에게 재능이 있는지 없는지, 부자인지 빈자인지, 건강한지 건강하지 않은지를 다른 사람과 비교해서 그 결과를 믿는다.[7] 실제로 참조집단을 전략적으로 선택할 경우 사람들은 자아 존중감을 높여 역경을 보다 잘 견딜 수 있다.[8] 학생들에게 성적표를 나눠주는 교사, 연봉 인상을 결정하는 상사, 다른 사람의 질병을 치료하는 의사는 다른 특성의 집단에 속한 사람들을 상대할 때 참조집단에 따른 사회적 비교를 함부로 무시할 수 없게 된다.

보상이 분명치 않은 동기부여 결과

또 다른 연구는 자극 판단이 본질적으로 상대적이고 주관적인 것처럼 반응과 강화물 관계의 주관적 구성도 본질적으로 해석의 문제임을 보여주었다. 이 해석은 뒤따르는 동기와 행동에 상당한 영향을 준다. 레온 페스팅거가 주도한 부조화 이론가들은 특히 행동주의자의 코를 비트는 것을 즐겼다. 이들은 실험 참가자가 보상과 보상을 이끌어내는 행동의 관계에 두는 의미를 조작함으로써 행동에 따른 보상 효과를 뒤집을 수 있다는 것을 반복적으로 보여주었다. 고전적 부조화 패러다임 중 하나[9]는 다음과 같다. 연구자는 조금 전 끝낸 지루하고 머리를 쓸 필요가 없는 실험 과제(판에 나무못을 돌아가며 꼽는 작업)가 매우 흥미로웠다고 동료 학생에게 말하는 대가로 실험 참가자에게 돈을 지불했다. 실험 참가자는 연구자의 요구에 따라 그 지루한 과제를 수행할 다음 학생이 준비하는 동안 그렇게 말했다. 그 결과 실험에서 지급한 돈이 20달러(1959년 당시 중간 정도의 기술을 갖춘 노동자의 하루치 임금에 해당하는 돈)일 때보다 1달러일 때 실험 참가자가 그 메시지를 더 '내재화'할, 즉 그 과제가 정말 흥미로웠다고 결정할 가능성이 더 높은 것으로 나타났다.

인지 균형과 합리화에 방점을 두고 부조화 이론 관점에서 이 결과를 설명하는 것은 어렵지 않다. 그들의 주장에 따르면 1달러를 받은 실험 참가자는 동료를 속이고 자신의 실제 의견과 불일치하는 어떤 것을 공개적으로 말하는 것에 부조화를 느꼈다. 이때 그들은 부조화를 줄이는 방향으로 남아 있는 한 가지 방법을 택하는데 그것은 그 과제가 어느 정도는 정말로 흥미로웠다고 마음먹는 것이다. 반대로 20달러를 받은 실험 참가자는 자신의 개인 신념과 공개 행동 사이의 간극을 다루기 위해 1달러를 받은 실험 참가자처럼 정신 훈련을 할 필요가 없었다. 20달러를 받은 것이 심리적으로 자신의 거짓말을 합리화하기에 적절했기 때문이다. 이들은 부조화를 거의 느끼지 않았고 따분한 과제에 내린 주관 평가를 변경할 필요가 없었다.

페스팅거와 제임스 칼스미스James Carlsmith 연구의 더 큰 의미는 수백 번에 걸쳐 입증되었고 그 근본 동기도 명확히 밝혀졌다.[10] 특정 신념을 갖는 행동에 작은 인센티브를 제공하면 많은 인센티브를 제공할 때보다 '보상받은' 방향으로 더 큰 변화를 만든다. 물론 이것은 전통 강화 이론reinforcement theory 정신과는 반대다. 강화 이론에서는 행위자에게 큰 보상을 주었을 때 그들이 공개 표시하는 선호나 신념을 스스로 받아들이게 만든다.

주류 강화 이론에 더 도전하는 결과도 있는데 이는 특정 행동에 보상하는 것이 실제로는 마음을 끌거나 미래에 일어날 가능성을 줄인다는 점을 입증한 일이다. 이런 종류의 연구에서 가장 잘 알려진 것은 사회심리학자 마크 레퍼Mark R. Lepper, 데이비드 그린David Greene, 니스벳(1973)의 연구다. 이들은 사람들이 통상 흥미롭고 즐길 만하다고 생각하는 과제를 수행할 때 노력에 따른 보상을 기대할 경우, 부조화 실험의 실험 참가자들처럼 상호 보완적인 개인 인지 분석을 할 것이라고 생각했다. 즉, 사람들은 약속한 보상을 얻기 위해 관련 과제를 수행하는 것이며 결국 문제의 행동 그 자체는 덜 매력적인 것으로 여길 수 있다. 다시 말해 사람들은 행동 그 자체에 매력을 느끼기보다 행동을 목적을 위한 수단으로 바라보기 때문에 보상 전망이 없을 경우 그 과제를 수행할 의도가 상대적으로 적을 것이라고 생각했다.

그 결과(8장에서 '적용'을 논할 때 더 상세히 다룬다) 그들은 아주 흥미로운 가설을 입증했다. 앞선 검증에서 아이들은 외부 유인책이 없어도 사인펜으로 그림 그리기를 상당히 즐거운 놀이로 받아들였다. 그러나 사인펜으로 그림 그리기에서 '훌륭한 참가자상'을 받은 아이들은 이후 진행한 일반 수업에서 사인펜으로 그림 그리기에 상대적으로 흥미를 덜 보였다. 반대로 사인펜을 갖고 노는 것과 관련해 '훌륭한 참가자상'을 기대하지도 않고 받지도 않은 아이들은 그 이후에도 흥미가 감소하지 않았다. 우리는 놀이에서 어떠한 보상도 기대하지 않았지만 결국 보상을 받은 아이들도 흥미가 감소하지 않았다는 점에 주목해야 한다. 보상을 기대하는 것이 사인펜으로 그림을 그리는 활동을 대하는 아이들의 주관 해석을 바꾼 것으로 보인다. 구체적으로 말해 사인펜으로 그림을 그리는 것 자체가 본질상 강화였다면 그 이후 강화를 위해 해야 하는, 즉 상을 받기 위해 해야 하는 일로 바뀐 셈이다. 요약하면 주관 차원에서 '놀이'가 '일'로 바뀌어버렸다.

레퍼와 그의 동료 연구자들이 실제로 전통 강화 이론을 반박하는 것은 아니며, 적어도 결정적이거나 반박할 수 없는 방식으로 확실히 반박하는 것은 아니라는 점은 명확히 해야 한다. 페스팅거와 칼스미스의 연구도 결정적인 반박은 아니다(이들이 전통 강화 이론에 푹 빠져 있던 동료들에게 실제로 얻은 결과와 정반대 결과를 추측하도록 유도하는 것을 무척 즐겼지만 말이다). 이런 사회심리학 실험이 정말로 보여주는 것은 동기와 학습을 다루는 전통적, 객관적 설명 범위가 제한적이라는 점이다. 이 결과는 심리학자들이 자기 분야를 새롭게 바라보도록 해주었다. 그들은 사람들이 스스로를 자기 환경과 그 환경을 대하는 자신의 반응을 적극 해석하는 존재로 바라보게 했다.

사회심리학에서의 구성 문제

그리스인은 "인간은 절대 똑같은 시냇물에 두 번 발을 담그지 않는다"는 말을 기억하라고 했다. 시냇물도 달라지고 사람도 달라지기 때문이다. 윌리엄 제임스William James◇는 이것을 근거로 19세기 심리학의 기계론적 정신에 반론을 제기했다. 그는 생각이란 고정적이고 변치 않는 것이 아니라고 했다. 생각이 주변 환경에 따라, 무엇과 비교하는가에 따라 다른 색채를 띤다는 얘기다. 그는 《심리학Psychology》에서 "어떤 상태도 일단 지나가면 되돌릴 수 없고 이전 상태와 동일하지 않기"[11]에 "어떤 두 가지 '생각'도 결코 완벽하게 동일하지 않다"[12]고 말했다.

인간의 개념 처리 과정을 연구한 심리학자 로런스 바르살루Lawrence Barsalou(1987)는 제임스의 생각을 현대적으로 해석하면서 이를 보충하는 몇 가지 흥미로운 데이터를 제시했다. 바르살루는 이렇게 주장했다.

"개념은 범주를 담당하는 기억에서 고정된 단위로 끄집어내는 것이 아니라 유연한 과정에서 생겨난다. 이 과정이 작업 기억working memory에 임시 개념을 만들기 위해 장기 기억long-term memory으로부터 포괄적인 일화逸話 정보를 끄집어내는 것이다."[13]

새, 과일, 차량 그리고 '여행 가방에 챙겨 넣을 것' 같은 기본 범주는 어느 특정 개인의 생각에 변함이 없다는 것이 상식적 추

◇ 미국 심리학자이자 철학자. 하버드대학교 철학과 교수를 역임한 그는 미국의 실용주의와 현상주의에 선도적인 역할을 했다. 인식론과 교육, 형이상학, 심리학, 종교, 신비주의 등 다방면에 걸쳐 많은 글을 남겼는데 가장 유명한 저작은 1890년 출판한 《심리학의 원리Principles of Psychology》다.

정이다. 그러나 바르살루는 이처럼 익숙하고 자주 사용하는 범주에도 불안정 상태가 적지 않게 있다는 것을 보여주었다. 그는 실험 참가자가 이 범주에 있는 몇 가지 본보기, 예를 들면 개똥지빠귀·비둘기·앵무새 같은 개념이 얼마나 대표적인지 한 달 동안 두 번 평가하도록 했다. 실험 참가자는 이들 개념이 얼마나 대표적인지 각각 다른 시점에 두 번 평가했고 그 상관관계는 0.80 정도였다. 물론 상관관계가 0.80이라는 것은 매우 높은 수치다. 그렇지만 이는 또 다른 시점에 가졌던 범주의 의미에 관한 지식을 바탕으로 일정 시점 범주에 있는 의미를 완벽하게 예측할 가능성에는 한참이나 미치지 못한다. 나아가 어느 특정한 복합 상황을 해석하려면 많은 범주를 적용해야 한다. 이 범주 가운데 어떤 것은 바르살루가 검토한 단순한 것보다 그 의미가 덜 명백하다. 그야말로 똑같은 두 상황을 다른 두 시점에 똑같은 것으로 판단할 가능성은 복합성 때문에 급격히 낮아진다.

또한 바르살루는 같은 대학에 다니는 두 실험 참가자 사이의 상관관계는 평균 0.45라는 것을 밝혀냈다. 일반 범주에서 고려해도 전형성에 동의하는 수준은 그다지 높지 않다.

이 두 연구 결과는 두 가지 측면에서 매우 중요하기 때문에 이번 장과 이 책에서 계속 다룬다. 첫째, 어떤 특정한 사람이 사건을 구성하는 데는 상당한 변동성이 있으며 이는 해석이 불안정하다는 점만 고려해도 객관적으로 거의 동일한 두 상황에서 행동에 적지 않은 변화가 있으리라는 걸 우리가 충분히 예상하게 한다. 한 상황에서 단순히 유사한 또 다른 상황으로 변동하는 것도 마찬가지다. 둘째, 기본 개념의 의미에서도 한 사람과 다른 사람 사이에는 상당한 변동성이 있다. 따라서 동일한 상황을 놓고 두 사람 중 누구든 다소 다르게 해석할 가능성이 있다. 우리는 많은 중요한 현상이 한 사람 안의 구성의 다양성 그리고 특정 시점에 사람 사이의 구성의 차이에서 나온다는 점을 주장할 것이다. 사람들이 이 두 사실에 상대적으로 무지한 것에서 중요한 현상들이 더 나온다. 우리 자신은 사건을 구성할 때 내재된 변동성을 인식하지 못하기 때문에 자신의 행동을 지나치게 확신하며 예측한다. 이와 유사하게 우리 자신과 다른 사람이 사건을 구성하는 것 사이의 무작위적(적어도 예측 불가능한) 차이와 체계적·안정적 차이를 인식하는 데 실패한다. 결과적으로 우리는 다른 사람의 행동을 지나치게 확신하며 예측한다. 만약 다른 사람이 놀라운 행동을 하면 그 사람이 단지 상황을 다르게 구성하고 있었다기보다 이를 극단적 성격 특성 때문이라고 생각하거나 자신과 다른 사람 사이의 동기에 차이가 있다고 본다.

동일한 자극을 다른 사람이 혹은 같은 사람이 다른 맥락에서 다른 방식으로 해석할 수 있다는 통찰과 함께 사회과학자는 객관적 측정뿐 아니라 주관적 해석에도 주의를 기울여야 한다는 인식은 심리학의 대다수 분야에서 오랜 전통이다. 쿠르트 레빈(1935)

은 개인의 '생활공간'은 반드시 (동시대의) 주관적 현실과 개인의 의미를 담아내는 방식으로 특징지어야 한다고 계속 강조했다. 에곤 브룬즈비크Egon Brunswik✧(1956)의 사회 지각 이론과 마찬가지로 게슈탈트 심리학자들[14]은 주관 차원을 유사하게 강조했다. 사건을 대하는 환자 자신의 주관적 표상에 집중하라는 충고가 여러 세대에 이어진 점이 가장 두드러진다. 이는 프로이트(1901/1960)의 지각과 기억에서의 편향 분석부터 조지 켈리(1955)의 '개인 구성 개념personal construct✧✧'이라는 중요한 논의까지 이어진 것을 말한다. 하지만 의미의 가변성과 불안정성에 기여하는 체계요인을 가장 명확히 드러내면서 구성 문제를 논의한 사람은 솔로몬 애시다. 2장에서 소개한 그 유명한 동조 실험을 한 연구자 말이다.

솔로몬 애시와 '판단 대상'

애시의 주요 논지는 대상에 따른 사람들의 반응은 그들이

✧ 심리학은 유기체뿐 아니라 유기체의 환경 속성에도 주목해야 한다고 주장한 심리학자. 그가 1952년에 쓴《심리학 개념 체계The Conceptual Framework of Psychology》는 미네소타대학교 인지과학센터가 선정한 '20세기 인지과학 분야에서 가장 영향력 있는 연구 100' 중 하나로 꼽혔다.

✧✧ 개인 구성 개념 이론에 따르면 사람에게는 세상이 돌아가는 방식에 관해 각자 개인 구성 개념이 있으며 이를 이용해 자신의 경험에 의미를 부여한다. 동일한 인물(이를테면 특정 정치인)이나 사물(예를 들어 스마트폰), 현상(예를 들어 채식주의)에 객관적으로 각자 생각이 다른 것은 개인 구성 개념이 각각 다르기 때문이다.

오랫동안 지켜온 태도와 가치를 반영하기보다 특정 시점에 '판단 대상'을 구성하는 방식을 반영할 때가 많다는 것이었다. 애시는 사건 구성에서 사람들이 각자 자기 안에서 혹은 사람들 사이에서 가변성을 만들어내는 요인을 찾아내는 실험과 이론 분석으로 이 논지를 보여주었다.

동조와 구성

애시가 구성 해석을 적용한 첫 번째 현상은 사회적 동조였다. 동조의 전통 시각은 사람들이 동료에게 받아들여지기를 바라고 그들에게 거부당하는 것을 두려워해 동료의 관점에 영향을 받는다는 것이다. 애시는 그러한 동기를 부인하지 않으면서 인지적 설명을 덧붙였다. 애시의 주장에 따르면 동료의 반응은 평가하는 대상을 **정의하는** 데 기여한다. 이 반응은 다른 행위자가 대상물을 이해하는 데 필요한 정보를 제공하고 적어도 해석'해야 하는' 방식을 강력하게 제안한다. 나아가 동료들이 제시한 해석이나 정의를 받아들이고 나면 사람들은 동료의 평가나 행동하는 방식도 받아들일 가능성이 있다.

애시(1940)는 이 주장을 간단하면서도 설득력 있는 실험으로 뒷받침했다. 먼저 대학생으로 이뤄진 두 그룹에 명망 또는 지위 관점에서 다양한 직업의 순위를 매겨달라고 했다. 이 직업 목록에는 '정치인'도 포함했다. 순위를 매기기 전 한 그룹의 실험 참가자들에게는 다른 사람들이 그 어떤 직업보다 정치인을 더 높이 평가했다고 말했다. 반면 또 다른 그룹 실험 참가자들에게는 다른 사람들이 정치인을 하위권으로 평가했다고 말했다. 예상대로 이처럼 다른 사람들의 평가를 조작하는 것은 실험 참가자가 자신의 순위를 정하는 데 뚜렷이 영향을 미쳤다. 그렇지만 애시가 실험 뒤 인터뷰와 설문으로 확인했듯 이 효과는 정치인 전반이나 특정 정치인을 향한 실험 참가자의 관점이 바뀌어서 나타난 게 아니었다. 또 실험 참가자가 다른 사람에게 지지를 받거나 질책을 피하려고 그랬던 것도 아니었다. 그들은 앞서 순위를 매긴 알 수 없는 사람들을 만나지 않을 것이고, 앞서 평가한 사람들이 자신의 평가 결과를 들을 것이라고 생각하지도 않았다. 실험 참가자의 '동조'에 반영된 것은 다른 사람들이 매긴 순위가 사실상 '정치인'이라는 용어의 의미나 구성에 영향을 준 범위 내에서였다. 실험 참가자가 긍정 평가에 동조한 첫 번째 집단에서 '정치인'이라는 용어는 실험 참가자에게 제퍼슨이나 루스벨트 같은 정치인이나 유명한 국가 지도자를 떠올리게 했다. 실험 참가자가 부정 평가에 동조한 두 번째 집단에서는 '정치인'이라는 용어가 부패한 정치꾼을 함축했다. 요약하면 실험 참가자는 다른 사람들의 판단에 자신의 판단을 넘겨준 것이라기보다는 자신들이 판단하고 있던 대상이 무엇인지에 대해 다른 사람들이 영향을 주도록 내버려둔 것이다.

개인의 속성 구성

다시 단순한 연구 패러다임을 이용해 이번에는 실험 참가자에게 성격 특성을 기록한 목록을 주고 그런 특성을 지녔다고 알려진 사람을 다양하게 평가하도록 했다. 애시는 구성 과정이 인상 형성에 미치는 영향을 입증하려 했다. 한 가지 현상은 따뜻함 대 차가움처럼 어떤 '중심적' 평가 측면의 불균형한 영향과 관련이 있었다. 애시는 자신의 목록에 있는 (사람들이 알아내는 어떤 사람의 사실상 모두 분리된 정보 조각 같은) 자극 특성은 쉽고 다양하게 해석할 수 있다고 주장했다. 또한 정보의 특정 사항에 덧붙인 특별한 의미나 정보는 실험 참가자가 취하는 더욱 광범위한 인상에 달려 있다고 주장했다. 이에 따라 '똑똑한'처럼 누가 봐도 명확한 서술 용어도 따뜻함의 긍정적이고 광범위한 인상에 비춰 구성할 때와 차가움의 부정적 인상에 비춰 구성할 때 서로 다른 함축성을 보인다. 전자의 경우 '똑똑한'은 분별 있고, 지혜롭고, 통찰력 있고, 고무적인 등과 같은 뜻을 지닌다. 후자는 교활하고, 모략을 꾸미고, 지적 탁월함과 거리가 멀고, 거만하고, 냉소적이고, 인간미 없는 종류에 더 가까운 함의를 지닌다.

애시는 인상 형성의 초두 효과primacy effect를 설명하는 데 '구성'을 이용했다. 그는 특성 목록의 앞에 나오는 사항(무엇인가를 형성하는 데 중요한 경험 같은 것)은 우리가 일시적인 가설을 만들게 하고 이는 다시 우리가 이후 증거를 구성하거나 해석하는 방식에 영향을 준다고 주장했다. 결국 초기 정보 사항은 판단에 균형 잡히지 않은 영향을 행사한다. 똑같은 정보 사항도 다른 순서로 제시하면 전반적인 평가가 달라진다. 특히 긍정적인 근거 뒤에 부정적인 것이 오면 반대 순서로 똑같은 정보 사항을 제시했을 때보다 전체 인상이 더 긍정적으로 형성된다. 이는 사건에 대한 심리적 구성이 간혹 우리가 접하는 임의 순서에 영향을 받는다는 의미다. 조가 지역 자선단체를 위해 행한 훌륭한 일을 먼저 듣고 나서 그가 다소 골치 아픈 이혼을 했다는 말을 들으면, 우리는 그를 좋아하고 개인 문제에 어느 정도 동정을 느낀다. 반면 이혼 얘기를 먼저 듣고 자선단체 일을 들으면 우리는 그가 더 불행한 지역주민을 이용해 자신의 이미지를 개선하려 한다고 부정적이고 냉소적으로 생각한다. 초기 정보가 더 주의를 끌거나 훨씬 가중치를 받아 더 큰 영향을 행사한다고 주장한 비판자[15]들과 달리 애시는 초기 정보가 그야말로 이후 정보의 **의미**를 바꾼다고 주장했다.

구성과 커뮤니케이터의 신뢰성

애시는 논란이 많은 자신의 의미 변화 가설을 언뜻 간단한 것처럼 보이는 연구 결과를 입증하는 데 적용했다. 그 연구 결과는 사람들이 형편없는 정보원이 아닌 유명한(매력 있고 신뢰할 만하거나 전문적인) 커뮤니케이션 정보원에게서 나온 정보라고 여길 때 더 큰 태도 변화를 보인다는 것이다. 이 효과를 두고 전통 학습 이론이 내린 해석은 전적으로 다음과 같은 사실에 달렸다. 그것은 동일한 내용일지라도 매력 있고 신뢰할 만한 커뮤니케이션 정보원과 관련된 메시지는 매력 없고 신뢰하기 어려운 커뮤니케이션 정보원과 관련된 메시지에 비해 수신자가 더 집중하고 더 잘 기억하며, 더 정확하고 믿을 만하다고 여기며, 더 채택할 만한 가치가 있다고 본다는 사실이다.[16]

그런데 애시는 다시 일반적이지 않고 보다 '과감한' 가설을 내놓았다. 사회적 동조와 마찬가지로 그는 실험자가 전달한 커뮤니케이션 정보원 정보는 '대상의 판단judgment of the object'이 아니라 '판단 대상the object of judgment'을 바꾼다고 주장했다. 또한 애시(1948, 1952)는 메시지의 의미가 메시지를 제공한 정보원의 역할에 따라 바뀐다고 역설했다. 애시의 고전 사례를 보면 "때로 작은 반항은 좋은 것이다"라는 주장의 효과는 블라디미르 레닌보다 토머스 제퍼슨에 연결될 때 훨씬 더 폭넓게 지지를 받는데, 이는 전자보다 후자에 다른 의미가 담겨 있기 때문이다. 제퍼슨이 이 진술을 할 때는 정직한 농부와 상인이 부패하고 그저 그런 통치자의 속박에서 벗어나는 이미지를 떠올리게 한다. 레닌이 이 진술을 할 때의 이미지는 (적어도 미국인에게는) 매우 다르다. 즉, 군중이 미친 듯이 날뛰고 잔인한 새 독재자가 과거 탄압자를 대신하는 두려운 혁명 통치 기간을 상기하게 한다. 구성에서 이런 차이점이 주어질 때 레닌이 옹호하는 반항보다 제퍼슨이 옹호하는 반항이 더 열광적 지지를 받는 것은 그리 놀랄 일이 아니다.

지지자의 마음과 지각

애시의 연구로 사회심리학자들은 구성을 손쉽게 조작할 수 있고 그 조작이 사람들의 판단에 상당한 영향을 줄 수 있다는 점을 납득했다. 몇 년 뒤 앨버트 하스토프 3세Albert H. Hastorf III✧와 해들리 캔트릴Hadley Cantril✧✧(1954)은 고전적 연구를 통해 동기가 구성과 동일한 효과를 낸다는 것을 입증했다. 이 연구에서 다트머스대학교와 프린스턴대학교의 미식축구 팬들은 경기장에서 두 팀이 거칠게 경쟁하는 똑같은 장면을 보았다. 객관적 자극은 변하지 않았지만 상대팀 팬들이 목격한 것을 평가해보니 마치 서로 다른 두 경기를 '본' 것 같았다. 프린스턴 팬은 다트머스가 계속 잔혹하게 행동하고 때때로 프린스턴이 보복하는 것을 보았다. 다트머스 팬은 프린스턴이 무자비하게 도발하는 반면 다트머스는 신중하게 대응하는 것을 목격했다. 쉽게 말해 각 팬들은 자기편은 '좋은 놈'이고 상대편은 '나쁜 놈'인 투쟁을 본 셈이다. 그리고 각 편은 자신들이 생

✧ 사회 인식과 상호 작용 연구를 이끈 선구자. 사회심리학에서 매우 유명한 연구 중 하나인 지각 편향성을 생생하게 묘사한 연구의 공동 저자로 이름을 알렸다.

✧✧ 사회심리학자로 현장에서 여론조사를 한 경험을 바탕으로 학생들을 가르친 최초의 학자 중 하나다. 그가 사망했을 때 여론조사로 유명한 조지 갤럽George Gallup은 위대한 여론 전문 학자가 세상을 떠났다며 추모했다.

각하는 '진리'가 동일한 경기를 본 어떤 객관적인 관중에게든 명백할 것이라고 생각했다.

하스토프와 캔트릴의 연구로부터 30년 후 레퍼와 로스 그리고 그들의 연구진은 다시 반대 입장에 있는 지지자들의 구성이 달라지는 점에 주목했다. 심리학자 찰스 로드Charles G. Lord, 레퍼와 로스[17]는 반대 입장에 있는 두 지지자 집단이 각자의 신념을 강화하고 양극화하면서 엇갈리고 결정적이지 않은 증거에 반응한다는 것을 입증했다. 이 양극화 효과는 두 집단의 실험 참가자들이 자기 입장을 지지하는 증거는 무비판적으로 받아들이고 그 반대 증거는 세심하게 살피면서 자신의 입장을 '잘 해명하는' 경향 때문에 일어난 것으로 보였다. 예를 들어 사형 제도 지지자와 반대자 모두 사형 억제 효과를 다룬 여러 자료를 읽고 나면 이들은 자신의 관점을 강화한다. 양측은 자신의 입장을 지지하는 증거를 편하게 받아들였고 반대편 관점의 증거에서 결점을 찾아내는 데 아무런 어려움이 없었다.

이 결과를 바탕으로 심리학자 로버트 발론Robert P. Vallone, 로스, 레퍼(1985)는 증거 동화同化에서 일어나는 동일한 편향은 지지자 집단이 논란과 관련해 어떤 증거를 평가해서 내놓거나, 심지어 요약 보고서를 내놓는 제3자에게 보이는 반응에 영향을 미칠 것이라고 추론했다. 특히 지지자들은 최대한 객관적이고 공평한 평가는 물론 이것을 자신에게 제공하는 사람마저 불공평하게 편향적·

적대적이라고 지각한다.

'적대적 매체' 효과 예측은 1980년과 1984년 미국 대통령 선거✧를 다룬 언론 보도, 1982년 레바논 망명자 캠프의 민간인 대학살✧✧을 다룬 TV 뉴스 취재에 보인 지지자들의 반응을 검토한 연구가 증명했다. 친아랍과 친이스라엘 시청자들에게 네트워크 뉴스 프로그램의 비디오테이프를 보여준 후속 연구 데이터는 특히 설득력이 있었다. 두 지지자 집단이 내놓은 평가의 모든 측정에서 겹치는 부분은 거의 없었다. 친아랍과 친이스라엘 시청자는 모두 언론이 부당하게 상대방을 편들었고 자기편을 불공정하게 다뤘으며, 이런 보도 편향성은 프로그램 책임자들의 개인 이익과 이념을 반영한 것이라고 확신했다.

흥미롭게도 이 연구 결과는 예측하지 않던(그러나 하스토프와 캔트릴의 앞선 고전 연구를 고려했다면 예측했어야 할) 의견 충돌의 한

✧ 1980년 미국 대선은 당시 대통령이던 민주당의 지미 카터와 공화당의 로널드 레이건이 맞붙어 레이건이 승리했다. 이후 1984년 선거는 공화당의 레이건 대통령과 민주당의 월터 먼데일이 맞붙어 레이건이 재선에 성공했다.

✧✧ 1982년 9월 15일에서 18일 사이에 벌어진 베이루트 학살은 중동 현대사에서 매우 중요한 사건 중 하나다. 아랍과 이스라엘은 적대관계에 있는데 레바논과 이스라엘은 인접 국가다. 1982년 이스라엘군은 팔레스타인해방기구PLO를 내쫓기 위해 레바논에 위치한 샤틸라 난민 캠프와 사브라 지역을 포위했다. 이때 레바논의 기독교 팔랑헤당 민병대가 이 캠프에 난입해 3,000여 명이 넘는 민간인을 학살했다. 희생자는 대부분 팔레스타인인과 레바논의 시아파 무슬림이었다.

유형을 보여주었다. 직접적인 사실과 오랜 세월에 걸친 논란을 고려할 때 두 지지자 집단은 뉴스의 어조와 강조 부분이 적절했는지를 두고 논란을 벌이기보다 자신들이 실제로 본 것을 두고 서로 엇갈리는 것 같았다. 양쪽 시청자 모두 동일한 30분짜리 영상을 보고 자신들보다 상대편에게 유리한 사실을 더 많이 노출했고 상대에게 불리한 부분은 적게 노출했다고 보고했다. 두 집단은 영상의 전반적인 어조와 강조 부분, 메시지가 중립 입장인 시청자의 태도를 상대방에게 유리한 방향으로 바꿔놓고 자신들을 적대시하도록 만들 것이라고 믿었다. 하스토프와 캔트릴의 실험 참가자들을 인터뷰하고 그들이 똑같은 경기를 본 것인지 의아해했던 것처럼 이 실험 참가자들을 인터뷰한 결과는 이들이 똑같은 뉴스(동일한 중동 역사는 말할 것도 없고)를 본 것인지 의아해하게 만든다.

지지자가 뉴스 보도 평가에 적용한 똑같은 개념 분석을 지지자가 언론이 보도한 문제를 다루는 계획안을 평가하는 데도 적용할 수 있다. 적대적 매체 연구에서 친아랍·친이스라엘 시청자가 문제해결과 처벌은 물론 미래에 그런 비극을 피하기 위한 대책을 제안하는 어떤 '공정한' 집단의 노력을 어떻게 평가했을지 상상해보자. 더 좋은 것은 제3자가 내놓는 새로운 계획이 아닌 상대편 제안에 어떻게 반응할지 상상해보는 일이다. 아마 제안하는 쪽에 있는 지지자 집단에게는 공평하면서도 개방적으로 보이는 어떤 제안도 제안을 받아들이는 지지자 집단에게는 불공평하고 이기적인 것으로 보일 것이다. 양측은 (역사와 중요한 문제에 관한 관점이 각각 다르다는 것을 고려할 때) '공정'하다고 믿는 것도 다르고 특정 용어나 제안 자체의 전반적 균형을 구성하는 방식도 다를 것이기 때문이다. 여기에는 추가로 쌍방의 협상에 구성 편향성이 작용하고 이는 갈등 해결에서 또 다른 장벽으로 작용한다. 제안을 내놓는 행동 자체가 매력을 떨어뜨리기도 하고 어쩌면 제안받는 사람은 제안의 의미마저 바꿔놓을지도 모른다.

심리학자 콘스턴스 스틸링거Constance Stillinger, 마이클 예펠바움Michael Epelbaum, 대커 켈트너Dacher Keltner와 로스(1989)가 수행한 일련의 연구는 이 '반응 평가 절하reactive devaluation'✧ 가설을 시험했다. 그 연구 중 하나는 스탠퍼드대학교 행정부와 학교가 보유한 남아프리카공화국의 미국 기업 주식을 모두 처분하라고 요구하는 여러 캠퍼스 집단 사이의 갈등을 이용했다. 이 연구가 주목한 것은 완벽한 매각이 아니라 스탠퍼드대학교가 남아프리카공화국 정권의 인종차별 정책에 반대해 내놓은 다양한 절충안에 보인 학생들의 반응이었다. 특히 두 가지 절충안이 관심을 끌었다. 하나는 남아프리카공화국의 군, 경찰, 직장 내 인종차별 정책과 특별히 관련이 있는 회사의 주식을 대학 측이 즉각 매각하는 것('부분' 매각 제안)이었

✧ 같은 제안도 적대자에게 나온 것이면 그 제안의 가치를 평가 절하하는 반응을 보이는 일종의 편향을 말한다. 로스와 스틸링거가《갈등 해결을 위한 심리적 장벽Psychological Barriers to Conflict Resolution》에서 제안했다.

다. 또 하나는 대학 측이 인종차별 체제에서 주요 개혁을 이뤄내는 기한을 2년으로 명시하고 만약 개혁이 이뤄지지 않을 경우 마감 기한 뒤 완전 매각하는('마감 기한' 제안) 것이었다. 대학 측이 학생들에게 여러 제안 중 이 두 가지를 고려하는 중이라고 (정확히) 이야기했을 때 학생들은 두 가지 안이 모두 엇비슷하게 만족스럽고 의미 있다고 평가했다. 그러나 대학 측이 두 절충안 중 하나를 비준하려 한다고 할 때는 학생들 사이에 반응 평가 절하 현상이 분명하게 나타났다. 다시 말해 대학 측이 '부분' 매각 계획을 실행할 준비를 갖췄다고 했을 때 뚜렷하게 대다수가 이 양보안이 채택하지 않은, 즉 완전히 매각하는 마감 기한을 정한 제안보다 덜 만족스럽고 덜 의미가 있다고 평가했다. 반대로 대학이 학생들에게 마감 기한 계획안을 제안하려 한다고 했을 때는 명확히 대다수가 부분적으로 즉각 매각하는 계획보다 이 계획이 덜 만족스럽고 의미가 덜하다고 평가했다.

이 연구의 마지막 부분은 몇 달 뒤 대학 측이 앞선 연구에서 나온 부분 매각과 상당히 유사한(그러나 그보다 더 종합적인) 계획을 승인해 인종차별 정책에 반대하는 행동을 취하겠다고 결정했을 때 작성했다. 공교롭게도 연구진은 이 계획의 세부사항을 발표 이전에 알게 되었다. 따라서 연구진은 지지하는 학생들이 이 안을 놓고 평가한 것을 두 번 측정할 수 있었다. 첫 번째는 발표 이전에 이 안을 여러 가상 가능성 중 하나로 만들었을 때고, 두 번째는 이 안을 공개 발표한 이후였다. 예측했듯 대학 측 계획에 학생들이 내린 평가는 첫 번째에서 두 번째로 가면서 의미 있게 감소했다. 또한 예측했듯 지지자들은 대학 측 발표를 '상징'에 불과하며 '너무 늦었고 너무 소극적'이라고 심하게 비판했다.

이 연구는 우리에게 협상 과정에서 불신과 오해를 만드는 그럴듯한 첫 단계를 보여준다.[18] 절충안을 제시하는 쪽은 그 제안이 홀대받고 하찮다거나 심지어 이기적이라며 퇴짜를 맞을 때는 실망하고 억울함까지 느낀다. 쌀쌀맞게 반응하는 쪽은 자신들의 반응이 나쁘다는 비난을 받을 때 억울해한다. 사실 양측이 잘 모르고 있는 것은 상대방이 어느 정도까지 주관적으로 다르고 확실히 덜 매력적인 제안에 반응하고 있는가 하는 점이다.

구성 도구

사회과학자들은 오랫동안 구성 과정이 일어나는 것과 구성은 사람마다, 판단마다 다르다는 점을 인식하는 것을 넘어 구성 과정 자체를 이해하려 노력해왔다. 위대한 사회학자 윌리엄 아이작 토머스William Isaac Thomas✧[19]는 개개인의 독특한 삶의 역사가 개인과 사회 현실을 정의하는 데 미치는 영향을 이야기했다.[20] 상징적

✧ 미국 사회학자이자 심리학자로 사회학으로 유명한 시카고학파에서 중요한 인물이다. "어떤 상황을 현실이라고 정의하면 그 결과도 현실이 된다"라는 토머스 정리Thomas Theorem로 유명하다.

상호작용주의자[21]는 사회적 상호작용을 통해 상황 정의가 '협상되는' 과정을 논의했다. 사회심리학자 로버트 파르Robert Farr와 모스코비치(1984)는 이러한 담론이 특정 사회 구성원들이 공유하는 대상과 사건의 '집단 표상collective representation'을 만든다고 주장했다. 심리학자, 사회학자, 인류학자 모두 문화와 하위문화, 심지어 성별이 구성 차이를 만들고 그로 인해 오해가 생기는 것을 언급했다.[22] 심리학자 제롬 시모어 브루너Jerome Seymour Bruner(1957)의 유명한 말을 이용해보자면, 지각하는 사람의 "주어진 정보 범위를 넘는" 과정을 가장 많이 연구로 남긴 사람들은 현대 인지심리학자였다.

구성 과정은 특히 두 측면이 주목을 받았다. 첫 번째는 명명하거나labeling 범주화하는 것, 즉 마주하는 대상, 사람, 사건의 종류를 정하고 그에 따라 경험할 가능성이 있는 구체적인 특징과 성질에 기대하는 것과 관련이 있다. 두 번째는 모호성 해결, 즉 정보 간극을 메우고 지정한 꼬리표label 또는 범주와 맞지 않는 것처럼 보이는 정보를 가능한 방식으로 재해석하는 것과 관련이 있다. 선전원이나 기타 여론 조종자가 되고자 하는 사람은 이러한 구성의 두 측면이 중요하다는 것을 이해한다. '자유의 전사' 대 '테러리스트' 같은 꼬리표를 선택한 것은 전적으로 긍정적 혹은 부정적 정서 반응을 이끌어내기 위해서기도 하고, 우리의 동정심이나 혐오감을 높이는 이러한 꼬리표(고결하고 자기희생적인 애국자 대 잔인하고 사회적으로 무질서한 정신병자 같은)들의 함축적 의미에 부합하는 추론을 추가로

하도록 만들기 위해서다. 대변인들이 낙태, 의료비용에 쓰이는 공공기금, 소수자에게 우선권을 주는 채용 등 공적 논의의 틀에 사용하는 꼬리표(예를 들어 생식의 **자유** 대 태아 **살인**, 건강**보험** 대 **사회주의식** 의료, **차별 철폐** 조처 대 소수자가 아닌 사람 **차별**)는 특정 판단 대상을 이해하는 방식을 통제해 우리의 판단을 조정하려는 유사한 시도다.

최근 수년간 인지심리학자들은 구성 과정의 근거이자 구성 과정을 이끄는 '지식구조knowledge structure' 유형을 추측해왔다. 특히 그들은 고정된 대상이나 범주(나무, 자동차, 집, 새 등)를 넘어 역동적인 사건 순서에 대한 포괄적 지식과 이해를 포착하는 구조를 강조했다. 그런 역동적 지식구조를 설명하기 위해 가장 먼저 사용하고 아직까지 가장 널리 쓰이는 용어는 '도식'[23]이다. 이를테면 아이는 재료의 모양이 변화할 때 그 양적인 변화에서 무엇을 기대해야 하는지 알려주는 '보존 도식'[◇] 또는 일련의 규칙을 배운다. 더 최근에는 '사건 도식script'[24]이라는 도발적인 용어가 등장했는데 이는 사람들이 익숙한 환경에서 명확한 역할을 하고 명시된 행동 옵션(말하자면 **레스토랑** 사건 도식, **생일파티** 사건 도식, **대학 강의실** 사건 도식 등)

◇ 피아제의 인지 발달 이론에서 보존conservation은 중요한 인지 능력이다. 보존 능력을 기르지 못한 아동은 물체나 물질의 모양이 변해도 그 물체나 물질의 특정 속성(수량, 질량, 부피 등)은 변함이 없다는 것을 알지 못한다. 인지가 발달하면서 아동은 보존 능력을 얻는다. 예를 들어 같은 양의 콜라를 모양이 서로 다른 컵에 담아도 그 양이 동일하다는 것을 이해하는 것이 보존이다.

중에서 선택하는 방식을 우리가 이해[◇]하는 것을 말한다. 사건 도식 개념에 깔려 있는 생각은 사회에서 받는 스트레스와 인지 부담을 최소화하는 방식으로 자기 욕구를 충족하려 하는 사람들 사이의 예측할 수 있고 의례적이기까지 한 상호작용이다.

다양한 지식구조 유형을 다루는 세부사항은 이 책에서는 관심 밖이며 이들이 성취하는 일의 종류만이 우리의 관심사다. 이제 사회적으로 인지하는 사람들이 기존 도식과 또 다른 지식구조를 사용함으로써 향상된 편의성과 속도, 주관적 확신으로 추론하고 판단한다는 점은 연구자들이 잘 입증하고 있다. 전체 표상에서 일반적으로 정확한 지식구조를 이용하고 이것을 너무 빨리, 넓게 혹은 '분별없이'[25] 사용하는 것을 삼가면 도식 과정 결과는 모두 유익하다. 즉, 시간과 에너지를 절약하고 심사숙고하거나 의심이 줄어들며 중요한 것을 무엇도 잃어버리지 않는다. 그러나 세상을 해석하도록 도와주는 사건 도식과 도식, 다른 지식구조에 의존하는 데는 명백한 대가가 따른다. 우리가 선택하거나 사용하도록 이끈 인지 표상이 중요한 측면에서 부정확한 것으로 밝혀지거나 우리가 이것을 부적절하게 사용할 경우(우리가 새로운 사회적·지적 영역으로 갈 때마다 일어나는 불가피한 두 가지 문제점) 그 결과는 유익한 것과 거

◇ 쉽게 말해 사건 도식이란 레스토랑이나 생일파티, 대학 강의실처럼 사람들이 익숙한 환경에서 어떻게 행동할지 우리가 일반적으로 이해하는 방식을 말한다. 따라서 이것은 예측할 수 있고 의례적이기도 하다.

리가 멀다. 다시 말해 해석과 판단에서 실수할 가능성이 크고 예상이 틀렸음을 알아차려 새로운 경험에서 교훈을 얻는 것도 늦어지기 십상이다. 집요하고 고통스러운 오해뿐 아니라 빠르고 쉬운 이해도, 지나치게 자신만만한 완고함뿐 아니라 보장된 확신도, 조종하고 호도된 능력뿐 아니라 계몽이 이뤄지고 잘 아는 능력도 사회 환경을 이해하고자 우리 모두가 의존하는 도구의 결과와 직접 연결되어 있고 실제로 상호보완적이다.[26]

이 책의 목적상 가장 중요한 것은 구성의 다양한 도구에 사건 해석에서 나타나는 개인 간의 차이, 동일한 개인이 드러내는 시간에 따른 해석의 불안정성이 모두 있다는 점이다. 어떤 지식구조가 나왔는지를 비롯해 세상의 특정 측면을 표상하는 지식구조의 정확한 내용은 사람마다, 경우마다 다르다.

귀인 과정

1970년대 이론·응용 사회심리학 모두에서 주관적 구성 가운데 한 가지 유형이 중심 과제로 떠올랐다. 그것은 사람들이 사회 상황과 행동 사이의 관계, 행동과 결과 사이의 관계를 이해하려 할 때 관여하는 인과 귀인 과정이다. 여기에는 일련의 관련 귀인 과제가 있는데 다양한 인과요인의 상대적 중요성 추론, 우리가 관찰하는 사람(우리 자신을 포함해)의 개인 특성과 능력 추론, 귀인에 근거한 여러 가지 미래 행동과 결과 추측 등을 포함한다. 연구로 명확히 밝혀낸 것은 이 주관적 해석이 객관적 행동에 상당히 중요한 영향을 미친다는 점이다. 예를 들어 우리의 관심사가 지속적인 자극이 없는데도 레버를 계속 누르려고 하는 실험실 쥐의 결정인지, 대학 2학년생이 개론 과목에서 A를 받은 뒤 고급화학 과목을 수강할지 결정하는 것인지, 고용주가 최근 몇 달 동안 실적이 떨어진 영업사원을 격려할지 비판할지 결정하는 것인지와 관계없이 의사결정을 하도록 만드는 것은 의사결정자가 관련 과거 사건의 원인을 어떻게 지각하는지에 달려 있다.

인과 귀인의 규범적·기술적 원칙

1967년 사회심리학자 해럴드 켈리Harold H. Kelley는 프리츠 하이더(1958), 리처드 드 샤름Richard de Charms(1968), 에드워드 존스Edward E. Jones, 키스 데이비스Keith E. Davis(1965)를 포함한 많은 학자가 진행해온 그간의 연구를 바탕으로 사회심리학의 중심 무대에 귀인을 올려놓았고 이후로도 귀인은 그 자리를 지켜왔다. 켈리의 접근 방식은 규범과 기술 측면에서 새로운 것이었다. 그는 정확한 귀인을 촉진하는 일련의 원칙 혹은 결정 기준을 제시했으며 나아가 사람들이 일반적으로 이 원칙에 따른다고 주장했다. 이 규범적·기술적 원칙은 과학자나 통계학자가 '변량 분석analysis of variance'◆을 할 경우 흔히 채택하는 통계분석 원칙과 유사한데 이는 우연이 아니다. 켈리는 어떤 사람이 왜 특정 방식으로 행동하는지 이해하려 할 때 사람들은 다른 유사한 상황에서 그가 행동한 방식(고유성 데이터), 과거에 그가 동일한 상황에서 행동한 방식(일관성 데이터) 그리고 똑같은 상황에서 다른 사람이 행동한 방식(합의성 데이터)에 관한 지식이나 추측에 의지한다고 봤다. 이때 그 원인은 효과가 '공변共變'하는covary✧✧ 것으로 보이는 요인에 귀인한다. 예를 들어 왜 존이 극장에서 상영 중인 새로운 스릴러를 좋아하는지 알아보려 할 때(즉, 그 영

✧ 분산 분석 혹은 영어 용어를 줄여 ANOVA라고도 한다. 조건(독립변인)이 변할 때 효과(종속변인)가 어떻게 변하는지 테스트하는 통계분석기법 중 하나다. 이 책에서는 자극, 사람, 상황 세 가지가 독립변인에 해당하며 행동은 종속변인에 속한다. 뒤이어 나오는 고유성(다른 자극과 비교해 행동이 다른 정도), 합의성(다른 사람과 행동이 같은 정도), 일관성(다른 상황과 비교해 행동이 같은 정도)이 높은지 낮은지에 따라 켈리는 내적 귀인(행동의 원인이 행위자에게 있다고 보는 것) 혹은 외적 귀인(행동의 원인이 행위자가 아니라 자극에 있다고 보는 것)으로 판단했다. 그는 합의성과 고유성이 낮고 일관성이 높으면 사람들이 내적 귀인을 할 가능성이 높다고 봤다. 또 합의성, 고유성, 일관성이 모두 높으면 사람들이 외적 귀인을 할 가능성이 높다고 보았다. 일관성이 낮고 내적·외적 귀인 구분이 명확하지 않을 때는 상황 귀인(행동의 원인이 상황에 있다고 보는 것)으로 보았다. 뒤에 나오는 '존과 영화' 사례에 켈리의 ANOVA를 적용하면 종속변인 '행동'은 영화 평가로 이 종속변인에 자극 1(행위의 대상인 자극, 다른 영화가 아니라 존이 이번에 보고 칭찬한 그 영화)과 자극 2(다른 영화)를 비교하고, 사람 1(행위자 '존')과 사람 2(다른 사람)를 비교하며 상황 1(행위가 일어난 상황, 존이 그 영화를 본 장소, 시간 등)과 상황 2(다른 상황)를 비교한다.

✧✧ 공변이란 '함께共 변화한다變'는 뜻으로 한 변수의 값이 변할 때 다른 변수의 값도 함께 변하는 것을 말한다. 양의 공변positive covariation은 두 변수의 값이

화가 정말 볼 만한지 아니면 존의 반응은 단지 그의 취향을 알려주는 것뿐인지 결정하려 할 때), 우리는 존이나 다른 영화 팬들이 과거에 이 영화와 다른 많은 영화에 어떻게 반응했는지 고려한다. 그런 다음 긍정 평가에 가장 강력히 연관된 것이 존인지 아니면 영화인지 관찰한다. 만약 존이 모든 영화 혹은 적어도 모든 '스릴러' 영화를 격찬해왔고 다른 영화 팬들이 특히 이 영화에 냉담하다면, 우리는 존의 격찬이 그 영화 수준을 제대로 보여준다고 생각하지 않는다. 만약 존이 좀처럼 격찬하는 법이 없었고(특히 극장에서 상영하는 스릴러를) 다른 영화 팬들이 이 영화를 존과 마찬가지로 격찬한다면, 우리는 다음 토요일에 영화를 볼 계획을 세우기 시작한다.

켈리(1972)는 공변의 규칙covariation rule을 보완하는 두 번째 귀인 원칙을 제안했다. 이는 행위자가 다른 관련 자극에 어떻게 반응했는지 아무런 정보도 없거나 다른 행위자들이 이 특별한 자극

같은 방향으로 변하는 것을 말하고, 음의 공변negative covariation은 두 변수의 값이 서로 반대 방향으로 변하는 것을 말한다. 이 책에서 "원인은 그 효과가 공변하는 것으로 보이는 요인에 귀인한다"라고 한 의미를 살펴보면 이렇다. 존이 좋다고 칭찬한 스릴러 영화가 정말 볼 만한지 내가 판단하려 할 때, 나는 존의 평가("좋다")와 '공변'하는 요인이 무엇인지 살펴본다. 다시 말해 존이 모든 스릴러 영화를 칭찬해왔고 이번 스릴러 영화도 칭찬했다면(일관성 높음), 다른 영화 팬들은 이 영화에 냉담하다면(합의성 낮음), 나는 존의 반응을 개인 취향으로 귀인(내적 귀인)한다. 반면 존이 평소 영화를 칭찬하는 법이 거의 없었고(고유성 높음) 다른 영화 팬들도 존처럼 격찬한다면(합의성 높음) 그 평가가 존의 평가와 공변하는 것이므로 존 개인이 아닌 이 영화에 귀인(외적 귀인)해 극장에 가고 싶은 마음이 더 생긴다.

에 어떻게 반응했는지 정보가 없을 때 사용할 수 있다. 이 원칙은 다른 잠재 원인이나 가능한 영향력을 알 수 있는 한도에서 특정 원인 혹은 설명을 무시하는 것과 관련이 있다. 만약 존이 영화가 좋았다고 말할 경우 우리는 그 반응과 관련해 생각할 수 있는 다른 그럴듯한 이유(예를 들어 표가 팔릴 때마다 그가 수수료를 받거나 아니면 우리가 토요일에 영화를 보러 가면 극장 옆 패스트푸드점에서 일하는 그가 집에 올 때 우리 차를 같이 타고 오려고 하거나)의 범위 내에서 그가 칭찬하는 잠재 이유를 고려해 영화 수준을 낮게 본다.

당연히 연구자들[27]은 공변하는 원인과 효과에 관한 정보나 켈리가 예측했던 것과 비슷하게 경쟁하는 원인의 후보군에 관한 정보를 사람들이 사용할 수 있고, 실제로 자주 사용한다는 것을 입증해왔다. 하지만 연구자들이 가장 주목하고 이후 연구에서 논란이 불거진 것은 일반인이 정확한(이 말이 규범적으로 들릴 수 있겠지만) 귀인 행동에서 벗어난다는 점이었다. 사회심리학에서 한 가지 특별히 중요한 일련의 편향은 기본적 귀인 오류다. 이는 사람들이 성향의 원인을 우선시하고 행동과 결과의 상황 원인을 간과하는 경향성이다. 이 편향[28]은 이번 장의 뒷부분과 5장에서 상세히 살펴볼 것이다. 먼저 행동하는 사람과 행동을 해석하는 사람이 동일인일 때 유사한 귀인 과정과 유사한 귀인 편향이 일어날 수 있음을 보여주는 몇 가지 중요한 연구와 이론을 살펴봐야 한다.

자신에 관한 귀인

사람들이 최고의 인지 도구를 사용해 자기 주변에서 일어나는 사건의 이유를 이해하려 노력한다는 개념에는 논란의 여지가 없다. 그보다 더 논란의 여지가 많고 훨씬 더 놀라운 것은 사람들이 자신의 감정과 행동을 이해하려 할 때 동일한 추론 도구를 사용하고 동일한 오류와 편향을 쉽게 저지른다는 점이다. 1960년대에 동시에 진행한 두 흐름의 연구가 자기 지각과 자기 귀인이라는 중요한 개념으로 수렴되었다.

샥터와 싱어의 정서 '귀인 이론'

1962년 스탠리 샥터와 제롬 싱어[✧]는 정서와 관련해 놀라운 새 이론을 제시한 논문을 출판했다. 그들의 주장에 따르면 사람의 주관적 정서 경험, 즉 자기감정에 꼬리표를 붙이는 방식과 촉발된 자극에 반응하는 방식은 생리적 특성에 밀접한 영향을 받지 않을 수 있다. 샥터와 싱어는 인간의 주관적 정서 경험은 다양한 정서 경험을 만들기엔 너무 분산되어 있고 불특정한 경향이 있다고 주장했다. 그보다 정서 경험과 행동은 우리가 우리의 각성에 관여한 원인을 추론하는 방식에 달려 있다. 만약 각성의 가장 그럴듯한 원

✧ 상상(백일몽, 공상), TV가 어린이와 성인에게 미치는 심리학적 영향, 억압과 방어기제를 주로 연구했다. 싱어는 제1저자로 여러 논문을 남겼지만 '심리학계 최고의 제2저자'라는 독특한 별명으로도 불린다.

인이 우리가 보고 있는 코미디 영화라면 우리는 즐거운 행복감을 느끼며 웃는다. 만약 우리의 각성을 가장 그럴듯하게 설명해주는 것이 으르렁거리는 도베르만종 개가 우리에게 달려오거나 조상을 향한 모욕적인 발언이라면 우리는 두려움과 분노에 따라 행동한다. 그리고 축축한 손바닥, 급하게 뛰는 심장, 빠르고 가쁜 숨소리의 가장 그럴듯한 원인이 매력 있는 이성이라면 우리는 성적 매력을 느낀다. 그러나 그 생리적 증상의 가장 그럴듯한 설명이 의사가 조금 전 주사한 아드레날린의 일반적인 부작용이라면 우리는 실제로 아무것도 느끼지 못하고 정서적으로 행동하려는 의향을 보이지 않는다.

많은 현대 이론가가 샥터와 싱어가 말한 정서 경험에 생리적 특수성이 없다는 생각에 의문을 제기하겠지만, 이제 우리가 자신의 감정에 꼬리표를 잘못 붙일 수 있고, 그러한 감정의 원인을 찾을 때 오류 있는 결론에 도달할 가능성이 있음을 부정할 사람은 없을 것이다. 정서 자극을 경험한 사람이 자신의 신체 증상을 비정서적 원천 때문이라고 귀인하면 덜 정서적으로 느끼고 행동할 수 있다는 많은 증거가 있다. 예를 들어 점차 강력해지는 전기충격을 받기 전 사람의 각성에 관여한다고 믿는 '약'(실제로는 설탕 알약 플라시보)을 받은 실험 참가자는 통제 조건에 있는 실험 참가자에 비해 충격에 따른 고통을 덜 느끼고, 자신이 감당할 수 있는 고통의 한계에 도달했다고 말하기까지 4배 높은 전류를 견뎠다.[29] 이와 유사한 실험에서 알약이 자신의 각성을 촉진할 것이라고 믿은 실험 참가자들은 자신의 답안지를 직접 채점할 때 통제 그룹에 비해 더 적극적으로 부정행위를 하려고 했다.[✧] 짐작컨대 이는 부정행위를 할 가능성이나 들킬 수도 있다는 가능성 때문에 실제로 일어난 각성을 알약에 잘못 귀인한 것이다.[30]

자기 보고 태도에 기반한 벰의 '귀인' 이론

샤터와 싱어가 그럴듯한 인과 귀인에 기반해 사람들이 자신의 정서에 꼬리표를 붙인다고 주장할 때와 거의 동시에 다릴 벰Daryl J. Bem[✧✧]이라는 젊은 사회심리학자는 사람들이 자신의 태도와 신념에 꼬리표를 붙이는 방식에 근본적으로 동일한 논지를 펼쳤다.

벰(1967, 1972)은 사람들이 자신의 외현적外現的 행동과 그 행동이 일어난 맥락을 살펴 자신의 태도와 선호도는 물론 개인 성향을 추론한다고 주장했다. 다른 사람을 놓고 그런 추론을 할 때와 마찬가지로 말이다. 이를테면 "갈색 빵을 좋아해?"라는 질문에 "그런 것 같아. 항상 갈색 빵을 먹는데 누구도 내게 그러도록 강요한

✧ 대학교 1학년생을 대상으로 한 이 실험에서 실험 참가자들은 플라시보 알약을 먹은 집단과 그렇지 않은 통제집단으로 나뉘었다. 이들은 단어시험을 보았는데 자신이 먹은 알약의 부작용으로 각성 효과가 일어날 수 있다고 이해한 집단에서는 49퍼센트가 부정행위를 했다. 통제집단은 27퍼센트였다.

✧✧ 이 책에서 다루는 벰의 자기 지각 이론은 보다 일반적인 귀인 이론에서 선도적인 역할을 했다.

사람은 없었거든" 하고 유추하면서 답한다. 또는 "심리학을 좋아해?"라는 질문에 "좋아하는 것이 분명해. 항상 심리학 수업을 듣는데 심리학은 내 전공이 아니야" 하고 답한다. 벰의 급진적 논지와 그 논지가 영감을 준 많은 자기 지각self-perception 실험에 따르면 행위자는 관찰자와 마찬가지로 자신의 행동에 지속되는 특성이나 성향보다 상황 압력과 제약이 더 반영되었음을 인지하지 않고 개인 속성을 잘못 추론할 수 있다. 일반적으로 말하면 이러한 반응의 기저에 있는 인지 과정과 사건에 '특별한 접근'을 거의 하지 않을 경우 다른 사람을 판단할 때 사용하는 동일한 종류의 이론과 근거로 자신의 외현적 행동의 원인을 찾아내려 한다는 것을 의미한다. 이는 샥터와 싱어의 연구가 사람들의 각성에 관한 내현 감정의 원인을 찾아내려 한 것과 마찬가지다. 이어서 살펴보겠지만 벰의 논지처럼 사람들은 자기 행동의 원인이 무엇인지 잘 모른다는 상당한 근거가 있다.

심리 과정 인지

왜 부조화와 각성 귀인 연구 결과는 놀라운 것일까? 그것은 잠깐만 생각해봐도 알 수 있다. 바로 사람들이 해당 효과의 기저를 이루는 인지 과정에 참여하는 자신을 잘 관찰하지 않기 때문이다. 즉, 사람들은 행동에 맞추기 위해 스스로 태도를 바꾸는 자기 모습을 관찰하지 않는다. 다시 말해 각성이 일어나는 상황을 어떻게 느낄지 결정할 때 각성 상태 출발점을 고려하는 자신을 관찰하지 않는다. 어쨌든 수많은 실험에 따르면 그처럼 수준 높은 정신 활동은 우리의 인지 밖에서 일어난다고 추정할 수밖에 없다.

그처럼 무의식적이고 수준 높은 정보 처리는 얼마나 일반적으로 이뤄질까? 니스벳과 사회심리학자 티모시 윌슨Timothy D. Wilson(1977)은 이것이 매우 일반적이라고 주장했다. 사실 이들은 인지 과정에 직접 접근하는 것이 전혀 아니라고 주장했다. 대신 그 과정에서 나온 결과물인 생각과 추론에만 접근하는 것이라고 했다. 잘 만든 문제를 해결하는 알고리즘 같은 일부 과정은 그것을 따라가며 추적할 수 있는 언어가 있어 우리가 판단이나 결론에 이르는 방식을 정확히 설명하는 것이 가능하다(예를 들면 "나는 이것이 분명 에너지 보존 문제라는 점을 인식하고 적절한 방식을 적용했다"). 그러나 많은 문제, 특히 사회적 판단이 개입하는 새로운 문제에는 인지 과정의 바탕에 있는 의식의 표상이 매우 적다. 예를 들어 실험 참가자에게 어느 직종에 지원한 사람들을 평가해달라고 했을 때 자신의 평가에 영향을 준 요인과 다른 사람들의 평가에 영향을 미친 요소를 말하는 것에 정확성 측면에서 별다른 차이가 없었다. 쉽게 말해 잭이 자신의 판단에 영향을 미친 것이 무엇인지 말하는 것과 잭이 피트의 판단에 영향을 미친 것이 무엇인지 말하는 것에는 정확성에서 별 차이가 없었다. 이와 유사하게 여성 대학생이 그날그날 자기 기분을 변하게 하는 요인을 말하는 것은 이들이 다른 여성의 기분에 영향을 주는 요인을 예측하는 것에 비해 더 정확하지 않았다.[31] 사실상 자신과 다른 사람의 인과관계를 예측할 때 실질적인 정확성은 없었다. 모든 종류의 사회적 상호작용 과정에 이론이 있듯 사람들에게는 자신의 판단과 행동에 영향을 미치는 것이 무엇인지와 관련해 이론이 있다. 심리 과정에 어떤 자기 성찰로 접근한다기보다는 이러한 이론이 사람들이 말하는 자신의 판단과 행동에 영향을 미치는 것의 근원으로 보인다. 그런데 이런 이론은 대부분 명백하게 믿을 만한 것이 아니다.[32]

우리가 인지 과정에 거의 접근하지 못한다는 일반화는 다음에서 볼 이번 장의 중심 주제로 이어진다. 우리는 다른 사람의 행동 원인을 의식적으로 추측하는 구성 과정은 어느 정도 알고 있지만 다른 구성 과정은 알지 못한다. 의식의 범위 바깥에 있는 구성 과정은 자극을 직접 지각하는 것에 상당 부분 영향을 미친다. 즉, '우리가 보는 것처럼'이라기보다 '우리가 그것을 부르는 것'처럼 느껴진다. 이렇게 자신의 구성 과정을 인식하지 못해 다른 상황에 놓여 있는 다른 누군가가 동일한 대상을 다른 방식으로 구성할 가능성도 못 본다. 다른 누군가가 우리가 평가해온 방식과 다르게 자극을 평가해왔다는 점을 알 때, 우리는 그 다른 사람의 성향이 독특하거나 동기가 강하다는 결론에 도달한다. 만약 구성 과정의 주요 역할과 그 안에 내재된 다양성을 알면 이처럼 간혹 오류가 있는 결론을 피할 수 있다. 사람들은 종종 동일한 대상을 다르게 구성하는데 이는 그들이 근본적으로 다른 사람이어서가 아니라 다른 각도에서 바라보기 때문이다.

구성의 불확실성을 알아채지 못하는 것

애시와 마찬가지로 우리는 사람들이 서로 다르게 지각하거나 행동할 때 그 차이를 만드는 것은 '대상의 판단'이 아니라 '판단 대상'을 구성하는 데 있다고 말했다. 이 상태가 빚어내는 중요한 결과 중 하나는 사람들이 상황의 세부사항을 잘못 추론하거나, 동일한 상황을 두고 타인이 다른 방식으로 구성할 수 있다는 점을 인식하지 못할 때 그들의 행동을 목격한 사람에 관해 잘못된 결론을 이끌어낼 가능성이 높다는 점이다. 이처럼 잘못된 결론에 이르는 진짜 이유는 인간이 마주하는 상황을 주관적으로 정의해서도 아니고 사람들이 가변적이고 예측할 수 없는 방식으로 판단해서도 아니다. 문제는 이러한 가변성과 예측 불가능성을 인지하지 못하거나 적절한 추론에 실패하는 데 있다. 이번 장의 나머지 부분에서 우리는 그 실패가 지난 20여 년 동안 사회심리학자와 인지심리학자를 사로잡아온 추론과 귀인의 단점의 중심에 있었던 이유를 보여준다. 다시 한 번 우리 연구에서 다뤄온 현상에 집중하겠다.[33]

합의성 착각 효과

귀인의 단점을 다룬 한 연구에서 로스, 그린, 파멜라 하우스Pamela House(1977)는 실험 참가자에게 일련의 가상 상황을 서술한 내용을 읽게 한 뒤 두 반응 중 하나를 선택하게 했다. 각 상황을 놓고 실험 참가자들은 자신의 반응을 예측했고 자신의 선택안과 반대 선택안이 어느 정도 일반적일지 평가했다. 또 각 반응을 선택하는 사람의 개인 성향과 관련해 추론의 정도가 얼마나 강력하고 확신에 차 있는지 평가했다. 예를 들어 한 시나리오는 다음 딜레마를 서술했다.

> 당신이 동네 슈퍼마켓에서 나올 때 정장을 입은 남성이 그곳에서 쇼핑하는 것을 좋아하는지 묻는다. 당신은 정직하게 그곳에서 쇼핑하는 것을 좋아한다고 대답하면서 슈퍼마켓이 집에서 가깝고 질 좋은 고기와 청과물이 상당히 저렴하다고 말한다. 그때 그 남자는 카메라 팀이 당신의 발언을 촬영했는데 슈퍼마켓이 준비 중인 TV광고에 편집하지 않은 장면을 사용할 수 있도록 허락해달라고 부탁한다. 당신은 영상을 공개해서 사용하는 데 동의할 것인가, 아니면 거절할 것인가?[34]

이 연구의 주요 결과는 합의성 착각 효과the false consensus effect로 불리는데, 이는 사람들이 자신이 선택한 안이 다른 안에 비해 더 일반적이고 개인 성향을 덜 반영한다고 평가하는 경향을 말한다. 동의한 사람들은 대다수 평범한 사람도 그렇게 할 것이고 그렇게 하지 않는 소수는 아마 유별나게 내성적이거나 의심이 많을 것이라고 가정했다. 동의하지 않은 사람들은 대다수 반응이 거절일 것이라 생각했고 동의한 소수는 유별나게 잘 속아 넘어가거나 과시욕이 강할 것이라고 생각했다.

이 현상은 '자기중심적 귀인egocentric attribution'이라 불리는 것과 유사하다. 합의성 착각 효과와 유사한 연구 결과 보고는 사회적 지각과 귀인 관련 문헌 곳곳에서 보인다.[35] 일반적으로 자기중심적 귀인 해석에 따르면 이 현상에는 동기성이 있으며 자신의 행동 선택이 합리적·규범적이라고 느껴야 한다는 점에 초점을 둔다. 로스와 동료들은 인지 과정도 일정한 역할을 했을 것이라고 말했다. 실험 참가자들이 반응한 상황 묘사는 많은 세부사항과 맥락상의 정보를 실험 참가자의 상상에 맡겼다. 예상대로 서로 다른 실험 참가자들은 모호성을 해결하고 세부사항을 채워 넣을 것이다. 요약하면 실험 참가자는 가상 상황을 다른 방식으로 구성하고 그 과정에서 자신의 방식으로 합의성 착각 효과를 드러낸다.

예를 들어 가상의 슈퍼마켓 만남을 간략히 묘사한 부분에서 무엇을 명시하지 않았는지 생각해보자. '정장을 입은 남자'는 정확히 어떻게 보이는가? 그는 정확히 어떻게 요청했는가? (새끼손가락에 반지를 끼고 빠르게 말하는 장사꾼처럼 보였는가, 아니면 사람들을 실망시키는 것을 싫어할 법한 유쾌하고 용모가 말쑥한 사람인가?) 당신은 그 때 옷을 어떻게 입었나? (땀이 난 운동복을 입고 있었는가, 아니면 산뜻한 새 복장이었나?) 당신은 정확히 무엇을 어떻게 말했는가? (유창하고 위트가 있었는가, 아니면 표현도 제대로 하지 못하고 살짝 바보처럼 보였는가?) 이 같은 내용과 맥락의 세부사항 외에 이전 경험을 묻는 질문이 있다. (과거에 이런 종류의 상업광고를 본 적 있는가? 있다면 그 광고에 나오는 사람들을 어떻게 생각했는가?) 또한 요청을 받았을 때 당신의 생각과 감정을 묻는 질문도 있다. (어떤 기분이었고 당신의 삶에서 다른 어떤 일이 일어나고 있었는가?) 그 요청이나 그 맥락에서 구체적으로 어떤 생각이 떠올랐는가? ('이용당한다'는 두려움을 느꼈는가? '그저 자신의 일을 하는' 누군가를 돕는다는 규범을 지키려 했는가? 기쁨을 느끼거나 'TV에 나왔을 때'의 악평을 두려워했는가?) 당연히 그 시나리오를 읽은 사람 중 일부는 이처럼 특정하지 않은 맥락상의 세부사항을 다른 사람들보다 더 채워 넣었을 것이다. 그렇지만 그 모호성을 해결하는 방식은 당신 자신의 반응뿐 아니라 합의성✧ 추측과 두 가지 가능한 반응✧✧의 '의미'에 내리는 당신의 평가에도 영향을 미칠 수 있다.

글이나 말로 한 설명에 모호성이 존재한다는 사실과 개개

✧ 다른 사람들이 당신과 얼마만큼 동일한 선택을 할 것인가에 관한 합의성.

✧✧ 영상을 공개 사용하는 데 동의할 것인지 거절할 것인지에 관한 반응.

인이 각기 다른 방식으로 그 모호성을 해결할 수 있음은 상당한 의미를 함축한다. 특히 우리가 아는 서로의 행동 지식을 대부분 누군가에게서 간접적으로 전달받는 세상에서는 더욱더 그렇다. 그러나 의미의 모호성 문제는 합의성 착각 효과의 일반성에 의문을 제기한다. 이것은 간접적으로 전해 들은 가상 서술과 기록에만 적용되는가, 아니면 우리가 개별로 경험한 실제 행동 평가에서도 일어나는가? 이 질문에 답하기 위해 연구자들은 실험 참가자가 실제 딜레마에 직면해 선택한 뒤 합의성을 추측하고 동일한 딜레마에 반응한 것으로 알려진 사람들을 대상으로 개별 귀인을 하게 만드는 연구를 진행했다. 실험 참가자들은 자신이 '커뮤니케이션 기술' 연구에 참여하는 것으로 생각했다. 연구진은 이들에게 단순한 메시지('조Joe에서 드세요')가 적힌 커다란 광고판을 몸 앞뒤로 걸고 30분 동안 교내를 돌아다니며 '이상한 커뮤니케이션 기술'에 사람들이 어떻게 반응하는지 기록하는 데 참여할 의향이 있는지 물었다. 연구자는 실험 참가자에게 이 광고판 연구에 참여하길 바라지만 원치 않을 경우 참여하지 않을 수 있다는(다음 연구에 신청할 수 있다는) 점을 분명히 밝혔다. 이때 연구자는 실험 참가자에게 처음에 어떻게 결정했는지 물었고, 일반적으로 다른 학생들이 어떤 결정을 했을지 추측한 것을 물었으며, 마지막으로 그 실험 참가자와 똑같은 선택을 한 사람 중에서 동의하거나 거절한 사람에게 어떤 특성이 있을지 추론한 것을 물었다.

이 '진짜' 딜레마 연구는 설문 연구 결과와 동일했다. 광고판을 몸에 걸겠다고 동의한 실험 참가자는 대체로 62퍼센트의 다른 사람들도 동일한 선택을 할 것이라고 추측했다. 광고판을 걸지 않겠다고 거부한 실험 참가자는 단지 33퍼센트만 연구자의 요청에 응할 것이라고 추측했다. '순응' 또는 '비순응' 실험 참가자들은 특정 동료 두 명의 입장에서 광고판을 거는 것에 동의할지 추측하는 것에서도 의견이 달랐다. 예측대로 동의한 실험 참가자는 동의하지 않은 동료들의 개인 특성을 더 확신에 차고 더 극단적으로 추론한 반면, 동의하지 않은 실험 참가자는 동의한 실험 참가자를 더 강하게 추론했다.

이 광고판 연구는 합의성 착각 효과가 모호하게 서술한 시나리오에 가상 반응하는 추측에만 적용되는 것이 아님을 보여준다. 실제 상황은 가상 사건처럼 다양한 방식으로 구성할 수 있다. 광고판을 몸에 걸고 돌아다니면 동료들의 조롱을 받을 것이라고 상상한 실험 참가자, 참여 거부를 연구자가 침착하게 받아들일 것이라고 예상한 실험 참가자, 전반적인 상황을 동조 경향을 시험하는 것으로 구성한 실험 참가자는 광고판을 걸지 않겠다고 할 가능성이 크다. 또한 이들은 그 상황을 묵인하는 사람은 극단적 성격에다 비정상적 특성을 보일 것이라고 가정하는 경향이 있다. 반대로 자신의 친절한 행동에 동료가 박수를 보낼 것이라고 상상하거나 참여를 거절할 경우 연구자에게 의심이나 경멸을 받을 것이라고 상상한 실험 참가자, 전반적인 상황을 '긴장'을 시험하는 것으로 구성한 실험 참가자는 광고판을 몸에 걸 확률이 높다. 이들은 그 상황에서 협조하기를 거부한 개인은 '별난 사람'이며 그런 행동은 특성 면에서 설명해야 한다고 가정하는 경향이 있다.

다시 강조하지만 구성 측면에서 합의성 착각 효과는 다른 사람은 주어진 상황을 각각 다른 방식으로 구성한다는 단순한 가정 이상을 요구한다. 이는 동료들은 '똑같은' 상황을 상당히 다르게 구성할 수 있다는 적절한 추론을 **감안**하지 않거나 이 사실을 적절히 추론하는 데 실패한다는 추가 가정에 의존한다. 여기서 주장하는 것은 사람들은 자신이 해석하는 상황이 어느 정도까지가 객관적이고 변치 않는 현실을 충실히 반영한 것인지가 아닌 구성과 추론을 인지하는 데 실패한다는 점이다.

지나치게 자신만만한 사회적·개인적 예측

로스와 그의 동료들이 수년 동안 진행한 행동 예측 연구는 사람들이 자신의 정확성을 객관적으로 평가해 정당화하기보다 서로의 반응을 예측할 때 주관적 확신을 더 쉽게 표현한다는 것을 밝혀냈다. 사회 예측 연구[36]에서 예측하도록 물어본 실험 참가자가 누구인지(예측 과제를 예상하고 인터뷰한 룸메이트나 개인), 예측 유형이 무엇인지(가상 딜레마에 보이는 반응, 과거 행동과 습관 목록, 억지로 꾸민 실험실 상황 등)에 상관없이 이 과신 효과overconfidence effect는 명확했다. 룸메이트가 연례 기숙사 연극에 참여할 것인지나 어떤 전공을 택할 것인지 예측하는 것과 방금 인터뷰한 사람이 사진을 찍기 전에 머리를 빗고 싶어 할지, 〈플레이보이〉보다 〈타임〉을 구독할지 예측하는 것에서 실험 참가자가 달성한 정확도 수준은 그들이 표현한 신뢰 수준에 이르지 못했다.

더 중요한 것은 사람들이 **자신의** 학문 선택, 사회적 선호도, 여가 활동 예측에서도 동일한 유형의 과신을 보여준다는 점이다.[37] 다시 말해 자신이 잘 아는 사람(룸메이트)의 반응을 예측할 때뿐 아니라 자신이 가장 잘 아는 사람(자기 자신)의 반응을 예측할 때도 실험 참가자는 자신이 예측하는 결과의 확실성을 과대평가했다. 더구나 실험 참가자가 고의로 혹은 모르고 관련 반응의 기본 비율에 반하는 예측을 했을 때, 즉 실험 참가자가 특정 행위자 또는 심지어 자기 자신이 동료들의 가장 빈번한 (짐작컨대 사람들의 행동을 지배하는 일반적인 상황 압력과 제약에 영향을 주는 것이 무엇이든 그것이 요구하는) 행동과 다른 방식으로 반응할 것이라고 예측할 때 과신 정도가 가장 극적이었다.

개인적·사회적 예측에서 과신 효과는 한 가지 이유나 밑바탕에 있는 메커니즘으로 밝혀낼 수 없다. 대다수 흥미롭고 강력한 현상처럼 많은 결정요인이 존재한다. 실제로 잘못된 예측과 과도한 낙관론은 사실상 인간 추론의 단점과 편향의 모든 범위를 반영한다. 학자들은 특별한 통계 원칙(평균회귀 같은)에 무지한 것부터 상황요인에 비해 성향요인이 내포한 예측의 힘과 관련해 일반적인 오해까지 연구해왔다.[38] 여하튼 이러한 연구 결과와 예측에서 잘못된 확신이 보여주는 현실세계 사례를 살펴보며 우리는 사람들이 상황을 평가할 때 구성 과정의 역할을 이해하지 못하는 것에서 생기는 과신의 정도를 점차 이해했다.

사회 예측에서 과신을 만들어내는 구성 문제에는 두 가지 다른 측면이 있다. 첫째, 누군가가 특정 상황에 보이는 반응을 예측하려면 잘 아는 사람과 이전의 다양한 상황을 지켜본 사람도 상황의 세부사항, 특히 가능한 반응 선택안 중 상대적으로 매력적인 것을 결정하도록 돕는 맥락의 특성을 알아야 하고 정확히 추론해야 한다. 둘째, 상황의 객관적 특징을 아는 것을 넘어 행위자의 개인 관점에서 상황의 의미를 인식해야 한다. 상황의 객관적 특징과 행위자의 주관적 구성이 불확실하면 예측의 어려움과 오류 가능성이 증가한다. 이 불확실성을 인지하지 못하거나 적절히 **감안**하지 않을 경우 자신의 예측을 확신하는 정도를 적당히 줄이지 못할 수 있다.

데일 그리핀Dale Griffin, 데이비드 더닝David Dunning✧, 로스(1990)는 연구에서 사람들은 세부사항이 부족할 때 상황을 정확히 구성하는 능력이 불완전하다는 것에 둔감해진다고 밝혔다. 이 연구에서 실험 참가자들은 상황 관련 글을 읽고 자신이나 다른 사람이 그런 상황에서 어떻게 행동할지 예측했다. 그들은 자신의 해석이 완벽하게 맞는다고 가정하도록 지시받았을 때와 마찬가지로 자신의 구성이 옳다고 가정할 만한 아무런 근거가 없는 경우에도 자신의 예측을 동일하게 확신했다.

상황 구성과 기본적 귀인 오류

사람들은 간혹 관련 상황요인이나 맥락의 세부사항을 우리에게 말하지 않고 어떤 사건을 짧게 요약 설명한다. 예를 들면 "제인이 슈퍼마켓에서 두 살 아이에게 소리를 질렀어" 혹은 "존은 지난 목요일에 헌혈했어" 같은 식이다. 우리는 직접 관련 행동을 목격할 수도 있지만 그 영향력에서 매우 중요할 수도 있는 특징을 상상하거나 구성(예를 들어 제인이 소리를 지른 두 살 아이가 그 바로 전에 무엇을 했을지, 과거에 더 부드러운 질책에 어떻게 반응했을지, 존의 직장에서 헌혈 할당량을 주어 존을 제외한 모든 사람이 이미 헌혈을 했을지 등)한다.

◇ 미시간대학교 사회심리학 교수. 사람들이 자신의 능력, 성격, 예측 등에 보이는 잘못된 신념을 연구했다. 예를 들어 대학교수 중 94퍼센트는 자신의 연구나 능력이 '평균 이상'이라고 생각하는데 이는 사람마다 뛰어남의 기준이 다르기 때문이라는 것을 밝혀냈다. 뛰어난 리더를 판단할 때 인간관계를 중시하는 사람과 과제 수행을 우선시하는 사람도 기준이 다르다. 이에 따라 결국 대다수가 객관적 기준과 상관없이 자신의 능력이 평균 이상이라고 믿는다. 뉴욕대학교 사회심리학자 저스틴 크루거Justin Kruger와 연구를 진행한 그는 더닝-크루거 효과Dunning-Kruger Effect라는 용어를 만들었다. 이는 능력이 떨어지는 사람이 자신의 인지 능력을 실제보다 높게 잘못 판단하는 현상을 뜻한다.

이 경우 그가 마주한 상황을 반응에 비춰 구성한 것을 재고하지 않은 채 우리는 너무 쉽게 그가 설명에서 표현한 행동과 직접 연결되는 특성을 지녔을 거라고 가정한다. 이 같은 순진한 성향주의가 보여주는 결과는 평범한 성격으로 보이는 사람이 예외적인(적어도 우리가 당시 상황을 구성한 것을 기준으로 볼 때 예외적인) 방식으로 행동했음을 깨달을 때 가장 명확해진다. 그럴 때 우리는 관찰자가 그 사람을 지나치게 '다시 보는' 경향이 있다고 주장한다. 이제 그가 정상적인 사람일 거라는 가정을 버리고 문제 행동을 설명할 성향을 찾기 시작한다. 우리가 보기에 관찰자에게 부족한 경향성은 **상황**의 특징을 재고하는 것에 있다. 즉, 상황(객관 상황이나 사람이 그 상황을 주관으로 구성한 것)이 가정했던 것과 어떻게 다를 수 있는지, 관련 행동이 덜 놀랍고 극단적인 개인 성향이 덜 드러나는 방식으로 특히 어떻게 달랐는지 말이다.

이 책을 쓴 우리 두 사람 중 한 명의 경험이 그 요점을 잘 보여준다. 오랫동안 고학년 학부생에게 방법론을 가르친 한 동료 교수가 수업을 듣는 학생들에게 성적을 높게 주는 것으로 알려져 있었다. 그것을 알고 나자 그는 동료의 성격에서 설명을 찾으려 했다. 학생들 의견에 영합할 필요가 있었던 게 아닐까? 잘못된 평등주의일까? 그는 이전에 동료가 다른 동료들에 비해 그런 특성을 보였다고 가정할 만한 그럴듯한 이유가 없었다는 점을 확인했다. 그러던 중 그가 방법론 과목을 가르치게 되었다. 그는 학생들이 에너지와 열정을 발휘해 창의적이고 어마어마한 실험실 프로젝트에 자신의 모든 것을 쏟아 붓는 상당히 재능 있는 사람들이라는 것을 발견했다. 그는 이 상황에 적절히 반응해 역시나 높은 성적을 주었다!

일반인의 성향주의는 단지 개인을 판단하려는 의지를 억제하지 못할 때 드러난다. 자신이 앞서 상황을 구성한 것이 적지 않은 부분에서 정확하지 않을 수 있다고 생각해보는 것, 더 정확히 구성하면 행위자의 행동을 덜 예외적으로 보거나 결국 예외적인 개인 성격을 드러낸 게 아닐 수 있다는 생각을 하지 못할 때 성향주의가 나타난다. 결국 우리가 말하려는 것은 귀인의 **보수성**이 부족하다는 점이다. 처음에 행동과 상황을 구성한 것에 기반해 성향 추론을 하는 것은 바람직하지 않으며 이는 귀인에 **너그럽지** 않은 일✧이다.

겉보기에 예외적인 행동을 있는 그대로 받아들일 때, 그 행동이 예외적인 압력과 제약(당시 명확하지 않은 것과 상황의 특정 주관적 의미가 행위자에게 다가오는 것 포함)의 영향을 반영할 강력한 가능성을 고려하지 못할 때, 사회를 바라보는 평범한 사람들은 기저율base rate이나 평균에 거의 주의를 기울이지 않는 직관적 통계 전문가와 같은 어리석은 행동을 하는 셈이다. 모두가 '예외적' 관찰의

✧ 귀인에 너그럽지 않다는 것은 상황을 제대로 살펴보지 않은 채 다른 사람의 행동 원인을 급히 성격 탓으로 돌리는 것(성향 추론)을 비유해서 표현한 말이다.

유익성을 과대평가한다. 그리고 모두가 예외적 특성이 그렇지 않은 특성에 비해 덜 일반적이라는 사실에 적절히 무게를 두는 데 실패한다. 이러한 경향성은 기본적 귀인 오류의 중심에 있으며 사회적 행동에서 강력하고 일관성 있는 개인차와 근원적 성격 특성 신념이 살아 있게 만든다.[39] 다음 장에서는 고전적 성격 특성 예측치와 관련해 실증 증거를 검토한다. 이어 5장과 6장에서는 일반인의 신념과 그 실증적 증거 사이의 간극을 자세히 살펴본다.

4

개인의 일관성을 찾아서

앞선 세 장의 중요한 논지는 사람들이 주변에서 펼쳐지는 사건을 해석할 때 상황의 영향력을 간과하거나 충분히 고려하지 않는 경향이 있다는 점이다. 이러한 경향은 특히 사람들이 놀랍거나 극단적인 행동과 마주할 때 오도할 가능성이 있다. 이 경우 상황주의자는 놀라운 행동을 설명할 수 있는 극단적이거나 참작할 만한 상황을 찾아본다. 이와 연관된 논지 중 하나는 일반인이 주관적 해석의 중요성을 인지하지 못하는 것과 관련이 있다. 즉, 행동의 맥락을 제공하는 상황을 행위자 자신이 구성하는 관점에서만 예측하고 이해할 수 있다는 점을 깨닫지 못하는 것이다.

사람들이 객관적 상황요인과 주관적 구성의 중요성을 무시하는 경우 이들은 자신이 관찰하는 행동을 어디에 귀인하는가? 이들은 미래 행동을 예측할 때 무엇에 기반하는가? 연구 결과나 일상 경험에서 우리가 얻는 답은 사람은 상습적인 성향주의자라는 점이다. 일반인은 사람이라는 관점에서 과거 행동과 결과를 설명하고 미래 행동이나 결과를 예측한다. 또는 더 특정해서 추정하는 성격 특성이나 다른 독특하고 지속적인 개인 성향 측면에서 예측한다.

이번 장에서는 외향성, 정직성, 의존성 같은 성격 특성의 설명력·예측력과 관련된 근거를 살펴본다. 그러나 우리가 살펴볼 핵심은 성격 특성의 설명력과 예측력의 힘이 명백히 없는 것으로 보인다는 점이다. 적어도 잘 통제한 연구 환경에서 결정한 표준 상관계수 측면에서 엄밀히 평가했을 때는 그렇다. 중요한 점은 그 통계 결과가 연구를 진행한 연구자와 심리학 분야 모두에 매우 놀라웠다는 사실이다. 교실에서 이것을 배운 대다수 학생이 놀란 것과 마찬가지로 말이다. 통계상 실제 성격 특성의 설명력과 예측력이 떨어진다는 결과는 직관과 어긋나며 회의론을 제기하게 만든다. 결국 우리가 지금까지 상황의 힘을 보여주기 위해 인용한 고전적 연구 결과처럼 그 의미는 도발적인 것으로 드러났다. 이처럼 광범위한 놀라움과 회의론의 원인은 무엇일까? 이 반응은 전문 심리학자도 일반인처럼 근본적으로 동일한 일상 사회 경험에서 동일한 직관 이론에 의지하고 생각하는 것에서 오지 않았나 싶다. 그런데 이러한 직관적 이론은 틀렸고 그 경험은 중요한 측면에서 오해의 소지가 있다.

이번 장에서는 성격 이론과 성격 평가personality assessment 분야를 처음 만들었고 지금도 개념 분석과 연구에 영향을 주고 있는 직관적 성향주의 이론을 짧게 살펴보는 것으로 시작하겠다. 이어 성향주의의 불안정한 실증 근거와 그 근거를 향한 여러 실증적·논리적 반박을 살펴볼 것이다. 반세기 넘게 성격심리학의 중심에 있었던 '일관성 논란'을 평가하며 우리는 이번 장을 마무리한다. 5장에서는 개인의 일관성과 예측 가능성에 관한 일반인의 시각을 더 자세히 살펴본다. 또한 일반인의 성향주의 원천을 알아보고 그 같은 성향주의를 부추겼을 다양한 인지·지각·동기 과정을 논하겠다. 6장은 실증 근거와 일상의 사회적 상호작용에서 모두가 일반적으로 갖는 인상impression 사이의 관계를 다른 방향에서 다룬다. 여기서는 행동의 일관성과 예측 가능성에 관한 일반 대중의 신념은 근본적으로 사회 현실에 기반을 두고 있지만 거기에 끼치는 성격 특성의 영향은 대다수가 생각하는 것보다 훨씬 작다고 주장한다.

전통 성격 이론이 찾아낸 것들

일반 대중이 생각하는 성격 이론이나 심리학자들의 성격 이론은 모두 일반적으로 인간 행동의 두 가지 기본 가정에서 출발한다. 이 두 가정은 일상 사회 경험에 꼭 필요한 것처럼 보인다. 먼저 가장 기본적인 가정으로 대다수 사회 환경에서 자극 상황이 서로 다른 사람에게 뚜렷이 다른 반응을 유발한다는 점이다. 실제로 반응의 다양성을 관찰하면 일반인이나 심리학자 모두 우선 성향 차이를 생각한다. 그다음 가정 역시 일상 사회 경험에 상응하는데 개인은 상당 정도 일관성을 보이기 때문에 다른 상황에 반응할 때 상당 정도 예측 가능성을 보인다는 것이다. 두 가정을 보면 일반 대중이 지닌 성향주의의 핵심 명제를 알 수 있다. 그 명제란 서로 다른 사람이 특정 상황에 반응할 때 우리가 목격하는 다양한 반응이 임의성 혹은 불확정성이 아니라 여러 행위자가 그 상황에 초래하는 특징 있고 지속적인 개인 특성을 반영하는 것을 말한다.

따라서 성격 연구자의 과업은 서로 연관된 한 쌍의 과제에서 출발한다. 다시 말해 일반적으로 인간 행동을 결정하는 주요 속성을 찾아내고 그 속성을 개인을 대상으로 측정하는 방법을 찾아낸다. 그 뒤를 이어 성격학자가 수행하는 더 이론적인 작업은 특정 속성이 성격구조를 결정할 때 서로 연관되는 방식의 규칙성을 찾아내는 일이다. 마지막으로 앞서 말한 것과 마찬가지로 중요한 것은 성격 계발personality development이나 성격 변화와 관련된 질문이다. 개인 속성은 처음에 어떻게 계발하고 지속되며 개인의 경험과 그 경험에 주어진 해석의 결과로 어떻게 변화하는가?

이러한 과제에는 방법론 면에서 극복해야 할 엄청난 문제가 있었지만 연구의 밑바탕에 깔린 이론적 가정의 기본 건전성에 심각하게 의심할 만한 것이 없다는 신념으로 진행이 이뤄졌다. 관찰자에게는 이론가든 일반인이든 사람은 그 반응과 근원적 성격이 서로 다르다는 것이 당연해 보인다. 다른 상황에서 볼 수 있는 사람들의 행동이 그들이 어떤 사람이고 그들의 행동이 무엇인지 각인하는 것도 마찬가지다. 사람들은 친절, 정직, 의존, 충동 등의 측면에서 서로 다른 것처럼 보이며 이는 시간이 지난 뒤 여러 다른 상황에서 나타난다.

경험은 성격 형성에서 규칙적인 패턴을 제시하는 것처럼 보인다. 속성은 유기적으로 모여 독특한 유형을 형성하는 듯하며 결국 우리가 외향적인 사람, 소시오패스(반사회적 인격장애자), 권위주의자, 권모술수에 능한 사람, 마마보이, 인생을 즐기며 사는 사람 그리고 수많은 다른 성격 '유형'을 이야기하는 것은 타당하다. 이처럼 일관성 있게 진단하는 속성이 존재하지 않으면 왜 영어권에서 모두가 인식하고 사용하는 수백, 수천 가지 성향 관련 용어를 만들어내고 영구화하는 것이 유용한지 설명하기 힘들다. 한 연구에서 고든 올포트와 성격심리학자 헨리 오드버트Henry Odbert(1936)는 영어사전《웹스터 완본 신국제사전Webster's Unabridged New International Dictionary》(1936)에서 4,500개 이상의 성향 관련 용어를 찾았다고 보고했다. 또 다른 반세기 동안 공유한 사회 경험으로 우리의 세계관과 고려해야 하는 새로운 개인 생활양식이 풍부해지면서 용어 목록이 더 늘어나 비트족beatnik, 히피hippie, 여피yeppie, 슈퍼맘supermon, 해방 여성liberated women, 여성 노숙자 그리고 다수의 다른 유형이 목록에 포함되었다. 관찰자가 본 행동의 규칙성과 아무 관련이 없다면 이처럼 풍부한 기술記述 용어가 통용되는 것은 상상하기 어렵다.

마지막으로 우리는 경험과 직관으로 개인차의 근거를 찾아볼 수 있다. 우리는 '본성nature 대 양육nurture' 시각에 기초해 아이와 부모 사이의 유사성을 보는데 이는 유전 또는 그 부모가 말이나 행동에서 표현한 가치의 영향을 나타낸다. 성인이라면 자신의 세계관이나 세상을 다루는 방식이 어린 시절 사회 경험과 자신이 노출된 사회 모델에 그 뿌리가 있음을 부인하지 않을 것이다. 이에 따라 우리는 뚜렷한 성격 특성과 그 유형을 살펴보는 것은 물론 왜 그것이 존재하는지, 문제의 개인이 왜 다른 사람처럼 되기가 힘든지도 설명할 수 있다.

요약하면 적어도 서구 문화권에서는 일상 경험과 현자들의 지혜가 성격학자의 연구 주제를 형성하는 전통 성향주의자 시각을 더 강화하는 듯하다. 이들 연구자는 수년에 걸쳐 성격 특성과 그 유형을 분류하는 정교한 방법을 개발했다. 어떤 것은 성격구조와 성격 계발의 특정 이론(특히 정신역학 이론)에서 영감을 받았고, 또 어떤 것은 일반인이 특정 용어를 이해하고 사용하는 방식을 분석한 것에서 영감을 받았으며, 극소수는 실제 반응 데이터의 통계분석에서 영감을 받아 만들었다. 나아가 연구자들은 수천 가지 평가도구도 만들었다. 구체적으로 말해 그들은 특정 특성과 행동을 다루는 단순한 자기 보고self-report와 자기 기술self-description 설문지부터 미묘한 투사 검사projective test◇(로르샤흐 검사Rorschach Test◇◇ 같은 것), 많은 거대한 것을 포함하는 검사(미네소타 다면 성격 검사The Minnesota Multiphasic Personality Inventory◇◇◇ 같은 것)까지 이용해 개인 속성과 그 속성을 군집화해 분석하고 수량화했다.

그 근원 영감이 무엇이든 전통 성격학자들이 진행한 실증적이고 지적인 작업의 최종 결과는 성격과 사회적 행동에 관한 일반인의 전통 관점과 완전히 호환되고 실은 더 정교한 개인차 관련 관점이다. 대다수 평가도구 덕분에 우리는 가장 높은 수준에서 외향성-내향성, 우호성-비우호성, 정서적 안정성-불안정성에 해당하는 차원과 요인을 볼 가능성이 높다.[1] 다른 광범위한 요인은 몇 가지 연구에서 나왔는데 이는 지배-복종, 주의 깊은-부주의한, 교양 있는-무례한[2] 등을 포함한다. 광범위한 요인보다 낮은 일반론 수준에는 전통적 특성 그 자체가 있다. 이를테면 외향성(대 내향성)의 광범위한 지시문은 수다스러운(대 침묵하는), 사교성(대 은둔성), 모

◇ 심리검사기법으로 모호한 자극을 제시한 뒤 그 반응으로부터 성격, 인지 양식, 다른 심리 특성을 찾아내는 평가 방식이다.

◇◇ 스위스 정신과의사 헤르만 로르샤흐Hermann Rorschach가 1920년대 초반에 만든 투사검사기법이다. 10개의 잉크 반점을 보여주며 무엇처럼 보이는지 물어 그 반응을 질적·양적으로 분석해 진단한다. 심리학계에 가장 잘 알려진 평가도구지만 타당성 논란도 많다.

◇◇◇ 1940년대에 개발한 성격 검사로 성격을 평가하는 자기 보고 도구 가운데 가장 많이 쓰인다.

험성(대 조심성), 솔직함(대 비밀주의)이라는 특성을 포함한다. 우호성의 광범위한 지시문은 온화한(대 화가 난), 협력적인(대 소극적인) 같은 특성을 기술하는 단어를 포함한다.

사람들이 자신들 사이와 다른 행위자 사이의 차이를 설명해주는 가장 유용한 성격 차원과 특정 특성에 잘 동의한다는 것을 보여주기 위해 많은 연구가 이뤄졌다. 사람들은 특정 개인에게 부여한 특성에 의미 있는 수준으로 동의했다. 그리고 시간이 흐름에 따라 자신의 성격 특성과 동료의 성격 특성 모두에 부여한 평가에서 상당한 안정성을 보였다. 마지막으로 자기 보고에 근거한 특성 평가와 동료들의 평가는 실험실뿐 아니라 일상생활에서의 실제 행동을 예측하는 것으로 나타났다. 그럼에도 불구하고 이번 장의 주제를 소개하며 말했듯 이 연구 근거에는 오래 이어져온 문제를 비롯해 일반인과 전문가가 모두 공유하는 성향주의 신념을 향한 도전이 잠재되어 있다.

성격 이론가들이 진행한 연구의 의미와 한계점

성격 연구에서 나타난 '뚜렷한' 개인차, 연구자들의 전문성, 진행한 연구의 분량을 고려할 때 일반인은 성격 측정과 행동 예측을 높은 수준으로 완성했으리라고 기대할 만하다. 즉, 특정 상황에서 특정 행위자의 행동을 어느 정도 정밀하고 정확히 예측할 수 있는 평가도구와 공식이 있는 것으로 기대하고 심지어 두려워할 만하다. 하지만 그런 기대는 상당 부분 착각이다. 물론 연구자들은 한 상황에서 측정한 행동과 다른 상황에서 측정한 행동 사이에 통계적으로 의미 있는 상관관계를 보여줄 수 있다. 또 모든 종류의 성격 척도는 다른 평가도구나 객관적으로 측정한 행동 결과와 통계적으로 의미 있는 상관관계를 나타냈다. 문제이자 성격학자들에게 궁극적인 도전은 효과의 크기였다. 더 명확히 말하면 서로 다른 상황에 걸쳐 관찰한 일관성과 성향주의 이론이 널리 공유하는 기대 수준 사이의 간극이었다. 실제로 관련 상관관계는 0보다 훨씬 커서 사람이라는 변수로 관찰한 행동의 다양성을 일부 설명할 수 있다는 증거를 제공했다. 그러나 그 상관관계는 일관성과 예측 가능성 정도가 비일관성과 예측 불가능성 정도보다 덜 현저하고 정보도 덜 담고 있을 정도로 낮았다.

반세기가 지났지만 애시의 동조 실험이나 밀그램의 복종 연구, 프리드먼과 프레이저의 문간에 발 들여놓기 실험 그리고 사회의 영향력을 다룬 뉴컴의 베닝턴 연구에 필적할 만한 '고전적' 성향주의자의 입증 결과는 없다. 다시 말해 연구자가 측정하거나 과거 행동 기록에서 드러난 안정적인 개인 속성을 학자나 일반인이 기대한 것보다 현저하게 더 나은 행동 예측 변수로 증명한 유명한 연구는 없다. 또한 어느 연구도 성격 검사와 다른 도구로 측정해

작고 미묘해 보이는 개인차까지 분명히 드러난 사회적 행동이 크고 믿을 만한 차이를 만들어낸다는 것을 보여주지 못했다. 이제 살펴보겠지만 이와 달리 행동의 일관성과 예측 가능성을 다룬 기존 문헌은 일반적으로 전통적 성격 이론의 지지자보다 비판자에게 더 많은 정보를 제공했다.

1968년의 도전

1968년은 성격 연구의 분수령이었다. 그해에 월터 미셸과 도널드 피터슨Donald Peterson✧은 독립적인 문헌 검토 연구로 특정 상황에서 개인 반응을 예측할 가능성이 매우 낮다는 것을 지적했다. 실은 너무 낮아 일반인과 성격학자가 공유한 가장 기본적인 행동의 일관성 가정에 의문을 제기할 정도였다. 특히 미셸(1968)이 성격을 평가한 글은 성격학 분야의 근간을 뒤흔드는 것처럼 보였다. 미셸이 초기에 기여한 바는 단지 대부분의 연구자가 알고 있던 몇 가지 사실을 요약한 것이었지만 그 글이 남긴 충격 여파는 지금도 남아 있다. 무엇보다 주목할 것은 동일한 성격 특성(예를 들어 충동성, 정직성, 의존성 등)을 지정하기 위해 특별히 고안한 서로 다른 행동 척도 사이의 평균 상관관계가 통상 0.10과 0.20 사이 범위에 있

✧ 미국에서 전문 심리상담가를 위한 교육체계를 처음 만들었다. 일리노이대학교 재직 당시 미국에 처음 심리학 박사 프로그램을 만들었고 이후 러트거스대학교의 응용과 전문심리학 대학원 초대 원장으로 일했다.

거나 심지어 가끔은 그보다 낮다는 사실이었다. 이 말은 효과의 크기를 전달하고자 사용한 백분율 비교에서, 예를 들어 상황 1에서 누군가가 어떻게 행동했는지 알더라도 상황 2에서 그 행동의 예측 정확도는 거의 높아지지 않는다는 것을 뜻한다. 만약 어느 두 상황에 나타난 우호성의 상관관계가 0.16이라면, 이는 상황 1에서 제인이 앨런보다 더 우호적임을 알아도 제인이 상황 2에서도 앨런보다 우호적일 가능성은 55퍼센트까지[◆◆]만 올라간다는 뜻이다(상황 1 정보를 완전히 무시해도 가능성은 50퍼센트인데 말이다). 여기에다 어떤 특성을 측정하기 위해 설계한 성격 척도와 그 특성을 이용할 것이라 추정하는 특정 상황에서의 행동 척도 사이의 상관관계는 0.20에서 0.30 범위를 넘는 경우가 거의 없다. 사실상 두 가지 개별 행동 척도 사이 혹은 성격 척도와 개별 행동 척도 사이의 어떤 상관계수도 0.30이라는 '장벽'을 넘지 못한다.

미셸이 객관적인 행동 측정치 사이의 당황스러울 정도로 낮은 상관관계에 보인 반응은 전혀 달랐다. 앞선 해설자들과 달리 그는 방법론상의 문제를 제기함으로써 낮은 상관관계를 둘러대려 하지 않았다. 대신 그는 그처럼 낮은 상관관계가 인간 행동과 관련

◆◆ 상황 1과 상황 2의 우호성을 확률변수로 봤을 때 두 확률변수가 평균과 분산이 서로 같고 상관계수가 0.16인 이변량 정규분포bivariate normal distribution를 따른다고 가정해 계산한 확률값이다. 계산 과정은 이 책의 범위를 넘어서므로 생략한다.

해 중요한 진실을 보여줄지 모른다는 가능성을 생각하게 했다. 그에 따르면 서로 다른 상황 간의 일관성은 예외적일지도 모르며 오히려 행동의 특수성이 규칙일 수 있다. 또한 그는 우리가 전통적 특성에 붙이는 꼬리표나 우리가 세우는 강력한 행동의 일관성 가정은 객관적인 행동 기록으로 정당화할 수 없다는 사실과 마주하게 했다. 그렇게 미셸은 두 가지 도전을 명확히 제기했다. 하나는 행동 일관성과 예측 가능성이 거의 없거나 아예 없는데도 어떤 지각·인지·동기 요인 때문에 우리가 이들을 높게 '보는' 것이 아닌지 고려해야 한다는 것이다. 다른 하나는 사람들이 사회 환경에 반응하는 결정요인을 이해하게 해줄 새로운 방법을 찾아야 한다는 점이다. 결국 미셸 주장의 목표는 반응의 규칙성과 특수성 모두를 설명하는 데 있으며, 이것을 특성이 아니라 인지 능력 관점에서 정보, 개인 목표, 주관적 기대 그리고 다른 '사회 학습' 요인을 처리하는 전략 시각으로 설명해야 한다.[3]

여기서 우리는 미셸이 심리학계에 불러일으킨 반응과 그가 제기한 다양한 도전을 살펴본다. 그 전에 먼저 그가 행동에서 서로 다른 상황 간의 일관성 부족을 보여주는 증거로 제시한 일련의 연구를 살펴본다. 아마 독자 여러분은 이들이 현대 성격학자에게 제기한 문제, 그리고 일관성 있고 예측 가능한 행위자에게 받는 일상에서의 인상이 인지적·지각적 착각이라고 주장한 성격 이론가뿐 아니라 일반인에게 지속적으로 제기한 문제도 접할 것이다.

서로 다른 상황 간의 실증적 일관성 연구

뉴컴과 외향성의 일관성

1929년 뉴컴은 여름캠프의 청소년 '문제'를 다룬 연구를 발표했다. 그의 목표는 외향성의 일반 지시문에 해당하는 개인적 특성과 성향을 보여주는 증거를 검증하는 데 있었다. 그 특성은 수다스러움, 관심 유도, 에너지 발산, 지배력 행사, 주변 환경 관심, 성급함, 스스럼없는 행동, 집중력 저하, 독립활동 대비 집단활동 선호 등이었다. 그는 행동의 일관성에 제기된 의문을 풀기 위해 여름캠프에서 행하는 폭넓은 활동 중 어떤 것이든 이런 특성을 보여주는 증거가 될 만한 것을 찾았다. 관련 행동은 오늘날 어떤 일반인이나 성격심리학자가 할 법한 동일한 방식으로 선택했다. 예를 들어 수다스러움은 다음 행동 관점에서 정의했다. 즉, '자신의 과거를 이야기하거나 그가 성취한 업적을 이야기함', '기쁨과 반감을 크게 즉흥적으로 표현함', '상담자와 대화할 때 질문하거나 질문에 답하는 것으로 국한 혹은 국한하지 않음', '침묵시간을 혼자 또는 다른 사람과 함께 보냄', '식사시간에 이야기하는 분량'이 그것이다. 이처럼 행동은 상세한 평가 양식에 따라 소년들의 상담자가 매일 보고했다. 예를 들어 상담자는 침묵시간을 다른 모든 사람을 못 본 척하면서 보냈는지, 돌아다니지 않고 조용히 이야기했는지, 크게 말하며 웃었는지 표시해야 했다. 또한 상담자는 각자 자신이 맡은 소년이 식사

시간에 어느 정도 시간을 말하는 데 썼는지 추정했다.

뉴컴은 홀수 날의 행동 기록을 평균 낸 뒤 짝수 날 기록과 상관관계를 따져보았다. 예를 들어 침묵시간 동안 수다스러움과 식사시간 동안 수다스러움 사이의 상관관계는 어느 한 경우 측정치 사이의 상관관계가 아니라 24번의 침묵시간 평균과 72번의 식사시간(24일 × 3번의 식사) 평균 사이의 상관관계를 근거로 했다. 뒤에서 더 상세히 설명하지만 반응을 이렇게 '집계한 것'은 개별 경우를 검토한 것보다 훨씬 더 높은 상관관계를 기대할 수 있다(24번 관찰해서 나온 평균은 1번 관찰한 것보다 더 안정적이고 믿을 만한 측정이다. 이때 관련 상관관계는 측정 오류로 약화되지 않는다). 그럼에도 불구하고 뉴컴이 어떤 특성을 보기 위해 설계한 어느 두 가지 행동의 측정치 사이에서 찾아낸 평균 상관관계는 단지 0.14였다. 이는 비전문가가 일반 기준으로 공변✧을 탐지하려 할 경우 아무 상관관계가 없는 것과 구별하기가 매우 힘든 수준이다.[4]

뉴컴의 연구에는 비평가가 그 주요 결과를 논박할 의도로 물고 늘어질 수 있는 특징이 하나 있다. 그의 연구에서 실험 참가자들은 대인관계에 문제가 있는 아이들을 위해 특별히 구성한 여름캠프에 보내졌을 정도로 어려움이 있는 아이들(평범한 사람이라고 보기 힘들다)이었다. 실제로 뉴컴 자신이 밝혔듯 이 실험 참가자

✧ 하나의 변수가 또 다른 변수의 크기에 따라 변화하는 것.

들의 예외성은 대부분 외향성, 내향성과 직접 연관된 극단 행동(즉, 공격성과 극단적인 수줍음)과 관련이 있다. 그런데 잠재적 비평에 내놓은 그의 답은 아주 단순했다. 즉, 실험 참가자들의 반응 변화가 일반인에 비해 더 클 가능성이 높으므로 논리상 그 결과는 뉴컴의 연구가 선택하지 않은 '정상인'에게서 볼 수 있는 것에 비해 상관관계가 낮지 않고 **더 높아야** 한다. 그러나 우리가 뉴컴의 연구를 이렇게 방어할 필요는 없다. 보다 더 대표적인 실험 참가자 표본으로 서로 다른 상황에서 행동의 일관성을 검증한 연구들이 있는데 그 결과는 뉴컴의 것과 본질적으로 동일했다. 주어진 성격 특성을 살펴보기 위해 선택한 한 상황에서 보인 실험 참가자의 반응은 동일한 특성을 살펴보고자 만든 두 번째 상황에서의 동일한 실험 참가자의 반응을 예측하는 데 어떤 근거도 되지 못했다.

정직의 일관성 연구

가장 앞섰고 여전히 행동의 일관성과 관련해 가장 야심적인 연구는 뉴컴의 연구보다 1년 일찍 발표되었다. 1928년 심리학자 휴 하트숀Hugh Hartshorne과 마크 메이Mark A. May는 다양한 종류의 교실과 교실이 아닌 상황에서 초·중등 학생의 정직성을 검토했다. 그들의 행동 척도에는 빈 교실에서 책상에 남은 잔돈을 훔치려는 마음, 다른 아이가 곤경에 처하는 것을 막기 위해 거짓말하려는 마음, 발각되지 않을 것처럼 보이는 환경에서 점수를 더 얻기 위해 부정행위를 하려는 마음이 포함되었다. 이들이 연구한 특정 행동에서는 많은 부분을 한 번 이상 조사했다. 예를 들어 여러 번의 비슷한 학교 시험에서 각각 부정행위를 하려는 아이들의 마음을 측정했다. 여기서 연구자들이 다른 유형의 행동 사이의 상관관계를 측정할 때 상관관계에 입력한 점수는 뉴컴의 연구에서처럼 대부분 여러 행동의 평균 점수였다. 따라서 측정치를 합쳤을 때는 상관관계가 한 가지 경우에서의 행동만 고려했을 경우 기대할 수 있는 수준 이상으로 올라가야 했다. 그렇지만 이들이 어떤 정직한 행동의 한 유형과 다른 유형 사이에서 얻은 평균 상관관계는 단지 0.23이었다.

1929~1968년의 일관성 연구

뉴컴과 하트숀, 메이의 연구는 진행 비용과 시간이 많이 들어가는 것이라 이 연구를 재시도하거나 확장하려는 진지한 시도는 30년 넘게 존재하지 않았다. 이 고전적인 두 가지 실증 연구가 보여준 것처럼 특정 상황으로 다른 상황의 행동을 예측해낼 가능성이 실제로 낮을 수 있음을 흔쾌히 인정하는 성격심리학자는 소수에 불과했다. 오히려 이들은 여러 방법론을 이유로 들어 초기 연구를 묵살했다. 이들은 추정 가능한 방법론의 결함을 바로잡아 다른 결과를 얻을 수 있음을 입증하려 하지도 않고 또 다른 연구 전략으로 완전히 방향을 틀었다. 즉, 객관적인 행동 평가를 버리고 주관적인 지필 자기 보고와 동료들의 평가에 집중했다. 예를 들어 사람들에게 다양한 상황(예를 들어 '파티에서' 또는 '동료들과')에서 자신이 얼마나 호의적이었는지 묻거나 얼마나 자기주장을 했는지 혹은 성실했는지 물었다. 이런 종류의 많은 자기 보고 항목을 다루는 질문지를 통계 분석했을 때 낮은 상관관계는 과거의 일이 되었다. 홀수 번호와 짝수 번호 검사문항 사이, 특정 시험의 또 다른 형태 사이, 심지어 같은 특성을 측정하는 다른 시험 사이의 상관관계는 높았다. 오랜 시간에 걸쳐 자기 평가의 안정성을 반영하는 상관관계 역시 높았다.[5] 상관관계는 0.60~0.80 범위가 일반적이었고 신뢰도도 0.90까지 높았다. 다른 특성 사이의 상관관계는 적어도 지필 검사로 측정했을 때 상당히 높게 나왔다. 이 상관관계가 정교한 요인 분석 기술을 거쳤을 때 드디어 성격구조를 드러내기 시작했다는 주장이 나왔다.

또한 동료들이 수행한 지필 평가에서 일부 성과가 있었다. 특정 개인을 다른 상황에 걸쳐 특정 평가자가 평가한 것은 일관성을 보였고 상대적으로 긴 기간에 걸쳐 반복한 평가는 안정성을 나타냈다.

하지만 여전히 일부 문제가 남아 있었다. 특정 개인에게 서로 다른 평가자 사이의 동의 수준을 반영한 상관관계는 그리 높지 않았다. 때로 상관계수가 0.50 수준에 이르렀지만 이보다 훨씬 낮은 상관관계가 더 일반적이었다. 심리학자 워런 노먼Warren T. Norman

과 루이스 골드버그Lewis R. Goldberg(1966)의 고전적 연구에서 수년 동안 알고 지내온 남학생 사교 클럽 동료들의 평가 사이의 상관관계는 대다수 특성에서 0.20 범위에 있었다. 나아가 한 번도 본 적 없이 처음 만난 누군가를 두 사람이 평가했을 때 그 상관관계는 그리 많이 낮지 않았다(평균 0.13이었다). 마지막으로 친밀한 사람 평가와 자기 평가 사이의 상관관계가 0.50을 넘는 경우는 흔치 않았고 대부분 0.30 범위에 있었다.[6] 요약하면 주관적 지필 평가는 객관적 행동 연구보다 더 높은 상관관계를 나타냈다. 그러나 일관성 있게 높은 상관관계는 자기 지각의 일관성이나 안정성을 평가한 연구, 개인 평가자가 대상 인물을 지각할 때의 안정성을 평가한 연구에서만 나타났다.

한편 지필 평가기법 지지자는 다른 평가자 사이의 적당한 동의보다 더 문제가 큰 논점을 만났다. 그것은 바로 **타당성**validity과 관련이 있다. 이는 평가받는 사람의 행동에 일관성이 있음을 증명하는 평가자 한 사람의 측정에는 어떠한 신뢰도도 없다는 것이다(다른 측정자들 사이의 동의에서도 신뢰도는 없었다). 평가자는 객관적 반응 데이터로 입증할 수 없거나 자신의 추정에 비춰 데이터를 해석한 것으로만 신념과 고정관념을 지속할 수 있다. 당신은 자신이 수줍음을 타고 민감하며 성실한 사람이라고 결론을 내릴 수 있다. 그러나 누가 당신이 맞다고 할 수 있는가? 이와 유사하게 두 명의 다른 평가자 또는 평가자와 평가받는 사람이 객관적으로 입증되지 않은 성격 평가에 동의할 수 있다. 이들의 평가가 공유하는 일련의 함축적 성격 이론이나 고정관념, 지역에서의 평판(이를테면 "안경을 쓴 사람들은 똑똑하다", "키가 작은 사람은 공격적이다", "밴 올만가家 사람들은 다 거만해서 밥맛이다")으로 이뤄진다면 말이다. 연구자들은 지필 측정의 용이함과 여기서 나오는 때로 꽤 괜찮은 상관관계 때문에 공을 들여도 보람은 없을 객관적 행동의 일관성을 찾기 위한 연구로는 좀처럼 돌아가려 하지 않았다.

의존성의 일관성 연구

1963년 객관적인 행동의 일관성과 관련해 또 다른 야심 찬 연구가 이뤄졌다. 이 연구는 아동심리학자 로버트 리처드슨 시어스Robert Richardson Sears가 진행한 것으로 유치원 아동의 의존성을 다뤘다. 연구 측면에서 아동의 의존성은 매력적인 특성인데 이는 어린이의 행동에 모든 사람이 의존성 표현이라 동의하고 객관적으로 쉽게 측정할 만한 것이 많기 때문이다. 시어스는 교사나 다른 아이를 만지고 잡는 행동, 아이가 교사에게 안심을 유도하는 말을 부탁하는 빈도, 주의를 끌려고 하는 빈도 등의 변수를 검토했다. 그는 또래 아동과 교사나 어머니에게 의존하는 정도를 교실과 실험실에서 측정했다. 여기서도 시어스의 변수는 단일 상황에서 행하는 행동을 단일하게 관찰한 것이 아니었다. 그보다는 여러 번에 걸친 관찰에서 얻은 평균이었다. 이같이 통계를 고려했음에도 불구하고 행동 범주에 따른 평균 상관관계는 겨우 0.11이었다. 너무 낮은 이 상관관계는 일반인의 직관이나 전통적 성격 이론의 요구 조건을 충족하기에 부족하다.

성격학에 관한 미셸과 피터슨의 도발적 공격

시어스의 연구 뒤 5년 만에 미셸과 피터슨은 개인의 일관성에 관한 전통 가정을 도발적으로 공격하기 시작했다. 이들 연구의 핵심은 주관적 평가의 동의에만 의존해온 연구에 쌓인 덤불을 걷어내고 객관적인 행동 측정을 채택한 소수 연구에 다시 집중하는 것이었다. 이처럼 미셸과 피터슨은 객관적 측정에 우선순위를 두고 성격에서 지속적인 개인차(중요도를 훨씬 덜 확립한)를 보여주기 위한 수단으로 주관적 평가에서 신뢰도를 사용하는 것에 분명한 반대 입장을 보였다. 이들은 시간에 따른 측정의 동의와 안정성은 연구할 가치가 있는 흥미로운 현상이지만 이것이 문제의 특성 구성 개념trait construct의 타당성을 확립하는 것은 아니라고 주장했다. 또한 사회적·개인적 지각 특히 외모, 역할, 평판에 근거한 고정관념에 의존하는 것의 타당성을 구성하는 인간 추론의 정보 처리 편향과 다른 단점을 다룬 당시의 문헌을 요약했다. 이후 20년 동안 이 비판에 강력한 근거가 쌓이면서 사회적 지각과 인지에서 편향성을 다룬 연구가 뒤따랐다.[7] 입증한 편향성의 많은 부분은 일관성이라는 착각을 만들어낼 것이라고 예상할 만한 것이었다. 예를 들어 다양한 종류의 선개념preconception 방향으로 나타나는 '사실' 기억의 상당한 왜곡은 1970년대와 1980년대 수많은 연구 논문에서 매우 흔한 주제였다.

각각 다른 상황에서 행동의 일관성 부재를 놓고 미셸이 측정 혹은 예측할 수 있는 개인차가 없다고 주장하는 것은 아니라는 점에 주목해야 한다. 반대로 그는 개인 행위자가 동일한 상황에서 일관성 있는 반응을 보일 수 있다는(**특정** 상황에서 보이는 **특정** 반응은 가끔 시간에 따라 안정적일 수 있다는) 점을 강조했다. 사실 일부 고전적 연구는 이 점을 명확하게 밝혔다. 안정성 계수stability coefficient, 즉 각각 다른 경우 동일한 행동을 측정한 두 측정값 사이의 상관관계는 종종 0.40을 넘었고 때로는 훨씬 더 높았다. 예를 들어 하트숀과 메이(1928)는 한 일반 정보 시험에서 답을 베끼는 경향성이 6개월 뒤 유사한 시험에서 답을 베끼는 것과 0.79의 상관관계를 보인다는 것을 밝혔다. 뉴컴(1929)은 점심시간의 수다스러움은 상당히 안정적 속성이라는 것을 알아냈다. 그저 다른 경우의 수다스러움과 높은 상관관계를 보이지 않았을 뿐이다.[8] 미셸은 사람 사이의 뚜렷한 차이는 명백히 특정 상황에 보이는 특정 반응에 한정된다고 주장했다. 예를 들어 누군가가 구내식당에서의 호의적인 모습을 보이거나 고용주에게 맞서고자 하는 마음 정도일 뿐 넓은 범위에서 서로 다른 상황 간의 외향성이나 자기주장까지는 아니었다.

미셸이 성격학의 토대에 가한 공격은 서로 다른 상황 간에 일관성이 없음을 주장하는 것으로 끝나지 않았다. 그는 표준 성격 평가 척도에 나오는 특성 점수와 객관적인 행동 결과 사이의 상관관계가 매우 낮다고 주장해 성격학자를 더 불편하게 만들었다. 개인 행동은 좀처럼 0.30 장벽 이상의 상관관계로 예측하지 않으며 통상 상관관계는 낮다. 그다음으로 그는 간접적이고 미묘한 투사 평가 기법을 이용한 성격 척도로 실제 행동 반응을 예측할 때 단순한 자기 보고보다 더 성공적인 경우는 좀처럼 없다(보통 훨씬 덜 성공적이다)고 지적했다.

마지막이자 가장 도발적으로 미셸은 '만족 지연' 실험 참가자의 자발성과 능력(정신분석학적 성격학에 매우 소중한 특성)은 상황의 특성보다 사람의 성향에 덜 의존할 수 있음을 입증했다. 어린이가 어느 한 상황에서 만족 지연에 성공하는 것, 다시 말해 더 큰 보상을 위해 작고 즉각 받는 보상을 포기하는 것을 성격 측정이나 그 어린이가 다른 상황에서 성공한 자료를 기초로 예측하는 것은 그리 높지 않은 정도에서만(통상 상관관계가 0.30보다 작은 정도로만) 가능하다. 일반적으로 어린이가 만족 지연에 성공하는 능력은 그 능력을 시험하는 상황의 상당히 미묘한 어떤 특징을 조작함으로써 완전히 극적으로 바뀔 수 있다.✧ 한 연구에서[9]는 대부분의 어린이

✧ 미셸이 어린이를 대상으로 실시한 만족 지연 관련 연구가 바로 유명한 '마시멜로 실험'이다.

가 두 가지 보상이 모두 지각상 두드러질 경우에는 작지만 즉각 받는 보상을 빠르게 선택한(지연 평균값은 1분) 반면, 두 보상이 모두 숨겨져 있을 때는 어떻게든 만족을 지연하는(지연 평균값은 11.3분) 것으로 나타났다. 이 결과에 이어 미셸(1974)과 공동 연구자들은 즉각 받는 보상에 기대가 있던 아이들의 관심을 다른 곳으로 돌리는 몇 가지 단순한 인지 전략이 대부분 모든 어린이의 만족 지연 능력을 사실상 상당히 높일 수 있음을 입증했다. 다시 말해 충동성과 참을성 그리고 개별 어린이가 현실의 기회나 유혹에 반응하는 방식에서 드러내는 변동성을 설명하기 위해 부모와 전문가가 고려하는 어린이의 개인차 중 어떤 것의 영향도 맥락 조작(그 맥락이 어린이에게 주는 의미도)을 넘어설 수 없다.

1968년의 도전에 관한 심리학자들의 반응

벰의 법칙정립적-개별 기술적 차이의 부활

미셸을 향한 심리학계의 가장 흥미로운 초기 반응(어떤 면에서는 이후 장에서 보다 상세히 다룰 논의)은 선두적인 사회심리학자(3장에서 논한 자기 지각 이론의 아버지)이자 성격심리학자로 방향을 바꾸는 시기에 있던 다릴 벰이 제기했다. 벰은 다른 대다수 비평가와 달리 존재하는 행동 데이터를 폄하하지 않았다. 대신 그는 무작위로 추출한 사람들이 고정된 어떤 일련의 특성과 관련이 있는 상황에 반응할 때 보이는 서로 다른 상황 간의 일관성 정도 부분에서 미셸의 기본 주장을 인정했다. 하지만 그는 좀 더 제한적인 특성 이론이 여전히 의미가 있다는 입장을 유지했다. 적어도 **몇 가지** 특성은 최소한 **일부** 사람에게 적절히 적용할 수 있다고 보았다.

벰과 심리학자 안드레아 앨런Andrea Allen(1974)은 거의 40년 앞서 올포트(1937)가 제시한 구분과 미셸의 멘토인 조지 켈리(1955)가 많이 사용한 구분을 다시 거론하며 일반적 특성으로 명명할 수 있는 일종의 개인의 일관성을 발견할 수 있다고 주장했다. 그러나 이렇게 하려면 연구자들은 '법칙정립적nomothetic'이 아닌 성격에 관한 개별 기술적idiographic 접근(개개인을 성격의 모든 측면에서 의미 있게 점수화할 수 있다고 가정하기보다 특정 개인의 성격 형태에서 독특한 측면에 초점을 맞추는 것)을 채택해야 한다.

개별 기술적 접근의 핵심 특징은 개인에게 '적용'하는 어떤 특성을 먼저 찾아내는 데(또는 관심이 있는 특성을 제대로 적용할 수 있는 특정 인물을 먼저 찾아내는 데) 있다. 달리 말하면 행동의 일관성을 찾아내야 하는데 이때 특성 차원의 일부분만 어떤 특정 개인을 유용하게 특징짓는다는 점, 사람들의 일부만 어떤 특성 차원에서 특정할 수 있다는 것을 인정해야 한다.

개별 기술적 접근의 두 번째 특징은 반응에 일관성이 나타나는 특정 상황의 일부를 정의할 때 특정 개인 행위자를 고려하는 점이다. 여기에는 확실한 두 가지 방법이 있다. 먼저 특정 개인이 보여주는 특정한 일관성을 발견하기 위해 상당한 크기의 상황 표본에서 (새로운 상황 표본에서도 일관성을 보일 가능성이 높은) 사람들의 행동을 관찰한다. 또는 특정 인물이 특정 성향을 나타낼 특별하고 고유한 상황을 **예측**하려는 의도로 그 사람의 개인사, 욕구, 목표, 해석 도식 정보를 사용한다. 어느 경우든 개별 기술적 접근을 취하는 연구자는 모든 사람이 일련의 고정된 상황에서 고정된 특성에 의미 있는 '점수'를 나타낼 것이라고 기대하지 않는다. 그보다는 각 개인이 그 개인과 관련이 있는 상황의 특정 부분에서만 특정 성향을 드러낼 것이라고 기대한다.

벰과 앨런의 이론 출발점은 개인 기준을 지키려 애쓰는 사람들 혹은 다른 사람에게 일관성 있는 인상을 전하려 애쓰는 사람들에게만 일관성이 나타날 것이라는 가정 그리고 그들과 관련이 있다고 여겨지는 특정 상황에서만 나타날 것이라는 가정이었다. 다시 말해 일관성은 자기 행동을 적극적으로 관찰하고 적어도 특정 상황에서 연구자가 예측하고 찾으려 하는 것과 동일한 실행의 일관성을 이루고자 애쓰는 사람들에게만 나타날 것이었다. 예를 들어 어떤 사람은 자신의 행동에서 호의나 성실함 정도와 관련된 것을 관찰하는데 이는 그러한 개인 속성이 그들에게 중요한 가치가 있고 다른 사람에게 전달하고 싶은 인상에서도 중요하기 때문이다. 다른 사람은 같은 이유로 남성성, 지성, 생태학적 인식 또는 애국심을 드러내는 데서 일관성을 보이려 노력한다. 그렇지만 이들은 개인적으로 관심을 보이는 속성과 관련이 있다고 생각하는 특정 상황에서만 일관성을 보인다.

벰과 앨런이 인정하듯 이들의 방법론은 유감스럽게도 그들의 이론 분석이 제안하는 방향으로 많이 나아가지 못했다. 이들은 잠재적으로 '일관성 있는' 행위자('일관성 없는' 것으로 보이는 일부 행위자와 대비되는 행동을 한)를 일부 찾아내려 했다. 이때 이들은 행동 관찰과 개인 행위자의 해석 도식, 개인 관심사를 분석하는 것에 근거하지 않았다. 또 특정 행위자에게 가장 적용할 만한 특성을 선택하려 하지도 않았다. 대신 두 가지 특정 특성(호의와 성실함)을 간단히 규정한 뒤 유효한 행위자 모집단을 일관성이라는 측면에서 높거나 낮게 분류했다. 호의의 경우 이 분류는 실험 참가자의 전반적인 자기 묘사에 의존했다. 성실함은 특정한 과거 행동에 관한 자기 보고에 의존했다. 가장 중요하면서도 이들이 갖고 있던 개별 기술적 처방 정신[✧]과 가장 어울리지 않는 것은 이들이 특정 상황을 선택하거나 개별 기술적으로 측정하기 위해 어떠한 노력도 하지 않았다는 점이다. 이들 연구자는 규정한 특성과 관련이 있다고 생각한 적은 수의 상황과 특성을 단순히 골라낸 뒤 모든 실험 참가자가 동일하고 고정된 일련의 상황을 접하게 했다. 마지막으로 벰과 앨

✧ 개인에게 적용하는 어떤 특징을 찾는 것.

런이 극소수의 개별 행동 측정치, 즉 호의는 2개, 성실함은 3개만 사용했다는 점을 알아야 한다. 다른 측정치는 모두 자신, 부모, 동료의 주관적이고 다소 전반적인 평가였다.

연구자들이 개별 기술적 측정을 위한 요구 조건을 제한해서 실행했지만 그 결과는 그들의 주장을 적어도 초반에 뒷받침하는 몇몇 지지대로 작용했다. 호의의 경우 얻은 두 행동 측정치 사이의 상관관계(실험에 참여하기 전 실험 참가자가 다른 사람을 대화에 적극 끌어들인 신속함과 실험을 시작했을 때 집단 토론에서 실험 참가자가 말한 대화량)가 '일관성 있게 높은 정도로' 나타난 하위집단에서는 매우 높았지만(r[◇◇]=0.73) '일관성 있게 낮은 정도로' 나타난 하위집단에서는 그렇지 않았다(r=0.30). 전자의 상관관계는 규모가 인상적이지만 측정한 두 행동이 어떤 전반적 특성을 독립적으로 나타낸다고 보기는 힘들다는 점에 주의해야 한다. 두 행동 모두 낯선 사람과 기꺼이 대화하고자 하는 정도(실험 참가자가 특정 환경에서 특정한 경우 기꺼이 그렇게 하려 하는 정도)를 반영했다.

◇◇ r은 두 가지 변량의 상관관계를 숫자로 나타낸 상관계수를 뜻한다. 상관관계correlation는 두 변수 사이의 선형관계를 말한다. 상관계수correlation coefficient는 상관관계의 강도와 방향을 -1부터 1까지의 수치로 표현한 것으로 1에 가까울수록 강한 양의 선형관계를, -1에 가까울수록 강한 음의 선형관계를, 0에 가까울수록 약한 선형관계를 의미한다. 상관계수는 상관관계 결과에 따른 양적 측도지만 일반적으로 상관관계와 상관계수를 명확히 구분해서 사용하지는 않는다. 이 책에서도 둘을 구분하지 않고 상관계수 의미로 사용했다.

성실함은 사용한 세 가지 측정치, 즉 대출한 읽기 자료를 돌려주는 신속함, 수업 과제를 완료하는 충실성, 학생의 용모와 숙소의 깔끔함에서 더 다양하고 서로 더욱 독립적이었다. 하지만 벰과 앨런의 데이터에서는 일관성 있는 집단이나 그렇지 않은 집단 모두 이 측정치의 어떤 쌍에서도 긍정적 상관관계를 보여주지 못했다는 점이 드러났다(일관성 있는 집단의 평균은 −0.04였고 그렇지 않은 집단의 평균은 −0.19였다).

그렇지만 벰과 앨런은 우리가 여기서 요약한 결과를 본 사람들이 기대하는 것보다 더 자신들의 결과에 열정적으로 반응했는데, 이는 그들이 행동 측정 하나만으로 자신들의 주장을 강화한 것이 아니기 때문이다. 초기 성격학자처럼 이들은 자기 평가는 물론 동료와 부모가 평한 주관 평가에 많이 의존했다. 그렇게 해서 이들은 앞선 연구자와 마찬가지로 인정을 받았다. 이들은 호의와 성실함 모두 높은 정도로 일관성 있는 하부집단의 동료, 부모, 자기 평가 사이에서 서로 높은 상관관계(호의에서는 평균 r=0.61, 성실함에서는 0.48)를 그리고 관련 행동 측정과도 높은 상관관계(호의에서는 평균 r=0.47, 성실함에서는 0.36)를 발견한 반면 낮은 정도의 일관성 있는 하위집단에서는 낮은 상관관계가 나왔다.

벰과 앨런의 논문은 데이터의 설득력보다 일반적 주장의 힘 때문에 상당한 논란과 비판을 불러일으켰다. 이 논란은 연구자들의 접근 방식이 충분히 개별 기술적이 아니었다고 주장한 성격주의자들과 주관적 평가보다 객관적 행동 측정치를 포함한 상관관계가 주장의 핵심과 가장 연관이 있다고 주장하는 미셸의 추종자들이 제기한 것이었다. 또한 벰과 앨런이 보고한 것 중 행동 측정치를 포함한 하나의 높은 상관관계가 반복된 시험에서 재현되지 않았다. 미셸과 심리학자 필립 피크Philip K. Peake(1982a)는 벰과 앨런의 절차에서 주요 측면을 반복하고 성실함과 호의에 관해 몇 가지 추가 측정을 덧붙인 뒤 성실함은 행동의 개별 쌍들 사이에서 0.13, 호의는 0.05의 평균 상관관계를 찾아냈다. 비슷하게 성격심리 연구자 윌리엄 채플린William Chaplin과 골드버그(1985)는 벰과 앨런의 연구에서 사용한 개념을 반복해 연구했고 성실성 행동에서는 0.01의 상관관계를, 호의 행동에서는 0.00의 상관관계를 찾아냈다. 더 중요한 것은 이들 연구자 중 누구도 벰과 앨런이 이용한 범주 측정 중 하나를 이용해 이른바 일관성 있는 실험 참가자에게 일관성 없는 실험 참가자보다 차이 나게 높은 상관관계가 있다는 더 이상의 증거를 찾아내지 못했다는 점이다. 요약하면 벰과 앨런은 그들의 기본 주장에 담긴 호소력에도 불구하고 성격과 관련해 보다 개별 기술적 접근 방향으로 내디딘 첫 단계에서 행동의 비일관성 딜레마를 풀지 못했다. 이들의 결과와 이후 진행된 후속 연구 결과는 단지 두 가지 특성 이상의 행동 데이터만 덧붙였을 뿐이며, 그것은 미셸이 1968년에 시행한 것과 같거나 심지어 더 낮은 상관관계를 보여주었다.

방법론적 반대와 대안적인 실증 접근

벰과 앨런이 개별 기술적 평가를 호소한 것 외에 미셸의 공격에 주요하게 반응한 것과 그것이 보여주는 도전은 냉담한 침묵, 허무주의라는 비난, 상식 호소, 미셸이 인용한 행동 연구에 치명적 결점이 있다는 새로운 주장이 뒤섞인 것이었다. 비평가들은 그릇된 유형의 상황과 측정을 이용했고 잘못된 모집단을 연구했다는 입장을 고수했다.[10] 그 방어에는 '더 엄격하게'라는 식의 뉘앙스가 있었다. 사회심리학자와 다른 교조적 행동주의자는 진정한 개인차를 반영하는 일관성을 찾을 수 없다고 주장했는데, 이는 그들이 단순한 생각에서 나온 객관적 측정에 지나치게 의존했기 때문이다. 대신 성격주의자들은 보다 전반적이고 주관적인 성격 평가로 행위자 자신이나 일상생활 맥락에서 그를 관찰하는 동료들이 행동 점수를 매기는 평점rating으로 방향을 돌려 뉴컴, 하트숀과 메이, 시어스 그리고 행동주의를 추종한 사람들이 이루지 못한 행동의 일관성을 쉽게 발견할 수 있다고 했다. 다시 말해 성격주의자들은 단순한 객관적 행동 측정치가 일상생활에서 특성의 차이가 만드는 중요한 역할을 명확히 하기보다 어떤 의미에서는 더 모호하게 한다고 계속 주장했다.

성격주의자가 느꼈을 좌절감에는 쉽게 공감이 간다. 6장에서 정확히 이야기하겠지만 사회적 행동에서 안정적인 개인차는 인지적 착각 이상이라는 그들의 주장은 맞다고 본다. 그뿐 아니라 평상시에 만나는 사람은 행동 방식에서 또 그들의 행동이 동료들의 행동과 서로 다른 방식에서 상당한 일관성과 예측성을 보여준다는 그들의 주장에 공감한다.

그렇지만 성격학자들이 행동 증거를 무뚝뚝하게 묵살함으로써 현실세계의 행동 일관성과 비일관성의 근원을 상세히 분석하려는 시도는 꺾여버렸다. 특히 연구자가 객관적인 행동 데이터를 모으는 데 어려움을 겪을 때 성격학자들은 성격에 관한 일반인의 직관, 그 문제와 관련해 전반적인 주관적 보고를 이용하면서 왜 정리한 연구 증거들이 그토록 조금밖에 확증을 찾아내지 못하는지 제대로 설명해주지 않았다. 만약 수다스러움 같이 한정된 특성이나 외향성, 정직성, 의존성처럼 더 광범위한 특성이 평가하기에 잘못된 특성이라면 그럼 어떤 특성을 평가해야 할까? 만약 수다스러움을 점심식사 때 개인이 이야기하면서 시간을 보내는 비율이라는 객관적 결정요인으로 측정하지 않아야 한다면 그럼 어떻게 측정해야 할까? 만약 정직성을 시험에서 부정행위를 하거나 돈을 훔치려는 마음을 실험하는 것으로 평가하지 않는다면 무엇으로 평가해야 할까? 만약 여름캠프에 참가한 '문제' 소년도, 초등학교와 중학교 학생도, 다양한 대학생 표본도 개인의 일관성 평가에 사용할 수 있는 적절한 모집단이 아니라면 과연 어떤 모집단이 적절한 것일까? 더 일반적으로 만약 초기 행동주의자의 '실패'가 정교하지 못한 방법론에 그 원인이 있다면, 만약 더 전반적이고 주관적인 평가에서 신뢰성과 안정성으로 현실세계 행동의 일관성에 관해 더 훌륭한 진리를 알아냈다면, 왜 적절한 행동 측정과 절차 혹은 모집단을 이용한 더 설득력 있는 실증 반박으로 미셸의 연구를 따르는 사람들이 주장하는 것의 어리석음을 보여주지 못했을까? 그 실증적 성공 이야기가 없어서 보다 개념에 가까운 성격의 반박이 필요했는데 이는 뉴컴과 동료들의 외관상 실패와 객관적 행동 연구에서 지필평가로 돌아선 사람들의 외관상 성공 모두를 설명하는 것이었다. 첫 도전으로부터 10년이 지나 시모어 엡스타인Seymour Epstein✧이 그 반박의 포문을 열었다.

엡스타인이 주장한 집계의 힘

미셸의 비판에 엡스타인(1979, 1983)이 한 답변은 성격학자들에게 대단히 호소력이 있었다. 그는 기본적으로 개인 행동이나 결과 사이의 낮은 상관관계에 지나치게 주의를 집중하면 이론적 의미와 관찰을 종합할 때 얻는 잠재적 실용 이득을 간과하게 된다고 주장했다. 그는 어떤 종류든 개별적 시험 항목에 나타난 개인의 반응은 신뢰할 수 없으며 측정하려는 근본적인 개인 성향이 아닌 많은 조직적·무작위적 요인이 미치는 영향을 반영할 가능성이 높

✧ 성격 연구에서 방법론 연구에 기여했고 성격심리학 분야에서 존경받는 이론 중 하나인 인지-체험 자기 이론CEST, Cognitive-Experiential Self-Theory을 창안했다.

다고 지적했다. 행위자 성향을 믿을 만하게 정확히 측정하려면 여러 다른 개별 측정 혹은 '항목'의 평균을 봐야 한다는 것이었다. 이 경우 개인 반응이나 항목에 영향을 미치는 무작위 또는 관련 없는 요인이 부분적으로 서로 상쇄되고 신호는 주변 잡음에 비례해 더 강해진다. 다시 말해 행동주의자가 이루지 못한 일관성을 찾으려면 상관관계를 이루는 점수에서 근원적 개인 성향 혹은 '진정한 점수'가 많은 부분을 차지하고, '오류'는 작은 부분을 차지하는지 확인해야 한다는 얘기다. 엡스타인에 따르면 이렇게 했을 때 결과는 상대적으로 높은 상관관계를 보이며 이는 진정 안정된 개인 성향을 반영한다.

어떤 면에서 엡스타인의 주장은 순전히 통계적이며 논란의 여지가 없다. 여러 번 관찰하면 한 번 관찰하는 것보다 더 신뢰할 만한 측정치를 얻고 '진실'을 더 정확히 반영할 수 있다는 주장에 동의하지 않을 사람은 없다(실제로 미셸은 1968년에 쓴 책에서 이 점을 지적했다). 더구나 다수의 일반적인 적용 맥락에서 집계 원칙aggregation principle의 중요성은 이미 인정받고 있다. 학교에서 가장 성취도 높은 학생도 이런저런 시험 문제를 다 맞히는 것은 아니다. 이들도 때로 컨디션이 좋지 않은 날에는 특정 시험에서 상대적으로 점수가 잘 나오지 않는다. 그렇지만 그들의 특정 과목 학기말 점수(그 과목에서 많은 개별 시험의 집계를 반영하는 점수)와 평균 학점(많은 개별 과목 점수의 집계를 반영하는 점수)이 우수하리라는 것은 예측할 수 있다. 바로 이것이 '높은 학업 능력'이라는 의미다. 분별 있는 사람이면 항목-항목이나 항목-시험 사이의 상관관계가 상대적으로 낮다는 이유로 학업 능력에 개인차가 있음을 부인하지 않을 것이며, 그런 학업 능력 차이의 측정 가능성을 체념하지도 않을 것이다. 같은 이유로 엡스타인은 인간 행동을 한 가지 상황에서 관찰한 뒤 관련된 '항목-항목'의 상관관계를 계산해 정직성이나 호의의 개인차를 묻는 질문에 답하는 것은 바보 같은 짓이라고 주장했다.

엡스타인은 그의 동료들이 측정 신뢰도가 어느 **정도** 증가할지 예측할 수 있는 단순하고 익숙한 통계 공식이 있다는 것을 깨닫게 했다. 측정치의 집계 수준을 높이면 성격의 개인차를 반영하는 상관관계에서 어느 정도 증가를 기대할 수 있는지 예측가능하기 때문이다. 이 공식의 타당성과 그 '집계 효과aggregation effect'의 크기를 보여주려면 구체적인 사례를 생각해야 한다. 예를 들어 동일한 특성을 활용할 것으로 보이는 상당히 많은 수의 행동을 표본조사한 뒤 측정치의 모든 쌍에서 얻는 관련 상관관계의 평균을 낼 때 무슨 일이 벌어지는지 살펴보자. 더 구체적으로 측정치 쌍의 평균 상관관계가 0.16을 나타내는 데이터 집합의 경우를 생각해보자. 이 정도 상관관계 수준은 사실 우리가 서술해온 것 같은 실증 연구에서 살짝 높은 축에 속한다.

이제 상관관계 0.16은 별로 특별하지 않은 것처럼 보인다. 심리학자 데니스 제닝스Dennis Jennings, 테레사 애머빌Teresa M. Amabile,

로스(1982)는 대다수 관찰자가 0.16의 상관관계가 있는 지속시간이 다른 두 소리를 듣거나 길이가 다른 두 선을 볼 때 이것이 긍정 관계인지 부정 관계인지 알아보는 데 애를 먹는다는 것을 입증했다. 그럼에도 불구하고 스피어먼-브라운Spearman-Brown '예언 공식prophecy formula'✧을 사용하면 예측할 수 있다. 엡스타인은 이 공식을 지지했는데 만약 실험 참가자의 외향성이나 정직성, 의존성, 성실성에서 25개의 독립된 행동 측정(미셸이 성격학자들에게 맞선 도전을 살펴볼 때 나왔던 것과 같은 종류의 측정)을 골라낸 뒤 이 25개 측정치에서 각 실험 참가자의 평균 점수와 같은 특성의 또 다른 25개 독립 측정치의 평균 점수 상관관계를 함께 보면 결과적으로 상관관계가 0.83에 이른다. 이 정도 상관관계면 누구도 무시할 수 없으며 찾아내는 데 아무도 실패하지 않는다. 실제로 각 실험 참가자를 측정한 9개 독립 측정치의 평균을 낸 뒤 이들과 새로운 9개 측정치와의 관계를 보면 명확하고 쉽게 발견할 수 있는 0.63의 상관관계가 드러난다.

✧ 고전 검사 이론의 기본 원리를 수학을 사용해 공식화한 것으로 유사한 내용의 문항수를 늘리면 검사 신뢰도가 올라가고, 반대로 이런 문항수를 줄이면 검사 신뢰도가 줄어든다는 내용을 담고 있다. 이를 기초로 연구자는 검사 문항수가 변함에 따라 신뢰도가 얼마나 증가 혹은 감소하는지 추정할 수 있다. 영국 심리학자 찰스 스피어먼Charles E. Spearman과 윌리엄 브라운William Brown이 만든 공식으로 스피어먼-브라운 예측 공식Spearman-Brown Prediction Formula이라고도 불린다.

엡스타인(1983)은 이 주장을 순전히 이론 면에서만 제시하는 것에 만족하지 않았다. 그는 적어도 일부 선호도와 행동에 다수의 관련 측정치를 사용하면 실제로 상관관계를 '예언한' 정도까지 끌어올릴 수 있음을 보여주는 데 애를 먹었다(사실상 이는 측정치의 독립성을 위해 필요한 조건이 충족될 수 있다는 것, 또는 그보다는 집계 결과로 나오는 상관관계를 끌어올린다는 점에서 그 독립성이 큰 희생 없이 훼손될 수 있다는 것을 보여주었다). 이렇게 해서 전통 성격심리학은 상당히 고양되었다. 전통 특성에 따르면 개인차가 있는 것으로 보였고 매우 합리적인 어떤 심리 측정 예방 조치를 취할 경우 이 차이를 반영하는 상관관계는 꽤 커질 것처럼 여겨졌다.

엡스타인의 주장은 특히 성격 검사 연구자들이 열광적으로 받아들였다. 엡스타인의 주장이 표준 지필 검사에 따른 자기 보고나 동료 평가가 시간이 지남에 따라 왜 일반적으로 수준 높은 안정성을 보이는지, 때로 평가자 사이에 왜 적어도 웬만한 정도의 동의 수준을 보이는지 설명해주는 것처럼 보였기 때문이다. 이런 종류의 평가는 다양한 경우와 여러 상황에서 행한 많은 관찰로 얻은 결과물일 확률이 높다고 추정이 가능하다. 따라서 공유하는 고정관념의 어떤 영향이나 정보 처리에서의 다른 편향보다 이러한 측정치 집계가 성격학자들이 (성격 검사를 위해 주로 사용하는) 평가로 얻는 상대적으로 높은 상관관계를 설명한다고 주장할 수 있다. 엡스타인의 반박은 미셸이 성격학자들에게 도전하면서 씌운 굴레를 풀어주었고, 성격학자들은 개인차 측정 기술을 개발하는 작업으로 자유롭게 돌아갈 수 있었다. 하지만 우리가 보기에 엡스타인의 반박은 집계로 얻는 실용적이고 이론적인 이점 연구를 무비판적으로 읽은 사람들을 호도했을 가능성이 있다. 이번 장의 나머지 부분에서는 이 집계에 담긴 이점의 성격과 한계를 밝혀보고자 한다.

'일관성' 상관관계 이해하기

우선 미셸과 그의 동료 연구자들이 제시한 근거가 옳았다고 가정해보자. 즉, 특성과 관련해 일련의 정해진 상황에서 개인이 보인 개별 반응이 대략 미셸이 주장한 수준에서 서로 상관관계를 보인다고 해보자. 동시에 우리가 엡스타인의 조언을 받아들여 행동 예측을 할 때 개별 측정값보다 집계한 것에 의존한다고 해보자. 많은 관련 상황에서 개인의 과거 행동 지식을 바탕으로 개인을 예측하는 것은 그들에 관해 아무것도 모르는 경우에 예측한 것과 얼마나 다를까? 연구자가 장기간에 걸쳐 검사했을 때 이 예측은 평균적으로 얼마나 정확한 것으로 나타날까? 이들 질문의 답은 성격학자나 성격학자를 비판하는 사람들도 제대로 주의를 기울이지 않는 듯한 더 기본적인 질문과 관련될 수 있다. 미셸과 엡스타인 모두 흔쾌히 동의하는 정도로 사람들이 행동에서 일관성을 보여주는 세상이 있다고 치자. 이때 많은 상황에서 한 개인이 보이는 반응의 **분포**는 어떤 모습일까? 예를 들어 '극단적인' 개인은 얼마나 자주 극단 행동을 보이고, 얼마나 자주 다소 평균 행동을 보일까? 반대로 '평균적인' 사람은 얼마나 자주 극단적으로 보일까?

이 질문에 답하기 위해 한 가지 연구 관련 상상에 빠져보자. 또 불가능할 정도로 엄격한 방법론 조건의 여러 가지를 충족하고 완벽한 데이터 집합이 연구를 위해 우리에게 넘겨졌다고 가정해보자. 즉, 누군가가 다양한 상황에서 수많은 사람의 반응을 측정했고 그것이 모두 관심 있는 성격 특성(예를 들어 호의, 성실함, 정직함)을 확인하기 위해 잘 설계한 연구라고 해보자. 나아가 단순하고 각 상황에서 모은 집계하지 않은 반응이 각각 다른 상황에서의 반응과 나타난 상관관계가 정확히 피어슨 상관계수 0.16 수준(앞서 살펴본 문헌에서 가장 표준적인 성격 특성으로 보면 웬만한 정도의 수치로 여겨지는 수준)이라고 가정해보자. 마지막으로 집계에서 얻는 모든 이점을 누리기 위해 필요한 모든 방법론 조건(주로 다른 관찰 사이의 독립성)을 어느 정도 충족하고 우리가 상상에 빠져 있는 동안 모든 관련 반응 측정치가 완벽하게 정상 분포해 관련 계산 공식을 조건 없이 적용할 수 있다고 해보자.

이제 우리는 적어도 미셸이 지적한 낮은 상관관계의 진정한 의미와 집계 측정치의 이점을 누리기 위해 엡스타인의 조언을 따랐을 때 얻을 더 높은 상관관계를 탐구할 위치에 있다. 실제로 회귀분석[✧]과 집계에 관한 몇 가지 표준 공식의 도움(우리보다 더 세심한 몇몇 통계학자의 코칭)을 받아 우리는 필요한 계산을 수행했다.[11] 이 계산 결과 덕분에 우리는 그 상관관계 수준의 잠재 가치와 한계 그리고 어떤 의미에서는 진짜 의미를 보다 잘 이해할 수 있었다. 여기서 상관관계는 특성 관련 행동에서 발견하는 서로 다른 상황에서의 일관성 정도를 특징짓는다. 이제 기본 결과를 살펴보자.

1. 각 개인별로 특성 관련 반응을 많이 측정할 경우 개개인의 전반적 평균 행동에 관해 신뢰할 만하고 정확한 추정치 또는 '정확한 점수'에 이를 수 있다. 이에 따라 향후 많은 관찰에서 각 개인이 보일 평균 반응을 상당한 정확성으로 예측할 수 있다. 실제로 각 개인 반응의 전체 **분포**를 정확히 예측할 수 있다. 그러나 개인 반응 분포가 특성 관련 행동에서 가변적인 것으로 나타나는 범위까지(이는 관련된 일관성 상관관계가 모두 0.16일 때 정확히 나타나야**만** 한다) 개인 행위자가 보이는 어떤 특정 개별 반응 예측과 관련된 불확실성은

✧ 회귀분석은 하나 이상의 독립변인('예측변인' 혹은 '설명변인'이라고도 함)이 변할 때, 하나의 종속변인('결과변인' 혹은 '피설명변인'이라고도 함)이 얼마나 변할지 예측하는 데 주로 사용하는 통계분석기법이다. 또한 회귀분석은 종속변인에 영향을 줄 개연성이 있는 제3의 변인을 통제했을 때 특정 독립변인이 종속변인에 미치는 영향, 즉 인과성causality을 통계적으로 밝혀내는 데도 사용할 수 있다(류성진, 《커뮤니케이션 통계 방법》 참조).

상당한 정도로 줄어들지 않는다.

2. 우리의 행동 표본에서 개인 반응 분포를 보면 집중 경향central tendency✧에서는 다소 다르겠지만 모든 개인은 폭넓은 범위의 반응을 보이고 또 모든 개인은 극단 반응보다 전반적 모집단 평균에 가까운 반응을 보인다(만약 이렇지 않으면 관련된 일관성 상관관계 0.16보다 높을 것이다). 결과적으로 아무리 집계를 많이 해도 우리 관찰 연구에서는 가장 사교적이고 충동적이며 성실한 행위자가 어떤 특정 상황에서 극도로 사교적이고 충동적이며 성실한 방식으로 행동할지 예측하지 못한다. 반대로 특별한 경우 누군가가 극단 행동을 보일 때 우리가 관찰하고 있는 개인의 평균이나 정확한 점수가 전체 분포에서 평균보다 양극단에 있는지 가늠하기 힘들다.

3. 개인 반응 분포와 평균 점수를 검토하는 것은 한 가지 유형의 예측 목표에 잘 맞는다. 상관관계를 근거로 개인 반응의 상관관계가 0.16 정도로 낮더라도 이로써 다양한 특정 개인이 특정 유형의 극단 반응을 보일 **상대적** 가능성을 어

✧ 중심 경향성, 중심 성향으로도 불리며 어떤 집단을 대표하는 하나의 값을 말한다. 집중 경향을 추정하는 통계량에는 평균mean, 중앙값median, 최빈값mode 등이 있다.

느 정도 정확도로 예측할 수 있다. 만약 특정 개인이 한 경우에서만이라도 매우 '높은' 반응을 보였다면 그 사람의 반응은 일부 다른 상황에서도 매우 낮기보다 매우 높을 가능성이 훨씬 크다고 결론을 내릴 수 있다. 많은 관찰로 개인의 평균 반응이 극단적임을 알면 미래 점수가 특별히 높거나 낮을 상대적 가능성에서의 이러한 차이가 실제 극적인 수준에 이른다.

단일 관찰에 따른 예측

외향성 같은 주어진 특성과 관련해 두 가지 다른 상황에서의 반응 사이에 0.16 상관관계를 보여주는 일반적인 산점도(〈그림 4.1a〉 참조)를 살펴보면서 행동 일관성 가상 연구를 보다 상세히 살펴보자. 예를 들어 산점도는 특정한 날 구내식당에서 측정한 특정 초등학교 6학년 구성원의 사교성을 나타낸 것이거나 며칠 뒤 놀이터에서 어린이 각각의 사교성을 측정한 것일 수 있다. 우리는 각 상황에서 다양한 어린이가 보이는 외향성 정도의 상당한 가변성과 두 상황에서 보인 반응 사이의 약한 관계, 즉 간단히 보면 아무런 관계가 없는 것과 구별하기 어려운 관계(〈그림 4.1b〉 참조)를 본다. 이 정도 약한 관계는 한 상황에서 어느 개인의 반응을 아는 것이 다른 상황에서 그 개인의 반응을 예측하는 데 거의 도움을 주지 않는다는 뜻이다. 더 정확히 말해 전통 회귀 공식에 따르면 이런 상

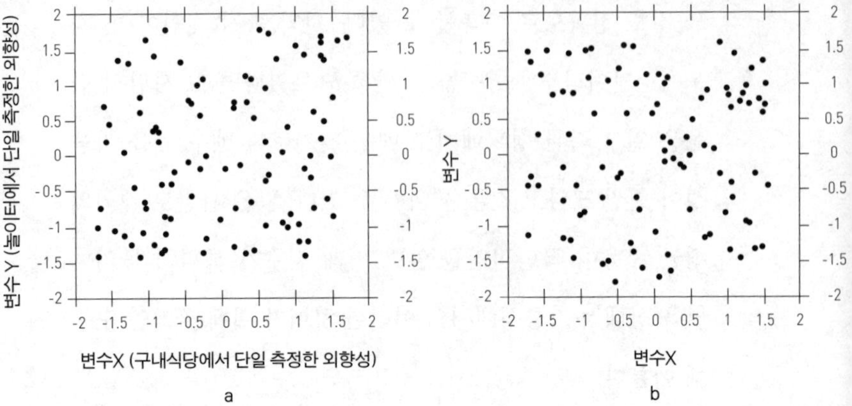

그림 4.1 상관관계 0.16(a)과 상관관계 0.00(b)을 보여주는 산포도

황에서 우리가 할 수 있는 최고의 예측은 평균 또는 '표준' 예측 오차를 작게 줄이는 것이다(사실상 단지 1퍼센트로). 그 이유는 분명하다. 6학년생이 보이는 외향성의 경우처럼 예측 결과가 매우 가변적일 때, 앞선 한 가지 반응 지식을 근거로 우리가 할 수 있는 최선의 예측은 거의 모든 경우에서 우리 연구의 6학년 모집단이 보인 평균에 아주 가까운 외향성 수준에 해당한다. 따라서 우리의 예측은 일반적으로 우리가 그 개인의 과거 외향성을 **아무것도** 몰랐을 때 하는 예측과 유사할 것이다.

핵심은 〈그림 4.2〉에 잘 나타나 있다. 두 분포에서 아래는 한 가지 특정한 때의 행동 관찰, 예를 들어 화요일 놀이터에서 6학년생 100명이 보인 공격성 정도를 표시한다. 이것은 종 모양을 뒤

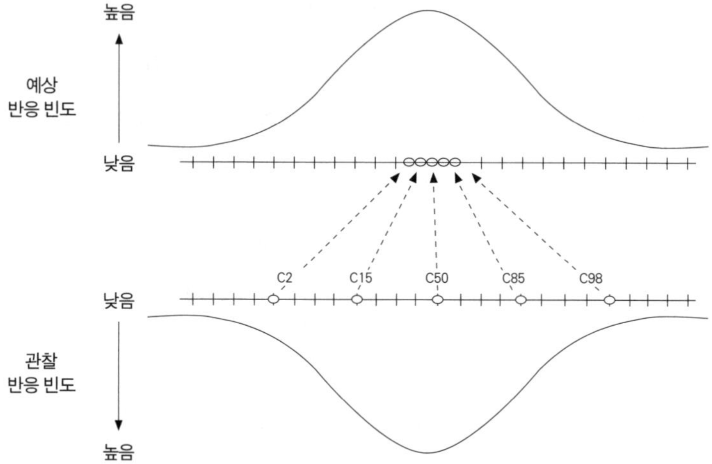

그림 4.2 선택된 다섯 명의 백분위수 관련 이전의 단일 관찰(아래 분포)에 대한 지식을 바탕으로 다음 반응에 대한 최선의 예측(위의 분포)

집어 놓은 정규분포 곡선으로 나타나는데 이는 측정 반응이 극단으로 갈수록 주어진 반응이 일어날 빈도가 낮아진다는 것을 보여준다. 검토를 선택한 것은 어린이 다섯 명이다. 구체적으로 말해 평균보다 표준편차의 2배만큼 낮은 공격성 정도를 보인 아이(백분위수 2는 단지 한 명의 아이만 공격성을 덜 보였음을 의미한다), 평균보다 표준편차만큼 낮은 공격성 정도를 보인 아이(백분위수 15에 해당하는 아이로 대략 공격성 점수 분포가 하위 6분의 1에서 7분의 1에 해당한다), 평균 정도 공격성을 보인 아이(백분위수 50) 그리고 각각 평균보다 표준편차만큼 높은 수준의 공격성(백분위수 85)과 평균보다 표준편차의 2배만큼 높은 수준의 공격성(백분위수 98)을 보인 아이 두 명이다.[✧] 위의 분포는 특별히 검토를 위해 선택한 다섯 명을 포함해 금요일 자연사박물관 견학을 간 똑같은 6학년생들이 보일 것으로 예측하는 공격성 정도의 최선의 예측을 보여준다.

여기서 어느 어린이든 우리가 할 수 있는 최선의 예측은 평균에 가까운 공격성 수준인 것처럼 보일 수 있다. 물론 그들의 **실제** 반응은 매우 가변적일 것이다. 그러나 주어진 상관관계 0.16에서는 **누가** 극단 반응을 보일지, 누가 그러지 않을지 예측할 수 없다. 놀이터에서 관찰한 가장 공격적인 어린이 두 명 중 한 명(예를 들어 앨런과 제임스를 바닥으로 밀어버리고 수줍음 많은 찰리에게 "꺼져"라

✧ 이는 정규분포 곡선의 성질에 따른 것이다. 평균이 μ, 분산이 $\sigma2$(표준편차는 σ)인 정규분포를 가정해보자. 정규분포를 따르는 확률변수가 어떤 범위의 값을 가질 확률은 정규분포 곡선으로 정해진다. 정규분포를 따르는 확률변수가 (a, b) 구간에 속할 확률은 (a, b) 구간에 관한 정규분포 곡선 아래 면적이 된다. 정규분포 곡선은 평균을 중심으로 대칭인 종 모양을 이루며 전체 곡선 아래 면적은 1(전체 확률은 1이 되어야 하므로)이다. 따라서 평균보다 큰 값을 얻을 확률, 즉 (μ, ∞) 구간에 속할 확률과 평균보다 작은 값을 얻을 확률, 즉 $(-\infty, \mu)$ 구간에 속할 확률은 50퍼센트로 같다. 또한 평균으로부터 위, 아래로 표준편차만큼 떨어진 값 사이, 즉 $(\mu-\sigma, \mu+\sigma)$ 구간에 관한 곡선 아래 면적은 약 0.6827, 평균으로부터 위·아래로 표준편차의 2배만큼 떨어진 값 사이, 즉 $(\mu-2\sigma, \mu+2\sigma)$ 구간에 관한 곡선 아래 면적은 약 0.9545임이 알려져 있다. 이들을 68퍼센트 법칙, 95퍼센트 법칙이라고 하는데 95퍼센트 법칙과 대칭성을 이용하면 평균으로부터 표준편차의 2배 이상 높은 값을 가질 확률, 즉 $(\mu+2\sigma, \infty)$ 구간에 속할 확률은 (1-0.9545)/2이므로 약 2퍼센트다. 마찬가지로 평균으로부터 표준편차의 2배 이상 낮은 값을 가질 확률 역시 약 2퍼센트다.

고 소리친 빌리)의 경우 우리가 할 수 있는 최선의 예측은 평균적인 아이보다 단지 좀 더 공격적일 것이라는 정도다. 아마도 빌리는 줄을 서 있다가 평균적인 아이보다 조금 더 밀치거나 따분한 전시회에서 교사 중 누군가가 들을 만한 소리로 툴툴거릴 것이다. 실제로 박물관에서 정말로 공격적인 무언가(예를 들어 싸움)를 할 가능성은 빌리가 같은 반 아이들의 평균보다 덜 공격적으로 행동하는 것에 비해 높지 않다. 반대로 똑같이 중요한 부분은 자기 외투를 걸기 위해 다른 소녀의 외투를 확 잡아당기고 박물관을 돌아다니며 교사의 제지를 받을 정도로 소리를 낸 제인이 박물관에서 두 명의 가장 공격적인 아이 중 한 명으로 평가받아도 우리가 놀이터를 방문해 관찰했을 때 가장 공격적인 어린이 중 한 명일 가능성은 높지 않다는 점이다. 대신 앞서 제인이 보인 공격성 수준은 아마 평균보다 좀 더 높은 정도였을 것이다.

다중 관찰 예측

집계의 이점은 무엇일까? 한 번의 관찰이 아니라 50번, 100번, 심지어 무한정 관찰에 근거해 어린이를 분류했다고 가정해보자. 틀림없이 수많은 새로운 관찰에서 각 어린이가 나타낼 수줍음, 공격성 혹은 그 같은 것의 평균 수준을 상당히 정확하게 예측할 수 있을 것이다. 실제로 우리는 각 어린이의 전체 반응 분포를 정확히 예측할 수 있다. 즉, 각 어린이의 미래 반응 분포는 그 어린이의 과거 반응 분포와 매우 유사할 것이라고 자신 있게 예측할 수 있다. 그래도 여전히 우리는 개별 상황에서 개별 어린이의 행동에 관한 불확실성을 많이 줄일 수 없다. 구체적으로 각 어린이가 보이는 공격성의 장기간 평균과 '정확한 점수'를 알고 이를 근거로 개별 예측할 때, 우리는 예측한 것과 관찰한 것 사이의 평균 간극을 단지 8퍼센트 정도만 줄일 뿐이다. 즉, 우리의 평균 오차는 각 상황에서 개별 어린이의 행동이 그 학급 평균에 해당할 것이라고 단순히 예측했을 때와 비교해 8퍼센트 작다.

오차에서 이 감소가 왜 그리 크지 않은지 이해하려면 다음을 기억해야 한다. 모든 어린이는 장기적으로 가변적인 상태를 보이고 사실상 거의 모든 어린이가 모집단 평균에 상당히 가깝게 나타난다(다시 말하지만 그렇지 않으면 문제의 상관관계는 0.16보다 높아야 한다). 따라서 개별 어린이의 반응을 놓고 우리가 할 수 있는 최선의 예측은 여전히 모집단 평균에 가까워진다. 문제는 각 어린이가 다른 상황에서 보이는 실제 반응 분포가 매우 가변적이라 최선의 추측이 빗나간 것으로 입증될 거라는 점이다. 〈그림 4.3〉은 모집단에서 전반적으로 다양한 백분위수에 위치한 개별 어린이의 반응 분포 성격을 보여준다. 다시 한번 가상 연구 모집단에서 전반적인 평균이 각각 2번째, 15번째, 50번째, 85번째, 98번째 백분위에 해당하는 다섯 명의 어린이를 특별히 살펴보자. 가장 '극단적인' 어린이도 그들이 극단 행동을 보이는 것보다 확실히 더 자주 평균 행

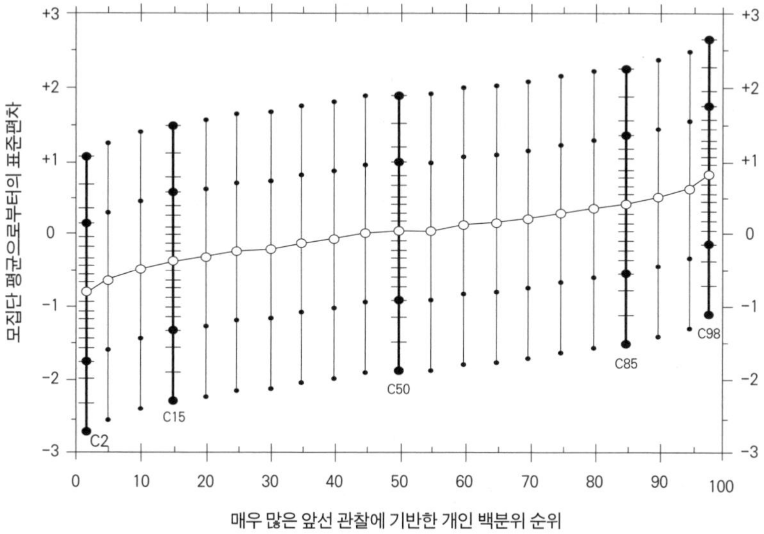

그림 4.3 모집단에서 다양한 백분위에 위치한 21명의 개별 반응 분포. 개별 평균은 속이 빈 원으로 표시했다. 각 개별 평균의 위·아래로 표준편차만큼, 그리고 표준편차 2배만큼에 해당하는 점수를 속이 찬 원으로 표시했다. 강조한 부분은 개인 분포가 2번째, 15번째, 50번째, 85번째, 98번째 백분위수에 해당하는 곳이고 평행선은 이 분포에서 매 5번째 백분위수마다 표시했다.

동을 보이며, 가장 평균적인 아이들마저 때로 극단 행동을 보인다는 점이 눈에 띌 것이다. 요약하면 관련된 서로 다른 상황에서 일관성 상관관계가 0.16일 때 압도적으로 다수 어린이가 상당히 유사하고 평범한 반응 분포를 보인다. 이런 종류의 분포라면 '수줍은', '공격적인', 심지어 '평균적인' 같은 형용사를 가변성에 관한 어떤 조건을 달지 않고 사용하기가 꺼려질 정도다.

어린이들의 과거 평균에 순위를 매긴 것은 반드시 미래에도 유지될 가능성이 크다. 여기서 과거와 미래 행동 표본은 모두 충분히 크고 당연히 어린이들은 그 성향에서 바뀌지 않으리라 가정한다. 따라서 많이 집계한 표본 사이의 상관관계는 엡스타인이 주장한 대로 높을 것이다. 문제는 어린이들의 새로운 평균 사이의 거리가 예전 평균 사이의 거리처럼 상대적으로 가깝고 그러한 평균을 두고 개인이 보이는 가변성은 상대적으로 계속 클 것이라는 점이다. 대수의 법칙The Law of Large Numbers✧은 강력한 원칙이지만 개별값 사이의 편차가 큰데 집계값을 구한다고 해서 원래의 '다양성'이 사라지고 없던 '획일성'이 만들어진다는 원리는 아니다.

극단 행동을 할 상대적 가능성

단순히 서로 다른 상황 간의 일관성 상관관계가 0.16일 때 나타나는 개인 행동의 가변성은 집계 수준과 상관없이 예측의 불확실성을 줄이는 정도를 제한한다. 그럼에도 불구하고 그 수준의 상관관계는 사회의 일상 상호작용에서 자주 관심을 기울이는 한 유형의 예측 과제에 상당히 유용한 것으로 밝혀졌다. 이 과제는 사람들이 분포의 양극단에서 그들의 동료보다 **상대적으로** 더 또는 덜 점수를 받을지 찾아내는 것과 관련이 있다.

✧ 표본 크기가 늘어남에 따라 통계 속성에 관한 이론 기대치를 점점 실현한다는 수학 법칙이다. 예를 들어 한 가지 실험을 반복할수록 관찰 결과의 평균이 점차 진정한 평균(모집단에서 이론적 확률)에 수렴한다.

이 유형의 예측은 다양한 '심사screening' 문제에서 매우 중요한데 심사에서 우리의 주요 관심사는 바람직한 일부 결과와 반응의 가능성을 극대화하거나 바람직하지 않은 것의 가능성을 최소화하는 것과 관련된다. 이 요점은 다시 몇몇 특정 계산으로 이해할 수 있다. 우리가 앞서 다룬 이상적 유형의 가상 연구에 참여했지만 이제 성인의 외향성을 다루는 톰, 딕 그리고 해리라는 사람이 있다고 해보자. 또 무작위로 한 차례 표본을 추출할 때 톰이 평균보다 표준편차 2배만큼 낮은 점수를 받았다는 것, 즉 대략 모집단에서 2번째 백분위수에 위치한다는 것을 우리가 안다고 가정해보자(예를 들어 다른 사람들이 사무실 파티에서 즐겁게 놀고 있을 때 그는 파티장을 빠져나와 도서관에서 컴퓨터 학회지를 정독한다). 해리는 평균보다 표준편차 2배만큼 높은 점수를 받았다는 것, 즉 98번째 백분위수에 위치한다는 것을 우리가 안다고 하자(예를 들어 똑같은 사무실 파티에서 그가 전등갓을 뒤집어쓰고 우스꽝스러운 5행시를 암송하는 걸 목격했다). 단지 이 두 정보 '항목'으로 우리는 이후 행동이 어떨지 다소 놀라운 추론을 할 수 있다. 이를테면 다음번에 그들을 만날 때 무언가 외향적인(최정상 2퍼센트의) 행동을 할 가능성이 해리가 톰에 비해 대략 5배 높다는(각각 4.5와 0.9퍼센트 확률로) 추측이 가능하다. 특히 해리는 외향적 반응을 보일 확률이 무작위로 선정한 개인이나 앞서 한 차례 관찰할 때 외향성 수준이 완벽히 평균이던 딕보다 2배 이상 높을 것이다.✧ 반대로 톰은 우리가 다음번에 그들의 행동을 표본추출할 때 해리에 비해 대략 5배, 딕에 비해 2배 이상 내향적인 무언가(관찰한 사람 중 밑에서 2퍼센트에 해당하는)를 할 가능성이 높다.

갑자기 활기를 찾은 뿌리 깊은 성향주의자의 열정을 식힐 위험을 무릅쓰고 우리가 서둘러 지적해야 할 것은 절대치로 볼 때 그 극단 행동이 세 사람에게 벌어질 것(해리는 약 4퍼센트, 딕은 2퍼센트, 톰은 1퍼센트 미만) 같지 않다는 점이다. 나아가 외향적인 해리와 내향적인 톰이 정확히 모집단 평균에 위치하는 방식으로 반응할 가능성은 이들이 98번째 백분위수(해리의 경우) 또는 2번째 백분위수(톰의 경우)에 정확히 위치하는 방식으로 반응할 가능성의 대략 4배다. 하지만 우리가 특정 유형의 극단 반응이나 특정 유형의 극단 결과를 최대화 혹은 최소화할 개인을 '선발'하고 싶다면, 단 한 번의 극단적 관찰일지라도 그것은 실용 가치가 있을 수 있다.

물론 집계 데이터를 근거로 평가할 수 있다면 상대적 가능성에서 이 차이는 더 커진다. 만약 앞서 100번[◇◇]에 걸친 관찰로 해

◇ 이미 관측한 상황에서의 외향성 점수와 아직 관측하지 않은 상황에서의 외향성 점수를 확률변수로 봤을 때, 두 확률변수가 평균과 분산이 서로 같고 상관계수가 0.16인 이변량 정규분포를 따른다고 가정하고 이변량 정규분포에서 조건부 확률분포의 성질을 이용해 계산하면 0.045와 0.009라는 확률을 얻을 수 있다. 상세한 계산 과정은 이 책의 수준을 넘어서므로 생략한다.

◇◇ 원서에는 100번이 아닌 10번으로 되어 있다. 이는 단순한 통계상의 계산 실수로 이 부분은 번역 과정에서 통계자문을 해준 권다롱새 박사가 찾아냈다.

리, 딕, 톰이 각각 98번째, 50번째, 2번째 백분위에 위치한다면 다음번 관찰에서 해리가 모집단 상위 2퍼센트의 외향성 점수를 얻을 가능성이 톰의 약 35배, 딕의 약 5배라고 추정할 수 있다. 나아가 세 명 모두 개인 반응 분포의 불확실성을 확실히 없앨 정도로 충분히 관찰했다면, 그러고도 여전히 동일한 백분위를 얻었다면 대비는 더욱 극적이다. 해리는 전등갓을 뒤집어쓰고 우스꽝스러운 5행시를 암송할 가능성이 톰보다 100배 높다. 반대로 톰은 모임에서 빠져나와 컴퓨터 학회지를 읽을 가능성이 해리보다 100배 높다. 그리고 두 사람 모두 '평균'인 딕에 비해 이러한 특정 행동의 극단을 보일 확률이 6배 높다.

좀 더 계산하면 특정 횟수 관찰에서 관련 개개인의 몇몇 극단 행동 예를 볼 가능성이 얼마나 되는지 알아낼 수 있다(〈그림 4.4〉 참조). 만약 한 번의 과거 관찰을 근거로 해리는 외향적이고 톰은 내향적이라는 평판(2번째, 98번째 백분위)을 얻었다면, 해리는 향후 10번의 관찰 가운데 적어도 한 번은 모집단 상위 2퍼센트에 해당하는 방식으로 행동할 가능성이 34퍼센트지만 톰은 8퍼센트밖에 안 된다. 이들의 평판이 앞서 10번의 시행에 근거한 것이라면 그 가능성은 해리는 52퍼센트에 이르고 톰은 2퍼센트 미만으로 떨어

이를 저자 중 한 명인 리 로스 교수에게 문의해 저자의 실수였음을 확인했고 향후 원서에서도 수정할 예정이다.

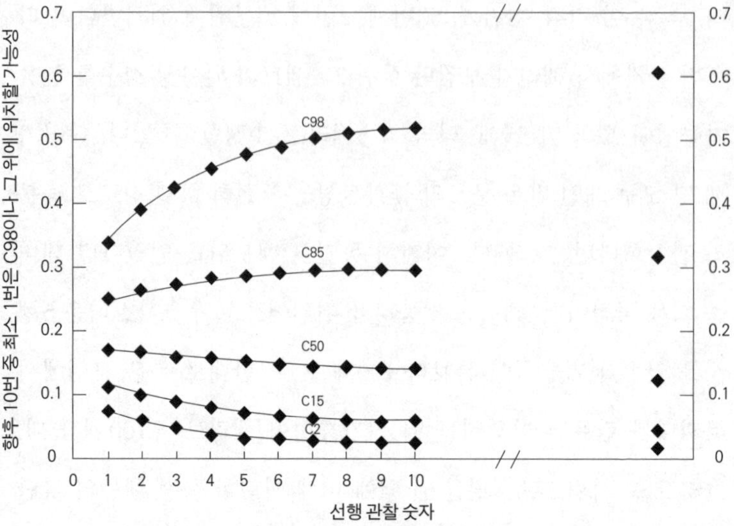

그림 4.4 다양한 횟수의 선행 관찰에서 얻은 개인의 백분위에 따라 그가 향후 10번의 반응 중 적어도 한 번은 모집단의 98 백분위수 이상에 위치할 확률

진다. 외향성과 내향성 평판이 매우 크거나 무한하고 그것을 과거 관찰로 얻을 경우 그 관련 가능성은 각각 60퍼센트와 1퍼센트 미만에 이른다. 요약하면 미래 행동의 적절한 표본이 있을 경우 해리가 정말 외향적인 무언가를 할지 알 수 있다(반면 톰은 거의 확실하게 우리가 알 수 없다).

극한과 확률 정도는 일반인이 거의 확실하게 알아낼 수 있다. 또한 일반인의 특성 용어는 장기간 '평균' 개념에 근거하기보다 합당한 기간과 관찰 표본 내에서 어떤 극단 행동이 벌어지거나 벌어지지 않을 상대적 확률 개념에 근거하는 경우일 수 있다. 개인차와 행동 예측의 한계에 일반인이 보이는 믿음의 성격은 다음 장에서 더 자세히 살펴본다. 더불어 이 책의 중심 주제, 즉 행동을 만들어내는 개인요인과 상황요인의 상대적 영향을 바라보는 일반인의 시각도 알아본다.

5

아마추어 성격학과 아마추어 사회심리학

우리는 4장은 물론 처음부터 지금까지 일반인의 암묵적인 성격과 사회심리 이론에 관한 우리의 생각을 말해왔다. 또한 우리는 일반인이 상황이 행동을 통제하는 힘과 미묘함을 깨닫지 못하고 존재하지 않는 특성을 보면서 일종의 순진한 성향주의에 빠져 있다는 주장을 견지해왔다.

그렇지만 일반인이 무엇을 믿는지 사회심리학자는 어떻게 알까? 일반인이 일상 언어를 사용할 때 수천 개 성격 유형과 성격 특성 용어를 사용하는 데 인색하거나 신중하지 않다는 것을 사회심리학자는 어떻게 알까? 사회심리학자는 일반인이 특성에 근거해 예측할 때 그다지 정확하지 않고, 하나의 상황을 기반으로 다른 상황을 예측할 때 예측 가능성이 낮다는 것을 알지 못하며, 오랜 기간에 걸쳐 수준 높은 예측 가능성(사람 사이의 평균 차는 작은)을 보지 못한다는 것을 어떻게 알까? 또 일반인이 행동에 미치는 상황의 효과를 과소평가하는 것을 사회심리학자는 어떻게 알까? 어쩌면 상황의 영향력에 계속 놀라는 사람은 심리학자뿐인지도 모르겠다.

이제 아마추어 심리학의 신념을 살펴보려 한다. 성격에서 개인차의 존재와 그 힘에 대해, 행동을 한 번 혹은 여러 번에 걸쳐 집계했을 때의 예측 유용성predictive utility, 그리고 행동에서 상황의 역할과 성향 결정요인에 관해 일반적인 남성과 여성이 어떻게 믿고 있는지 살펴보겠다.

아마추어 성격 이론의 질적 측면

아마추어 성격 이론의 질적 측면에서부터 시작하자. 우리 두 사람이 주장한 것처럼 사람들은 정말 뿌리 깊은 성향 이론가일까? 일상 경험은 물론 연구에서 우리는 사람들이 상대방을 묘사해달라는 요청을 받을 때 특성 용어에 상당히 의존한다는 것을 안다. 사회심리학자 베르나데트 파크Bernadette Park(1986, 1989)는 행동, 단체 소속감, 태도, 인구통계 정보, 신체 묘사physical description는 어느 정도 빈도로 사용하지만 특성(친절한, 부끄러운, 자기중심적인, 느긋한 같은)은 다른 흔한 묘사 방식보다 2배 이상 자주 쓰인다는 점을 발견했다. 인지심리학자 토머스 마셜 오스트롬Thomas Marshall Ostrom✧(1975)은 대학생들에게 다른 사람의 인상을 판단할 때 알고 싶은 정보 항목을 작성해달라고 요청했다. 그들이 작성한 모든 항목 가운데 특성 정보가 26퍼센트를 차지했다. 행동, 단체 소속감, 태도, 인구통계 정보, 신체 묘사를 모두 모아도 19퍼센트에 불과했다. 정신의학자 존 리브슬리John Livesley와 심리학자 데니스 브롬리Dennis Bromley(1973)는 특성 용어는 어린이 발달 과정에서 계속 사용하며 늘어나는데 결국 이 용어가 다른 사람을 자유롭게 특징지을 때 가장 빈번하게 사용하는 유형으로 남는다고 밝혔다. 특성 용어는 한 문화권에서 사람들 사이에 상당히 균일하게 나타난다. 낸시 칸터와 월터 미셸(1979) 그리고 데이비드 버스David Buss[⋄⋄]와 케네스 크레이크Kenneth H. Craik[⋄⋄⋄](1983)는 사람들에게 여러 표준 특성 용어를 제시하고 다양한 행동의 대표성 정도를 평가해달라고 했다. 이들의 평가 결과는 여러 물리적 물건(예를 들어 책상이나 소파)이 관련 물건 범주(예를 들면 '가구')를 대표하는 정도를 평가해달라고 할 때와 거의 같은 수준이었다.

　행동을 설명할 때 사람들이 특성 구성 개념을 사용하는 빈도와 상황 그리고 일반 사회 맥락 측면에 의존하는 빈도를 비교해

⋄ 인지심리학의 이론·방법론 발전을 사회심리학 분야의 연구 과제와 통합하려는 시도로 사회인지심리학 발전에 기여했다.

⋄⋄ 진화심리학자로 유명하며 최근 인간의 짝짓기, 남녀 갈등, 스토킹, 살인 등 인간의 어두운 면을 연구하고 있다. 저서로《진화심리학》,《욕망의 진화》등이 있다.

⋄⋄⋄ 사회심리학을 기반으로 성격 차이와 맥락의 영향에 지속적인 관심을 갖고 연구했다. 또 물리적 환경이 인간 경험과 활동에 어떤 영향을 미치는지 연구하는 환경심리학 분야를 개척했다.

보는 것은 유익하다. 문화심리학자 존 밀러Joan Miller(1984)는 사람들에게 "당신이 잘 아는 누군가가 최근 당신이 보기에 잘못된 행동을 한 사례를 말해주세요", "당신이 잘 아는 누군가가 최근 당신이 보기에 다른 사람에게 잘한 행동을 한 사례를 말해주세요"라고 부탁했다. 각 행동을 묘사한 직후 실험 참가자들에게 왜 그런 행동이 발생했는지 설명해달라고 부탁했다. 실험 참가자가 일탈 행동을 설명한 내용 중 절반은 일반 성향에 관한 것이었다(이를테면 "그는 다소 부주의하고 사려 깊지 못하다"). 이는 상황 맥락을 설명한("보기 힘들었고 다른 자전거가 빨리 달리고 있었다") 비율의 3배였다. 이와 유사하게 실험 참가자가 친사회적 행동을 설명한 내용 중 3분의 1은 일반 성향이었고, 이는 맥락을 설명한 비율보다 50퍼센트 이상 높았다. 한마디로 실험 참가자는 상황주의자가 아니라 특성 이론가의 면모를 보여준 셈이다.

로스와 페닝Penning(1985)은 선행 연구에서 유사한 결론에 도달했다. 이 연구의 실험 참가자들은 특정 대상 인물이 불완전하게 명시된 상황에서 그가 어떻게 행동할지 먼저 예측한 다음 그 예측이 틀렸다는 것을 알게 되었다. 그런 피드백을 받은 뒤 실험 참가자들은 재빨리 행위자의 성향을 새롭게 가정하지만 직접적인 상황의 세부사항을 새롭게 가정하는 데는 느리다. 예를 들어 실험 참가자가 사진에 근거해 상당히 다를 것이라고 판단한 두 명의 스탠퍼드대학교 학생이 그들의 사전 예측과 반대로 '동성애자 권리' 광고에 기여했다고 말해주었다. 이때 실험 참가자들은 상황 설명(그 학생들은 거부하기 힘든 어떤 방식으로 부탁받은 것이 분명하다)보다 성향 설명(그 두 학생은 동성애자거나 자유주의자임이 분명하다)을 하는 경향이 있었다.

일반인이 특성 유형에 따른 성향 구성 개념에 의존한다는 것을 보여주는 가장 설득력 있는 일련의 연구는 심리학자 라레인 윈터Laraine Winter와 제임스 울먼James S. Uleman[1]의 연구다. 이들은 특성 해석은 그 순간의 행동을 관찰할 때 이뤄지며 사실상 행동을 부호화하는 데 필수적이라고 밝혔다.

윈터와 울먼은 실험 참가자들에게 특정 인물의 특정 행동을 묘사하는 문장을 슬라이드로 여러 개 보여주었다. 예를 들면 "도서관 사서가 나이 든 여성을 길 건너 식료품점에 데려다주었다" 같은 것이었다. 그런 다음 '기억 종이'를 주고 조금 전에 본 문장을 가급적 많이 적게 했다. 이때 실험 참가자에게 이 작업을 돕는 두 종류의 '기억 단서'를 제공했다. 하나는 사진에서 묘사한 행동과 일치하는 일반 특성이나 성향 꼬리표(예를 들어 나이 든 여성을 식료품점까지 가도록 도와준 도서관 사서와 관련된 문장에서 '도움을 준' 같은 단어)였다. 다른 하나는 문장의 주어나 술부와 가까운 의미로 연관된 단어(이를테면 도서관 사서와 관련된 '책')였다.

연구진은 실험 참가자들이 관련 특성으로 이뤄진 단서가 있을 때는 단서가 없을 때보다 실질적으로 더 많은 문장을 기억한다는 것을 알아냈다. 물론 의미 있는 단서가 속성 단서보다 평가하는 유사성 측면이나 연상 강도에서 문장의 특정 단어와 더 가깝게 연결되었지만, 사실 기억에 더 효과적인 것은 의미 있는 단서보다 속성 단서로 나타났다. 흥미롭게도 실험 참가자들은 문장을 읽을 때 성향 개념을 생각해봤다고 보고하지 않았다. 오히려 실험 참가자들은 성향을 생각하는 것이 문장을 기억하는 데 도움을 줄 거라는 점을 믿기 어려워했다.

지금까지의 연구 근거에 따르면 사람들은 자동적, 무의식적으로 행동 정보에 성향 해석을 부여한다.[2] 나아가 사람들이 선호하는 성향은 노래, 이야기 그리고 성격학 문헌에서 꾸며낸 특성 구성 개념과 이상할 정도로 유사하다.

아마추어 성격 이론의 양적 측면

사회적 행동에서 볼 수 있는 일반인의 예측 가능성 정도에 관한 신념을 두고 사회심리학자들은 무엇을 말할까? 이상적으로는 사람들에게 단순히 관련 상관관계 계수를 맞혀보라고 한다. 예를 들면 야영하는 집단이 점심시간에 쏟아내는 대화량과 '침묵시간' 중 수다스러움 사이의 상관관계 말이다. 그렇지만 통계 언어는 대다수에게 낯설기 때문에 연구자들은 어쩔 수 없이 일관성 관련 신념을 덜 직접적인 방식으로 조사해야 했다. 연구자들은 실험 참가자에게 상관관계 계수로 전환할 수 있는 예측을 하도록 묻거나 가능성을 추정하게 했다.

이 같은 한 연구에서 사회심리학자 지바 쿤다Ziva Kunda와 니스벳(1986)은 두 가지 상황에 나타난 특정한 성격 특성 수준과 관련해 실험 참가자에게 두 사람이 상대적 위치를 유지할 가능성을 물었다. 이때 이들 실험 참가자는 다음 문장을 읽었다.

> 당신은 특정 상황에서 제인과 질을 관찰했고 제인이 질보다 더 정직하다는 것을 알아냈다. 당신은 관찰할 **다음 상황에서** 제인이 질보다 더 정직하다는 것을 알아낼 가능성이 어느 정도라고 생각하는가?

위 문장을 읽지 않은 또 다른 실험 참가자는 2개가 짝을 이룬 20가지 경우에서 안정성 정도를 질문받았다. 즉, 이전 20가지 상황에서 (평균적으로) 제인이 질보다 더 정직하다는 것을 알았을 경우, 다음 20가지 상황에서 (평균적으로) 제인이 질보다 더 정직한 것으로 밝혀질 가능성을 질문받은 것이다.

또한 실험 참가자들은 정직성 순위의 안정성에 관해 유사한 질문을 받았다. 연구자는 실험 참가자에게 50~100퍼센트 척도에서 가능성을 추측해달라고 했다. 이 추정 퍼센트 수치는 상관관계 계수로 변환해 이런 행동에 담긴 실제 상관관계 계수 특징과 비교할 수 있었다.

실험 참가자들은 능력 면에서도 비슷한 질문을 받았다. 연구자는 주어진 단어시험에서 다른 어린이보다 더 높은 성적을 받은 어린이가 두 번째 시험에서도 성적이 더 높을지, 주어진 시합에서 다른 선수보다 더 많은 득점을 올린 농구선수가 두 번째 시합에서도 그럴지 그 가능성을 물었다. 20번의 단어시험과 20번의 농구시합을 놓고 실험 참가자들은 유사한 질문을 받았다. 〈그림 5.1〉은 실험 참가자들이 사회 특성과 능력 측면을 추정한 일관성 정도를 보여준다. 그리고 실제 상관관계도 표시했다(사회 특성 사례는 이전 장에서 검토한 문헌에서, 능력 사례는 쿤다와 니스벳의 연구에서 가져왔다).

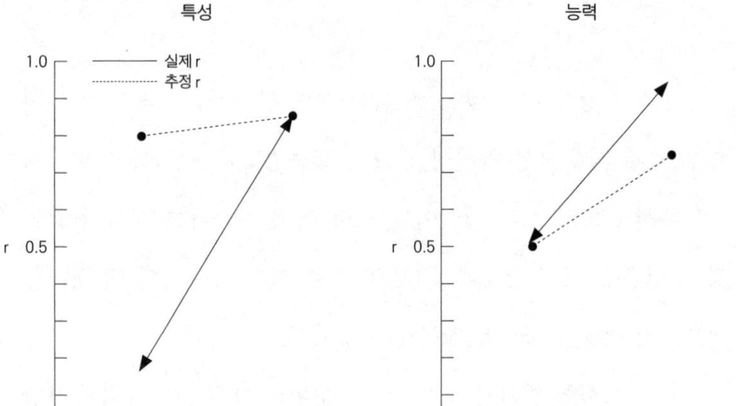

그림 5.1 특성과 능력에 관한 개인 행동(항목 대 항목)과 집계 행동(전체 대 전체) 사이의 추정 상관관계와 실제 상관관계[3]

〈그림 5.1〉에서 가장 극적인 부분은 개별 사회 행동 수준에서 기대하는 일관성 정도다. 실험 참가자들은 한 상황에서 다른 상황으로 이어지는 일관성이 연구가 실제 입증한 것보다 훨씬 더 높다고 생각하는 듯했다. 실험 참가자들은 두 상황에 걸쳐 순위를 유지할 가능성을 78퍼센트로 추정했다. 이런 가능성이면 0.80 정도의 상관관계가 필요하지만 연구에 따르면 실제 상관관계는 0.10 정도다. 또한 〈그림 5.1〉은 실험 참가자들이 측정치 집계에서 얻은 안정성을 그다지 인정하지 않았다는 것을 보여준다. 그들은 한 상황에서 다른 상황에 이르는 일관성이 20가지 상황에서 다른 20가지 상황에 이르는 일관성보다 아주 조금만 낮다고 생각했다! 이는 전체 집계와 비교했을 때 사람들이 단일 측정치의 불안정성을 인식하는 데 실패했음을 정확히 보여준다. 실험 참가자들이 항목 대 항목의 상관관계를 0.79로 추정한 것을 고려하면 20개 항목 대 20개 항목의 상관관계는 0.99에 이를 것으로 추정했어야 한다. 아니면 실험 참가자들이 전체 상관관계를 0.82로 추정한 것을 고려해 항목 대 항목 상관관계는 단지 0.23일 것이라고 추정했어야 한다.

통계에 익숙지 않은 실험 참가자들을 괴롭혔다고 비난하기 전에 우리가 이 책에서 일반인과 전문가 사이의 행동에 대한 통찰의 연관성을 강조했다는 점을 떠올려주기 바란다. 그 관점에서 쿤다와 니스벳은 대학생을 대상으로 〈그림 5.1〉의 데이터를 얻은 것처럼 이번에는 인간 판단의 통계 측면을 다루는 전문 심리학자들에게 똑같은 추정을 부탁했다. 학술회의에 참석한 이들 전문가 중에는 성격학자도 있었을 테지만 대다수는 사회심리학자나 실험심리학자였다. 전문가 표본에서는 하나만 제외하고 〈그림 5.1〉과 동일한 데이터가 나왔다. 전문 심리학자 집단은 대체로 특성이 행동의 좋은 예측 변수가 아니라는 것을 알고 있다(혹은 그 사실을 **상기했다**고 말해야 할 것이다. 이들이 설문에 응하고 있을 때 그 방 앞에는 유명한 월터 미셸이 있었다!). 아무튼 심리학자들은 일반 실험 참가자보다 사회 특성의 일관성을 낮게 추정했다. 그렇지만 이들은 여전히 한 상황에서 다음 상황에 이르렀을 때 보이는 일관성 정도를 상당히 과대평가했다. 나아가 일반 실험 참가자들처럼 관찰을 여러 차례 반복했을 때 순위의 일관성을 높인 정도를 그리 크게 인정하지 않았다. 정리하면 이들은 20가지 항목과 균형을 기반으로 한 순위에서 일관성이 나타날 가능성 정도를 과소평가했다. 결국 심리학자는 일반 실험 참가자보다 경험과 수학 면에서 더 나을 것이 없었다.

따로 떼어내 생각하면 이 자료는 단순히 실험 참가자들이 특정 측정 기준과 가상 인물을 가상 추정하는 익숙하지 않은 과제 앞에서 느끼는 어려움을 보여주는 것으로 볼 수 있다. 하지만 몇몇 추가 증거는 그와 다른 점을 보여준다. 무엇보다 능력 측정에 관한 실험 참가자들의 일관성 추정이 특성 측정을 추정하는 것보다 실증적 증거와 훨씬 더 가까웠다는 점을 눈여겨봐야 한다. 실험 참가자들은 개별 단어시험과 개별 농구시합으로 순위 안정성을 추정했고 그 결과는 이들 사건을 실제로 측정한 안정성에 가까웠다. 이들은 20가지 능력 시험을 다룬 한 세트에서 두 번째 세트에 이르는 순위 일관성은 상당히 과소평가했으나 그래도 집계한 측정치가 단일 시험 측정치보다 더 일관성이 있음을 인정한 것으로 보였다.

사람들은 능력이 아닌 성격을 투영한 행동에서만 기대하는 일관성 정도를 굉장히 과대평가했고 개별 사례보다 집계한 행동 표본의 장점을 감지하지 못하는 듯했다. 후자는 특히 중요한데, 이는 사람들이 소수 증거로 특성에 근거한 예측을 하는 것에 자신감을 얻어 예측하기 전에 이 증거의 근거를 늘릴 이유를 찾지 못할 것이기 때문이다. 반대로 능력 분야에서는 확신을 갖고 판단하기 전에 상대적으로 많은 행동 표본을 살펴보려 할 것이다.

쿤다와 니스벳은 몇 가지 이유를 들어 사람들이 능력을 보다 정확히 판단한다고 주장했다. 첫째, 능력은 고정되고 반복적인 상황에서 관찰할 수 있다. 둘째, 능력 관련 행동은 상대적으로 명확히 '측정'하기 쉽다. 셋째, 능력 관련 행동은 흔히 숫자로 평가하는데 이때 대수의 법칙을 적용할 가능성이 매우 높고 집계의 장점을 더 강하게 인지한다. 이 상황을 사회적 행동의 모호함과 비교해 보자. 교실에서 친절한 조를 파티에서 친절한 제인과 같은 차원에서 측정할 수는 없다. 사회 차원을 다루는 데 사용하는 단위에도 문제가 많다. 친절함을 다룰 만한 적절한 단위는 무엇일까? 1분당 짓는 미소 횟수? 한 번 만날 때 느끼는 좋은 느낌?

로스와 브랜든, 로런스, 그리핀[4]의 연구는 특성 관련 행동에서 일관성과 예측 가능성 정도에 일반인이 기대하는 수준이 현존하는 가장 훌륭한 연구 결과와 도무지 맞지 않는다는 것을 입증했다. 이는 실험 참가자가 가상으로 묘사한 사람뿐 아니라 그들이 스스로 지정한 사람을 예측할 때도 마찬가지다. 브랜든과 그의 동료 연구자들은 실험 참가자에게 높은 수준의 친절함이나 수줍음을 보인다고 생각하는 누군가를 지명하게 했다. 이어 친절함과 수줍음의 관점에서 다른 동료들과 비교해 그 사람의 백분위를 추정해달라고 하고, 그 특성과 관련 있는 상황에서 그 사람이 어떻게 반응할지 추가로 추정하도록 했다. 이들이 알아낸 가장 중요한 것은 실험 참가자가 자신이 지명한 개인이 어떤 상황에서도 높은 수준의 친절함과 수줍음을 보일 것이라고 자신 있게 예측했다는 점이다. 또한 이들은 자신이 지명한 사람이 상대적으로 일반적 혹은 평균적인 방식보다 훨씬 자주 몹시 수줍어하거나 친절하게 행동할 것이라고 추정했다. 다시 말해 이들의 예측은 한 상황에서 다음 상황에 이르는 행동 일관성이 객관적인 실증 연구에서 제시하는 0.10 정도의 상관관계를 나타내는 것도, 그 실증 연구를 비판하는 사람들이 제시하는 더 높은 수준의 상관관계를 나타내는 것도 아니었다. 그들의 예측 상관관계는 거의 1.0에 근접하는 수준이었다.

아마추어 성향주의와 기본적 귀인 오류

서로 다른 상황 간의 행동 일관성에 관한 일반인의 관점과 관련 증거는 매우 도발적이지만 여전히 새롭고 더 철저한 검토가 필요하다. 사람들이 행동을 두고 상황보다 성향을 설명하려 한다는 증거와 상황의 특징을 추론하는 것이 좋을 때도 행위자의 특징을 추론한다는 증거는 전혀 새롭지 않다. 이는 상당히 강도 높은 정밀조사의 결정적 주제였다. 이제 최근 문헌과 출판하지 않은 자료까지 포함해 살펴보는 것이 좋겠다. 이들 증거에 따르면 일반인이 적극 사용하는 성격 이론은 사회심리학의 흔적으로 남아 있는 기초 관점과 연결될 뿐이다. 우리는 사람들이 (1)명백히 상황이 만들어낸 행동이지만 성향을 추론한다는 것, (2)상당히 중요한 상황 맥락요인을 간과한다는 점, (3)얼마 되지 않는 성향 관련 정보가 주어질 때도 지나치게 확신하며 예측한다는 점을 보여줄 것이다.

상황이 만들어낸 행동에서 성향을 추론하는 것

제약을 고려해 행동의 의미를 제대로 이해하지 못하는 것

심리학자 에드워드 존스[✧]와 빅터 해리스Victor Harris(1967)는 일반인이 상황의 제약을 적절히 지각하지 못한다는 것을 보여주는 고전적 연구를 했다. 처음에 이 연구는 역설적이게도 실험 참가자가 추론에 상황 제약 정보를 사용할 수 있음을 보여주기 위해 이뤄졌다. 존스와 해리스는 실험에 참가한 대학생들에게 또래 친구가 쓰거나 말한 것으로 짐작할 수 있는 에세이를 읽거나 연설을 듣게 했다. 이때 에세이를 쓰거나 연설한 사람을 이슈의 한쪽 주장에 배정했다고 알렸다. 예를 들어 정치학을 전공하는 학생은 카스트로의 쿠바를 방어하는 에세이를 써야 했다는 점을, 한 토론자는 마리화나 합법화 주장을 공격하도록 배정했다는 점을 알려주었다. 실험 참가자들은 선택권이 없는 조건에서 글을 쓰거나 연설한 사람들에게 상당한 제약이 있었음을 명확히 지각했으면서도 글쓴이와 연설자의 진짜 의견을 추정할 때 에세이나 연설에 나타난 특정 입장에 큰 영향을 받았다. 즉, 실험 참가자들은 에세이에 나타난 입장에 따라 그들이 카스트로에게 동정적이거나 마리화나 합법화에 반대한다고 가정했다. 이 연구에 따르면 행위자의 행동이 외부의 강한 제약 아래 있다는 것이 아주 분명한 때도 관찰자는 안정된 성향(이 경우 태도 성향)을 반영한 것처럼 행동을 액면 그대로 받아들이려 했다.

◇ 듀크대학교와 프린스턴대학교에서 심리학을 가르쳤다. 주로 대인 지각person perception을 연구했으며 해리스와 함께 발표한 연구 논문 〈태도의 속성The Attribution of Attitudes〉은 사회심리학 교과서에서 '기본적 귀인 오류'를 설명할 때 중요하게 인용하는 자료다.

보상보다 성향에 귀인하기

니스벳과 심리학자 크레이그 카푸토Craig Caputo, 퍼트리샤 레간트Patricia Legant, 잔 마레체크Jeanne Marecek(1973)의 연구에 따르면 금전 혜택처럼 당연하고 널리 알려진 상황요인마저 행동을 성향 관점에서 설명할 수 있을 때는 설명과 예측에서 무시될 수 있다. 연구진은 관찰 실험 참가자들이 의사 결정 관련 연구로 알려진 것에 행위 실험 참가자들이 참여하는 것을 지켜보게 했다. 실험 참가자들은 모두 여성 학부생이었다. 연구자는 "연구를 시작하기 전 여러분이 진짜로 의사 결정해야 할 것이 있다"라고 말했다. 이어 실험 참가자들에게 주말에 '인간개발연구소' 캠퍼스에서 기업 이사회와 잠재 재정 후원자를 위한 행사를 열 것이라고 설명했다. 또한 여기에 참여하는 사람들의 배우자를 주말 동안 대접하고 캠퍼스 투어에 참여해야 한다고 말했다. 만약 실험 참가자들이 자원봉사를 하면 시간당 보수를 받을 것이라고 말해주었다. 일부 실험 참가자는 시간당 0.50달러를 제안받았고 또 다른 사람들은 1.50달러를 제안받았다(1990년대 가치로 환산하면 당시의 3~4배). 적은 보수를 제안받은 실험 참가자는 5분의 1만 자원봉사를 하겠다고 한 반면 높은 보수를 제안받은 실험 참가자는 3분의 2가 자원봉사를 하겠다고 했다. 즉, 자원봉사는 행위에 제공하는 금액에 큰 영향을 받았다.

연구자는 행위자와 관찰자 모두에게 행위자가 자원봉사를 하거나 하지 않는 이유를 어떻게 지각했는지 물었다. 한 가지 질문

항목은 자원봉사를 할지 말지가 어느 정도 행위자의 일반 성향을 나타낸다고 보는지 묻는 것이었다.

"합동 모금행사에서 당신(또는 실험 참가자)이 자원봉사를 할 가능성이 얼마나 있다고 봅니까?"

관찰자는 대가로 0.50달러 또는 1.50달러를 받는 것과 상관없이 자원봉사를 하겠다고 한 행위자가 그렇지 않은 행위자보다 합동 모금행사에서 훨씬 더 많이 자원봉사를 할 것이라고 생각했다. 결과적으로 관찰자는 행위자의 행동이 적절한 보상이 따르는 '일할 기회'에 반응했다기보다 자원봉사에 관한 성향 경향을 반영했다고 가정하면서 행위자의 행동을 잘못 판단한 것이 분명해 보였다.

성향 추론을 선호하고 역할 결정요인은 무시하기

사람들이 개인 성향보다 금전 혜택이 행동을 결정하는 정도를 지각하지 못한다면 행동의 성격을 결정하는 역할관계 같은 미묘한 요인의 정도도 지각하지 못할 것이다. 로스와 심리학자 테레사 애머빌, 줄리아 스타인메츠Julia L. Steinmetz(1977)는 이 점을 놀라울 정도로 간단히 보여주었다. 이들은 실험 참가자에게 '칼리지 볼College Bowl'이라는 간단한 퀴즈게임을 하게 했는데 이는 무작위로 선정한 한 명의 실험 참가자가 질문을 던지면 다른 사람이 대답하는 식이었다. 질문자의 역할은 '답하기 어렵지만 불가능하지 않은 질문 10개'를 만드는 것이고 참가자는 소리 내 답해야 했다. 질문자는 반복해서 자신의 역할을 이용해 질문(예를 들어 "고래 몸에서 나오는 달콤한 향이 나는 액체로 흔히 향수 재료로 쓰이는 것은 무엇인가?")을 제시했고 참가자가 제대로 답하지 못했을 때 정답(이 경우에는 용연향)을 알려주며 소수만 아는 지식을 보여주려 했다.

이 실험의 마지막에는 양쪽 참여자 그리고 질문자와 참가자가 문제를 내고 푸는 것을 관찰한 실험 관찰자에게 질문자와 참가자의 일반 지식을 평가하게 했다. 실험 참가자나 관찰자 모두 질문자가 누리는 역할상의 이점이 상당히 크다는 것을 예상했다. 다시 말해 질문자의 역할은 그들이 어떤 면의 무지함도 드러내지 않게 해주었지만, 참가자의 역할은 질문자처럼 선별적이고 자기에게만 유리하게 할 기회를 주지 않았다. 그런데 질문자가 이처럼 역할의 이점을 누리고 있음에도 불구하고 참여자나 관찰자는 질문자를 대단히 지식이 많은 사람이라고 판단하는 것으로 밝혀졌다. 참가자와 관찰자 모두 질문자를 참가자나 '평균적인' 대학생보다 훨씬 더 아는 게 많다고 평가했다.

이 연구에서 실험 참가자가 질문자와 참가자가 행한 '역할'의 중요성을 인지하지 못한 점을 일반화해 사람들이 보다 익숙한 사회적 역할의 중요성에도 비슷한 정도로 무지할 것이라고 가정할 수 있을까? 이는 위험한 가정이지만 안타깝게도 경영학자 로널드 험프리Ronald Humphrey(1985)가 진행한 기발한 연구가 그렇게 가정할 수 있음을 밝혀냈다. 험프리는 먼저 회사 사무실 축소판인 실험실을 꾸몄다. 그리고 실험 참가자들에게 "사람들이 사무실 환경에서 어떻게 함께 일하는지" 연구하는 것에 관심이 있다고 말했다. 이때 눈길을 끌 만한 무작위 절차로 일부 실험 참가자를 '관리자'로 선정해 관리 책임을 주고 또 일부를 단지 지시를 따르는 '사원'으로 선정했다. 관리자에게는 시간을 두고 업무를 기술한 안내서를 익히도록 했다. 관리자들이 공부하는 동안 연구자는 사원 역할을 맡은 실험 참가자들에게 우편함, 파일 저장 시스템 등을 보여주었다. 새로 구성한 사무실 팀은 2시간 동안 일을 진행했다. 관리자들은 진짜 사무실에서처럼 수준 높은 과제를 수행하고 사원들에게 업무를 지시했으며, 사원들은 다양하지만 낮은 기술을 요구하는 반복적이고 자율성 없는 주어진 일을 했다.

일을 마칠 때 관리자와 사원은 역할과 관련된 다양한 특성을 두고 자기 자신과 서로를 평가했다. 여기에는 리더십, 지능, 힘든 일을 해낼 만한 동기, 자기주장, 도움을 주는 정도 등이 포함되었다. 추가로 이들은 특정 유형의 미래 업무에서 리더십을 보일 가능성과 힘든 일을 해낼 만한 동기를 평가했다. 이 모든 특성에서 관리자는 동료 관리자를 사원보다 더 높이 평가했다. 사원은 열심히 일하는 것 빼고는 모든 부분에서 동료 사원보다 관리자를 높이 평가했다.

이 점에서 로스와 그의 동료들이 입증한 것과 유사한 험프리의 연구는 완벽하며 현실세계와 관심사에는 그 연구 결과를 일반화할 수 있는 것이 아주 많다. 사람들은 역할을 무작위로 배정하고 특정 역할에 주어진 특혜가 명확할 때도 상황을 넘어 행동에 영향을 미치는 역할 결정요인을 꿰뚫어보지 못했다(짐작컨대 이러한 점 때문에 사람들은 모호한 일상에서 더 제대로 생각하지 못하고, 문제의 행동을 더 액면 그대로 받아들인다).

성향을 선호하고 상황과 맥락은 무시하기

이번 장의 시작 부분에서 우리는 아마추어 성격학의 증거를 검토할 때 일반인이 지나치게 성향을 보려고 하며, 증거가 보여주는 타당성보다 더 강하게 성향을 추론하려 한다고 말했다. 어쩌면 우리가 사람들을 너무 액면 그대로 받아들였을 수도 있다. 사람들이 "**제인**은 관대하다"라고 말할 때 그저 그녀가 직원들과 함께 점심을 먹으러 가면 간혹 밥값을 계산하거나 아이들과 많은 시간을 함께 보내려 한다는 뜻일 뿐, 관대함을 평가할 수 있는 대부분의 상황에서 제인이 평균 이상일 것이라고 믿지 않을 수도 있다. 다시 말해 사람들은 특성 용어를 좁은 의미로 사용하는 것에 불과하며 모든 특성 표현에 문제의 특성을 끌어내는 상황 목록을 첨부하는 수고를 하지 않을 가능성도 있다. 그렇다면 예측 가능성에 관한 이들의 개인 신념은 실제로 사실과 비슷할 수 있다. 앞 장에서 일관성 증거를 검토할 때 우리는 각각 다른 유형의 행동과 상황에 걸쳐 일관성이 낮은 동일한 데이터 세트가 때로 유사한 유형의 행동과 상황에서 다소 높은 안정성을 보인다는 점을 살펴보았다. 하트숀과 메이(1928)가 검토한 학생들의 정직성 연구에서 어느 두 가지 시험 사이의 평균 상관관계는 매우 낮았다. 하지만 일부 시험 결과의 안정성과 신뢰성은 상당히 높았다. 예를 들어 3월에 일반 정보 시험에서 정답을 베끼는 것과 10월에 유사한 정보 시험에서 정답을 베끼는 것 사이의 상관관계는 0.80 정도였다.

안정성 예측 vs. 일관성 예측

만약 사람들이 특성 탓으로 돌리는 것을 상황과 맥락에 함축적으로 조건화한다면 이들의 신념은 쿤다와 니스벳(1986)이 인정한 것보다 더 정확할 수 있다. 사실 쿤다와 니스벳은 두 번째 연구에서 실험 참가자 한 집단에게 동일한 종류의 행동 일관성을 동일한 맥락에서 추정, 즉 안정성을 추정하게 했다. 이들은 또 다른 실험 참가자 집단에게 다른 유형의 특성과 관련한 행동 일관성을 추정, 다시 말해 서로 다른 상황 간의 일관성을 추정하도록 했다. 쿤다와 니스벳은 실험 참가자들이 안정성과 일관성을 모두 매우 높게 추정했고 서로 살짝 다르기만 한 것을 알아냈다. 쉽게 말해 실험 참가자들이 (연구에서 간혹 아주 높게 나타나는) 안정성과 (연구에서 거의 한결같이 낮게 나타나는) 일관성 사이를 제대로 구별했다는 어떠한 조짐도 없었다.

사회심리학자 셸리 테일러Shelley E. Taylor와 제니퍼 크로커Jennifer Crocker(1986)는 사람들이 예측할 때 맥락의 유사성에 둔감하다는 가정을 놓고 더 직접적인 실험을 했다. 이들은 세 가지 다른 상황에서 대상자 행동의 외향성과 독립성 측면을 기술했다. 일부 실험 참가자는 세 가지 학교 환경이든 세 가지 사회 환경이든 행동 정보가 한 가지 맥락에서 나왔다. 다른 실험 참가자는 행동 정보가 양쪽 맥락 모두에서 나왔는데 두 가지 학교 환경과 한 가지 사회 환경이거나 그 반대였다(학교 환경은 '교실에서', '교수와 함께'를 포함했다. 사회 환경은 '파티에서', '친구들과 함께'를 포함했다). 그런 다음 실험 참가자에게 대상자의 행동을 학교 환경, 사회 환경 그리고 불분명한 환경에서 추측하도록 했다.

실험 참가자의 성향 추론을 조금이라도 맥락에 따라 조건화하면 그들이 이미 관찰한 특정 조건에서 일관성 있는 방식으로 행동할 것이라는 점을 더 확신해야 한다. 만약 세 가지 학교 환경에서 대상자가 외향적으로 행동했다면 실험 참가자는 외향성 행동이 사회 환경보다 학교 환경에서 벌어질 것이라고 더 확신해야 한다. 특히 행동 정보가 한 가지 유형의 환경에서만 나오기보다 학교 환경과 사회 환경 모두에서 유사하게 나왔을 때는 불분명한 환경에서 일관성 있는 특성을 추론하는 것이 더 강력해야 한다.

이 예측은 옳지 않은 것으로 드러났다. 실험 참가자는 학교 환경에서 세 가지 항목이 모두 외향적 행동과 관련될 때와 마찬가지로 사회 환경에서 세 가지 정보가 외향적 행동과 관련될 때도 대상자가 학교 환경에서 외향적 방식으로 행동할 것이라고 동일하게 말할 가능성이 높았다. 실험 참가자들이 서로 다른 유형의 환경에 걸쳐 관찰한 때가 한 가지 유형의 환경에서 관찰한 때보다 불분명한 환경에서도 극단적 특성 관련 행동을 예측할 가능성이 더 높아지는 것은 아니었다. 따라서 테일러와 크로커는 실험 참가자들이 맥락 안에서 일반화하는 것뿐 아니라 서로 다른 맥락에 걸쳐 일반화할 것이라는 점을 알아냈다. 이는 사람들이 때로 성향을 특징짓는 상황의 특수성을 미묘하게 인지하지 못한다는 것을 뜻한다.

성향과 상황 겨루기

한 연구는 기본적 귀인 오류의 양쪽 절반, 즉 극성맞은 성향주의와 덜 발달한 상황주의를 하나로 합쳐서 보여준다. 이는 달리와 대니얼 뱃슨(1973)이 프린스턴대학교 신학생을 대상으로 한 고전적 연구로 우리가 2장에서 자세히 다뤘다. 그때 우리가 언급하지 않은 한 가지 세부사항은 실험 참가자에게 설문지를 주고 종교에 보이는 관심이 자기 자신 구원을 위한 것인지 아니면 다른 사람을 돕기 위한 것인지 물은 부분이다. 이 사실은 달리와 뱃슨이 외관상 중요한 성향 변수의 힘을 '작은' 상황 변수, 즉 바쁘다고 믿은 실험 참가자가 도움이 필요한 것으로 보이는 사람을 지나칠지 그렇지 않을지와 비교할 수 있었다는 것을 의미한다. 실험 참가자들은 설문지를 작성한 뒤 캠퍼스를 가로질러 다른 건물에 있는 방에 가서 설교하도록 지시받았다. 이때 연구자는 일부 실험 참가자에게 설교를 들을 사람들이 이미 그 방에 와 있고, 일정이 늦어져 안타깝게도 실험 참가자가 약속시간에 늦었다고 말했다는 점을 기억할 것이다. 다른 실험 참가자들은 시간이 많이 남았다고 믿었다. 실험 참가자에게 다른 건물로 가는 길은 명확히 알려주었고 그들은 그 길에서 난처한 상황에 빠졌다.

달리와 뱃슨의 실험은 착한 사마리아인 우화를 기반으로 한 것이다. 신학생들은 새 건물로 가는 길에 출입구에서 도움을 청하는 사람을 만난다. 그들은 도움을 주었을까? 이들의 종교 지향 성격이 차이를 만들어냈을까? 이들이 바쁜지 아닌지가 차이를 만들었을까? 이 세 가지 질문의 답은 각각 다음과 같다. 일부는 도움을 주었다. 종교 지향 성격은 차이를 만들지 못했다. 그런데 바쁜지 아닌지는 큰 차이를 만들어냈다.

바쁘지 않은 실험 참가자 중 63퍼센트는 가던 길을 멈추고 '피해자'에게 도움을 주었다. 바쁘게 길을 가던 실험 참가자는 단 10퍼센트만 도움을 주었다. 반면 종교 지향 성격에 관한 성향 측정은 실험 참가자들이 길을 멈추고 도움을 줄지 말지 결정하는 데 실질적으로 아무런 역할도 하지 않았다. 어떤 의미에서 달리와 뱃슨의 실험은 좋은 사마리아인 우화를 반복하지만 그 교훈은 바꿔놓는다. 이들의 실험에 따르면 다른 길로 지나쳐버린 모든 사제와 레위인은 단지 일정에 늦었을 뿐이다!

그렇다면 달리와 뱃슨의 연구처럼 사람들을 제대로 조정할 수 없다는 것을 어떻게 아는가? 이들이 약속시간에 늦은 것 같은 급한 요인은 중요하고 종교 성향요인은 중요한 것이 아니라고 생각하는지 우리가 어떻게 아는가?

심리학자 폴라 피에트로모나코Paula Pietromonaco와 니스벳(1982)은 실험 참가자들에게 달리·뱃슨의 연구와 유사한 실험을 설명했다(출입구에 무릎을 부상당한 듯 누워 있던 남성을 여성으로 바꿔 신학생에게 자기 남편을 불러달라고 요청했다고 설명했다). 실험 참가자들은 대다수 신학생이 도움을 줄 것이라고 생각했다. 하지만 실험 참가자들은 [그중에서도-옮긴이] 다른 사람을 도우려는 욕구에 기반한 종교관이 있는 사람이 [자신의 구원을 위한 욕구에 기반한 종교관이 있는 사람에 비해-옮긴이] 20퍼센트 이상 더 많이 도와줄 것이라고 생각했다. 그와 함께 신학생들이 바쁜지 아닌지는 어떤 차이도 만들지 않을 것이라고 봤다. 이들은 시간이 얼마나 있는지와 상관없이 '이타적인 사람'이 도움을 줄 것이고 '이기적인 사람은' 그러지 않을 것이라고 믿었다.

성향주의의 견고함

피에트로모나코와 니스벳은 공교롭게도 이 연구를 사람들의 편향과 관련해 앞서 말한 사실을 입증하는 것뿐 아니라 그 편향을 **바꾸는** 것이 얼마나 어려운지 시험하기 위해 진행했다. 이들은 일부 실험 참가자에게 달리와 뱃슨의 연구를 실제로 읽어보게 한 다음 두 가지 다른 상황에서 도움을 주는 행동을 예측하도록 했다. 하나는 조금 전 설명한 달리와 뱃슨의 연구를 살짝 변형한 것이고, 다른 하나는 대상자가 실험에 참여하는 것이 아니라 병원에 있는 친구를 방문하러 가는 길이었다. 길에서 만난 피해자는 임신한 여성으로 이동수단 도움이 명백히 필요한 상황이었다. 연구진은 두 상황을 실험 참가자에게 제시했는데 일부 실험 참가자는 프린스턴 대학교 신학생의 도움 행동을, 또 다른 일부 실험 참가자는 뉴저지 남성 가운데 무작위 표본으로 선정한 사람들의 도움 행동을 예측했다.

실험 참가자에게 달리와 뱃슨의 연구 정보를 미리 제공하고 읽게 한 것은 종교 지향 성향 변수의 영향을 예측하는 데 의미 있는 정도의 효과가 없었다. 바쁜 상황에 있는 상황 변수의 영향을 추정하는 데는 효과가 있었지만 그것은 단지 18퍼센트 차이로 나타났고 달리와 뱃슨이 보고한 53퍼센트 차이보다 훨씬 적었다.

심리학자 마틴 세이퍼Martin A. Safer(1980)가 진행한 연구에 따르면 학생들은 밀그램 실험에서 복종을 상황의 힘보다 성향에 귀인하는 모습을 보였다. 세이퍼는 밀그램의 복종 영상을 학생들에게 보여주었다. 그 영상에서 상황요인이 복종을 강제한다는 점을 강조했음에도 불구하고 실험 참가자들은 그 요인이 **없을** 때도 학습자에게 가해질 충격의 양을 상당히 과대평가했다. 즉, 실험 참가자들은 밀그램의 특정 상황이 만들어내는 충격적인 장면에서 행할 중요한 역할을 인식하기보다 추측한 성향 관점에서 계속 행동을 해석했다.

상황에 근거한 추측보다 성향에 근거한 추측을 선호하는 것

뉴턴Newton, 그리핀, 로스(1988)의 연구는 아마추어 성향주의의 직접적인 증거를 제시한다. 이 연구에서 실험 참가자들은 예측 목적과 관련이 있다고 생각하는 사람과 정확한 성향을 고를 수 있었다. 어떤 의미에서 이들은 '개별 기술적인idiographic' 또는 사람에 근거한 예측에서 '최선의 선택'을 했다. 뉴턴과 동료 연구자들은 2장에서 설명한 경로요인 분석에서 영감을 얻어 두 집단 실험 참가자들에게 캠퍼스에서 음식을 나누는 자선행사에 기여할 기회를 주는 실험을 했다. 한 집단 실험 참가자들은 학교 친구들이 아는 사람 중 '가장 덜' 기여할 것 같은 사람으로 지명한 사람들이었다. 다른 집단 실험 참가자들은 '가장 많이' 기여할 것 같은 사람으로 지명받은 사람들이었다. 각 집단에서 실험 참가자의 절반은 순응compliance 경로요인을 몇몇 미묘한 방식 혹은 그다지 미묘하지 않은 방식으로 촉진하는 조건에서 이런 기회를 받았다. 즉, 실험 참가자들은 각자의 이름이 적힌 편지를 받았고 특정 음식을 기부하도록 부탁받았다. 또한 음식을 모으는 상자의 위치를 표시한 지도를 받았고 가장 중요하게는 개별 요청 내용을 짧게나마 다시 알려주는 후속 전화를 받았다. 반면 다른 절반의 실험 참가자들에게는 이 같은 경로 촉진 요인이 없는 상태에서 동일한 기회가 주어졌다. 편지에는 그냥 '학생에게'라고 쓰여 있었고 특정 음식을 지정하지 않았으며 후속 전화나 지도도 없었다.

상황 대 사람의 예측력에 관한 일반인의 신념을 결정하기 위해 지명받은 사람들은 관련된 두 조건에서, 즉 경로 단서가 촉진하는 조건과 경로 촉진 요인을 제외한 조건에서 각 실험 참가자들이 기부할 가능성을 추정했다.

뉴턴과 동료들의 연구 결과는 명확했다. 지명받은 사람들은 실험 참가자가 기부할지 말지 결정하는 데서 그들의 특성이 가장 중요하고 상황 특성은 사소할 것이라고 생각했다. 특히 이들은 '가장 기부할 것 같지 않은' 기부자는 기부하도록 촉진하는 조건에서는 17퍼센트가 기부할 가능성이 있다고 추정했고, 경로요인이 기부하도록 촉진하지 않는 조건에서는 16퍼센트가 기부할 가능성이 있다고 추정했다. 이들은 '가장 기부할 것 같은' 기부자는 각각 83퍼센트와 80퍼센트가 상응하게 기부할 가능성이 있다고 보았다. 실제 결과에서는 상황 특성이 더 결정적인 것으로 나타났다. 촉진이 없는 조건에서는 실험 참가자의 4퍼센트만 음식을 기부했다('가장 기부할 것 같지 않은' 사람들 0퍼센트와 '가장 기부할 것 같은' 사람들 8퍼센트의 평균). 반면 촉진하는 조건에서는 33퍼센트가 음식을 기부했다('가장 기부할 것 같지 않은' 사람들 25퍼센트와 '가장 기부할 것 같은' 사람들

42퍼센트의 평균).

다시 말해 지명받은 사람들은 동료의 평판과 성격을 알면 적어도 **일부** 사람은 확신을 갖고 예측할 수 있다고 믿었다. 또한 그들이 이타주의자와 비非이타주의자로 구분해 지정한 것이 관여한 상황요인과 상관없이 자신의 성향을 드러낼 것이라고 생각했다. 하지만 이들은 틀렸다! 상황 변수는 관련 행위자의 성향보다 더 중요한 것, 적어도 사람들에게 현저한 어떤 성향보다 더 중요한 것으로 밝혀졌다.

이 증거는 아마추어 성격 이론의 일부 중심 원리에 심각한 결함이 있다는 것을 강조한다. 사실상 이 증거는 기본적 귀인 오류의 극단 설명과 일치한다. 사람들은 오로지 상황 해석만 가능하거나 기껏해야 행위자가 특정 유형 상황에서 특정 방식으로 행동한다는 해석이 가능한 데이터를 놓고는 선뜻 특성 탓으로 돌린다. 여기에다 이 특성을 더 나아간 예측의 근거로 사용하면서 다시 상황요인에 주의를 기울이지 않는 특징을 보인다. 앞으로 보겠지만 사람들은 그러한 성향주의 이론과 그렇게 해서 생기는 차선의 추론 전략을 고수한 결과 예측 정확도 면에서 비싼 대가를 치르고 만다.

성향에 근거한 예측을 과신하는 것

앞서 살펴본 가설의 강력한 양적 해석quantitative interpretation은 실증 수준과 이론 수준에서 모두 이뤄졌다. 로스와 동료 연구자들

그리고 니스벳과 동료 연구자들이 수행한 두 개의 별도 연구에서 성향에 근거해 예측하는 경우의 비용을 검토했다.

3장에서 인용한 더닝, 그리핀, 제임스 밀로이코비치James Milojkovic, 로스(1990)의 연구에서는 다양한 실험실 또는 일상의 여러 상황을 관찰자에게 설명했다. 그런 다음 관찰자에게 그 상황에서 관찰 대상자의 행동을 예측하게 했다. 예를 들어 실험 참가자들은 연구 맥락에 따라 관찰 대상자가 다가오는 사분기 동안 매주 최소 한 번씩 집에 전화를 걸지, '그에게 사진을 찍자고 했을 때 그가 머리를 빗을지'를 예측해야 했다. 한 집단의 평가자에게는 행동 예측에 유용한 개인 정보가 상당히 풍부했다. 이들 평가자는 예측 과제를 준비하는 과정에서 대상자를 인터뷰할 수 있었다. 반면 다른 집단은 정보가 적었다. 즉, 실험 참가자들은 대상자의 이름과 사진만 보고 예측해야 했다.

결과는 아주 분명했다. 정보가 많은 조건에서 평균 정확도(60퍼센트 맞음)는 정보가 적은 조건에서의 평균 정확도(57퍼센트 맞음)보다 단지 조금 높았을 뿐이다. 이는 행동 예측에 도움을 받기 위해 설계한 인터뷰로 참여자가 얻은 상대방 정보가 무엇이든 그것이 제한적 가치를 지닌 것으로 입증되었음을 뜻한다.

아마 사람들은 인터뷰 이후에도 그 같은 일회성 행동 예측이 정확해질 것이라고 **주장하지는** 않을 것이다. 다행히 더닝과 동료 연구자들의 데이터를 보면 사람들이 예측하는 데 개인 정보가 도움을 준다고 생각하는지 아닌지 가늠해볼 수 있다. 진실은 실험 참가자들이 사실상 행위자의 이름과 외모 정보만으로도 상당히 정확히 예측할 수 있다고 믿었다는 점이다! 정보가 부족했던 실험 참가자들은 자신의 정확도를 72퍼센트로 기대했으나 실제로는 57퍼센트의 정확도를 보였다. 정보가 많은 조건에 있었던 실험 참가자들은 자신의 정확도를 77퍼센트로 기대했지만 당시 정확도는 60퍼센트였다. 한마디로 정보가 많고 적은 조건 모두에서 실험 참가자들은 자신의 예측 능력을 과신했다. 더구나 확신도 정확도와 잘 맞아떨어지지 않았다. 실험 참가자들의 정확도는 크지 않았으며 자신의 예측에 낮은 확신을 보였을 때보다 높은 확신을 보였을 때, 정확도와 확신 수준의 간극이 최대였다. 실험 참가자들은 자신이 맞는다며 자신만만해하고 심지어 거의 확신(위험한 인식론 입장)했지만 자주 틀렸다.

더닝과 동료 연구자들이 수행한 연구에서 실험 참가자들은 때로 문제 상황의 기저율base rate✧에 따른 자신의 추정치(또는 연구자가 준 기저율)와 일치하는 예측을 했고 때로는 그렇지 않았다. 이 결

✧ 모집단에서 하나의 현상이 자연스럽게 발생하는 빈도를 뜻한다. 예를 들어 어떤 집단에 변호사가 90퍼센트, 엔지니어가 10퍼센트 있다면 어떤 사람이 변호사일 기저율은 90퍼센트다. 그럼에도 불구하고 이 집단에 속한 어떤 사람이 학교에서 물리학을 전공했다는 사실을 아는 순간 사람들은 그가 엔지니어일 것이라고 판단하는 경우가 있는데, 이를 기저율 오류base-rate fallacy라고 한다.

과의 중요한 점은 실험 참가자의 예측이 추정한(혹은 알려준) 기저율과 맞지 않을 때, 실험 참가자는 통상 50퍼센트(의 가능성) 수준이나 그보다 밑으로 예측했다는 것이다. 한 연구에서 기저율에 따라 예측한 실험 참가자는 75퍼센트가 맞았고 기저율과 상관없이 예측한 실험 참가자는 40퍼센트만 맞았다. 동일한 연구에서 기저율과 모순이 있는 예측을 한 실험 참가자는 예측이 정확할 가능성이 매우 낮았음에도 불구하고 기저율에 따라 예측한 실험 참가자보다 아주 조금 덜 확신했다. 기저율을 고려하지 않은 비용은 기저율이 극단일 때 특히 극적이었다(그리고 함축적으로 상황요인에 매우 높은 결정요인이 있었다). 기저율이 최소 75퍼센트였을 때 이 기저율에 따른 실험 참가자는 85퍼센트가 맞았다. 기저율을 제대로 고려하지 않고 예측한 실험 참가자의 정확성은 23퍼센트였다. 후자의 실험 참가자는 자신의 예측이 72퍼센트가 맞는다고 생각함으로써 극단적으로 잘못 계산한 것으로 드러났다.

이 연구가 주는 교훈은 명확하다. 그것은 더닝과 동료 연구자들, 뉴턴과 동료들의 연구와 비슷한 예측(실험 참가자에게 음식 자원봉사에서 가장 도움을 줄 것 같은 사람과 가장 도움을 주지 않을 것 같은 사람을 예측하게 함)을 할 때는 알려지거나 추측한 기저율이 예측에 가장 좋은 근거라는 점이다. 기저율이 극단인 경우 이와 반대되는 예측을 할 때는 자신의 예측이 굉장히 위험할 수 있음을 알아야 한다. **심지어 예측하는 사람이 대상자를 잘 아는 경우라도 그렇다.** 기저율은 상황의 힘을 대리한다. 특히 기저율은 상황이 강력할 때 매우 극단적이다. 따라서 상황을 무시하는 것이 위험하듯 기저율과 반대로 가는 것 역시 위험하다.

사회심리학자 앤 맥과이어Anne McGuire(1989)가 진행한 일련의 유사 연구에서도 비슷한 결론이 나왔다. 그는 도움을 주는 두 가지 다른 상황을 제시하고 관찰 실험 참가자에게 대상 행위자를 예측하게 했다. 대상자는 한 상황에서 어떤 심리학 실험에 실험 참가자로 참여해 자원봉사를 해달라는 요청을 받았고, 또 다른 상황에서는 조작한 환경에 놓였다. 그 남성 또는 여성이 층계를 올라가는데 목발을 짚은 여성을 앞지를 즈음 여성의 어깨에서 책가방이 흘러내리기 시작했다. 일부 관찰자에게 대상자는 모르는 사람이었지만 학교에서 몇 학년인지, 어떤 조직에 속해 있는지, 그날 하루가 어땠는지 등 간단한 개인 정보를 알려주었다. 다른 조건에서 관찰자는 대상자를 잘 아는 사람이었다.

일반적으로 예측은 기대하는 것보다 아주 조금 더 정확할 뿐이라는 것이 밝혀졌다. 그렇지만 관찰자들은 자신이 대상자를 개인적으로 잘 아는 조건에서는 특히 상당히 정확하다고 믿었다. 실제로는 대상자를 잘 아는 관찰자가 간단한 개인 정보만 아는 실험 참가자보다 더 정확하지 않았다. 이 결과는 로스와 동료 연구자들의 결과와 일치한다. 관찰자는 자신이 믿은 것보다 덜 정확했으며 그 상황에서 이들이 추측한 기저율에 대상자 정보를 더해도 정확도는 나아지지 않았다. 이들이 아는 것을 이용해 자신의 정확도가 나아질 것이라 **믿었**지만 말이다. 조금 아는 것은 위험할 수 있다. 적어도 그것이 정확도를 높이는 것보다 훨씬 더 자신감을 높일 때는 그렇다.[5]

성향주의와 면접 착각

지금까지 살펴본 문헌은 우리가 면접 착각interview illusion[6]이라고 부르는 것을 이해하는 데 도움을 준다. 이는 간단히 서로를 알기 위한 면접에서 유용한 성격 정보를 많이 알 수 있다는 가정을 말한다. 이 신념은 착각에 가깝다. 미래의 학부생이나 대학원생의 성과, 생산직과 사무직 직원의 업무 성과 그리고 임원·변호사·의사·연구 과학자의 전문적인 성공을 추정하기 위해 구조화하지 않은 면접의 예측 타당도를 다룬 최고의 연구 결과를 살펴봐도 관련 상관관계가 0.10에서 0.15 범위를 넘는 경우는 거의 없기 때문이다. 대다수 연구는 사실 0.10이나 그보다 낮은 상관관계를 나타낸다.[7]

앞서 검토한 연구에서 어떤 사람을 제한적인 정보에 기반해 예측할 때도 사람들은 그 예측이 정확하다고 꽤 확신하는 것으로 나타났다. 쿤다와 니스벳(1986)의 연구는 왜 사람들이 환상에 불과한 이런 신념을 지속하는지 이해하게 해준다. 면접에 나타난 사회적 행동 데이터는 단위로 나누거나 분석 가능한 부호로 처리하기 어렵고 결과 데이터("도움을 주는 동료다", "부서의 훌륭한 리더다") 역시 분석 가능한 부호로 처리하기가 어렵다. 여기에다 힐렐 아인혼 Hillel J. Einhorn과 로빈 호가스 Robin M. Hogarth(1978)가 지적했듯 작업 결과가 간혹 모호하고 심지어 피드백이 없다. 특히 아직 고용하지 **않은** 사람들이 일을 잘할지 못 할지 대개 알지 못한다!

쿤다와 니스벳이 개발한 측정법으로 면접을 활용한 사람들의 추측이 정확히 얼마나 잘못되었는지 추정하고 이를 다른 종류의 정보를 활용한 추정과 비교할 수 있다. 이것을 위해 연구자들은 특성 관련 행동으로 평화봉사단에서 지역사회 조직가로서의 성공을, 또 능력 관련 행동으로 미시간대학교에서 평균 학점을 실험 참가자가 면접으로 어느 정도 예측할 수 있는지 추정하게 했다. 실험 참가자들이 두 가지 모두 타당도 계수, 특히 특성 관련 타당도 계수를 과대평가할 것이란 점은 이미 예상하고 있었다.

실험 참가자에게 요청한 확률 추정치는 쿤다와 니스벳이 행동 일관성과 관련해 생각했던 것과 비슷한 정도였다. 즉, 연구진은 실험 참가자에게 정신과 의사가 실시한 평화봉사단 면접에서 다른 수습직원에 비해 높이 평가받은 수습직원이 지역사회 조직가로서 업무를 더 잘 수행할 가능성이 어느 정도일지 나타내도록 요청했다. 다른 실험 참가자에게는 학부에 지원한 학생을 면접한 대학 입학사정관이 다른 지원자보다 높게 평가한 지원자가 나중에 높은 평균 학점을 받을 가능성은 어느 정도일지 나타내도록 요청했다.

실제 면접 타당성은 각각 0.10 미만이라는 점에 유념해야 한다. 평화봉사단의 경우 0.06이고[8] 평균 학점 예측도 거의 비슷했다.[9] 그럼에도 불구하고 〈그림 5.2〉에서 볼 수 있듯 실험 참가자들은 두 가지 결과를 예측하기 위한 면접 타당성이 상당하다고 생각했다. 평화봉사단의 성공과 관련해 실험 참가자는 면접 타당성이 0.60이라고 추정했다. 평균 학점에서 그들이 추정한 것도 꽤 괜찮은 수준인 0.32였다. 이는 실험 참가자가 면접을 평화봉사단의 성공을 가늠하는 훌륭한 예측 수단 혹은 평균 학점을 예측하는 유용한 도구로 생각한다는 것을 뜻한다.

독자 여러분은 학업 성과 같은 결과를 어느 정도 타당성 있

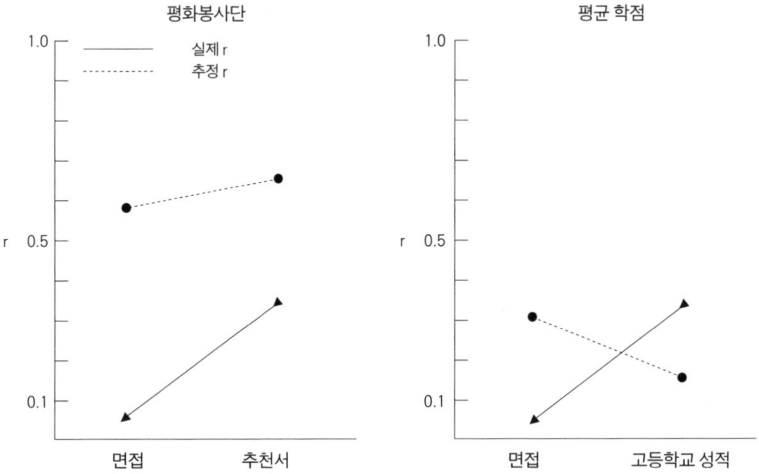

그림 5.2 평화봉사단에서의 성공과 대학 학점을 실제 면접과 많이 집계한 예측 변수를 기초로 추측한 것과 실제 예측 가능성[11]

게, 즉 면접관의 인상이 제시하는 것보다 더 타당성 있게 예측**할 수 있다**는 점에 안심할 것이다. 하지만 그렇게 하려면 정말로 관련이 있고 똑같이 중요한 정도로 크고 다양한 행동과 결과 표본에 근거해 측정해야 한다. 예를 들어 고등학교 성적으로 0.30~0.45 범위에서 대학 학점을 효과적으로 예측할 수 있다(〈그림 5.2〉에서 실험 참가자가 고등학교 성적이 대학 학점을 예측하는 데 효과적임을 **과소평가하고 있다**는 점에 주목해야 한다). 평화봉사단에서의 성공을 예측하는 특성 관련 결과에도 후보자를 잘 아는 사람이 작성한 추천서에 담긴 평균 평가를 포함해 몇 가지 유효한 예측 수단이 있다. 한 연구[10]에서 밝혀낸 이 타당성 계수는 0.35였다. 심리 측정 관점에서 면접과 추천서 사이의 차이에 주목하는 것은 중요하다. 추천서는 통상 면접보다 몇 배 많은 양의 정보를 근거로 하는데 많으면 수백 배에서 수천 배에 달한다. 그러므로 순전히 심리 측정 집계 관점에서는 면접관의 정보보다 추천인의 정보가 훨씬 더 유용하다(덧붙여 이 연구에서처럼 복수의 추천인에게 질문하고 그들의 판단을 집계해 증거의 근거를 늘릴 수 있다).

우리는 특정 후보자의 채용 여부를 결정하는 것처럼 판단을 다루는 면접 데이터의 타당성이 낮은 경우 비용을 추측해볼 수 있다.[12] 이 비용은 면접 타당성 크기의 역함수와 경쟁 타당성 크기의 항등 함수로 그 함숫값은 올라간다. 선발을 위해 면접에 의존하는 대다수 기관은 두 번에 걸쳐 대가를 지불하는 셈이다. 한 번은 후보자 면접 비용이고 그보다 더 큰 대가는 면접 과정에서 나온 평가 자료를 선발에 실제 사용하는 비용이다.

성향 데이터는 언제 유용한가?

앞선 설명이 보여주듯 때로는 개인 성향 정보를 아는 것이 더 유용하다. 이제 우리는 전통적 지혜가 개략적으로나마 맞는 것으로 밝혀진 경우를 논하려 한다.

우리는 앞서 개인차 정보가 매우 유용했던 한 사례에서 이를 넌지시 알렸다. 그것은 특정 상황에서 특정 인물의 기저율 정보를 갖고 있을 때다. 예를 들어 잭이 늘 그랬듯 오늘 점심시간에 말을 많이 할 것이라는 예측은 당신의 배우자가 서서 자유롭게 대화하며 먹고 마시는 이번 파티를 두고 불평할 것이라는 예측과 마찬가지로 확실하다. 특성의 유용성과 관련해 일반인이 확신하는 것은 제한된 상황 내의 안정성을 바탕으로 한 성공적인 예측을 지나치게 일반화한 것일 가능성이 크다.

하지만 각각 다른 유형의 상황에 걸쳐 있는 예측도 진정 유용할 수 있다. 우리는 앞에서 특성에 근거한 예측이 타당하고 정확한 전망으로 이어질 수 있는 어떤 특별한 상황을 상세히 설명했다. 이는 다음을 포함한다. (1)예측이 크고 다양한 과거 관찰 표본에 기반하고 하나의 행동이나 결과가 아니라 '장기간'에 걸쳐 예상되는 평균에 근거한다. (2)예측이 극단 결과나 사건의 상대적 가능성을 다루며 행위자를 다른 사람들과 비교할 때 과거에 행위자가 극단적으로 보였던 적이 있다. (3)예측이 모집단의 기저율을 고려한다. 특히 이들이 반영하는 극단적 기저율과 상황 압력은 간과할 수 없다.

행동에 실제 개인차가 있는 것을 감안하면, 즉 모집단 반응에 상당한 변동이 있음을 고려하면 관찰자가 그 새로운 상황에서 대상자를 한 번도 본 적 없어도 이론상으로는 특성 정보로도 예측할 수 있다. 그러나 특성 정보만으로 예측하려면 대상자인 그 사람을 아주 잘 알아야 하고 오랜 기간에 걸쳐 행동을 예측해야 하며, 예측하려는 사람이 예측 변수와 관련해 이것이 참인 것으로 나타날 기회가 있기 전에 극단적이었어야 한다.

우리가 본 것처럼 일반인은 이런 조건을 받아들이지 않는다. 일반인은 잘 모르는 다양한 사람들의 행동을 심지어 한 번의 새로운 상황에서도 예측할 수 있다고 믿는 듯하다.

아마추어 성향주의의 원천

어떻게 사람들은 행동의 원인을 기본적으로 구성할 때 그렇게 잘못 생각할 수 있을까? 어째서 사람들은 예측의 힘이 거의 혹은 아예 없는 특성에 귀인해 눈앞의 과제를 설명하거나 예측하는 것을 선호할까? 왜 사람들은 강력한 상황요인과 능력 데이터나 평판 데이터처럼 실질적 예측 유용성이 있는 개인차 데이터에 둔감한 것일까? 이번 장의 나머지에서는 사람들이 동료의 행동을 예측할 때 가능성을 과대평가하게 만드는 순진한 성향주의의 원천을 살펴보겠다. 6장에서는 순진한 성향주의에 기반해 어떤 분석을 했을 때 이에 따른 손실을 줄이고 실수를 덜 저지르게 만드는 요인이 무엇인지 살펴본다.

지각과 성향주의자 편향

우리가 선호하는 설명은 지각적인 것으로 이는 원래 쿠르트 레빈에게서 나왔으나 이를 처음 명확히 말한 사람은 프리츠 하이더다.

> (…) 행동 (…)은 매우 중요한 속성이며 해석을 위해 주변 분야의 추가 데이터-사회적 지각 상황-를 필요로 하는 일부 자극으로 위치를 국한하기보다 이 분야를 에워싸는 경향이 있다.[13]

레빈과 하이더에게 알맞은 게슈탈트 용어로 요약하면 우리가 다른 사람, 즉 행위자를 관찰할 때 '인물'은 행위자고 '배경'은 상황이다. 사람은 적극적이고 역동적이며 흥미롭다. 이것이 주의를 집중하게 하는 자극 속성이다. 반대로 상황은 상대적으로 고정적이며 더러 어렴풋하게만 알아챈다. 보통 관찰자는 행위자가 어떤 목적을 추구할지, 행위자가 어떤 장애물과 마주할지, 행위자가 어떤 기분일지 등을 알아내기 위해 정신 에너지를 그다지 쓰려고 하지 않는다.

그렇다면 왜 관찰자는 관찰한 행동 형태에 상응하는, 즉 성향에 근거한 귀인을 하는 것일까? 하이더는 이것 역시 명확히 다뤘다.

> (…) 사람은 단지 주변의 관찰할 수 있는 것을 표현하는 데 만족하지 않는다. 사람은 가능한 한 그것을 자기 환경의 불변하는 것과 관련을 짓는다. (…) 사건의 근원적 이유, 특히 다른 사람의 동기는 그와 관련된 환경의 불변성이다. 사람들은 자신이 경험하는 것에 의미를 부여한다.[14]

이에 따르면 어떤 환경에 속한 사람을 관찰할 때 우리는 환경 속성보다 사람의 성향 속성을 토대로 추론해야 한다. 간단히 말해 사람은 누구나 **주의를 기울이는 대상에 귀인한다.** 실제로 1970년대 하이더에게 영감을 받은 귀인 연구는 이를 잘 일반화해서 보여준다. 예를 들어 심리학자 레슬리 제브로위츠 맥아서Leslie Zebrowitz-McArthur와 데이비드 포스트David L. Post(1977)는 행위자의 행동이 그가 명확히 보이지 않거나 움직이지 않을 때보다 명확하거나 움직일 때 상황에 덜 귀인한다는 것을 알아냈다. 이와 유사하게 로버트 마크 아킨Robert Mark Arkin✧과 토머스 셸리 듀발Thomas Shelley Duval✧✧(1975)은 환경이 변화할 때보다 안정적일 때 행위자의 행동이 환경에 덜 귀인한다는 것을 보여주었다. 사회심리학자 셸리 테일러와 수전 피스크Susan Fiske(1975)는 관찰자가 행위자 A와 B가 상호작용하는 것을 보되 B보다 A를 더 잘 볼 수 있을 때 상호작용 결과의 인과 귀인은 B보다 A로 이뤄진다는 것을 보여주었다.

행위자와 관찰자는 인과 귀인을 다르게 한다

앞서의 분석은 행위자와 관찰자가 행위자의 행동 원인을 각각 다르게 이해한다는 의미를 함축한다. 관찰자는 행위자의 성향을 들먹이는 쪽으로 기울지만 행위자는 상황의 기회나 제약을 들먹이는 쪽으로 기운다. 실제로 존스와 니스벳[15]은 이것이 일반적이라고

✧ 사회심리학자로 과잉 성취자overachiever와 핑계를 만드는 자self-handicapper 연구로 두 부류에 유사성이 있음을 밝혀냈다. 두 부류 모두 자신의 능력이 실패와 연관되는 것을 두려워하며 자신이 가치 있는 사람인지에 비정상적으로 관심을 보인다는 것이다.

✧✧ 미국 사회심리학자로 기대expectancy와 사회 촉진social facilitation 이론을 활용한 지진 대비 연구로 유명하다. 보통은 시민이 지진에 대비하도록 두려움을 주는 캠페인을 하지만 이는 오히려 사람들이 준비 자체를 회피하게 만들 수 있다는 결과를 내놓았다. 그는 사람들이 준비를 통해 자신이 실질적인 변화를 만들어낼 수 있다고 확신하게 만드는 것이 없으면 두려움을 조장하는 이런 공공 캠페인은 부작용을 일으킬 수 있다는 결론을 내놓았다.

주장했다. 행위자는 관찰자보다 그들의 행동에 성향 설명을 덜하는 경향이 있다. 예를 들어 앞서 인용한 니스벳과 동료 연구진(1973)이 진행한 연구에서 관찰자는 돈[◇] 때문에 자원봉사한 행위자를 자원봉사 유형이라고 추론한 반면, 훨씬 더 적은 돈[◇◇]에 자원봉사하지 않은 사람은 자원봉사 유형이라고 추론하지 않았다. 하지만 행위자는 자신의 행동을 제안받은 금액 측면에서 설명했다. 실험 참가자에게 왜 자신의 대학 전공을 선택했는지, 왜 그 사람과 데이트했는지 설명해달라고 했을 때도 동일한 패턴을 보였다. 행위자는 그 선택을 압도적으로 자극 특성 측면에서 설명했다("나는 그녀가 매우 따뜻한 사람이라 그녀와 데이트를 했다"). 반면 관찰자는 행위자의 성향을 들먹일 가능성이 높았다("그는 의존적인 사람으로 위축감을 주지 않는 여자친구가 필요해서 그녀와 데이트를 했다"). 덧붙여 니스벳과 동료 연구진의 연구에 따르면 행위자는 행위자의 가장 가까운 친구, 새로 알게 된 사람, 잘 알려진 뉴스 해설자보다 자신의 행동을 설명할 때 성향 용어를 덜 사용한다고 믿는다. 자신을 생각할 때는 걷잡을 수 없는 성향주의를 억제하는 것이다.

행위자와 관찰자의 귀인 사이에 생기는 차이는 적어도 부분적으로 지각 차이에 근거한다는 주장은 심리학자 마이클 스톰스

◇ 1.50달러를 제안받은 경우를 말한다.

◇◇ 0.50달러를 제안받은 경우를 말한다.

Michael Storms(1973)가 진행한 연구가 뒷받침한다. 스톰스는 비디오로 녹화하면서 실험 참가자들이 서로 대화하게 했다. 이들이 대화하는 동안 두 관찰자가 참석했는데 한 사람은 행위자 A를 잘 볼 수 있는 자리에 위치했고, 또 다른 관찰자는 행위자 B를 더 잘 볼 수 있는 자리에 위치했다. 대화가 끝난 뒤 행위자에게는 자신의 행동을 설명하게 했고, 관찰자에게는 자신이 쉽게 관찰할 수 있었던 행위자의 행동을 설명하도록 했다. 두 행위자 모두 자신의 행동을 주로 상황요인에 귀인했는데, 예를 들면 다른 행위자의 행동과 특이한 상황 맥락 등이다. 관찰자는 행위자의 행동을 추론한 성향에 귀인하려는 경향이 있었다. 그런데 관찰자에게 그가 제대로 관찰하기 힘들었던 행위자, 즉 그가 관찰한 행위자가 마주한 상황에 초점을 둔 비디오테이프를 보여주자 자신이 관찰한 행위자와 유사한 방식의 귀인을 했다. 더 주목할 만한 것은 행위자에게 **자신**을 찍은 비디오테이프를 보여주었을 때 그가 **관찰자**의 귀인과 유사한 귀인을 했다는 점이다.

결국 스톰스의 연구 결과는 귀인이 주의 집중에 상당한 영향을 받는다는 점과 행위자와 관찰자가 다른 인과 해석을 하는 주된 이유는 행위자와 관찰자가 보통 다른 것에 주의를 기울이기 때문이라는 관점을 뒷받침한다.

구성과 성향주의자 편향

성향주의 편향의 근원에 있는 지각요인은 사람들이 사회적 행동을 구성하는 방식과 관련된 다양한 지각요인으로 이뤄진다. 간단하게 살펴보자.

언어학 요인

월터 미셸(1968)은 이를 최초로 언급한 연구자다. 그에 따르면 사람들의 성향 귀인은 행위자의 행동에 적용 가능한 형용사를 대개 행위자에게도 적용할 수 있다는 사실로 촉진된다. 이를테면 '적대적인' 행동은 '적대적인' 사람이 하고 '의존적인' 행동은 '의존적인' 사람이 하는 식이다. 일반적으로 언어는 행위와 상황 사이에 유사한 연상을 하게 만들지 않는다('적대감을 조장하는 상황'이라는 어색한 경우를 생각해보자). 주목할 만한 예외가 있다면 어떤 일이 어려울 것이라는 생각 때문에 그 일을 실패하는 경향이 있다는 것이다.

인상 지속성

행위자의 행동과 결과를 관찰하고 성향 귀인에 도달하면 설령 이전 정보에 맞서거나 틀린 것을 입증한 새로운 정보를 알게 되어도 그 행위자의 가설을 변경하기 힘들 수 있다.[16] 초기 인상을 유지하기 위해 서로 협력하는 광범위한 인지 과정을 보여주는 증거가 있다.[17] 그 이후 행위는 초기 귀인과 일관성을 유지하는 방향으로 구성될 확률이 높다. 초기 인상과 일치하는 정보는 액면 그대로 받아들여지는 반면 예외 사항은 대충 얼버무려진다.

이론과 이념

지각 증거를 마련하는 경향은 이를 담아내고 정당화하는 이론으로 증폭될 가능성이 크다. 서양의 지적이고 도덕적인 전통은 성향에 근거해 설명하는 습관을 훨씬 더 뒷받침한다. 개인의 도덕적 책임에 관한 유대교와 기독교의 주장부터 행동의 자유를 가장 중요하게 보는 자본주의와 민주주의의 지적 기초까지 서양 문화의 많은 부분이 행위자의 인과관계 역할을 강조하고 다른 종류의 행동을 다른 종류의 행위자에게 귀인한다. 아마 마르크스주의 전통은 상황 설명에 초점을 둔 주된 지적 전통일 것이다. 행동주의, 레빈의 장 이론 그리고 대다수 사회학 체계는 상황 관점을 취하는 사회과학 내의 전통이지만 이것이 더 큰 사회에 미친 영향은 다소 미미하다. 비서양권 문화가 다른 심리학 이론을 발전시켰을 가능성은 7장에서 다룬다.

통계와 성향주의자 편향

마지막으로 흔한 통계 결함이 성향주의자 편향을 지속하게 만들었다는 점에 주목해야 한다. 첫째, 사람들은 성향의 밑바탕에 있는 적당한 크기의 상관관계를 알아내는 데 다소 미숙하다.[18] 둘째, 사람들은 표본 크기와 증거의 질 관계를 잘 모른다. 특히 성향 관련 행동을 정확히 예측하려 할 때 집계한 관찰에 담긴 가치를 잘 이해하지 못한다.[19] 사람들의 통계 능력 차이는 지각과 인지 편향을 채울 공백을 만들어낸다.

사람들이 추상적으로 생각하는 성격 이론을 수용하게 하거나 촉진하는 바로 그 요인이 일상생활에서 개인의 예측에 적용하는 성격 이론의 유용성을 낮춘다는 점에 주목해야 한다.[20] 가장 중요한 것은 사람들이 특정한 사람을 특정 성향과 연결지어 생각하는 일관성 가치를 부풀릴 가능성이 있다는 점이다. 사람들은 습관적으로 적절한 수준보다 더 큰 확신으로 많은 성향에 극단적으로 가치를 둔다. 이는 매우 수준 높은 성격주의자가 적절하지 않다고 인식할 예측을 확신하며 쉽게 할 것이라는 뜻이다.

우리는 어떻게 이토록 틀릴 수 있을까?

우리는 이 중요한 문제 앞에서 어떻게 그토록 심각한 오류를 저지를 수 있는 것일까? 이 질문은 종종 진화론 측면에서 펼쳐진다. 즉, 타인에 대한 판단은 간혹 생존에 중요하므로 이것이 심하게 잘못될 것이라고 예상하지 않는다. 이러한 진화론적 주장은 아인혼과 호가스(1978)가 지적했듯 심리학에서는 매우 위험하다. 어떤 능력이 명백히 생존에 도움을 준다는 사실 때문에 유기체가 그 능력을 반드시 보유해야 한다는 이론은 성립하지 않는다. 예를 들어 아프리카에 사는 버빗원숭이는 표범과 비단뱀에게 지속적으로 위협을 받지만 실험에서는 표범이 가까이에 있음을 가리키는 분명한 신호(나무에 올려놓은 죽은 가젤 같은 것)를 보고도 버빗원숭이가 위기를 의식하지 않는 것으로 나타났다. 이와 유사하게 버빗원숭이는 시각으로나 후각으로 비단뱀의 흔적을 인식하지 못한다.

우리가 살펴봐온 종류의 성격 판단이 인간의 진화 조건에서 정말로 그렇게 중요한 것인가 하는 의문도 있다. 심리학에서 사회의 지각 전통에 비판적인 사람은 이를 '낯선 사람의 사회심리학'으로 특징짓고, 낯선 사람에 대한 판단을 특징짓는 오류는 친밀한 사람에 대한 판단과는 관련이 없다고 주장한다. 이러한 특징짓기와 그 주장이 모두 맞을 혹은 대체로 그럴 가능성은 상당히 커 보인다. 이번 장에서 다룬 아마추어 성격 이론은 잘 모르는 사람을 판단할 때 대부분 적용할 수 있다. 진화 압력은 낯선 사람에 대한 판단보다 초기 인류나 인간 무리에서 친밀한 사람에 대한 판단에 적용되었을 가능성이 더 높다. 이 경우 익숙한 특정 상황에서 단순히 개인의 기저율을 해석하는 것이 일상생활에서 정확한 예측을 하는 데 필요한 모든 것이었을 수 있다. 사람들이 무역을 하고 여행을 다니기 시작할 때까지, 즉 익숙하지 않은 행동과 구성을 하는 개인을 만날 때까지는 낯선 사람을 정교하게 분석하는 행동의 중요성은 높지 않았을 것이다.

물론 오늘날에는 많은 사람이 대부분의 시간을 친밀하지 않은 사람과 보내며 거의 이방인이나 다름없는 사람에 관해 지속적으로 어느 정도 중요한 판단을 해야 한다. 따라서 우리가 다룬 아마추어 성격 이론의 오류는 결코 사소한 결점이 아니다.

다음 장에서는 여기서 살펴본 예측 실패의 의미를 검토한다. 이 실패는 다른 사람의 행동과 우리의 행동을 조율하려는 시도를 혼란스럽게 할까? 그러지 않겠지만 여기에는 역설적인 면이 있다. 우리는 언제나 친밀하지 않은 사람을 대하며 살아간다. 그리고 우리에게는 그들의 행동 근거와 관련해 잘못된 이론이 있다. 물론 우리는 여전히 커다란 예측 오류 없이 하루하루를 어떻게든 그럭저럭 지낸다. 무엇이 우리를 도와주는 것일까? 다음에 우리가 주의를 돌리는 질문은 바로 이것이다.

6

일상에 존재하는 사회적 경험의 일관성

이번 장은 개인 고백으로 시작한다. 행동의 일관성을 다룬 (4장에서 소개한) 객관적 연구에서 우리가 살펴본 모든 증거에도 불구하고 또한 지각에서의 착각과 행동 예측에서 (5장에서 소개한) 일반인의 결점과 관련해 우리가 아는 모든 것에도 불구하고, 우리는 대다수가 상당히 일관성 있는 방식으로 서로 다르게 행동하는 사회에서 살고 있다고 믿는다. 예를 들어 척은 1학년 남자 기숙사의 열정 넘치는 익살꾼이고, 노버트는 MIT대학교 장학금을 받은 부끄러움 많은 컴퓨터 전문가며, 버치는 오래전 3학년 전체를 공포에 떨게 할 정도로 약자를 괴롭히던 사람이라고 해보자. 이 경우 우리는 단지 한 상황이 아니라 여러 상황에 걸쳐 이들이 서로 혹은 동료들과 완전히 다른 방식으로 행동하는 뚜렷이 다른 개인이라고 주장한다. 더구나 우리는 다른 사람에 관한 우리의 고정관념과 기대에 의존해 조금도 실재하지 않는 차별성과 일관성을 본 수준으로 그들의 행동을 해석하면서 개인적인 편향이 관여했다고 생각하지 않는다.

우리는 사람의 행동을 밝히는 우리의 해석이 종종 그들의 과거 행동 지식과 성격에 관한 일반적 인상을 고려한다는 점을 부인하지 않는다. 예를 들어 우리는 척이 밝은 빨간색 멜빵을 한 것을 보면 사람들의 주목을 끌려고 재미있는 장식물을 착용했다고 해석하지만, 노버트가 동일한 멜빵을 하면 패션 감각이 이상하다거나 외모에 무관심해서 그럴 것이라고 생각한다는 점을 인정한다. 이와 비슷하게 우리는 버치가 점심시간 동안 놀이터 옆에 조용히 앉아 있을 때 그가 공격적이라는 우리의 관점을 바꾸거나 그의 뚱함을 성격과 기질의 비일관성 증거로 여기지 않는다. 아니면 우리는 그의 행동을 화가 나 있는 것으로 귀인하고 그가 거기에 앉아 새로운 위협 행동을 계획하는 중이라고 암묵적으로 가정한다. 만약 덜 공격적이라는 평판을 받는 아이가 그처럼 뚱하면 우리는 결코 그런 귀인을 하지 않을 것이다. 하지만 우리는 해석의 편향은 인정하면서도 어떤 어리석은 추론을 했다고 인정하지는 않는다. 사실 우리는 사람과 관련해 과거의 경험과 전반적 인상을 중요시하는 것이 **옳고**, 완벽하게 '편향적이지 않은' 해석은 우리의 이해를 돕기보다 오히려 더 자주 길을 잃게 할 것이라고 주장한다.

우리는 현실세계 예언자로서 우리의 성과에도 이와 유사한 주장을 한다. 간혹 우리는 스스로를 지나치게 믿는다는 것을 인지하면서도 자신을 엄청나게 확신하며 현실세계에서 예측한 많은 것이 똑같이 정확하다고 주장한다. 또한 우리는 위플래시 코치가 형편없는 전반전 시합 뒤 팀원에게 거친 말을 할 것을 확신하고, 에디스 숙모가 다음 가족 결혼식에서 노래를 부르겠다고 고집할 것을 확신하며, 사랑하는 찰리가 일요일 아침 일찍 우리를 공항에 데려다주겠다고 할 것도(우리의 감사인사에 손을 흔들며 '전혀 번거롭지 않다'며 안심시킬 것도) 확신한다. 그뿐 아니라 우리의 과거 경험이 이런 종류의 예측에서 자주 자신감을 정당화한다고 주장한다.

사실 사람들이 일상 경험의 현실성을 생각할수록 4장에서 살펴본 서로 다른 상황 간의 일관성을 다룬 '객관적' 연구가 요구한 것 같은 결론을 받아들이기가 더 힘들어진다. 우리는 지각, 추론, 심지어 동기 편향이 그 어떤 객관적 분석이 입증하는 것보다 더 많은 행동의 일관성과 예측 가능성을 우리에게 보여준다는 반격에 이의를 제기하지 않는다. 그러나 동시에 우리는 객관적 행동 연구가 일상의 사회관계에 존재하는 일관성과 예측 가능성을 정확히 포착했는지 의문이 든다.

경험과 객관적인 연구에서 나온 과학적 증거가 조화를 이루려면 사회심리학자는 일상에서 벌어지는 사건의 예측 가능성(우리 경험을 가장 객관적으로 설명해 입증한다고 믿는 예측 가능성과 우리 삶을 계획하고 실행할 때 매우 의존하는 예측 가능성)을 더 반영해야 한다. 더 구체적으로 적절히 설계한 실증 실험이 미셸과 동료들이 주장하듯 서로 다른 상황 간 행동의 상관관계가 낮은 것으로 밝혔음에도 불구하고 왜, 어떻게 일상의 사회적 행동이 안정적이고 예측 가능한지 이해하려 노력해야 한다.

이번 장의 나머지에서 대다수를 차지할 이런 역설을 해결할 방법은 서로 관련이 있는 한 쌍의 주장에 담겨 있다. 첫 번째는 기본 주장으로 현실세계의 행동 일관성은 성격 특성을 반영할 필요가 없다는 점이다. 두 번째는 예측 가능성은 서로 다른 상황 간 일관성(적어도 하트숀과 메이, 뉴컴, 시어스의 전통에 따라 잘 설계한 어떤 연구에서 드러날 종류의 일관성은 아니다)에 의존할 필요가 없다는 주장이다. 두 가지 모두 잘 설계하고 '공정한' 실증 연구의 요구와 제한, 일상생활에서 경험하는 더 엉망이고 어떤 점에서는 '불공정한' 실험 사이의 차이를 세심하게 검토한 것에서 나온다. 앞으로 분명해지겠지만 이러한 조사는 사람과 상황요인을 혼동하다 보니 일상에서 서로의 행동을 이해하고 예측하고 통제하려 시도하는 중에 우리 모두가 경험하는 빈번한 규칙성(또한 간혹 있는 놀라움)이 만들어지는 방식을 강조한다.

이제 뒤에 나올 어떤 것도 우리가 독창적으로 한 것이라 주장할 생각은 없다. 고든 올포트에서 가드너 머피Gardner Murphy✧와 쿠르트 레빈에 이르는 훌륭한 성격 이론가 그리고 윌리엄 아이작 토

✧ 미국 심리학자로 성격, 사회심리학 연구와 함께 초심리학parapsychology(심령, 염력 등 일반심리학을 넘어서는 주제를 다루는 분야)에 과학적으로 접근했다.

머스에서 로버트 머튼Robert K. Merton✧✧, 어빙 고프먼Erving Goffman✧✧✧에 이르는 훌륭한 사회 이론가는 이제부터 우리가 할 모든 주장을 이미 말했거나 예측했다. 우리는 단지 이들 주장을 과학적 근거와 일상 경험 사이의 간극을 이어주려는 특별한 목적으로 정리하는 것에 기여하고자 할 뿐이다.[1]

과학적으로 풀어내기 vs. 현실세계에서 혼동하기

우리가 사회에서 일을 계획하고 처리하는 과정에서 의존하는 일부 행동의 일관성과 예측 가능성이 전통적으로 생각해온 개인차와 별 관련이 없음을 인식하는 데는 그리 많은 생각이 필요하지 않다. 그러나 그 규칙성은 때로 상황의 힘을 다르게 반영한 것일 수 있다. 우리를 검진하는 의사, 우리에게 강의하는 교수, 우리

✧✧ 미국 사회학자. 컬럼비아대학교 응용사회과학연구소에서 사회학자 폴 라자펠드Paul Lazarsfeld와 협업하며 사회과학 교육의 기초를 닦았다. 이 연구소에서 머튼이 집단을 모아 영화나 자료를 이용해 면접한 기법은 오늘날 마케팅과 여론조사에서 많이 쓰는 표적집단 면접법Focus Group Interview의 시초가 되었다. '자기 충족적 예언self-fulfilling prophecy'과 '역할 모델role model'이라는 용어를 처음 제시하기도 했다.

✧✧✧ 사회학자로 일상생활에서 사회학의 의미를 찾아내 설명하고자 했다. 저서로 《수용소》, 《자아연출의 사회학》, 《스티그마》 등이 있다.

에게 열심히 주장하는 코치, 우리와 수다를 떠는 동료·친구·이웃, 우리 삶과 뒤얽힌 가족 구성원의 예측 가능성은 특정 개인을 지배하는 또는 적어도 그들이 **우리**와 상호작용할 때 그들을 지배하는 상황의 힘이나 제약의 상대적 일관성과 상당 부분 관련이 있다.

평범한 경험 속에서 친절함, 관대함 혹은 만족감을 지연하는 능력과 관련해 우리에게는 서로 다른 상황의 일관성을 공정하게 실험하기 위해 동일한 사람을 철저히 다른 역할이나 상황에서 관찰할 기회가 거의 없다. 또한 지위와 상황, 다른 사람과의 관계 유형에 따라 우리에게 보이는 사람들의 반응이 어떻게 달라질지 알아보기 위해 우리의 행동을 체계적으로 바꾸지도 않는다. 그러므로 관련 역할이 요구하는 힘을 인지해 상황 영향과 성향 영향을 구분해야 하는 것은 아니다(실제로 그런 기회가 주어지지도 않는다). 그와 정반대로 우리는 특정 역할이나 관계가 사람들의 행동을 예측 가능하게 한다는 사실을 믿는다. 더 광범위하고 덜 '편향적인' 그리고 더 '과학적인' 행동 표본이 놀라울 정도로 일종의 비일관성과 예측 불가능성을 나타낸다는 사실에도 불구하고 말이다.

사람과 상황을 과학적으로 풀어내기

성향과 상황의 영향력에 관한 현실세계의 흔한 '당혹스러움'은 주의 깊은 연구자들이 명백한 역할 제약과 의무를 제거한 맥락에서 개인차를 정의하고 측정하는 고생을 하려는 이유다. 또한 이것은 그들이 연구하는 다른 개인들을 위해 실험 상황을 변함없이 유지하는 이유이기도 하다.

단지 특정 기간 동안 제인과 샐리가 얼마나 자주 공격적, 충동적으로 행동했는지 세어, 제인이 샐리보다 더 공격적이거나 충동적이라고 결정할 경우 여기에 과학적 엄격함이 부족하다는 것, 즉 **불공정**하다는 것을 대다수가 인지한다. 그날 제인은 맨해튼에서 택시를 운전하며 하루를 보냈고, 같은 날 샐리는 롱아일랜드 교외에서 부활절 예배를 위해 꽃을 준비하는 플레처 목사의 부인을 도와주며 시간을 보냈다고 해보자. 나아가 제인이 두 번 으르렁거리고 여섯 번 욕하고 한 번 주먹을 쥐는 동안, 샐리는 코웃음을 치는 듯한 소리를 한 번 내고 꽃을 바닥에 떨어뜨렸을 때 두 번 "젠장" 하고 투덜거렸으며 하루 동안 한 번도 주먹을 쥐지 않았다고 가정해보자. 객관적 반응에서 이 차이를 성격 차를 보여주는 확실한 증거로 채택할 가능성은 거의 없다. 어떤 합리적인 일반인도 단지 그들이 관찰한 집계와 신뢰도 수준을 높이는 것, 예를 들어 계속 북적이는 도시 거리에서 택시를 운전하는 제인과 교외에 사는 나이 지긋한 부인으로 전원생활을 하는 샐리를 시간을 두고 많이 관찰하는 것만으로는 이러한 성격 테스트의 적절성을 의심한다. 더 일반적으로 합리적인 일반인은 합리적인 연구자처럼 다른 삶에서 다른 압력과 제약에 반응하는 다른 행위자의 행동을 계산하는 것만으로 성격에 관한 이론적 질문을 결정하는 것은 어리석다는 점을 인식한다(또는 적어도 인식해야 한다).

이론적으로 적절하고 혼동하지 않는 성격 실험을 탐구하는 유능한 방법론 학자methodologist들은 연구 대상인 개개인이 동일하거나 적어도 상당히 비슷한 상황 범위에 반응하는 것을 관찰할 수 있는 연구 설계가 필요하다는 점을 인식한다. 때로 이 연구 설계는 모두가 전반적으로 동일한 상황에 있는(예를 들어 기본 훈련을 받는 신병이나 여름캠프의 뉴컴[1929] 실험에 참가한 어린이) 개인 모집단을 선정한 뒤, 그들의 일상에서 자연스럽게 일어나고 명확히 정의한 다양성 상황(이를테면 식사시간, 장거리 도보여행, 1시간의 휴식) 아래 연구 대상을 관찰할 때 이뤄진다. 다른 경우 사람들을 변함없고 잘 정의한 환경 속의 고정된 일련의 상황(예를 들면 실험 참가자를 거짓말이나 부정행위 유혹에 노출한 하트숀과 메이의 실험, 어린이에게 지금의 작은 보상과 이후 더 큰 보상 사이에서 행동을 결정하게 만든 미셸의 실험)에 의도적으로 노출해 이 목적을 달성할 수 있다. 두 방법론의 장점은 특정 방식으로 행동하는 전반적 경향성에서 사람들의 서로 다른 정도를 알아내게 해주고 역할 요구가 있거나, 다른 관련 영향을 제거하거나, 일정하게 유지했을 때 서로 다른 맥락에서 그 경향성이 일관성 있게 나타나는지 알아내도록 해준다는 점이다.

사람과 상황을 혼동하는 현실세계

개인차를 알아내기 위한 위와 같은 깔끔하고 결정적인 실험은 일상 사회 경험에서는 좀처럼 하기 힘들다. 택시 운전기사가 교회에서 꽃을 다듬거나 꽃꽂이하는 사람이 무례한 운항관리원, 이중 주차한 차, 술 취한 승객을 엄격히 다루는 것을 볼 기회는 거의 없다. 무작위로 표본추출한 사람들이 이 두 상황과 그 밖에 더 많은 상황에 체계적으로 노출되는 것을 볼 기회는 더더욱 없다(그렇지만 마크 트웨인의 소설 《왕자와 거지》부터 에디 머피가 주연한 영화 〈대역전Trading Places〉에 이르기까지 일부 도발적인 작품이 사회심리학 이론이 주장하는 것과 동일한 논지인 옷과 상황이 '사람을 만든다'를 옹호하는 '사고 실험'을 제공한다는 점은 눈여겨볼 만하다). 물론 우리는 때로 익숙한 사람들을 새로운 상황에서 보기도 한다. 특히 과거에 행위자를 관찰한 경우와 새로운 상황이 그 기회나 제약 면에서 근본적으로 다를 때 우리는 놀라워하며 새롭게 깨닫는다. 해변에서 오래된 대학 동창들과 즐겁게 뛰노는 자신의 영어 교사를 우연히 본 7학년 아이나 길을 잃은 두 살 아이를 위로하는 냉정한 교통경찰(교통위반 딱지를 뗄 기회를 절대 놓치지 않고 속도위반 운전자에게 잔소리를 늘어놓는 사람)을 우연히 본 시민에게 물어보라. 또 세상을 알 만큼 알고 교양 있는 당신의 친구가 여행에서 집으로 돌아와 부모와 소통하는 것을 보았을 때 어땠는지 한 번 떠올려보라.

익숙하지 않은 맥락이나 적어도 특정 관찰자에게 익숙하지 않은 상황에서 우리 자신이 관찰 대상이 될 때, 우리는 이런 상황주의의 교훈을 납득한다. 우리 두 사람은 전문가답지 않은 행동,

이를테면 테니스 코트에서 공을 맞받아치지 못한 뒤 라켓을 세게 내던지고, 미국 록그룹 그레이트풀 데드Grateful Dead의 콘서트 티켓을 받으려고 줄을 서고, 햄버거 가게에서 핀볼 게임을 하거나 월마트 상점에서 아이에게 소리를 지르는 행동을 학생들에게 들켰을 때 그들이 놀라고 심지어 충격을 받은 표정을 아주 잘 안다.

사람들이 순진한 성향주의를 잘 받아들이게 만드는 것은 정확히 말하면 사람과 상황의 혼동이다. 교수의 행동은 교수 같고 독재자의 행동은 독재자 같고 하인의 행동은 굽실거릴 것이라고 예측할 경우 우리가 혼동하든 말든 큰 차이가 없다. 왜냐하면 각자의 역할이 미치는 영향을 알고 그 역할을 하는 사람들의 유형을 판단할 때 고정관념이 있는 우리가 역할이 규정하는 행동을 액면 그대로 받아들여 상응하는 성격 특성을 행위자에게 돌리기 때문이다. 각각의 경우 우리가 자주 관찰하는 행위는 그들의 역할이 주는 특권과 제약이 그대로 효력이 있는 상황에서 다른 어떤 강력한 상황 요인이 갑자기 방해하지 않으면 대개 우리의 예측이 맞았다고 확신하게 만든다. 따라서 우리는 관련 특성 탓, 예를 들어 교수 같은, 독재자 같은, 굽실거리는 등으로 돌리는 것을 정당화한다.

특정인의 행동을 결정짓는 직접적인 결정요인을 발견하기 쉽지 않다는 맥락에서 오귀인misattribution✧은 앞에서와 마찬가지로

✧ 행동의 원인을 잘못 귀인하는 것을 말한다.

결과에 큰 영향을 끼치지 않는다. 만약 존스 부인의 은둔과 비밀주의 성향이 (우리가 한 번도 만나보지 못한) 폭력적인 알코올의존증 남편의 영향 때문이라는 것을 우리가 인식하지 못한다고 해서 존스 부인의 미래 행동을 예측하는 정확도가 (그녀가 자신을 제약하는 상황에서 벗어나지 않거나 벗어날 때까지는) 훼손되지는 않는다. 같은 이유로 어떤 후원자가 보여주는 일관성 있는 관대함에 세법의 영향이 얼마나 있는지, 특정 여성 하원의원의 일관성 있는 진보적 수사법이 그녀의 지역적 편견을 반영하는지 인식하지 못한다고 해서 우리가 어떤 문제를 겪지는 않는다. 그렇지만 세금 혜택이 사라진 뒤에도 그 후원자가 관대함을 보여줄 것이라 기대하거나 그 정치인이 내각 구성원이 되었을 때 이전에 한 말을 행동으로 옮길 것이라 기대하는 순간부터 문제를 겪을 가능성이 크다.

팬이 유발한 일관성과 예측 가능성

만약 우리가 록스타, 업계 최고 사업가, 고등학교 스타 축구 선수를 따라 하루를 보낸다면 행동 특징과 일관성을 결정하는 좀 더 미묘하고 덜 직접적인 요인을 금방 발견할 것이다. 특히 팬들이 이 유명한 사람들에게 강력한 영향력을 발휘한다는 사실을 발견하리라. 주목받고 싶은 끊임없는 욕구와 비위를 맞추려는 시도가 지나친 찬사와 만날 때, 우리는 **어떤 사람**의 행동에서 강력하고 일관성 있는 상황 영향력을 구성한다. 이기주의, 무감각, 겸손, 노블리스 오블리주 태도를 연상하게 하는 유형의 반응은 놀랍지도 않고 심지어 예측 가능하다. 그러한 반응은 행위자의 타고난 성향을 단순히 반영한 것이 아니다. 특히 우리는 이전에 겸손하고 신중했던 사람이 비슷한 방식으로 행동하기를 기대한다(그 기대는 워싱턴에 온 정치인은 "성장하거나 교만해진다"는 정치 격언이 잘 담아내고 있다). 우리는 관례적인 팬이 없을 때나 현재의 팬이 일반적인 압력을 가하거나 요구를 할 때 모두 유명인이 계속 유명인처럼 행동하기를 바란다.

성직자나 존경받는 학자를 따라다녀 보아도 우리는 비슷한 통찰을 한다. 그들의 지지자는 성직자에게는 경건함과 배려심을 기대하고 교수에게는 지성, 무심함, 심지어 살짝 별난 태도를 기대하며 일반적으로 이를 강화한다. 팬들이 만들어내는 효과 가운데 역할과 지위만 행위자를 특별하게 또는 일관성 있게 행동하도록 만드는 것은 아니다. 분명한 인종, 민족 정체성, 낙인을 찍는 불리한 조건, 특이한 외모와 명성은 유사한 방식으로 개인이 마주하는 사회 상황 유형을 바꿔놓을(어떤 의미에서는 균질화할) 수 있다. 실제로 우리 대다수는 팬들이 그들의 행동을 제약하는 상황에서만 그런 사람들을 만나며, 팬들에게 반복 노출되어 상대적으로 엄격하고 예측 가능한 방식으로 반응하게 된 뒤에야 만날 가능성이 높다.

신체적 매력의 영향력은 특히 팬들과 행위자 사이의 상호작용 효과를 흥미롭게 보여준다. 아름다운 여성이 교양 있고 성공한 남성과 결혼할 가능성이 높으며[2] 이로써 자신의 사회적 지위를 바꾸고 자신이 활동하는 범위 내에서 환경을 바꾼다는 사실에 놀랄 사람은 없을 것이다. 신체적 매력이 주는 이점은 연애와 결혼 문제에만 한정되지 않는다. 여러 연구에 따르면 매력 있는 청소년은 저학년 시절부터 그 이후까지 매력이 덜한 친구들에 비해 성격이 더 좋고 사회적 성취가 더 뛰어나며, 더 지적이고 학문적으로 더 성공할 가능성이 높다고 여겨진다.[3] 또한 매력 있는 사람들은 더 행복하고 사람들과 어울리기를 더 좋아하며, 외향적이고 사회적으로 덜 일탈하며 개인의 삶과 일에서 성공할 가능성이 높은 것으로 여겨진다.[4]

이러한 기대나 추정의 차이를 감안하면 매력 있는 사람이 그렇지 않은 사람보다 그들의 행동을 평가하는 사람들에게 '무죄 추정'을 받을 가능성이 높다는 점은 놀랍지 않다. 예를 들어 놀이터에서 잘못을 저질렀을 때 잘못한 어린이가 못생겼을 때보다 잘생겼을 때 잘못을 더 인자하게 봐주고 보다 관대한 처벌을 권고한다는 증거가 있다.[5] 심지어 외모는 사람들이 만든 결과물에도 영향을 준다. 'TV의 사회적 영향'을 다룬 에세이를 평가할 때 남성 평가자는 에세이의 객관적 질만큼이나 누가 봐도 알 수 있는 여성 작가의 매력(에세이에 나온 사진)을 중요시했다.[6]

사회심리학자 마크 스나이더Mark Snyder, 엘리자베스 데커 탄

케Elizabeth Decker Tanke, 엘렌 베르샤이트Ellen S. Berscheid(1977)가 진행한 연구는 이러한 편향이 어떻게 관찰자가 선호하거나 선호하지 않는 행위자의 행동을 바꾸게 할 수 있는지 보여준다. 스나이더와 동료 연구자들은 남성 실험 참가자가 사진을 보고 매력이 있거나 그렇지 않을 것이라고 믿은 젊은 여성과 전화 통화로 '친목을 도모'하게 했다. 연구진은 남성 실험 참가자에게 방금 통화한 젊은 여성의 성격을 평가해달라고 했다. 또한 별도의 평가자를 두어 전화를 건 사람들의 행동과 젊은 여성의 개인 속성을 평가하게 했다. 각 경우 단지 한쪽의 전화 대화만 들었고 여성의 신체적 외모나 전화를 건 남성이 여성의 외모에 어떤 믿음을 보이는지 아무런 정보 없이 평가하도록 했다.

스나이더와 동료 연구자들이 보고한 실험 효과는 크지 않았지만 모든 측정치에 일관성이 있었다. 첫째, 놀랍지 않겠지만 전화를 건 남성은 자신이 통화한 사람의 외모가 매력적이라고 믿을 때 상대방을 더 호감 있게 평가했다. 둘째, 역시 놀랍지 않겠지만 전화를 건 남성의 대화만 들은 관찰자는 그런 상황에서 남성이 더 따뜻하고 친절하다고 평가했다. 마지막이자 이 논의에서 가장 중요한 것은 다른 매력 조건에서 전화를 건 남성이 여성과 통화한 뒤 다른 종류의 반응, 즉 일부 잘못된 개인 추론 반응을 보였다는 점이다. 따라서 여성 쪽 대화만 들은 평가자는 전화를 건 남성에게 제시한 사진 속 여성이 평범하지 않고 아름다웠을 때 그 여성이 더 친절하고 호감이 가는 (심지어 더 매력적인) 것으로 평가했다. 정작 평가자는 그 사진을 본 적이 전혀 없음에도 불구하고 말이다. 학자들의 연구는 부모들이 훈계하는 '아름다움은 아름다운 행위에서'라는 말의 진실을 보여줄 수도 있고 아닐 수도 있다. 여하튼 스나이더와 동료들의 연구는 '아름다운 행위는 아름답게 보이는 것에서'라는 것을 명확히 보여주었다. 다른 연구자들이 행한 관련 연구는 인종에 관한 고정관념이나 다른 부정적인 개인 간 기대가 유사한 확증 편향confirmation bias◇을 만들어낼 수 있다는 점을 명확히 보여주었다.[7]

물론 사람들이 '팬'의 희망이나 기대에 항상 분명하게 반응하는 것은 아니다(남성이 여성의 환심을 사 구혼하려 할 때 그 행동의 이유가 너무 빤하면 오히려 여성에게 무관심, 불신, 교묘하다는 인상을 줄 수 있다). 그렇지만 핵심은 명확하다. 사람들의 신체적 특징은 그들의 역할과 평판만큼이나 생활공간의 중요한 부분과 행동 측면에 상황 결정요인을 구성한다. 결국 다른 행위자(아름답거나 못생긴, 부자거나 가난한, 크거나 작은, 흑인이거나 백인)는 순수하게 '객관적인' 그들의 상황 설명(예를 들어 지난 토요일 남학생 사교클럽 파티에 참석했거나 포가티 교수에게 게으르다고 핀잔을 받은 것, 안드레아에게 컴퓨터 프로그램

◇ 자신의 기대나 믿음에 부합하는 정보만 모으고 그렇지 않은 것은 거부하는 바람에 생겨나는 인지적 오류를 말한다. 자신의 정치 성향에 맞는 정보나 심지어 가짜 뉴스를 모으면서 점차 편향 관점을 보이는 것이 이에 해당한다.

오류를 제거해달라고 도움을 요청한 것)이 그 차이를 제대로 잡아내지 못할 때도 다른 상황에 반응하는 자신을 만날 수도 있다.

다른 사람에 관한 외모, 역할, 신분 '균질화' 효과는 우리에게 특정 개인은 물론 특정 집단에서의 일관성과 예측 가능성을 보여준다. 이러한 영향력을 보여주는 예로 우리가 좋아하는 것은 수십여 년 전 우리 두 사람 중 한 명(당시 대학원생)이 영향력 있는 런던 사람(당시 런던 상공회의소 회장)과 경찰의 처신을 두고 벌인 토론이다. 학생들을 향한 경찰의 무자비한 행위에 뉴욕과 런던에서 학생들이 항의했을 때 이는 "잘못된 행동을 다룬 그런 보도는 완전 허튼소리다"라며 우쭐한 태도로 손을 내젓는 사람의 확신에 찬 말로 묵살당했다. 나무랄 데 없이 옷을 빼입은 그 중년 남자는 자신이 '우리 경찰'을 다양한 상황에서 봤고 심지어 상대하기도 했다고 언급했다("왜 지난주에 경찰은 롤스로이스를 타고 가던 나를 세워 미등이 망가졌다고 말해주었을까?") 그 신사는 경찰이 일관성 있게 정중한 태도로 기꺼이 도움을 주려 했다고 말했다.

이런 현상을 보여주는 덜 극단적인 예는 비교적 익숙하다. 부모는 종종 학교, 파티 또는 특정 친구의 집에서 자기 아이들이 어떻게 행동하는지 듣고 놀란다. 그 놀라움의 일부는 대체로 아이에게 다양한 사회 맥락이 주는 영향을 부모가 깨닫지 못하는 데서 비롯된다. 또 다른 놀라움의 일부는 부모가 개인적으로 아이들을 관찰할 때마다 부모 자신이 아이에게 중요한 상황요인이라는 점에서 기인한 것으로, 이 사실은 그렇지 않은 경우보다 더 일관성을 만들어낸다.

더 일반적으로 보면 독특하고 극단적인 방식으로 행동하는 사람은 자신이 그 자리에 없을 때 다른 사람이 어떻게 행동하는지 인식하지 못할 수 있다. 이에 따라 모든 친목모임에서 대화를 독점하는 사람이나 말·생각·행동에서 남녀를 차별하지 않아야 한다는 것을 지속적으로 모든 사람에게 상기하는 사람, 성적 매력을 내뿜는 사람은 다른 사람이 말수가 적고 성차별에 반대하며 매력적인 존재감이 없을 때 어떻게 행동하는지 관찰할 기회가 거의 없다. 마찬가지로 유명인과 성직자 또는 교수는 특정 개인, 집단, 심지어 일반인이 개성 있게 행동하는 방식에 편향된 의견을 보일 가능성이 높다.

다시 한 번 말하지만 정확한 사회 예측 문제 측면에서 팬과 관련된 일관성의 영향은 복합적이다. 한편으로 과거 경험에 근거한 예측은 혼동의 원천이 제자리에 그대로 남아 있는 한 정확할 수 있다. 다른 한편으로 늘 있던 팬이 없는 상황에서 그들이 어떻게 행동할지 예측하는 것은 덜 정확할 것으로 보인다.

사람들이 자신의 환경을 만들 때

상황을 선택하고 바꾸기

성격을 탐구하기 위해 '공정한' 연구를 설계하는 것은 일상의 실제 상황에서 일관성의 원천을 제거할 뿐 아니라 성향요인과 상황요인 사이의 진정한 상호작용을 반영하는 일부 원천도 줄인다. 매일 일상 환경에서 사람들은 자신의 행동을 유도하고 제한하는 특정 상황을 단지 '어쩌다' 맞이하지 않는다. 사람들은 자신을 노출하는 많은 상황을 능동적으로 선택하고 자신이 어쩌다 만나는 많은 상황을 변화시킨다.[8] 특히 사람들은 자신을 상대방과 구분짓게 만드는 특성을 계발하고 드러내는 데 능동적인 역할을 한다. 이 상호작용과 행동의 일관성, 예측 가능성에 미치는 효과를 보여주는 가장 확실한 사례는 작은 논란을 불러일으킬 것이다. 의사, 성직자, 사업가, 록스타는 자신의 개인적 선호와 능력을 반영하는 선택을 하기 시작한다. 그 선택은 결국 그러한 선호와 능력을 더 계발하고 드러내게 만들며 심지어 그렇게 하도록 만드는 사회 맥락에 자신을 데려다놓는다.

성향과 상황에 개입하는 이 상호작용 효과는 '지식인'으로 불리는 사람들에게 특히 명확히 나타난다. 그들 스스로 만드는 학문적이고 직업적인 선택으로, 그들과 우정을 쌓는 사람들로, 그들이 구매하는 읽을거리로, (그리고 극복하기에는 너무 유혹적인 상황 영향력 때문에 어쩌면 TV 시청도 끊는 결정으로) 지식인은 효과 있게 자신의 환경을 만든다. 이들이 만든 환경은 상대적으로 지성을 계속 기르고 드러내기 좋으며 지성과 일관성이 없는 행동을 하게 만드는 압력에서 상대적으로 자유롭다(다시 강조하지만 특정한 지적 행동은 일반적으로 통상 주변 관련자가 생각하는 것보다 덜 일관된 것으로 나타났다).

사람들은 상황을 '선택'할 뿐 아니라 자신의 존재감, 태도, 행동으로 상황을 바꿔놓는다. 플레처 목사는 의심의 여지없이 진탕 마시는 술판과 아편 소굴을 피하며 그의 지지자들은 의심의 여지없이 그에게 훌륭한 존재감을 기대하면서 자신의 환경을 조정한다(플레처 목사를 모임에 초대할 때는 손님 명단과 저녁 여흥 모두 어느 정도 더 정제하는 경향이 있다). 설령 플레처 목사가 아편 소굴이나 진탕 마시는 술판에 가더라도 우리는 적극 조치해 훌륭한 그가 의도해서 간 것이 아니라 우연히 그곳을 지나게 된 것으로 바꿔놓는다(그러나 우리는 **너무** 자신 있게 이렇게 예측해서는 안 된다. 강력한 상황의 유혹을 특징으로 하는 새로운 상황은 과거 관찰로 우리가 개인 성향을 상당히 잘 안다고 생각하는 사람들도 흔히 변화시킨다).

사람들이 자신의 성향을 반영하고 그 성향을 내보이는 방식으로 상황을 바꾸는 능력은 직업, 취미, 자원봉사 조직, 친구나 이웃을 선택하는 경우 비교적 명백하다. 이 동일한 능력은 상당히 잘 통제된 실험실 연구 맥락에서도 드러날 수 있다. 이를 잘 보여주는 특별한 한 가지가 '죄수의 딜레마' 패러다임을 사용한 해럴드 켈리와 앤서니 스타헬스키Anthony Stahelsk(1970)의 유명한 실험에서 나왔다. 이들의 실험에서 서로를 보거나 소통할 수 없는 두 실험 참가자는 연속하는 여러 실험에서 협조 또는 비협조 반응을 선택해야 했다. 이와 관련해 다음과 같이 '대가 행렬payoff matrix'을 참여자에게 제시했다. 먼저 양쪽 실험 참가자 모두 협조 반응을 선택했을 때 두 사람 모두 보통 정도의 수익을 얻는다. 한 사람이 협조 반응을 선택하고 또 다른 사람이 경쟁 반응을 선택하면, 경쟁 반응을 선택한 후자는 높은 수익을 얻고 협조 반응을 선택한 전자는 커다란 손실을 본다. 두 사람 모두 경쟁 반응을 선택할 경우 두 사람 모두 보통 정도의 손실을 본다. 이때 각각의 실험 참가자들은 상황을 다른 방식으로 구성했다. 어떤 사람에게는 가능한 한 협조 반응을 선택해 자신의 파트너와 적당히 이득을 얻는 패턴으로 정하는 것이 합리적 전략임이 명백했다. 실험 참가자들은 (다른 사람도 자신처럼 상황 구성을 공유할 것이라고 가정하는 성향과 그로 인해 자신의 행동을 놓고 한 합의를 과대평가하는 결과적 성향에서 예상할 수 있듯) 다른 실험 참가자도 그 게임의 목적을 자신과 같은 방식으로 보고 협조할 것이라고 압도적으로 추정했다. 그러나 다른 실험 참가자에게는 그 상황이 협조보다 '배신'이 더 이득이라는 점이 똑같이 명백했고 이들은 자신의 파트너도 상황을 마찬가지 방식으로 볼 것이라고 가정하면서 이에 따라 행동했다.

이러한 지각의 상호작용 결과는 금방 나타났다. 협조한 실험 참가자는 초기 실험에서 협조를 이끌어내고 파트너가 계속해서 협조하도록 부추기는 경향이 있었다. 따라서 이들은 자신의 예측으로 정확히 향했다. 실제로 이들은 협조해서 파트너가 상대적으로 서로 보답하기 쉬운(경쟁 반응으로 바꾸는 것이 파트너에게 특별히 구미가 당기지 않게 하는) 상황을 만들뿐더러 지속적인 상호 협조가 양쪽 모두를 잘되게 만들기 때문에 계속 협조하는 상황을 효과적으로 만든다.

반면 초기 실험에서 경쟁 반응을 선택한 실험 참가자도 자신의 예측이 맞는다고 확신하는 경향이 있었다. 이런 행동은 초기 실험에서 협조한 사람들이 지속적으로 협조하는 것을 막고(계속해서 이용당하지 않도록), 또 상대방을 이용하려는 사람이 (자신이 이용당할 것이 뻔한 경우에 놓이지 않도록) 협조로 전환해야 할 이유가 되지 않는다. 결국 초기 실험에서 경쟁 반응을 선택한 사람도 똑같이 자신의 예측을 확신한다. 더 중요한 것은 비협력자가 비협력 방식을 계속하도록 부추기고 심지어 그래야 하는 환경을 만든다는 점이다. 이 실험 참가자들은 협조 반응으로 바꿀 경우 자신이 다른 참가자의 이용 전략, 즉 앞서 자신이 상대방을 이용하려 시도한 쪽으로 상대에게 이용당할 것 같은 두려움 때문에 부추겨지거나 심지어 유발하는 전략에 자신을 취약한 상태로 내버려두는 것임을 (상당히 정확하게) 예측할 수 있기 때문이다.

어떻게 행위자의 지각과 가정(초기에 깊은 개인 확신에 근거하거나 상황을 구성하는 데 상대적으로 부수적인 차이에 근거하는)이 환경을 바꾸는 반응에 영향을 미치고 그 반응이 상황의 제한을 받는지 이보다 더 명확하게 보여주는 것은 거의 없다. 켈리와 스타헬스키의 연구에는 덜 유명하지만 2장에 나온 상황주의자 이야기만큼이나 유익한 '성격 우화'가 있다.

예측 가능성을 위해 타인의 필요에 반응하기

사회 상황을 바꿔 자신과 동료의 행동을 보다 더 예측 가능하게 만드는 중요한 방법 중 하나는 특정 개입commitment을 제공하거나 이끌어내는 것이다. 이런 상황을 가정해보자. 젠틸 여사가 오늘 저녁 우리 파티에 참여할지 확신을 갖고 예측하는 것은(그리고 예측을 위해 자원을 투입하고 다른 방식을 시도하는 것은) 단지 그녀의 개인 성향, 나아가 그녀의 상황 지식에 사소하게만 근거한다. 우리는 그녀의 전반적 사교성, 대략의 저녁 파티 선호도, 그녀가 우리의 저녁 파티를 좋아할지 아는 것이 거의 없다. 또한 우리는 시간 압박, 마땅히 해야 할 일로 인한 갈등, 매력적인 다른 사교 행사 또는 그녀에게 작용하는 다른 상황 제약을 거의 알지 못한다. 우리는 그녀가 우리의 초대를 주관적으로 어떻게 구성하는지, 우리의 파티를 놓고 무엇을 상상하는지 정확히 알 수 없다. 이 모든 불확실성은 (만약 그녀가 우리의 초대를 받아들인 사실이 없었다면, 오늘 아침 그녀가 좋은 카베르네 와인 몇 병을 들고 오겠다고 말하지 않았다면, 그녀가 계획에 변화가 생겼다고 전화하지 않았다면) 우리의 예측 과제를 매우 어렵게 만들었을 수 있다. 적어도 우리와 가까운 곳에서 이런 방식으로 개입한 사람은 (최소한 우리의 기대를 바꿔야 한다고 먼저 알려주지 않는 한) 기대했던 대로 나타난다.

보다 일반적인 핵심은 사람들이 간혹 자신의 반응을 예측해야 하는 사람들이 처한 곤경에 동정적이라는 점이다. 사회적 조화는 부분적으로 다른 사람이 우리의 반응을 제대로 예측하도록 기꺼이 도와주려는 마음과 능력 그리고 다른 사람이 우리에 관해 예측한 것을 확신하는 방식으로 기꺼이 반응하려는 마음과 능력에 달려 있다. 따라서 우리는 사회적 행동의 많은 중요한 영역에서 자신의 의도를 알리며 보통은 서로 예측한 것이 잘못되었음을 증명하려 하지 않는다.

다시 한번 일상 경험의 요구와 특성을 입증하려는 연구 설계의 논리 또는 사회 예측의 정확성을 시험하는 것 사이의 차이에 주목해보자. 능력 있는 연구자는 실험실이나 현장 관찰 환경에서 일부러 관찰 대상이 자신을 관찰하는 사람들에게 무관심하게 만들며, 더 좋게는 관찰이 이뤄지고 있음을 알지 못하게 한다. 이런 연구자는 관찰자가 행위자에게 어떤 희망이나 기대도 표현하지 않도록 확실히 하고, 행위자는 예측하는 누구에게도 자신의 의도를 설명하지 않게 한다. 또한 어떠한 약속이나 개입도 허락하지 않고 계약과 협상도 용인하지 않는다. 그뿐 아니라 어떤 이유에서든 행위자가 무언가 놀라운 것을 하려고 할 때 자신을 예측할 수 있도록 만들거나 행위자가 모든 관련자에게 주의를 주지 못하게 한다. 다시 강조하면 이처럼 현실에 영향을 미치는 '오염'이 없을 때 행위자의 행동은 예측 가능성이 낮아지고, 확신을 갖고 예측하는 누군가의 성과는 다소 떨어진다.[9]

우리가 가장 자주 예측해야 하는 반응들이 정말 과잉 규정될 수 있다는 점을 인식하는 것은 매우 중요하다. 사람들이 선택하는 역할, 그 역할을 선택한 누군가에게 주어지는 상황의 힘, 관찰자가 행위자에게 전하는 기대, 행위자가 관찰자에게 하는 개입 등은 모두 서로를 강화할 수 있다. 과잉 규정한 이런 것이 행동의 일관성과 예측 가능성에 기여한다. 우리가 예측하는 기반인 증거의 중요한 특징을 못 보고 넘어가거나 잘못 구성할 때도 정확한 예측을 하도록 만드는 것이 과잉 규정이다. 이런 규정이 공정하고 세심한 연구자나 행위자가 활동하는 사회적 맥락의 중요한 변화에 의해서 제거될 경우, 반응이 불일치하는 빈도가 늘어나고 행위자의 행동을 예측하는 사람들에게서 평소와 달리 오류 비율이 높게 나타날 수 있다고 예상할 수 있다. 반면 다음에 보겠지만 사람요인과 상황요인이 상당히 강력하게 상호작용하는 경우 그 결과로 나타나는 사회적 행동의 지속성 정도와 사회적 결과의 예측 가능성 정도는 자신의 신념을 너무 단순하게 믿는 상황주의자를 깜짝 놀라게 한다.

개인의 생애에 걸친 행동 지속성

지금까지 살펴본 분석은 한 개인의 생애에 걸쳐 사회심리학자들이 발견한 분명한 행동 지속성과 직접 연결된다.[10] 물론 특정 관찰자가 한 개인의 행동을 표본화하고 해석하는 방식에서 어떻게 편향성이 안정성과 지속성에 관한 관찰자의 인상을 과장하게 되는지는 알기 쉽다. 그리고 인지한 것뿐 아니라 현실의 생애 지속성이 개인의 의향이나 성향 안정성보다 환경 압력과 제약의 안정성을 반영한다는 것은 명확하다. 그렇지만 앞선 논의에서 사람과 그 사람의 환경 간 상호작용, 즉 그 사람의 능동적 선택을 축적 혹은 집계한 효과와 그 사람의 행동 또는 평판에 관한 사회 환경의 반응이 한 개인의 행동과 결과에 중요한 생애 지속성을 만들어낼 수 있다는 것도 명확하다.[11] 실험 참가자가 마주하는 자극 상황을 세심하게 선택하고 일정하게 유지하는 어떤 연구 설계에서도 이러한 지속성을 더 찾아내기는 힘들다는 것(실제로 자신을 드러내지 못하게 했을 수 있다)은 분명하다. 특히 사람들은 기존 평판 때문에 실험 참가자를 다르게 보도록 만들거나 실험 참가자의 행동 선택을 제약하는 상황에 실험 참가자들을 절대 노출하려 하지 않는다.

사람과 상황 사이에 일어나는 상호작용의 이 누적 결과를 여러 연구가 기록했다. 예를 들어 우리는 극단적으로 공격적인 어린이가 험악한 가정환경을 만들고 이는 다시 더한 공격성을 유발한다는 것을 안다.[12] 또한 공격적인 어린이는 다른 사람도 적대적일 것이라 예상한다는 점도 우리는 알고 있다.[13] 이는 마치 켈리와 스타헬스키의 실험 참가자 중 경쟁적인 사람들이 다른 사람도 경쟁 반응을 보일 것이라고 예상하는 것과 마찬가지다. 실제로 공격적인 아이들은 공격성을 끌어내는 방식으로 행동할 수 있다. 이에 따라 그렇게 생각하는 어린이의 신념을 다시 확인해주고 이후 공격적으로 행동하려는 성향이 강해진다. 보통 부끄러워하고 의존적이거나 충동적인 어린이 또는 특정 유형의 활동에 많거나 적은 소질이 있는 어린이는 유사한 과정을 거치면서 유사한 결과를 누적해간다. 활동과 친구를 의식적으로 선택하고 그들의 행동이 주변 사람의 정서와 반응에 미치는 효과로 특정 특성을 지닌 어린이는 자신의 그다음 행동과 결과를 좌우하는 환경을 만들어낸다.

한 도발적 연구에서 심리학자 압살롬 카스피Avshalom Caspi, 사회학자 글렌 엘더 주니어Glen H. Elder, Jr., 벰(1987)은 버클리 지역 청년들을 대상으로 한 종적 연구 결과를 분석해 청년 특유의 '화를 잘 내는' 성향을 누적 기록했다. 초기 일련의 분석에 따르면 열 살이던 소년 시절의 '짜증' 점수로 20년 후 화를 잘 내고 침울하며 통제하기 어려운 이들의 상태(r값이 0.27에서 0.45 범위까지)를 예측할 수 있었다. 더 나아가 분석에 따르면 화를 잘 내는 청년은 침착한 친구보다 학교를 먼저 그만두는 것으로 나타났다(성질내는 기질이 있거나 충동을 조절하지 못하는 학생에게 교사나 친구들이 보이는 반응을 생각하면 그리 놀랄 일이 아니다). 이들은 직업적 성취도가 낮았고 사회에서 지위가 더 낮아졌으며(만약 상대적인 교육 부족 때문이라고 한다면 역시 특별히 놀랄 일이 아니다) 결혼을 이혼으로 마칠 확률이 2배 더 높았다(기질 문제가 계속 기여하고 반영되었을 것이란 점은 의심의 여지가 없고 아마 직장 이력도 연관이 있을 것이다).

카스피, 엘더, 벰(1988)은 수줍음과 의존성을 다룬 유사한 결과를 보고했다. 잔 블락Jeanne Block✧의 이전 연구(1971)를 반복하고 확장한 이들의 연구는 여러 특성을 두고 수년에 걸친 관찰로 삶에서 경험하는 여러 결과물의 뚜렷한 안정성과 일관성을 찾아냈다. 연구자의 분석에 따르면 각 경우 개인의 생애에 걸쳐 이러한 특성 평가에서 안정성이 나타났다. 또한 그들은 어린이의 특정 행동 유형(그 행동이 다른 사람에게 유발하는 반응도)이 어떻게 그런 기질의 지속성을 촉진하는 환경을 만들었는지 그리고 개인의 직업 경력과 가족관계에서 예측 가능한 결과로 이어졌는지 설명했다.

4장에서 다룬 집계 논의 관점에서 살펴보면 생애 지속성 결과는 예측 변수와 다수의 사건을 명확히 반영하는 결과 측정치 사이의 연관성과 관련되어 있다는 점에 주목할 만하다. 어린이는 못된 성질 내력으로 극단적 공격성을 몇 차례 보인 것이 명확해진 다

✧ 아동발달을 연구한 심리학자로 성 역할 발달과 사회화 연구로 심리학에 기여했다.

음에야 화를 잘 낸다는 평판을 얻고 특별히 주목을 받는다. 유사하게 사람들은 한 번의 행동으로 해고되거나 이혼당하기보다 외면하는 것이 불가능할 정도로 행동이 축적되었을 때 이런 일을 겪는다. 카스피와 그의 동료 연구진이 밝혔듯 상당한 크기의 상관관계는 측정이 축적되었다는 사실뿐 아니라 축적된 행동의 **결과** 때문이다.

역설적으로 월터 미셸(전통적 성격 이론을 비판한 이론가로 앞장에서 상세하게 다뤘다)은 생애 지속성을 다룬 자신의 결과를 보고했다. 특히 그는 특정 실험실 상황에서 '만족 지연'에 성공한 네 살 어린이들이 성인 같은 높은 수준의 사회적·인지적 순종을 보였고 결국 더 높은 학업 성적을 성취했음을 알아냈다. 실제로 미취학 아동의 만족 지연 시간과 이후 대학입학시험SAT 성적 사이의 단순한 상관관계는 언어 성적은 0.42였고, 수리 성적은 0.57이었다.[14] 만족 지연 능력이 다소 약하거나 특정 영역과 관련되어 있어도 어떻게 그처럼 극적인 결과를 만들어내는지 이해하는 것은 쉽다. 어린이의 삶에는 눈앞의 인지 과제에 집중하는 것보다 더 흥미로운 무언가가 거의 항상 존재한다. 가만히 앉아 있는 능력이 조금 더 있는 아이는 적어도 책으로 둘러싸인 문화에서 더 나은 학업 성취에 기여할 인지 기술을 얻고 동시에 그런 평판을 얻어 자신에 관한 이해를 확장할 수 있다.

기질과 관련된 종적 연구에서 어른들과 상호작용한 연구자가 최소한 공격성, 부끄러움, 책을 좋아하는 정도를 평가할 때 중간 정도 동의를 보였을 것이라는 점은 의심의 여지가 없다. 나아가 우리는 이 연구자들이 일상 행동을 확실히 예측하는 데 성공했을 것이라고 생각한다. 그와 함께 그들이 강한 성향주의자거나 적어도 그들의 성향주의가 지나치게 단순화한 성격 관점에 의존한다는 것을 보여주는 일은 (5장에서 다룬 더닝과 동료 연구자들[1990], 발론과 동료 연구자들[1990]의 '지나친 자신감'과 관련된 연구 결과를 고려할 때) 상대적으로 쉬울 것이라고 생각한다. 특히 우리는 동료 연구자들이 만약 문제의 개인이 어떤 '공정한' 실험 상황, 즉 어린 시절 기질의 누적된 결과를 대부분 이러한 성인들에게 주는 (또는 빼앗는) 방식으로 세심하게 설계한 상황에서 어떻게 반응할지 예측했다면 정확성과 지나친 자신감 측면 모두에서 더 잘 해내지 못했을 것이라 생각한다.

상황, 구성 그리고 성격

행동을 유발하거나 제한하는 사람과 상황 사이의 복합적인 현실세계의 상호작용을 다룬 우리의 분석은 잘 통제한 연구에서 얻은 가치 있는 교훈과 엉망이고 혼돈스러운 현실세계의 관찰이 제공하는 교훈 사이의 간극을 좁혀준다. 우리는 이 장의 결론으로 관습적이고 직관적인 아마추어 성격학의 강점과 한계에 관해 최종 생각을 밝힌다. 그런 다음 개인차와 관련해 더 만족스러운 과학(일반인의 특성 심리학과는 덜 부합하고 초기 성격 연구자들이 설계한 특성 심리학과는 다소 비슷한, 하지만 잠재적으로 더 강력하고 분명한) 발전을 위해 꾸준히 노력하면서 우리의 분석이 함축하는 의미를 생각해본다.

아마추어 성격학의 유용성 재고하기

우리는 아마추어 성격학이 지나치게 단순하고 심지어 오류가 있는 성향주의 가정에 기반하고 있지만 일반적으로 일상 목적에 꽤 쓸 만한 것으로 밝혀졌다고 말했다. 동시에 순진한 성향주의는 특정 맥락에서 잘못된 추론과 문제의 소지가 있는 결정으로 이어질 수 있다. 이런 추론과 결정 중 어떤 것은 상대적으로 흔하고 해가 없으며, 어떤 것은 상대적으로 흔하지 않지만 잠재적으로 위험하다. 깔끔하고 공정한 연구 설계를 엉망진창인 현실세계의 맥락과 대비하는 우리의 논의는 아마추어 성격학이 언제 사용자를 문제에 빠뜨릴 가능성이 높은지 명확히 하는 데 도움을 줄 것이다.

아마추어 성격학과 보다 더 정확한 성격 이론의 관계는 비非전문과 과학 물리학의 관계와 유사하다.[15] 우리는 대부분 우리를 둘러싼 환경의 물리적 대상물과 힘을 잘 다룬다. 어떤 사람은 관련 물리적 사건을 지배하는 운동 법칙을 향한 깊은 오해(어쨌든 가장 수준 높은 사상가들이 수백 년 전까지 공유하던)에도 불구하고 특정 영역(예를 들면 공을 치고 받고 던지는 것)에서 굉장한 기술을 습득한다.[16]

예를 들어 대다수 성인은 일정 속력으로 앞으로 움직이던 어떤 물체(이를테면 사람이 상자를 들고 걸어가거나 새가 사냥한 작은 쥐를 발톱으로 잡고 날아가다가)가 갑자기 정지하면 아래로 똑바로 떨어질 것이라고 예측한다. 그러다가 그 물체가 땅으로 선을 그리며 떨어지는 실제 곡선(사실은 포물선) 경로를 보고 놀란다. 이 오해와 관련된 것, 즉 갈릴레오와 뉴턴 시대 이전에는 과학적 정확도로 제기되지 않던 것은 영향이 크지 않았다. 진화 역사에서 인간은 최근에야 빠르게 움직이는 운송 수단에서 물체를 떨어뜨리거나 하늘에서 자신을 향해 날아오는 물체를 피하는 상황과 마주했다. 그렇지만 20세기 초 전쟁이 벌어지면서 등장한 공중전이 이를 빠르게 바꿔놓았다. 1차 세계대전 때 폭격수들은 목표물 바로 위로 갈 때까지 폭탄을 계속 붙들고 있으려는 것을 억제하도록 훈련받았다(폭탄 경로를 '직관적으로' 계산해야 하는 상황에 더 이상 의존하지 않게 도구를 개발하면서 결국 문제가 풀렸다는 점은 눈여겨볼 만하다). 그리고 1차 세계대전에 참전한 보병은 머리 바로 위에서 떨어지는 폭탄이 아니라 상당히 먼 곳에서 접근해오는 비행기에서 떨어지는 폭탄을 걱정해야 한다는 것을 배워야 했다.

초기 학자들의 생각을 반영하고 물리세계와 관련해 가장 만연하면서도 중요한 일반인의 오해 중 하나는 아마추어 성격학에 관해 우리가 논한 것과 직접 관계가 있다. 레빈은 다음과 같이 말했다.

> 아리스토텔레스 역학은 관련 물체의 성격에 따라 완벽하게 먼저 결정된다. 반대로 현대 물리학에서 물리적 매개체의 존재는 항상 몇 가지 물리적 사실의 상호작용, 특히 물체가 환경과 맺는 관계에 의존한다.[17]

달리 말하면 고대 물리학에서 물체의 움직임은 오로지 물체의 특성과 성향 측면에서만 이해한다. 즉, 물에 돌을 넣으면 가라앉는데 이는 돌에 무거움의 속성(중력)이 있기 때문이다. 반면 나뭇조각은 물에 뜨는데 이는 그 나뭇조각에 가벼움의 속성(부유浮游)이 있어서다.

이같이 물체의 움직임을 다룬 쓸 만한 일반적 관점에서 빠진 것은 관련 사건을 대하는 **관계** 관점이다. 그 관계는 물의 질량과 물에 접하는 물체의 질량 사이에서 고려해야 한다. 떨어지는 물건의 예에서는 관성의 움직임과 중력의 힘 사이의 관계를 고려해야 한다. 경험 부족에 따른 물리학의 한계와 오해는 일반인이 예측 가능하고 일관성 있는 세상을 보는 것을 막지는 않았다. 사실 이것은 일상 경험의 예측 가능성과 일관성을 높이는 데 기여했다. 하지만 이 오해는 대가를 치렀는데 그 이유는 새로운 현상을 다뤄야 할 때 일반인이 판단하면서 잠재적으로 대가가 큰 오류를 저지르기 쉽게 만들었기 때문이다. 당시 이는 마지못해 훨씬 더 강력하지만 훨씬 덜 직관적으로 물리세계를 보는 방식을 개발하기 전에 없어져야 했던 지적 사고방식을 구성하기도 했다(알고 있다시피 우주의 경우 19세기 뉴턴의 시간, 공간, 운동 관련 개념이 점차 천재 아인슈타인과 다른 이론가들에게 영감을 받아 훨씬 덜 직관적이고 훨씬 더 강력한 개념으로 바뀌었다).

심리학에는 사람과 상황 사이의 관계 설명에서 우리의 순진하고 경험에 기반한 이해를 보다 정확하고 올바른 과학 관점으로 바꿔줄 뉴턴 같은 사람(아인슈타인은 더더욱)이 없었다. 1장에서 말했듯 사실상 심리학의 중요한 교훈 중 하나는 아무리 우리의 방법론과 개념 기술을 다듬어도 정확한 예측을 제공하는 강력한 행동 법칙의 향상 요인을 더 깊이 이해하기가 매우 어렵다는 점이다. 그럼에도 불구하고 이 장에서 요약한 사람과 환경 사이의 사회심리학적 관계 분석은 사람들이 개인의 특수성과 일관성을 보다 잘 이해하도록 윤곽을 그리게 도와줄 것이다.

성격을 더 잘 이해하기 위한 연구

이 장에서 제시한 개념 분석에서 영감을 받아 특성의 전통적 원칙을 개인차 문제에 접근하는 다른 방식으로 바꾸려 한다고 해보자. 특히 미셸이 검토한 것처럼 잘 통제된 공정한 관찰 연구에서 드러난 서로 다른 상황 간의 낮은 일관성이 일상에서의 사회적 상호작용의 분명한 규칙성과 양립할 수 있는 접근 방식을 찾았다고 가정해보자. 이렇게 가정했을 때 드러나는 윤곽을 여러분에게 보여주고자 한다.

우리는 주로 조지 켈리, 월터 미셸, 줄리언 로터Julian B. Rotter✧, 앨버트 밴두라Albert Bandura✧✧뿐 아니라 이들의 연구를 종합하고 갈고닦은 젊은 이론가[18] 같은 사회 인지론자의 전통에 의지했다. 이들 대다수 인지론자와 마찬가지로 우리는 광범위한 서로 다른 상황 간의 일관성을 명시적 행동이나 행동의 밑바탕인 인지와 동기 과정에서 당연시하지 않는다. 특정 개인과 그 개인의 사회 환경 사이에 존재하는 역동관계의 결과를 항상 예측할 수 있는 것은 아니더라도 행동의 일관성과 일관성 결핍은 모두 이해할 만한 결과를 나타낸다. 여기에서 요구하는 접근 방식은 개별 기술적이어야 한다. 이 요구 조건이 연구자에게 부담스럽고 강력하며 다목적 성격 척도 전망을 인정하게 만드는 한계가 있지만 말이다. 즉, 행동의 특수성과 일관성을 이해하기 위해 그리고 언제 어떻게 그 행동이 일관성 있고 예측 가능한지 예상하기 위해 타인에 관한 다른 것을

✧ 미국의 사회심리학자. 사회 학습 이론Social Learning Theory으로 유명하며 성격과 임상 심리에 접근하는 행동 방식을 바꿔놓았다.

✧✧ 미국 심리학자이자 현대 교육심리학 분야 석학이다. 관찰 학습에 기반한 밴두라의 사회 학습 이론Bandura's Social Learning Theory을 만들었고 성격 심리학, 인지 심리학, 교육학, 심리 치료에 지대한 영향을 미쳤다.

알아야 한다.

아마도 성격학에 대한 기존의 접근법과 대안적인 접근법 사이의 좀더 근본적인 차이는 행동 자체를 특징지으면서 채택할 수 있는 관점과 관련이 있다. 행동을 설명하고 예측 가능하게 만들기 위해 애쓰는 접근 방식은 관찰자나 연구자가 아닌 행위자의 주관적 시각을 고려해야 한다. 특정 행동에 관한 객관 항목(예를 들면 걸인에게 돈을 주는 것, 학기말 보고서를 늦게 제출한 학생의 점수를 낮추는 것)과 행동 유형(이를테면 관대한 행동, 가혹한 행동 또는 이와 비슷한 것)은 가치가 제한적이다. 특정 개인 행동의 진짜 일관성은 그 사람의 의도, 전략적 가정, 자기 지각 그리고 관련 상황 추론, 즉 그 행동의 의미에 관한 자신의 이해를 인식할 때만 발견할 수 있다.

우리는 이 문제를 확대할 것인데 우선 성공 전망과 관련해 주의할 점을 다루겠다.

1. 목표와 선호

인간 행동은 단기, 장기 심지어 평생 목표에 기초해 이뤄진다. 사람은 이 목표를 이루기 위해 계획하고 진행 상황을 지켜보며 그에 따라 행동 패턴을 유지하거나 바꾼다. 따라서 질이 직장에서 하는 행동은 다양한 직장 관련 상황에서 유사한 것을 행하고 말하는 것과의 일관성 측면에서 이해할 수 있고, 잭이 직장에서 하는 행동은 다른 요구사항이 있는 상황과 그의 목표를 성취하지 못했다는 증거에 반응해 그가 어떻게 행동을 바꿀지 이해하는 선에서만 이해할 수 있다. 로버트 치알디니의 기발한 책《설득의 심리학 Influence》(1988)에 나오는 사회적 영향력 일화는 이 점을 잘 보여준다. 치알디니는 식당에서 일하는 웨이터가 팁을 최대로 받기 위해 사용하는 최선의 전략을 밝혀내는 데 관심이 있었다. 그는 특정 식당에서 돈을 가장 많이 버는 웨이터가 무슨 행동을 했는지 알아내기 위해 일정 기간 관찰했다. 웨이터의 행동에서 가장 눈에 띈 것은 그가 팁을 많이 받기 위해 노력하는 것 외에는 어떤 것도 일관성 있게 하지 않는다는 점이었다. 그는 가족과 함께 온 손님을 따뜻하고 편안하게 맞았으며 아이들에게 윙크하거나 손님이 바라는 것이 무엇인지 먼저 알아차렸다. 데이트하는 청소년들은 거만하게 대하면서 겁을 주었다. 혼자 식사하는 나이 든 여성은 세심하게 배려하고 조용히 다가갔다. 이 다양한 행동의 '일관성'은 오직 그 웨이터가 직업 목표를 효과적이면서도 사려 깊게 추구할 때만 존재했다.

목표와 선호의 개인차는 오랫동안 행동의 개인차를 드러내는 중요한 원천으로 여겨졌다.[19] 더구나 성격학자들의 접근 방식은 간혹 개별 기술적이었는데 이는 사람이 자신의 특별한 욕구나 가치에서만 다른 게 아니라 욕구와 가치의 중요성, 중심 역할에서도 다르다는 점을 드러냈다. 이에 따라 미학적 관심사는 어떤 개인에게는 중심적·체계적인 것으로 나타나지만 다른 개인에게는 상대적으로 별로 중요하지 않은 것으로 나타난다. 이와 비슷하게 사회적·정치적 가치를 인식하는 것은 어떤 사람의 행동 일관성을 이해하는 중요한 단서지만 다른 사람의 행동을 이해하는 데는 별로 중요하지 않을 수 있다. 중심성과 성취, 특히 직업에서 성취의 중요성 차이는 한 문화 안에서 개인차를 이해하고 또한 7장에서 살펴보겠지만 문화 간의 차이를 이해하기 위해 연구가 이뤄져왔다.[20]

2. 역량과 능력

행동 지속성과 겉보기에 행동을 중단한 상태를 이해하기 위해서는 사람의 목표와 기준 이상의 것을 알아야 한다. 그리고 우리는 그 사람이 그 목표를 이루고 그런 기준을 충족할 능력과 관련해 무언가를 알아야 한다. 만약 우리의 목표가 예측이라면 우리는 그 사람의 역량과 능력을 가능한 한 많이 찾아내야 한다. 낸시 칸터와 존 킬스트롬(1987)은 이 쟁점을 다룬 종합 논의에서 그들이 '사회지능social intelligence'이라고 부르는 것의 다양한 차원을 탐구했다. 이것은 목표 달성에 필요한 단기 전략과 장기 전략을 만드는 기술과 지식뿐 아니라 '전문성'에서의 영역 특징적 차이(예를 들어 동료와 잘 지내기, 시간과 자원을 세심하게 계획하기, 성공적인 만족 지연을 도와주는 인지 전략 통달하기)를 포함한다.

이들은 누가 봐도 유사한 상황이 특정 목표 달성에 필요한 기술 수준에서 각각 다를 수 있다는 점을 강조했다. 심리학자 잭

라이트Jack Wright와 미셸(1987)의 연구는 이 점을 잘 보여준다. 이들은 공격성을 통제하는 데 문제가 있는 소년들을 연구한 뒤 동일한 상황이 소년마다 자신을 억제하는 능력에 다른 정도로 압력을 가한다는 결론을 내렸다. 그 압력이 특정 수준 이하일 때 개인차는 분명하지 않았고 예측도 불가능했다. 그 압력이 컸을 때 그리고 소년들의 사회적 역량과 충동 통제가 더 심하게 시험을 받았을 때, 공격성의 개인차는 상당 정도의 신뢰성, 즉 미셸의 고전적인 검토 연구에서 논의한 표준 성격 계수 수준을 훨씬 넘어서는 신뢰성으로 예측할 수 있었다. 이 연구의 메시지는 명확하다. 능력을 시험하는 사람처럼 구별 가능한 것을 찾아 성격을 시험하려는 사람은 개인의 전반적 역량의 특정 수준에 적합하고 이상적으로는 특정 강점과 약점에도 민감한 시험을 활용해야 한다.

3. 상황에 보이는 주관적 표상

특정 유형의 상황에서 인간 행동은 그 상황을 지각하는 것에 달려 있으므로, 행동을 예측하고 해석하는 것의 진전은 사람들이 상황 구성을 어떻게 하는지 찾아낼 때까지 제한될 수 있다. 심리학자들이 사람을 분류하는 작업에 사로잡혀 있던 수십 년 동안 상황 분류 작업에 더 주의를 기울여야 한다고 주장한 소수의 외로운 목소리[21]가 있었다. 1970년대 인지 혁명 이후에는 상황 표상을 다룬 연구가 유행했다.[22]

지금까지 주안점은 특정 학교, 정신의학 연구기관, 친목모임 또는 이와 유사한 단체를 기술하는 데 쓰는 특성을 특징화하고 그들이 일반인에게서 떠올리는 반응을 설명하는 것이었다.[23] 하지만 구성의 개인차 개념도 점차 주목받기 시작했다. 칸터와 킬스트롬(1987)이 지적했듯 구성 차이는 즉각적인 욕구나 목표 차이를 반영하기도 한다. 예를 들어 특정 파티는 대다수 손님에게는 오락 상황, 긴장한 주최자에게는 사회적 성취의 시험, 참석한 지역 정치인에게는 자기 홍보 기회일 수 있다. 그러한 구성 차이는 개인사와 개인 기질에서 더 장기간 혹은 더 큰 개인 특유의 차이도 반영한다. 예를 들어 가족과 함께하는 저녁식사와 흔한 사회 사건은 어떤 사람에게는 따뜻하고 행복한 연관을 이끌어내지만 다른 사람에게는 위협적이거나 불행한 연관을 이끌어낼 수 있다.[24]

4. 귀인 양식과 개인 효능감 지각

연구자들은 이제 막 수박 겉핥기로 구성의 개인차를 탐구하기 시작했다. 그 주관적 해석에는 한 가지 차이가 있는데 그것은 이 책의 중심 주제와 밀접한 연관이 있고 광범위하게 연구가 이뤄져왔다. 이 차이는 귀인 양식attributional style과 관련이 있으며 서로 다른 이론가가 여기에 특정한 다른 이름을 부여해왔다. 그중에는 '내적 대 외적 통제 기대'[25] '자기 효능감'[26], '숙달 대 무기력'[27] 등도 있다. 어떤 이론가는 그러한 귀인 차이의 근원에 큰 관심을 기울여왔다.[28] 또 다른 이론가는 적절한 측정치를 만드는 것[29]이나 지각한 통제의 다른 측면을 구분해내는 것[30]에 관심을 기울여왔다. 핵심은 사람들이 자신의 성공과 실패를 설명해달라는 요구를 받을 때나 자신의 행복과 안녕에 영향을 미치는 다른 사건을 설명하도록 요구받을 때, 이들이 보이는 귀인 선호 패턴이 상당히 다르다는 것을 연구자가 보여줄 수 있었다는 점이다. 7장과 8장에서 더 설명하겠지만 이러한 귀인 양식 차이에는 중요한 동기 결과와 행동 결과가 있다. 어떤 개인은 스스로 자기 삶을 통제한다고 생각하며 자신의 행복, 성공 심지어 건강도 자기 책임이라고 느낀다. 이들은 자신의 미래를 개선하기 위해 조치를 취하고 그에 따라 행동한다. 또 다른 개인은 자신을 무기력한 볼모로 여기고 환경 장벽과 가능성의 불규칙한 변화를 극복할 수 없다고 느낀다. 또한 이들은 자기 운명을 수동적으로 받아들이고 그에 따라 반응한다.

5. 자기 개념

사람이 자신의 상황 지각과 신념뿐 아니라 자기 개념에도 영향을 받는다는 일반 견해는 인지 성향의 성격 이론가들에게 더 많은 주목을 받았다. 사회심리학자 하젤 로즈 마커스와 그의 동료 연구자들[31]은 사람에게 '자기 도식self-schema'✧ 또는 자신을 일반화한 이해가 있으며 이는 자신의 행동과 다른 사람의 행동을 해석하는 데 도움을 준다는 점을 보여주었다. 어떤 사람은 자신의 행동을 이해할 때 의존성 개념을 또 어떤 사람은 독립성 개념을 상당히 중심에 둔다. 그러나 다른 사람에게는 두 개념 모두 별 관계가 없다. 의존성과 독립성에 '도식적인' 사람은 '도식적이지 않은' 사람보다 이 차원이나 의미와 관련된 특성을 살필 때 '나' 혹은 '나 말고'라고 더 선뜻 반응한다. 이들은 자신이 의존적인지 독립적인지와 관련해 자기주장을 방어할 때 증거를 더 제시하며 자기 도식에 반하는 것처럼 보이는 정보에 강하게 저항한다.

같은 의미에서 성별gender에 관심을 기울이는 여러 연구자는 성별 도식의 역할을 탐구해왔다. 심리학자이자 여성학자인 샌드라 벰Sandra Bem(1981, 1985)의 연구에 따르면 어떤 남성과 여성은 자기 행동의 많은 측면을 남성성 또는 여성성 정도를 기준으로 관찰한다. 반면 다른 사람에게는 이것이 그리 중요한 차원이 아니며 그들은 특정 상황에 존재하는 기회나 제약이 무엇이든 그것에 반응하려 한다.[32] 민족성, 직업, 정치 이념 그리고 다른 집단 정체성과 관련해 도식의 중심성에는 유사한 개인차가 존재할 가능성이 높은 것으로 보인다.

다시 한 번 말하지만 이 연구의 요지는 상당히 개별 기술적이다. 자기 도식 연구자들은 개개인이 각각 다른 상황에서 다른 차

✧ 자기 정보와 신념을 조직화한 인지적 틀로 세상에 관한 한 사람의 지각을 이끈다. 자기 도식은 개인이 어떤 정보에 주의를 기울이고 그 정보를 어떻게 평가·유지하는가에도 영향을 미친다.

원에 따라 자신을 관찰한다고 가정한다. 그렇지만 한 가지 기억해야 하는 것이 있다. 스나이더[33]는 사람들이 자신의 명시적 행동과 다른 사람들이 드러낼 반응을 관찰하는 경향에 전반적 차이가 있음을 보여주었다. 예를 들어 스나이더의 단순한 지필 척도로 측정할 수 있는 자기 감시에서의 차이는 많은 행동 차원과 사회 맥락에 걸쳐 자신을 명확히 드러낸다. 이때 어떤 사람은 자신이 만들고자 하는 인상과 그것을 이루는 일에 일관성 있게 의식적이고, 다른 사람은 그런 자기 감시를 거의 하지 않는 것으로 보인다. 자기 감시가 일반 특성 혹은 중요한 자기 도식과 함께 주로 작동하는 경향으로 여겨질지는 지켜봐야 한다.

흥미로운 논문에서 마커스와 사회복지학자 폴라 누리우스Paula S. Nurius(1986)는 사람은 현재 자기 개념뿐 아니라 '가능한 자아possible selves', 즉 행동 변화로 얻고자 하는 긍정적 자기 개념과 피하고자 하는 부정적 자기 개념으로 자기 행동을 이끈다고 주장했다. 이와 유사하게 심리학자 토리 히긴스Tory Higgins와 그의 동료들[34]은 개인의 관찰과 사회 환경 구성을 지배하는 것이 종종 자아 그 자체가 아니라 실제 자신과 잠재적 자신 사이의 간극일 가능성을 탐구했다.[35]

미래의 성격 이론은 분명 사람의 목표, 역량, 전략, 구성, 자기 개념을 이해하는 것이 중요하다는 점을 계속 강조할 것이다. 이 방향에 따른 연구는 인간 행동의 결정요인에서 흥미로운 사실을 많이 찾을 가능성이 크다. 또한 다른 종류의 상황에서 다른 종류의 사람에게 기대하는 일관성의 본질과 정도를 말해줄 확률이 높다. 그러나 한 가지 주의할 점이 있다. 이 전통에서 가장 열정적인 연구자도 특정 상황에서 특정 (극단적이지 않은) 개인의 행동에 관해 예측 가능성이 높아질 것이라고 기대할 만한 어떠한 이유도 보여주지 못했다. 실제로 개인차 요인의 다양성은 이런 결론으로 이어졌다. 제인은 그녀가 추구하는 목표와 그녀의 어떤 자아 개념 때문에 특정 상황에서 그렇게 행동할 수 있다. 앨리스는 목표와 자아 개념이 제인과 비슷하지만 상당히 다른 방식으로 행동할 수 있다. 제인보다 유능하지 않은 앨리스에게 다른 전략이 있기 때문이다. 커다란 개인 변화를 보여주는 전체 범위 상황에서 사람들의 예외적이지 않은 행동을 예측하려면 관련이 있을지도 모르는 모든 상황과 맥락 차원뿐 아니라 행동하는 순간의 가중치와 특징을 포함해 알아야 할 것이 아주 많다. 낯선 사람을 다루고 넓은 범위의 행동을 살피며 구성과 개입에서 상세한 정보가 없는 과학자에게 행동 예측 가능성은 매우 제한적일 수밖에 없다. 반대로 우리가 아는 사람들을 제한적인 범위의 상황에서 만나고 주관적 지각을 서로 소통하며 예측 가능성을 높이기 위해 분명하거나 암묵적인 동의를 하는 일상 경험 속에서는 대부분 높은 수준의 예측 가능성을 달성할 수 있다. 현대 심리학의 교훈에서 앞선 3, 4, 5장의 메시지보다 더 함축 의미가 명확하고 더 중요한 것은 없다. 비록 아마추어 심리학 이론에는 심각한 결함이 있지만 일상 행동의 예측 가능성과 일관성은 달성이 가능하다. 물론 그 결함은 일부 매우 중요한 개인적·전문적 맥락에서 판단할 때 중대한 오류로 이어질 수 있다.

7

문화의 사회심리학

앞 장에서 행동의 예측 가능성을 논할 때 눈치챘겠지만 우리는 실험 참여자를 모두 동일한 문화, 그것도 대다수일 때는 동일한 하위문화와 사회계층 구성원으로 한정했다. 만약 우리가 더 넓은 범위의 인간을 표본으로 삼아 논의를 확대한다면 예측 가능성 문제는 그 양상이 사뭇 달라질 것이다.

예를 들어 우리가 어떤 기혼 여성에게 집안일이 아닌 돈을 버는 직업이 있는지 물었을 때 그녀가 자부심을 보일지, 체념이나 난처함을 표할지 예측해보자. 그녀가 시장에 갈 때 스커트와 블라우스를 입을지, 반바지에 어깨와 등이 드러나는 홀터 상의를 입을지 또는 발목까지 오는 옷과 머릿수건을 하고 갈지 예측하도록 요구받았다면 어떨까? 그녀가 줄 뒤에 서 있는 남성과 편하게 이야기를 나눌지, 인사도 받지 않을지 예측해야 한다면 어떨까? 아버지가 10대 소녀에게 남자친구를 그만 만나라고 하거나 식습관과 옷 그리고 손윗사람을 대하는 태도를 바꾸라고 했을 때 이를 귀담

아듣지 않을지, 격렬하게 항의할지, 온순하게 따를지 예측해보라는 요청을 받는다면 어떨까?

동네 술집에 앉아 있는 남성을 한번 예측해보자. 그에게 재배하는 농작물의 수확량, 보유 부동산, 애정생활, 늘어가는 허리둘레 또는 사형에 관한 생각을 물었을 때 그는 우쭐해할까 아니면 불쾌해할까? 만약 질문자가 친구, 동료, 낯선 사람으로 달라지면 어떤 영향을 미칠까? 질문자가 술집에 앉아 있는 남성보다 사회적 지위가 높거나 낮은 것은 얼마나 중요한 문제일까? 이번에는 친목 모임에 초대를 받았다고 가정해보자. 초대한 여주인은 선물을 기대할까? 뺨이나 입술, 손에 인사로 입맞춤하는 것에 그녀는 어떻게 반응할까? 최근 아내를 잃은 지인에게 조의를 표하기 위해 방문하는 것을 가정해보자. 그는 슬픔에 겨워 옷자락을 찢고 있을까? 인사불성이 되어 앉아 있을까? 아니면 아내가 옆에 없다는 사실에 심심한 사과의 뜻을 표할까?

이러한 예측 능력을 비롯해 예측과 맞는 혹은 맞지 않는 행동을 적절히 추론하는 능력은 사회 기능에서 중요한 역할을 한다. 하지만 이런 과제에서 성공 여부는 성격 진단 기술과 거의 관련이 없다. 그보다 문화에 따라 나타나는 반응, 문화나 하위문화에 관한 지식과 관련이 있다.

문화의 역할을 이해하는 것은 점차 중요해지고 있다. 사람들은 여행하고 무역을 하면서 서로 현저히 다른 사회와 전에 없던 빈도로 자주 접촉하고 있으며, 미국 같은 현대 국가에서는 다양한 민족 집단이 함께 살아가고 있다. 실제로 민족성 회복, 민족에 근거한 갈등은 우리 시대의 일관성 있는 주제다.

문화라는 주제는 이 책의 특별한 이론적 관심사와 관련이 깊다. 민족, 인종, 종교, 지역 심지어 경제적 하위문화는 중요한 의미에서 역사 상황을 압축한 것일 뿐 아니라 개인 행동을 정하는 강력한 동시대 결정요인이기 때문이다. 또한 그 하위문화는 우리가 관찰하는 사회 사건에 주는 주관적 의미와 구성의 중요한 원천이다. 나아가 민족 문화는 긴장 시스템을 이루기도 한다. 이러한 시스템은 복잡한 힘의 균형이라는 특징을 보이는데 그 힘은 일반적으로 변화에 저항하지만 새로운 영향력이 들어오고 예전의 영향력이 사라질 때 역설적으로 극적인 사회 변화의 전달자가 될 수 있다.

이 장에서는 문화가 행동에 영향을 미치는 방식과 문화의 발전, 유지, 변화에 영향을 미치는 요인을 논한다. 이것을 포괄적으로 살펴볼 의도는 없다. 그보다는 현대 미국 사회와 역사를 형성해오고 서로 영향을 주고받는 특정 이념과 민족 집단에 특히 집중한다. 여기에는 대체로 우리의 논의를 앞으로 나아가게 하는 잘 통제된 실험실이나 현장 연구에서 얻은 데이터가 존재하지 않는다. 그 대신 집단 존재를 결정하는 객관적 상황과 주관적 해석 사이의 복합 관계를 깊이 생각해온 중요한 사상가들의 관찰과 통찰을 위주로 살펴본다.

문화의 상황 결정요인

생태, 경제, 기술 효과

집단 구성원은 자신들을 서로 다르게 만드는 특성을 어떻게 발전시키고 유지하는가? 많은 사회과학자, 특히 마르크스는 외부 생태요인 또는 경제요인을 바탕으로 이 질문에 답했다.[1] 수렵사회는 개인의 주도성뿐 아니라 집단 연대의 가치를 강하게 요구하고 강화한다. 사냥을 효과적으로 하려면 이러한 자질이 필요하기 때문이다. 농경사회는 독립성과 공격성을 지양하고 복종과 책임을 강조한다. 자원을 예측하기 위해서는 이렇게 자질을 조합할 필요가 있고 작물 재배에는 지속적인 노력이 요구되는 까닭이다. 반대로 자신이 기르는 짐승 떼에 생계를 의지하는 목축민은 상당히 공격적인 성향을 보인다. 이웃 부족의 가축을 훔치는 것(가능하면 그 부족 남성을 몰살해 응징을 피하는 것)이 부를 축적하는 믿을 만한 수단이고 싸우지 못하거나 싸우지 않으려는 것은 더 공격적인 경쟁자를 불러오는 것과 같기 때문이다.

문화 관행이나 가치 발전과 관련된 상황주의자의 논지는 매력적이다. 사실 일부 고전적 상관관계 연구는 사람들의 고유 특성 혹은 가치와, 식량을 생산하고 부를 얻는 방식 사이의 연관성을 보여주는 증거를 찾아냈다.[2] 그런데 그러한 상관관계 연구는 효과와 원인을 구분하기 힘들게 만들었다. 즉, 사회가 공유하는 가치와 사회적 행동의 특징적인 패턴이 경제 환경의 일부 원인이라기보다 진정한 결과라는 것에 대한 정도를 결정하기 힘들게 했다. 이에 따라 사회과학자들은 생태적 요구와 기회가 역사의 우연으로 조작되고 우리가 문화 가치, 실천, 제도의 결과적 변화 성격을 관찰하게 만드는 다양한 '자연 실험'에 특별히 관심이 있다. 이제 미국에서 두 가지 특별히 흥미로운 실험을 살펴보자.

대초원 북미원주민의 문화 변화

상인, 무력을 앞세운 모험가, 식민지 개척자, 선교사가 들여온 물건과 기술은 문화에 미치는 외부 영향의 지속적인 원천이었다. 결과 측면에서 특히 극적인 기술 이전 실험은 17세기 초 미국 서부에서 수렵, 채집 생활을 하던 사람들에게 말이 전해진 일이다. 스페인 탐험가의 손에서 탈출한 말과 처음 접촉한 이래 여섯 세대 안에 미국 서부 대초원에 뚜렷하고 복합적인 승마 유목민 문화가 번창했다.[3]

말이 경제에 안겨준 이점은 이동이 쉽고(그 이전에는 개에게 의존했다) 물소 같은 커다란 동물도 사냥하게 되었다(이전에는 훨씬 덜 효과적으로 직접 달려가며 잡았다)는 것이다. 사실 대초원 문화에서 말의 효과는 당시 관행을 촉진하는 것 이상이었다. 말을 소유하고 습격으로 다른 말을 얻는 능력, 교환과 의식에서 말을 제공하는 것은 위신과 권력의 기준이 되었다. 특정 무리와 다른 무리 사이에서 부나 지위에 나타난 커다란 차이는 사회생활의 중요한 점이었다. 나아가 대규모 가축 떼(한 마을에 종종 수천 마리)를 거느리면서 가축에게 새로운 방목지를 제공하기 위해 자주 옮겨 다녔고 그 과정에서 이전에 고립되어 있던 부족들과 활발히 접촉했다. 그 결과 엄청난 영역에 걸쳐 문화 평등화가 일어났다. 각 부족은 물소를 더 효과적으로 사냥하고 각종 도구와 물건을 사용하기 위한 기술을 습득하면서 자신들의 이전 문화에 담긴 고유한 특징을 잃었다. 예를 들어 크로족Crow은 카누를 잃었고 샤이엔족Cheyenne은 옥수수 재배를 그만두었다. 또한 이들은 군사력을 강조하고 신체상의 용맹을 드러내며 찬양했고 점차 나바호족Navajo, 호피족Hopi, 이로쿼이족Iroquois 그리고 대평원 북미원주민이 아닌 부족으로 구분되었다.

이러한 문화 실험에서 배우는 것은 단지 새로운 기술 중 하나가 필연적으로 문화를 바꾼다는 것뿐이 아니다.[4] 말을 이용하면서 **모든** 부족이 공격적인 승마 유목민이 된 것은 아니었다. 말을 처음 받아들인 부족은 이미 농경문화를 확립한 부족으로 이들은 두드러진 변화를 겪지 않았다. 실제로 이들은 자신들보다 말을 더 늦게 받아들였지만 이를 중요한 문화로 삼은 공격적인 부족에게 이따금 희생당했다. 그렇지만 이들은 외부 기회와 제약의 변화에 반응해 문화 가치와 실천의 빠른 변화 가능성을 명확히 입증했다. 이 주제는 이후 긴장 시스템과 문화 변화를 집중적으로 이야기할 때 살펴볼 것이다.

토크빌의 미국 민주주의와 부의 진화

서부 대초원의 북미원주민 문화에 말이 도입되었을 때와 비슷한 시기에 신세계The New World와 멀리 떨어진 동쪽에서는 다른 문화 실험이 진행되고 있었다. 사회 배경이 다양한 유럽 식민지 주민은 새로운 땅에서 도전과 마주했고 그 과정에서 사회·정치 체계의 기초를 새롭게 마련했다. 역사가와 사회과학자는 이 새로운 땅에서의 기회와 요구 그리고 진화한 정부 형태 사이의 관계를 오랫동안 숙고해왔다. 이들은 민주주의가 왜 이런 방식으로 미국에 도입되었는지 궁금해 했다.

초등학교 교과서의 정답에 따르면 민족국가 시대가 시작될 무렵 신세계 사람들은 유럽의 독재정부에서 벗어나 자유롭게 사는 것에 익숙해졌다. 자신감 넘치고 독립을 사랑하는 청교도 농민과 상인은 세습 귀족과 달리 영국 군주국가의 굴레를 벗어던지고 개인의 권리를 중시하며 대중의 대리인을 기반으로 하는 정부 형태를 확정했다. 이 이야기에는 잘못된 것이 전혀 없지만 불완전한 부분은 있다. 특히 이것은 왜 미국 정부가 무정부 상태나 독재정부(미국 식민지 주민과 배경이 유사한 청교도가 1649년 올리버 크롬웰Oliver Cromwell✧의 지도 아래 권력을 쥐었을 때 재빨리 움직인 것처럼)로 악화하

✧ 청교도 혁명으로 영국 왕정을 무너뜨린 정치가이자 군인. 1653년 통치장전을 발표하고 호국경에 올라 의회를 해산했으며 스코틀랜드와 아일랜드를 지배하는 독재 권력을 누렸으나 집권 5년 만에 사망했다.

지 않았는지 설명하지 못한다.

프랑스 정치학자로 19세기 미국 사회에 주목한 위대한 관찰자 알렉시스 드 토크빌Alexis de Tocqueville은 확실히 상황주의에 가까운 답을 제시했다. 그에 따르면 육체적으로 힘들고 어떤 정부기관도 없이 원시사회에 살던 식민지 주민은 그때그때 시민이 직접 만든 유대 속에서 서로 협조해야 했다. 이들은 공유하는 목적을 달성하기 위해 자발적인 모임을 만들고 활용하는 습관을 들이면서 민주주의에 필수인 자치 기술을 습득했다. 토크빌은 이것이 우연이 아니라고 믿었다.

> … 지구상에서 가장 민주적인 나라는 오늘날 공통 욕구라는 목표를 공동 추구하는 기술을 가장 완벽하게 발전시킨 나라이며, 이 새로운 기술을 가장 많은 목표에 적용한 나라다.✧5

'공동 추구하는' 습관은 조직 내부 구성원과 외부의 더 광범위한 정치 통일체 모두에 영향을 미쳤다. 내부 효과를 두고 토크빌은 다음과 같이 관찰한 것을 기술했다.

> 어떤 한 견해를 결사結社로 대변할 경우 그 견해는 더 뚜렷하고 더

✧ 한국어 번역본, 이용재 역, 《아메리카의 민주주의 2》, 아카넷, 2018. 204쪽.

> 정확한 형태를 띤다. 그 견해는 지지자들을 거느리게 되고 이들을 원대한 대의 아래 규합한다. 지지자들은 서로 알고 사귀며 그 수가 늘어날수록 열의도 높아진다. 결사는 가지각색 사람들의 노력을 큰 다발로 결집하고 그 결사가 명확히 설정해놓은 하나의 목표를 향해 이들을 힘차게 끌고 나간다.[◇◇6]

많은 다른 목표를 이루려는 목적이 있는 조직은 결국 일반적인 체계라는 결과를 얻는다. 더 큰 사회는 이 연합이 대표하는 이해관계 반응에 익숙해지고 정부 형태는 자발적 연합의 구성원인 사람들이 발전시킨 기술의 영향을 받는다.

토크빌의 주장은 미국의 경제 발전을 설명하는 정치경제학자들이 확장했다. 밀턴 이스먼Milton J. Esman과 노먼 업호프Norman T. Uphoff(1984)는 연합주의는 개발도상국의 심리적·사회적 토대를 만드는 데 중요하다고 주장했다.

> 회원 조직의 활발한 네트워크는 예측 가능한 미래에 대다수 개발도상국에 만연할 가능성이 큰 대중 빈곤을 극복하려는 진지한 노력에 필수적이다. (…) 다른 요소들 – 인프라 투자, 도움을 주는 공공정책, 적절한 기술, 관료기관과 시장기관 – 이 필요하지만 참여

◇◇ 한국어 번역본, 이용재 역,《아메리카의 민주주의 1》, 아카넷, 2018. 318~319쪽.

하는 지역 조직의 존재감이 없는 상태에서는 생산성 증가와 폭넓은 이득 분배를 결합한 지방 개발의 어떠한 전략도 상상하기 힘들다.[7]

이에 따라 민주 형태 정부와 상당히 발전한 경제에서 부의 특성은 일정 부분 자발적 연합 속에서 일하는 습관과 그 결과로 나온 시민의 기질(적어도 미국의 경우 생태계와 경제상의 필요성이라는 외면할 수 없는 구조적 사실에 귀인하는 특성)에 귀인해왔다. 분명 미국의 문화나 제도 발전과 관련된 설명이 있고 또 다른 곳에서는 자본주의적 민주주의 발전이 있다. 이러한 설명은 그 성격상 물질보다 이념 요인에 더 비중을 둔다. 잠시 후 이 설명을 논할 것이다. 그 전에 먼저 비물질적이지만 여전히 매우 강력한 민족 자질의 원천을 살펴보겠다.

배척과 적대의 대상, 소수민족의 상황

어떻게 하면 한 집단이 탐욕스럽고 착취하며, 불성실하고 완고하며, 참견하기 좋아하는 동시에 배타적이고 폐쇄적이라는 평판을 얻을 수 있을까? 유럽에서 그리고 조금 덜한 정도로 미국에서 오랫동안 이 용어로 비난받아온 사람들은 유대인이다. 이 반유대주의적 고정관념 설명은 유대 역사의 독특한 특징과 예수를 십자가에 못 박은 사건에서 유대인이 한 역할에 관한 전통 기독교 교육에 초점이 맞춰진다.

하지만 좀 더 넓은 시각으로 보면 한 집단이 방금 서술한 부정적 평판을 얻을 때 특별한 이유가 필요한 것은 아니다. 모든 국가에는 "그들만의 유대인이 있다"는 말이 있다. 인도네시아, 필리핀, 베트남에는 중국인이 있다. 동아프리카에는 인도인과 파키스탄인이 있다. 서아프리카에는 레바논인이 있다. 터키에는 아르메니아인과 그리스인이 있다. 이집트에는 콥트인(이들은 기독교인으로 결국 이집트에서 '유대인'은 기독교인이다)이 있다. 이들 집단을 중간상이라 부른다. 이들은 보통 지배계급보다는 훨씬 가난하지만 대다수 원주민보다는 훨씬 부유한데 그 이유는 이들이 지배계급이 관심을 보이지 않는 직종이자 원주민에게는 관련 기술이 없는 직종에 종사하기 때문이다. 이들은 시장경제에서 중재자로 가게주인, 중개인, 대금업자 그리고 수입업자로 활동한다. 특히 이들은 긴밀히 맺은 공동체 안에서 살며 옷, 음식, 종교 같은 독특한 문화 특징을 공유하는 사람들과 어울린다.

이러한 집단의 구성원은 대개 근면하고 절약을 중시하며 미래를 위해 자기만족을 연기한다. 그렇지만 이들 덕목으로 인기를 끄는 경우는 거의 없다. 대신 그들은 열심히 쌓은 부로 인해 모욕을 당하고 기생충 같은 인간이라는 말로 경멸을 받는다. 이들 중간상이 고립에서 벗어나려 하면 주제넘게 나서고 방해가 된다며 비난을 받는다. 또 이들이 자신의 공동체 안에서 고립된 채로 지내면

파벌적이고 국가에 충성하지 않는다고 비난받는다. 유럽의 유대인 뿐 아니라 터키의 아르메니아인, 우간다의 인도인, 인도네시아와 베트남의 중국인(보트피플✧)은 분개한 동포들의 손에 집단으로 쫓겨나거나 살해당했다.

지난 수백 년 동안 유럽 유대인이 놓여 있던 운명을 살펴보자. 그 기간 거의 내내 대부분의 장소에서 유대인은 적대감과 마주했고 주어져야 할 기회를 엄격히 제한받는 상황을 경험했다. 그들은 토지를 소유하기 어려웠으며 특정 사업과 직업에 접근하는 것을 거부당했다. 또 거주는 특정 지역과 게토✧✧로 제한을 받았고 추방이나 재산 몰수라는 지속적인 위협과 마주해야 했다. 이 현상으로 유대인은 자신의 정체성을 완전히 저버리거나(즉, 기독교로 개종하고 더 큰 사회에 완벽히 섞이는) 더 큰 사회의 언어, 옷, 문화 선호를 받아들이지 않고 방어적이며 응집력 있는 별개의 하위문화를 유지했다. 나아가 이는 그들이 유대인에게 허용된 직업에만 종사하고 자신에게 주어진 상황과 우선순위에 맞는 생계수단으로 돈을 벌게 만들었다. 이들 공동체에서 일부 눈에 띄게 성공한 구성원은 대금업자(기독교인에게는 금지된 직업)와 보석용 원석 거래업자, 금속 중개인(대금업처럼 자신의 자산을 유동적으로 유지해야 하는 개인에게 적합

✧ 월남이 베트남전쟁에서 패한 1975년경부터 보트를 이용해 베트남을 떠난 난민을 뜻한다. 이러한 보트피플 중 상당수가 베트남에 살던 중국인이었다.

✧✧ 유대인을 격리한 거주 지역을 말한다.

한 직업)이다. 대다수는 단순히 자신이 속한 공동체라는 협소하고 국한된 범위에서 상품과 서비스를 제공했는데, 그곳에서 더 큰 사회에 받아들여지는 것은 필요하지 않았고 그 영향으로 더 큰 사회로부터 받는 적대감을 덜 경험했다.

유대인의 뚜렷한 옷, 언어, 문화 관행 그리고 종종 무시당하는 직업이라는 특징은 다시 더 심한 사회적 배척과 적대감을 부추기거나 적어도 정당화했다. 이는 또다시 유대인의 소외감과 예외적인 것을 형성하는 한편 유대인의 응집력을 높였다. 유대인의 유머와 전통 문화는 이러한 예외성, 지속적인 위협, 명시적 대립보다 자신의 믿음이나 재치로 생존해야 하는 필요성을 반영하고 강화했다.

흥미롭게도 우리는 북미지역 유대인과 관련된 자연 실험에 참여하고 있다. 여기에는 믿을 만한 이유가 있는데 그들은 이미 여러 언어를 사용하는 사회의 구성원이며 이 사회에는 많은 개인 혹은 집단이 유대인의 기술과 중복되거나 동일한 기술을 갖추고 있다. 유럽 국가처럼 문화적으로 더 균일한 국가에서는 유대인의 행동 방식만으로 유대인이라는 점이 두드러지지 않는다. 일부 국가(가령 네덜란드, 이탈리아, 독일, 영국)에서는 적어도 일정 기간 동안 적대감과 제한이 줄어들었고 유대인이 더 큰 사회에 융합하면서 유대 민족의 독특한 특징이 약해졌다. 그러나 유대인이 전에 없던 수용과 기회의 자유를 찾아낸 곳은 북미, 특히 20세기 후반의 북미였다. 우리 두 사람이 보기에 그 결과 유대인의 정체성은 놀랄 정도로 무뎌졌다. 우리 두 사람과 같은 세대◇ 사람에게 젊은 미국 유대인은 점차 어떤 특징적 외양이나 관점, 관례가 아니라 성姓으로밖에 구분되지 않는다. 더 큰 문화가 특정 문화 정체성을 중요하게 다루는 일을 등한시하면 정체성이라는 의식을 지키기 힘들 수 있다.

미국에서 유대인의 역사는 전혀 독특하지 않다. 대다수 민족 집단은 영어를 배우고 나면 자녀 세대를 공립학교에 보내고 다양한 이웃과 직업 세계에 섞여 살아간다. 이들이 사회경험을 하는 과정에서 민족 정체성은 점차 다른 사람과 자신을 구분하는 결정 요인의 역할이 흐려진다. 그런데 이 '무뎌짐'과 흡수 패턴에는 중요한 예외가 있다. 정체성이 유난히 눈에 띄고 그것을 계속 중요한 것으로 여기는 인종 집단, 특히 대다수 미국 흑인과 히스패닉은 미국에서 다른 문화 경험을 하고 있다. 더 큰 사회의 상당수 구성원은 이 집단의 구성원을 향해 꾸준히 독특한 방식으로 행동하면서 그들의 특징적인 민족·인종 정체성이 매일, 매시간 현저히 드러나도록 만든다. 6장에서 우리는 개개인이 직면하는 상황에는 외모, 역할, 행동으로 개인이 다른 사람에게 유발하는 반응이 포함된다는 점에 주목했다. 같은 이치로 어떤 민족 집단이 마주하는 상황의 일부는 그 민족 집단이 다른 사람에게 유발하는 반응과 그 사회

◇ 리 로스는 1942년생, 리처드 니스벳은 1941년생이다.

가 그들을 어떻게 받아들이는가와 관련이 있다.[◇◇] 이번 장 후반부에서 우리는 민족 집단의 이러한 상황 측면이 개인 행동과 민족 집단이 더 큰 집단과 맺는 관계에 미치는 영향을 보다 상세히 살펴볼 것이다.

문화, 이념 그리고 구성

문화를 객관적 상황 압력과 제약으로 간주해야 하는 타당하고 당면한 이유를 설명했으므로 지금부터 우리의 초점을 사회심리학 삼각대의 두 번째 다리로 옮기겠다. 이제 문화 가치와 신념이 사람들이 자신의 환경과 경험을 어떻게 해석할지 결정할 수 있다는 제안을 생각해볼 시간이다.[8] 우리의 주장은 문화 관점이 객관적 상황의 힘과 관계없는 방식으로 생겨난다는 것이 아니다. 오히려 그 근원이 무엇이든 특정 문화 또는 하위문화의 특징인 가치, 신념, 사건을 해석하는 방식은 상황과 분리되어도 생명력이 있고 상

◇◇ 예를 들어 미국 사회에서 (유대인과 달리) 흑인이나 히스패닉을 만나 인사할 때, 흑인과 히스패닉이 아닌 사람이 그들 방식으로 인사하거나 소통하는 것을 간혹 볼 수 있다. 이처럼 흑인과 히스패닉이 미국 사회에서 다른 사람에게 유발하는 독특한 반응이나 받아들여지는 방식은 그들 문화의 독특성을 더 강화한다.

황을 만들어내며 상황이 끝나고도 유지된다. 실제로 역사의 특정 시점에서 객관적 환경의 가까이에 있는 특징보다 집단의 신념과 이념이 이후의 발전 열쇠를 쥐고 있었다.

개신교의 시각과 자본주의 성장

때론 공유하는 문화적 신념이 역사의 원동력이라는 관점과 관계있는 인물은 19세기 사회학자 막스 베버Max Weber다. 그는 의도적으로 마르크스의 유물론을 반박하며 자본주의 성장에 관한 주장을 펼쳤다. 마르크스는 중세 후기의 중상주의가 투자 가능한 자본 과잉을 불러왔고 이것이 새로운 생산수단을 마련할 기회를 제공했으며 또다시 자본주의 성장을 불러왔다는 입장이었다. 객관주의 경제주의자 마르크스와 달리 주관적 사회심리학자인 베버는 이에 동의하지 않았다. 새로운 경제 형태를 만들기 위해서는 문제가 되는 객관적 상황을 전례 없이 세속의 성취에 높은 가치를 둔 '개신교 윤리'라는 특정 세계관의 입장에서 **해석해야** 한다는 것이 그의 주장이었다.

베버는 가톨릭과 경쟁하는 개신교 기업가의 성공 그리고 젊은 개신교 직업 여성의 눈에 띄는 절약과 규율에 주목하며 자신의 주장을 펼쳤다. 또한 그는 자본주의가 한때 더 부유했던 남유럽보다 북유럽 국가에서 발전한 점에 주목했다. 베버는 "영국은 전 세계인 가운데 중요한 세 가지 점에서 가장 멀리 앞서갔다. 바로 경건함, 상업, 자유다"[9]라는 샤를 드 몽테스키외Charles de Montesquieu의 말을 인용하면서 "이들의 상업에서의 우월함과 자유정치 제도에 적응하는 능력이 몽테스키외가 그들의 특징이라고 한 경건함과 얼마나 연관성이 있는지" 물었다.

베버의 답은 이러했다. 15세기부터 18세기까지 개신교식 경건함의 특정 형식은 성공적인 자본주의의 특징인 노동자의 근면함, 기업 활동, 부 축적에 상당히 부합했다! 그는 경건함은 자신이 '선택받은 사람', 즉 '구원받지 못할' 운명으로 지옥에 갈 사람이 아닌 신이 선택해 구원받을 '운명인' 사람 중 하나임을 드러내고자 하는 욕망이 더욱 부채질한다고 주장했다. 누구도 자신이 구원받을 사람에 포함되는지 절대 알 수 없지만 사람들은 신이 내리는 은총의 증거를 삶의 가치, 즉 관대함, 사치, 육체적 쾌락을 거부하는 것 그리고 속세의 '소명'을 충실히 부지런하게 성공적으로 추구하는 것에서 발견했다.

> 하느님의 선택을 받은 기독교인은 능력껏 최선을 다해 신의 계명誡命을 완수함으로써 신의 영광을 펼쳐나가기 위해 노력해야 한다. 신은 기독교인의 사회적 성취를 요구하는데 이는 사회생활이 신의 계명에 따라 조직화하길 원하기 때문이다. (…) 특정 개인과 상관없이 사회적 유용성을 위한 노동은 신의 영광을 증대하는 일이고 신의 뜻에 따라 행해지는 일이기 때문이다.[10]

그렇지만 단지 하느님을 위한 노동으로는 충분하지 않았다. 자신이 신에게 선택받았다는 사실에 한 점 의혹도 없으려면 적극적이고 전폭적으로 공동 이익을 추구해야 했다.

> 한편 이것은 스스로를 선택받은 자로 생각하는 이들의 궁극의 의무인데, 모든 의문은 악마의 유혹으로 여겨 싸워야 할 절대의무로 간주한다. 자기 확신이 부족한 것은 믿음이 충분치 않은 결과이자 은총이 완벽하지 않은 결과이기 때문인데 (…) 다른 한편 이런 자기 확신을 구하는 데는 세속적 활동이 가장 적합한 수단으로 여겨졌다. 그것과 오직 그것만이 종교적 의문을 떨쳐내고 은총의 확실함을 보여주기 때문이다.[11]

그러나 혼자 쉬지 않고 활동하는 것은 아마 자본주의의 바탕인 새로운 생산수단을 확립하는 데 충분하지 않았을 것이다. 새로운 체계는 노동 전문화와 효율적 생산을 기반으로 한 대중 시장 창출에 이어 그에 따른 가격 하락을 불러왔다. 여기서 칼뱅주의자들이 더 큰 사회 내부에서 '순종하지 않은 자'로 받아들여진 것은 매우 중요하다. 중간계급인 칼뱅주의자는 전통 영국성공회 학교에 접근하는 것을 거부당하면서 자신들만의 교육기관을 만들었는데, 놀라울 것도 없이 이곳은 과학과 기술 같은 실용 교과를 강조했다. 이를 기초로 새로운 발명과 생산기술이 전례 없는 속도로 발전하고 퍼져 나갔다.

그런데 그 혁신은 자신들이 종속될 수도 있는 새로운 분야를 불쾌하게 여기며 의심스러워하는 노동자의 반대와 자기사업을 잃을 위험에 처한 전통 경쟁자의 반대에 부딪혔다. 베버에 따르면 이들 혁신가가 성공하기란 매우 어려웠고 다시 이념의 지속적인 역할이 상당히 중요해졌다.

> (…) 고객과 노동자의 필수불가결한 확신을 얻으려면 극도로 확실하고 고도로 고양된 윤리적 자질이 안겨주는 덕목이 있어야 했다. 그렇지 않으면 그 무엇도 셀 수 없는 역경을 극복할 힘을 주지 못했다.[12]

마르크스주의자도 동의하듯 새로운 합리적 경제 형태는 똑같이 합리적 정치 형태를 요구했다. 효율적이기 위해서는 자본주의에서 임의 조세와 정부의 변덕스러운 행위가 없어야 했다. 더구나 새로운 중간계급의 부는 구성원에게 힘의 분산을 요구할 힘을 주었다. 이에 따라 법과 정부는 새로운 계층이 최대 범위로 행동하는 데 필요한 질서와 자유를 점차 선호하기 시작했다.

베버에 따르면 영국인(그리고 다른 북유럽인)의 세 가지 덕목은 만족스러운 방식으로 서로 연결되어 있다. 경건함은 특유의 신학으로, 상업상의 우월함은 경건함에 부여하는 에너지와 도덕적 위상으로, 자유정치 제도는 경제적 합리주의에 필요한 정부 개혁으로 설명할 수 있다. 이로써 마르크스적 분석은 완전히 거꾸로 서게 되었다. 그것은 경제 가능성을 규정하는 객관적 상황에서의 멈출 수 없는 변화가 아닌 인간사에 새로운 물질 단계를 낳은 속세의 성공 원인과 의미에 관한 주관적 관점이었다.

문화 가치와 경제의 중요성에 관한 논의는 인간의 성취와 동기를 연구한 심리학자 데이비드 맥클랜드David McClelland, 존 애킨슨John Atkinson 그리고 그의 동료들이 1950년대 수행한 매력 있고 독창적인 몇몇 작업으로 확장되었다.[13] 이들은 종교개혁 이후 수백 년이 지난 1950년 구세계와 신세계에서 개신교와 가톨릭 국가의 1인당 부 생산에 공통점이 거의 없었다는 것을 보여주며 논의를 시작했다. 특히 이들은 부모의 가치, 자녀교육 기술, 아이들이 접하는 전통 문화에서 관계의 영향력을 보여주려 했다. 가장 놀라운 것은 역사적으로 어떤(기독교가 아닌 것을 포함해 모든 종류의) 특정 문화에서 이전 세대 아동문학 작품이 다루는 성취 주제가 증가하는 정도에 따라 경제 발전 시기를 예측할 수 있다는 점이었다. 또한 이들은 개인이 글이나 주관을 드러내는 실험에 보이는 반응에서 표현한 성취 이미지와 접촉한 사회화 관습, 다양한 영역에서 나타난 실제 성취 사이에서 의미 있는 상관관계(비록 일반적으로는 다소 약하지만)를 찾아냈다. 하지만 연구 결과에 한 가지 약점이 있었다. 연구자들은 미국 가톨릭교도보다 미국 개신교인이 성취 이미지를 더 많이 보여준다는 점을 입증하지 못했다.[14] 로저 브라운Roger Brown✧은 1965년 사회심리학 교재에서 이것을 두고 전체적으로 중요한 의심을 던질 만큼 심각한 약점이라고 밝혔다. 개신교도와 가톨릭교도 사이에 차이가 없는 것이 정말로 베버의 주장을 곤란하게 만드는지는 몇몇 추가 결과를 바탕으로 이후 다시 살펴볼 것이다.

연합주의와 경제 발전

자본주의 등장을 두고 마르크스주의자와 베버주의자 사이에 벌어진 논쟁은 베버가 문제제기를 한 뒤 거의 100년 동안 놀랍게도 활발하게 지속되고 있다. 사람들은 이 논쟁을 실증적으로 해결할 수 있는 문제가 아니라고 생각할지도 모른다. 그러나 정치학자 로버트 퍼트넘Robert D. Putnam과 동료들[15]은 연구를 수행한 뒤 적어도 기존 문화 차이가 이후의 경제 발전을 예측할 수 있음을 입증하는 게 가능하다고 주장했다.

퍼트넘(1987)은 훌륭한 정부에 필요한 심리 기반을 창출하기 위한 자발적 연합의 중요성에서는 토크빌을 인용하고, 부의 전제조건을 창출하기 위한 연합의 중요성에서는 이스만과 업호프

✧ 발달 심리 언어학developmental psycholinguistics의 기반을 닦았고 특히 어린이가 어떻게 언어를 습득하는지 연구하는 분야의 선구자다.

(1984)를 인용하는 것으로 자신의 주장을 시작한다. 이어 그는 만약 그런 연합이 부의 발전에 독립적으로 기여한다면 지속적이고 객관적인 경제 조건을 유지했을 때, 어느 시점에 그 결사의 존재가 이후의 부를 예측할 수 있어야 한다고 주장했다.

이 논지를 시험하기 위해 퍼트넘은 1860~1920년 이탈리아 15개 지방정부 지역의 연합주의associationism와 관련해 특징적인 자료를 모았다. 이 자료는 공제조합 회원, 대중 기반 정당 지지율, 그 기간 중 선거 투표자 수 그리고 1860년 이전에 있던 동시대 문화·취미 단체 비율 등을 포함했다. 이것을 다양한 방법으로 측정했는데 경제 발전 상태는 주로 농업과 공업 분야 고용으로 측정했고, 공업 분야 고용이 높을수록 더 좋은 경제 발전 증거로 간주했다. 놀랍게도 1세기 전 산업화 정도보다 1세기 전에 있던 연합주의 문화로 현재의 경제 발전을 더 잘 예측할 수 있었다.

> 사실상 19세기 연합 전통은 20세기 산업화를 예측하는 강력한 요인이며 문화 전통을 상수로 놓았을 때 1911년 산업 분야 고용과 1977년 산업 분야 고용 사이에는 **어떤 상관관계도 없다.** (…) 1900년 이탈리아의 두 지역, 즉 한 곳은 참여 전통이 있지만 상대적으로 낙후되고 또 한 곳은 상대적으로 앞서지만(더 건강하고, 더 부유하고, 더 지혜롭고, 더 산업화한) 참여 문화는 없는 지역을 살펴보면 전자는 후자보다 20세기 동안 사회경제 측면에서 훨씬 빨리 앞서

나갔다. (…) 간단히 말해 현대 문화와 구조의 상관관계는 문화가 구조에 미치는 영향을 반영하지 그 역방향으로는 아니다.[16]

펜실베이니아대학교 와튼스쿨 교수 마이클 유심Michael Useem과 그의 동료들의 연구[17]도 참여 경험의 역할을 유사하게 입증했는데, 이들은 타이의 각각 다른 마을에서 참여 개발 프로젝트의 성공률을 살펴보았다. 결국 그들은 다양한 마을에서 조성하고 있던 각기 다른 자립 프로그램의 성공이 최소한 한 마을 집단의 주민 비율과 이전에 마을의 문제해결 활동에 참여한 주민 비율에 상당히 좌우된다는 것을 밝혀냈다.

이 연구 결과는 경제결정론자 입장보다 문화 입장을 지지하는 것으로 보인다. 왜냐하면 이탈리아 각 지역이나 타이 여러 마을의 경우 세련되지 않은 경제 유형의 구조적 힘이 연합주의에서 문화적 차이를 만든다고 믿기 어렵기 때문이다. 이런 연구 결과가 예외보다 규칙으로 입증되는 한 오늘날 사회과학을 특징짓는 경제결정론을 수정할 수 있다. 적어도 그 결과는 문화요인이 구조적·경제적 사실을 확립하는 데 중요하다는 점을 뒷받침한다. 이는 사회변화를 두고 토론할 때 다시 언급할 것이다.

집단주의 vs. 개인주의

이념, 성취동기, 연합주의를 논할 때 우리는 세계 문화와 민족 하위문화에서 차이를 보이는 매우 중요한 차원, 즉 집단주의 대 개인주의를 고려한다. 심리학자 해리 카랄람보스 트리안디스Harry Charalambos Triandis와 그의 동료들이 이 차원을 집중 연구했다.[18] 이 관점은 광범위한 태도와 행동을 이해하는 데 중요하다. 집단주의 사회는 대다수 전통적인 산업화 이전 사회를 비롯해 넓게는 남부유럽과 라틴아메리카의 가톨릭 국가, 대부분의 아시아와 아프리카 문화를 포함하는데 가족과 지역사회에 기반한 관계나 가치를 강조하는 것이 특징이다. 주요 '내집단', 즉 친족, 가까운 지역사회, 현대 산업사회의 경우 직장 구성원은 요구와 보상의 주요 원천으로 무엇이 바람직하고 무엇을 허용하며 무엇을 생각할 수 없는지 정하는 주요 결정권자다. 요약하면 집단주의 사회에서 개인을 움직이는 원동력과 방향을 정하는 나침반은 모두 내집단 규범과 역할 관계가 제공한다.

종교개혁이 일어난 서유럽 국가는 물론 북아메리카에서 지배적인 개인주의 문화는 반대의 지향점을 보여준다. 이 문화의 특징은 개인 목표와 이익, 선호를 강조하는 데 있다. 사회관계는 이익과 포부의 공통성에 좌우되고 그 이익과 포부가 시간에 따라 변하듯 사회관계도 변할 수밖에 없다. 이러한 사회에서 옷, 음식, 친구, 직업, 배우자, 그 밖에 개인의 선택은 전통 역할 관계와 연결되는 가족과 이웃 또는 다른 사람의 요구에서 상대적으로 자유롭다.

2장에서 인용한 것처럼 미국 내에서 사회적 영향력을 다룬 오랜 연구 역사가 입증하듯 이런 사회에서 개인은 동료의 영향을 받는다. 다만 사회적 영향력 정도가 집단에 기반한 기존의 전통 유대에 덜 의존한다. 따라서 어떤 상황에서는 상대적으로 집단주의 문화에 속한 사람들이 개인주의 문화에 속한 사람보다 동조 성향을 **덜** 보일 수 있다. 예를 들어 한 연구[19]에 따르면 일본인 실험 참가자는 애시의 실험 같은 잘못된 집단 판단에 미국인보다 덜 동조하는 성향을 보인다. 그 패러다임이 내집단 관심사의 전통 주제를 다루는 것도 아니고, 실험 참가자가 사회와 관련된 내집단에서 나온 압력에 노출된 것도 아니기 때문이다. 비슷한 맥락에서 일본인 실험 참가자 표본은 미국 일리노이주의 실험 참가자 표본에 비해 낯선 사람이나 다른 나라에서 온 사람들이 바라는 것을 덜 중요시하는 성향을 드러냈다.[20] 반대로 일본인 실험 참가자는 직장 동료들이 바라는 것에 더 큰 민감성을 나타냈다.

전통 집단주의 사회에서 개인은 평생 유지되는 지극히 중요한 단 하나의 내집단과 자신을 동일시할 가능성이 있다. 집단 구성원은 타협할 수 없는 상호 책임과 기대라는 복잡한 망으로 서로 연결되어 있다. 그리고 각 구성원의 성취나 악행은 전체로서 집단의 자부심이나 수치의 중요한 원천으로 작용한다. 반대로 더 개인적인 사회에서는 사람들이 연속으로 새로운 사회집단에 들어가고 새롭게 친분을 맺는 것이 상대적으로 쉽고 바람직하며, 과거의 관계를 단절하는 것도 상대적으로 쉽게 허용된다. 개인주의 사회에서 사회 연결은 특전과 책임을 덜 누리게 한다. 그러한 사회에서는 개인의 행복과 물질뿐 아니라 마음도 친척, 지역사회의 승인, 운명과 덜 연결되어 있다.

부분적으로 개인주의 성향은 개신교 윤리와 자본주의의 유산이다. 개인이 전통 공동체나 길드guild와 맺던 관계는 기회 혹은 자기 이익에 근거한 합리적 편리성과 유대관계로 대체되었다. 자녀교육 실행과 목표는 이러한 성향을 반영한다. 개인주의 문화에 속한 부모는 독립성과 개인 성취를 요구하며 보상할 가능성이 높고, 협력과 인정 추구는 덜 강조할 가능성이 크다.[21]

개인주의 성향은 현대 자본주의에 도움을 주는 경제 가치와 성취 욕구뿐 아니라 평등주의와도 관련이 있다. 집단주의 사회는 출생 특권이나 사회계급에 기반한 불평등을 받아들일 수 있다고 본다. 현대 인도에 여전히 남아 있는 전통 카스트 제도(그리고 상대적 특권과 박탈을 전생前生의 결과로 보는 환생 지지 신념)는 집단주의의 이런 특징을 극단적으로 보여주는 예다. 덜 극단적인 예는 남부 이탈리아의 작은 마을에서 의사, 교사, 귀족에게 존중을 표하는 것에서 볼 수 있다. 우리가 듣기에 그곳에는 전통 규범이 뿌리 깊게 남아 있어 정육점에서 줄을 서 있던 고객이 사회적 지위가 높은 사람이 도착하면 옆으로 비켜서고 '귀족'에게 순서를 양보하는 경향이 있다고 한다. 이런 관행을 미국 캠퍼스 하위문화에 존재하는 상당히 개인적이고 평등한 규범과 비교해보자. 새로 온 비서나 연구조교도 편하게 주차할 장소를 놓고 선임 석좌교수와 동일한 권리를 누린다(물론 이들은 적은 월급으로 주차권을 사기 위해 똑같이 많은 돈을 지불해야 한다).

개인주의 문화는 평균적으로 집단주의 문화보다 더 부유하고 더 생산적인 경향이 있다. 주요 산업 강국으로 부상한 일본은 이러한 상관관계를 과거보다 덜 강력하게 만들었지만 말이다(하젤 로즈 마커스와 사회심리학자 시노부 기타야마Shinobu Kitayama[22]는 일본 경제 발전의 밑바탕인 성취동기는 서양처럼 개인주의 가치보다 가족, 체면, 집단 충성 같은 집단주의 가치와 연결된다고 주장했다). 개인주의 문화가 더 건강하다거나 더 현명한지 아닌지는 별개의 문제다.[23] 개인주의의 비용을 연구한 최근 자료에서 흥미로운 점은 건강심리학 분야에서 보인다. 사회에 발생하는 무질서와 외로움은 보다 개인적인 사회의 특징이며 그중에서도 소외는 살인, 자살, 스트레스 관련 질병에 따른 사망을 다룬 설문 연구와 통계에서 드러나듯 상당한 대가를 치르게 만든다.[24] 심장마비와 관련해 특히 주목할 만한 한 쌍의 관련 통계가 있다. 첫째, 미국에 사는 백인이 심장마비를 일으킬 비율은 일본에 사는 일본인보다 5배 이상 높다. 둘째, 미국에 살면서 문화에 크게 동화된 일본인(가령 가정에서 일본어보다 영어를 더 사용하고 자녀와 일본식보다 미국식으로 관계를 맺는)이 심장마비를 일으킬 비율은 미국에 사는 동화되지 않은 일본인(심지어 음식, 흡연, 운동 같은 생활방식의 영향력을 바로잡았어도)보다 대략 5배 높다.[25] 이 연구 결과는 집단주의 사회의 사회적 지지 특성이 스트레스 완충제임을 암시한다.

일반적으로 집단주의는 경제와 사회 제약 측면에서 대가를 치른다. 하지만 그 보답으로 사회적 지지 측면에서 이득을 얻는다. 개인주의자는 다른 사람들에 비해 더 많은 권리를 누리고 누구와 어울릴지에 더 넓은 선택권이 있지만 개인적으로 필요할 때 그것을 곧바로 요구할 수는 없다. 집단주의 사회에서 서로 알고 가깝게 지내는 사람과 친척, 동료 들이 맡은 역할을 개인주의 사회에서는 심리치료사가 한다. 또한 개인주의 사회에서 변호사는 공개적이고 지루하게 이어지는 갈등에서 중재자 역할을 맡는다. 집단주의 사회에서는 이 같은 역할을 사적으로 수행하며 나이 많은 사람이나 집단, 직장의 권위자가 보다 빨리 쉽게 처리하는 경향이 있다.

우리 두 사람은 어쩔 수 없는 개인주의 성향의 북미인이지만 각자 문화유산에서 몇 가지 깊은 차이점을 발견했다. 로스는 유대인이지만 종교와 무관한 저소득층 가정에서 자라났고 니스벳은 중산층 개신교 가정에서 자라났다. 가족의 역할이나 영향과 관련해 유대인과 비유대인의 많은 차이점은 현대 TV 프로그램, 문학, 스탠드업 코미디에서 문화 클리셰cliché✧로 잘 알려져 있다. 그렇지만 이 차이점은 여전히 우리를 깜짝 놀라게 만들기도 한다. 한번은

✧ 드라마, 영화, 소설, 음악 등의 작품에서 흔히 다루는 진부한 소재를 말한다.

로스가 니스벳에게 자신이 할아버지의 남자 형제들의 훌륭한 의견에 관심을 보여야 하는 집안에서 성장했는데, 그의 가족은 필요할 때 할아버지의 남자 형제들에게 의지할 수 있었고 정기적으로 그들을 방문했다고 말했다. 니스벳은 믿지 못하겠다는 표정을 지으며 자신은 할아버지의 남자 형제가 누구인지 거의 알지 못했고 그들에게 어떠한 기대도 없이 자랐다고 말하며 다음 정보를 알려주었다. 그것은 그들이 그가 어떤 성취를 했는지 혹은 남부끄러운 일이 있었는지 몰랐을 것이고, 설령 그들이 알았어도 신경 쓰지 않았을 것이며 그들이 신경 썼어도 니스벳이 신경 쓰지 않았을 것이라는 정보다. 이 일화는 유명한 성격심리학자이자 임상의인 조지 켈리(1955)의 주장을 설명하는 데 도움을 준다. 그는 의뢰인의 지각이나 반응이 병리학적 증상인지 아닌지 결정할 때, 그 개인의 시각에서 사회 현상을 바라보는 것이 중요함을 강조하며 이때 의뢰인의 민족성도 고려해야 한다고 했다. 켈리가 관찰한 바에 따르면 가령 유대인 의뢰인은 겉보기에 가족에게 지나치게 관심을 기울이는데 이를 병리학적 수준의 의존성으로 잘못 귀인할 수 있다는 것이다. 만약 심리치료사가 유대인의 집단주의 측면을 모를 경우에는 말이다.

사회 맥락과 동서양의 귀인

북미 사회심리학자들은 지난 20여 년 동안 사람들이 특성 추론과 행동 귀인을 할 때 쓰는 전략과 편향을 알아내는 것에 사로

잡혀 있었다. 최근 비교 문화 연구에 따르면 우리는 일종의 자민족 중심주의ethnocentrism를 저질렀거나 적어도 연구에서 문화 혹은 하위문화 전반의 다양성을 고려하지 않았을 수 있다. 개인주의 성향 문화와 집단주의 성향 문화의 실험 참가자를 대비해보는 것은 하나의 유익한 출발점이다.

타인 대비 자신의 중요성

기타야마와 그의 동료들이 입증한 흥미로운 연구(1989)에 따르면, 집단주의 성향인 일본인 실험 참가자는 개인주의 성향인 미국인 실험 참가자에 비해 동료들과의 관계에서 자신을 관심의 중심으로 보지 않는 경향이 있다. 이러한 결론을 보여주는 증거가 다소 간접적일 수 있지만 유사성 평가를 다룬 기존의 대표 연구 결과를 기반으로 연구를 진행한 방식은 독창적이다.

1977년 인지심리학자 아모스 트버스키✧는 판단 대상 사이의 유사성 평가 결과가 간혹 비대칭으로 나타난다는 놀라운 연구 결과를 보고했다. 가령 실험 참가자는 뉴욕이 마드리드와 유사한 정도보다 마드리드가 뉴욕과 더 유사하다고 판단하는 경향이 있거나, 개가 자칼과 더 유사하기보다 자칼이 개와 더 유사하다고 판

✧ 판단과 인간의 의사결정 분야의 세계적인 전문가다. 인간의 비합리적 의사결정 원인을 설명한 전망 이론Prospect Theory을 만들었고 이는 오늘날 행동경제학의 출발점이다.

단하는 경향이 있다는 것이다. 그 이유는 실험 참가자가 더 현저하고 중요하며 인지적으로 더 풍부한 대상을 암시적 참조나 비교 표준으로 생각하기 때문이다. 이에 따라 덜 두드러지고 덜 중요한 대상을 더 두드러지고 중요한 것과 유사하다고 판단하며 그 반대 방향으로는 유사성을 덜 보고 만다. 이런 일반화와 마찬가지로 인지심리학자 키스 홀리오크Keith Holyoak와 심리학자 피터 고든Peter C. Gordon(1979)은 미국인 실험 참가자가 자신이 다른 사람과 유사하다고 생각하기보다 타인이 자신과 유사하다고 판단하는 경향이 높다는 사실을 발견했다. 이를테면 상대적으로 중요하지 않고 두드러지지 않으며 인지가 결핍된 타인이, 중요하고 현저하며 인지가 풍부한 자신에게 더 유사한 것으로 판단하지 그 반대 방향이 아니라는 얘기다. 기타야마와 동료들이 입증한 내용에 따르면 일본인에게는 이 패턴이 문자 그대로 반대로 나타났다. 상대적으로 집단주의 성향인 일본인은 개인주의 성향으로 '자기중심적'인 미국인에 비해 동료를 더 중요하고 더 두드러지게 집중해서 생각해야 할 대상으로 여긴다.

개인 속성이 일반화한 시각 대 맥락화한 시각

문화심리학자 스티븐 커즌스Steven D. Cousins(1989)는 이와 관련된 결과를 입증했다고 보고했다. 그는 '나는 누구인가Who Am I' 검사[◇]를 사용해 집단주의 성향의 일본인은 미국인에 비해 자신에게 더 폭넓고 서로 다른 상황에 걸친 개인 속성이 있다고 주장하는 것을 원하지 않는다고 보고했다. 자유반응 검사Free-Respond Test◇◇에서 어떤 구체적인 맥락도 명시하지 않았을 때 일본인 실험 참가자는 추상적 심리 속성(이를테면 "나는 낙관적이다")을 미국인 실험 참가자에 비해 4분의 1 정도만 열거했다. 그러나 사회적 역할과 맥락(예를 들어 "나는 드라마 클럽의 회원이다")에는 일본인 실험 참가자가 미국인 실험 참가자에 비해 3배 더 열거했다. 특별한 맥락을 명시할 때는 일본인 실험 참가자가 자신을 설명하는 데 심리 속성(예를 들어 "집에서 나는 때론 게으르다" 또는 "학교에서 나는 열심히 공부한다")을 더 사용할 가능성이 컸다. 커즌스는 일본인이 자신의 행동이 사회 맥락에 의존한다고 이해하는 측면에서 이 패턴을 지각한다고 주장했다. 반면 미국인은 자신이 다른 사람들과 어떤 특정 관계나 특별한 상황 맥락과 독립적으로 일련의 개인 속성을 지닌 것으로 생각한다고 했다.

◇ 자기개념을 사용한 검사로 정확한 명칭은 '20가지 진술 검사TST, Twenty Statements Test'다. 실험 참가자는 20가지 문항에 나오는 "나는 누구인가?" 질문에 답해야 한다. 문항은 크게 4가지 분야로 나뉜다. (1)신체 특징(예: 나는 키가 작다), (2)사회적 역할과 지위, 집단 구성원(예: 나는 직장인이다), (3)행동 특성, 정서와 인지(예: 나는 정직하다), (4)모호한 자기 참조(예: 나는 우주의 일부다)

◇◇ 주어진 보기 중에서 실험 참가자가 고르는 객관식 검사와 반대로 아무런 제한 없이 자신이 원하는 대로 답변할 수 있는 주관식 검사를 말한다.

힌두교도에게는 기본적 귀인 오류가 없다?

집단주의 성향의 아시아인 실험 참가자가 사회 맥락에 두는 무게는 이들이 사회적 행동을 설명하는 방식에 영향을 줄 수 있다. 특히 존 밀러(1984)는 힌두교도가 미국인보다 사건을 상황요인과 맥락요인 측면에서 설명할 가능성이 크다는 것을 보여주었다. 5장에서 살펴보았듯(그때는 미국인 실험참가자의 결과만 살펴보았다) 밀러는 실험 참가자에게 자신이 잘 아는 누군가가 최근 한 일을 기술한 뒤 '좋은' 일인지 '잘못된' 일인지 설명하게 했다. 이들의 설명은 일반 성향(예를 들어 '너그러움'이나 '서투름')과 맥락(가령 '그곳에 도움을 줄 만한 다른 사람이 아무도 없었다'나 '어두웠다')에 해당했고 관심사 측면에서 가장 관련성 있는 넓은 범주로 처리했다. 개인주의 성향이고 사람 중심인 미국인 실험 참가자는 부정적이거나 일탈 행동을 설명한 시간 중 45퍼센트를 일반 성향을 언급하는 데 할애한 반면, 힌두교도 실험 참가자는 15퍼센트만 할애했다. 유사하게 미국인 실험 참가자가 긍정적이거나 친사회적 행동을 설명한 시간 중 35퍼센트를 성향 설명에 할애했다면, 힌두교도 실험 참가자는 단지 22퍼센트만 할애했다. 반대로 힌두교도 실험 참가자는 일탈 행동을 설명한 시간 중 32퍼센트를 맥락 설명을 하는 데 할애한 반면, 미국인 실험 참가자는 14퍼센트만 할애했다. 또 힌두교도 실험 참가자는 친사회적 행동을 설명한 시간 중 49퍼센트를 맥락 설명을 하는 데 할애했다면, 미국인 실험 참가자는 단지 22퍼센트만 할애했다. 밀러는 명쾌한 통제 비교로 미국인과 힌두교도의 설명 차이가 설명 대상인 행동의 어떤 차이로 생긴 게 아니라는 것을 보여주었다. 밀러는 미국인 실험 참가자에게 힌두교도 실험 참가자가 한 행동을 설명해달라고 했다. 밀러의 문화 차이 가설과 일관성 있게 미국인 실험 참가자는 힌두교도가 한 행동을 설명할 때 자신이 한 행동에 적용한 성향·맥락 설명과 실질적으로 동일한 분포를 보였다.

이것은 힌두교도에게 기본적 귀인 오류가 없다는 뜻일까? 만약 그렇다면 그 오류는 얼마나 '기본적'인가라는 질문으로 이어진다. 아마 밀러의 연구 하나만으로는 이것을 입증할 수 없을 것이다. 행동을 결정할 때 서양보다는 동양에서 상황요인이 더 많은 역할을 할 수 있기 때문이다. 실제로 이것이 개인주의 문화와 집단주의 문화를 대비해 연구한 학자들의 기본 가정이다. 그런 이유로 힌두교도는 더 큰 상황주의 통찰을 보이지 않고 단지 더 상황 측면에서 결정한 행동을 설명했을 수 있다. 사실 우리는 양쪽 요인과 모두 관련이 있다고 생각한다. 즉, 서양 사회가 아닌 곳에서 상황의 영향력은 행동을 정하는 보다 더 강력한 결정요인이자 행동을 더욱 핵심적으로 설명하는 것일 수 있다. 한마디로 우리는 힌두교도와 집단주의 성향인 다른 많은 사람이 기본적 귀인 오류에서 정말로 미국인보다 덜 민감할 수 있다고 생각한다.

방금 설명한 연구는 각기 다른 문화권이 기본적으로 세상을 다른 방식으로 구성한다는 유용하고 명확한 증거를 대표한다. 나아가 뚜렷한 인지 차이에 근본적인 사회적 기원이 있을지도 모른다는 것을 시사한다.

사회계급과 통제 소재✧

앞서 예를 들었듯 세계의 문화 차이를 설명하는 '수평적' 차원이 있는 것처럼 다소 '수직적' 차원의 사회계급과 관련된 차이도 있다. 사회·경제 지위가 낮은 사람은 그 지위가 높은 사람에 비해 자신과 관계된 사건을 외부 원인을 들어 설명할 가능성이 더 높다.[26] 가령 사회·경제 지위가 낮은 실험 참가자는 "삶의 불행은 부분적으로 불운 때문이다"라고 믿을 가능성이 더 높은 반면, 사회·경제 지위가 높은 실험 참가자는 "불운은 자신이 저지른 실수의 결과다"라고 믿을 가능성이 더 크다. 사회·경제 지위가 낮은 실험 참가자는 "잘나가는 사람을 아는 것이 출세 여부를 결정하는 데 중요하다"라고 믿을 가능성이 더 높고, 사회·경제 지위가 높은 실험 참가자는 재능이 있고 일을 잘하면 삶에서 출세할 것이라고 믿을 가

✧ locus of control, 자신의 삶의 조건을 스스로 얼마나 통제할 수 있다고 보는지에 관한 지각이다. 외적 통제 소재external locus of control는 자신의 삶의 결과가 통제하기 힘든 요인에서 나온다고 생각하며, 내적 통제 소재internal locus of control는 반대로 자신의 능력을 행사하는 것이 삶의 결과에 영향을 준다고 본다. 이 개념은 사회 학습 이론을 연구한 심리학자 줄리언 로터가 심리학 분야에 소개했으며 귀인 이론에서 중요한 개념 중 하나다.

능성이 더 크다. 즉, '잘나가는 사람을 아는 것은 출세와 아무런 관련이 없다'는 얘기다.

이러한 설명 선호는 가치 선호와 상관관계가 있다. 사회·경제 지위가 높은 사람은 그 지위가 낮은 사람보다 자율성과 개인의 인과관계에 더 가치를 두는데, 이는 아마도 사회·경제 지위가 낮은 사람보다 자신의 생계가 개인 결정의 효과성에 더 의존하는 그럴듯하고 충분한 이유 때문일 것이다.[27] 예를 들어 사회·경제 지위가 높은 실험 참가자는 그 지위가 낮은 실험 참가자보다 독립적 판단, 자립self-reliance에 더 가치를 두며 일이 일어나는 방식과 이유에 관심이 있다. 사회·경제 지위가 낮은 실험 참가자는 그 지위가 높은 사람보다 훌륭한 태도, 사람들과 잘 지내는 능력에 더 가치를 둔다. 자녀 양육에서 사회·경제 지위가 높은 부모는 책임감과 자기 통제를 강조하는 반면 그 지위가 낮은 부모는 예절과 부모에게 복종하는 것을 강조한다.

사회·경제 지위가 높고 낮은 사람은 인과관계나 인과 소재와 관련된 가치를 다르게 가정한다. 사회·경제 지위가 높은 사람은 어떤 결과물이 자신의 행동을 주요하게 직접 반영한다고 생각할 가능성이 더 높은 반면, 그 지위가 낮은 사람은 결과물이 자신의 통제를 넘어선다고 생각할 가능성이 더 크다. 물론 이러한 설명 선호는 상당한 정도로 실제를 반영한다. 사회·경제 지위가 높은 사람은 그 지위가 낮은 사람에 비해 사실상 직업과 개인의 삶 모두에서 결과물을 더 많이 통제한다. 두 집단의 가치는 객관 상황에 반응하는 것으로 확인할 수 있다. 사회·경제 지위가 높은 부모는 호기심을 중시하고 자신의 동료, 아이들, 자신을 통제하는 쪽을 선호하는데 이는 관리자와 전문가에게 걸맞은 자세다. 사회·경제 지위가 낮은 부모는 복종, 다른 사람들과 잘 지내는 것, 고용주, 친구에게 가치를 두는 특성을 선호한다(그러나 사회계급 간 차이는 이 책에서 우리가 다룬 어떤 측면에서도 크지 않다는 점에 주목해야 한다. 사실 차이가 크지 않은 것인지, 구두로 하는 설문 반응 방법론이 실제 차이를 약화하는 것인지 명확하지 않다. 언어인류학자 셜리 브라이스 히스Shirley Brice Heath[1983]가 수행한 참여자 관찰 연구에 따르면 독립성, 자립, 개인 효능감과 관련된 사회화 관습에서 사회계급 차이는 실제로 상당한 것으로 나타났다).

표현하는 이념과 가치에서 사회계급 차이를 발견한 것은 상황주의자, 즉 문화에 관한 경제결정론 관점의 승리를 의미한다. 계급 차이는 대부분 계급 구성원의 직업이나 이들이 암묵적으로 아이들을 양육하는 측면에서 이해할 수 있다. 이 관점 차이가 확고해지면 객관적 결과는 물론 주관적 결과, 즉 사회·경제 지위가 낮은 사람에게는 추가 제약이, 그 지위가 높은 사람에게는 추가 이득이 생기는 결과를 낳을 수 있다.

문화 차이 측면에서 본 미국의 지역 차이

설명 방식에 드러나는 지역 차이

또 다른 문화 차이는 설명 방식에 있는데 이는 방금 다룬 국가·계급 차이의 유형과 연관지어 미국의 두 지역을 비교하는 연구로 찾아낼 수 있다. 심리학자 존 심스John Sims와 지리학자 두에인 바우만Duane D. Baumann(1972)은 남부 사람이 북부 사람보다 사건의 외부 통제를 더 믿는다는 것을 발견했다. 이 차이를 기록하고 탐구하기 위해 연구진은 모두 중산층에 속하는 실험 참가자에게 문장의 주요 부분을 제시하고 실험 참가자가 맞는다고 생각하는 대로 완성하게 했다. 예를 들어 "내 삶과 관련해 신은…"이라는 문장을 주면 남부 사람은 "통제한다"라고 마무리할 가능성이 높았고, 북부 사람은 "나를 지켜본다"라고 쓸 가능성이 높았다. 즉, 남부 사람은 신에게 능동적 역할을 부여하면서 자기 운명은 자신의 책임이라는 것을 실질적으로 인정하지 않았다. 반면 북부 사람은 신에게 선하지만 수동적 역할을 부여하고 주된 책임은 자신에게로 돌렸다. 유사하게 남부 사람은 "나는 행운이란 …라고 믿는다"라는 문장의 주요 부분을 행운이 상당히 중요하다는 것을 암시하는 문장(예를 들어 "사람을 부자나 가난한 사람으로 만들 수 있다")으로 끝맺을 가능성이 컸다. 북부 사람은 행운의 존재나 중요성을 부인하는 문장("그런 것은 없다")으로 끝맺을 가능성이 높았다. 나아가 남부 사람은 "세상에서 출세하는 것은 …의 결과다"라는 문장의 주요 부분을 도덕적 입장이나 신의 의지의 중요성을 반영하는 관점으로, 북부 사람은 일의 중요성을 반영하는 관점으로 끝맺을 가능성이 높았다.

심스와 바우만의 연구가 특히 도발적인 것은 귀인 관점의 차이를 보여주려는 시도에 생사가 걸린 결과도 있기 때문이다. 이들은 토네이도로 사망한 사람이 북부보다 남부에 더 많다는 곤혹스러운 사실에 주목해 논의를 시작했는데, 그 간극은 두 지역에서 일어나는 토네이도의 횟수나 강도 차이 또는 경로가 사람들이 밀집한 지역을 통과하는 정도나 그 어떤 물리적 이유로도 설명할 수 없다. 이들은 남부가 실제 몇 배 더 높은 것으로 보이는 토네이도에 따른 사망률 차이는 북부 사람과 남부 사람의 예방 조치 차이, 즉 이들의 문장 완성에서 나타난 서로 다른 견해가 완전히 양립하는 차이에서 나온다고 주장했다. 즉, 결과는 자신의 행동에 달려 있다고 믿을 가능성이 높은 북부 사람은 일기예보에 관심을 기울이는 것은 물론 토네이도가 부근에 있을 때 대피할 것이라고 예상할 수 있다. 운명과 신이 결과를 통제한다고 믿을 가능성이 더 높은 남부 사람은 일기예보에 주의를 덜 기울이고 예보가 불길할 때 대피할 가능성이 낮은 것으로 추측할 수 있다.

이 주장을 뒷받침하기 위해 심스와 바우만은 실험 참가자에게 토네이도와 직접 관련된 "토네이도 경보가 있을 때, 나는… "이라는 문장을 제시했다. 연구진의 가설과 마찬가지로 북부 사람은 뉴스를 “더 집중해서 듣는다”라고 말할 가능성이 높은 것으로 밝혀졌다. 반면 남부 사람은 “하늘을 쳐다본다”라고 말할 가능성이 더 높은 것으로 나타났다(하늘을 쳐다보는 것은 뉴스에 집중하는 것보다 실제 위험 정도를 덜 드러내고 제대로 된 예방책을 제시할 가능성이 낮다). 이와 유사하게 실험 참가자에게 “토네이도의 생존자들은 …”이라는 문장을 주었을 때, 북부 사람은 생존자에게 필요한 도움을 주는 표현으로 마무리할 가능성이 높은 반면 남부 사람은 생존자들이 느낄 부정적 정서를 강조하며 마무리할 가능성이 컸다.

남부 사람이 보여준 입장의 특성은 집단주의를 특징짓는 것처럼 양날의 검과 같다는 점에 유의해야 한다. 여러 연구자가, 예를 들어 갑작스런 유아 돌연사 증후군이나 교통사고 사망 같은 재앙이 가족에게 닥쳤을 때 어떤 일이 벌어지는지 살펴보았다. 그 결과를 보면 외부·종교 지향인 사람들이 더 빨리, 더 순조롭게 생산적인 삶으로 복귀했다.[28]

미국 내 살인율의 지역 차이

문화 관점의 차이는 여러 측면에서 생사와 관련이 있다. 미국의 어떤 지역은 오랫동안 다른 지역보다 살인율에 극적인 차이가 있는 것으로 알려졌다. 살인율은 작은 마을이나 시골보다 대도시에서 훨씬 높다(그 점에서 캐나다나 나머지 산업화한 세계보다 미국에서 높다). 그러나 미국 북부 지역과 남부 지역 사이에도 뚜렷한 차이가 있다. 과거에 남부연합을 구성한 주[✧]와 서부 주들중 남쪽 지역에서의 살인율이 북쪽에 비해 훨씬 높았다.

이러한 지역 차이를 어떻게 설명할 수 있을까? 몇 대에 걸쳐 이 질문을 던진 대다수 학자는 그것이 문화 차이에서 기인한다는 의견을 냈다. 북부 사회의 청교도 창시자들과 달리 남부에는 귀족층과 많은 토지를 소유한 상류층에 뿌리를 둔 위풍당당한 왕당파와 스코틀랜드-아일랜드계 시골뜨기들이 정착했다. 두 집단 중 어느 쪽도 베버가 말한 진지한 개신교 윤리에 어떤 충성도 하지 않았다. 이들이 중시한 것은 전투와 무기로, 이는 영국의 귀족과 야생의 전통이었다. 토크빌은 이런 문화적 유산의 차이가 노예 제도의 결과로 강화되었다고 주장했다. 남부의 백인 남성은 일할 의무에서 자유로웠기에 사냥할 시간이 있었고 무기를 들고 모의전투를 하거나 실제로 다양한 전투를 할 시간이 있었다. 토크빌은 노예 제도가 있는 켄터키주와 자유로운 오하이오주를 비교하는 기발한 자연 실험을 했는데, 사실상 위도 차이가 없는 두 지역을 비교한 것이었다(켄터키주는 오하이오주의 남쪽이 아니라 동쪽에 있다).

> [오하이오주에 사는] 백인은 스스로의 노력으로 살아가야 하기에

✧ 1860~1861년 미합중국을 탈퇴해 남북전쟁을 일으킨 남부의 11개 주를 말한다. 사우스캐롤라이나, 미시시피, 플로리다, 앨라배마, 조지아, 루이지애나, 텍사스, 버지니아, 아칸소, 테네시, 노스캐롤라이나가 여기에 속한다.

물질적 복리를 삶의 주요 목표로 삼는다. 그가 사는 고장이 열심히 일하기만 하면 자원을 전폭 제공해주고 사업을 벌일 경우 마르지 않는 이윤을 보장해준 까닭에 재부를 얻고자 하는 그의 열망은 인간 탐욕의 정상 한계를 훌쩍 넘어선다. 그는 재부를 얻는 길이면 어디든 대담하게 들어선다. 그는 선원, 개척자, 제조업자, 농사꾼이 되기도 하고 이 모든 직업에 딸린 노고와 위험을 의연하게 받아들인다. 그의 넘치는 재능은 경이로울 정도고 재물을 얻으려는 탐욕은 가히 영웅적이라 할 만하다.

[켄터키주에 사는 사람은] 노동을 경멸할 뿐 아니라 노동으로 성공할 수 있는 모든 사업을 경멸한다. 한가하고 유복하기 때문에 그에게는 유복한 부류의 취향이 있고 돈은 그만큼 가치가 있지 않다. 그는 재산보다 유희와 자극을 추구하며 이웃한 (오하이오) 사람이라면 다른 곳에 쏟을 정력을 여기에 쏟는다. 그는 수렵과 전쟁놀이를 좋아하며 격렬한 신체 운동을 즐긴다. 무기류를 익숙하게 다루고 어릴 때부터 단 한 번의 싸움에 목숨을 거는 법을 배운다.✧29

✧ 한국어 번역본, 이용재 역, 《아메리카의 민주주의 1》, 아카넷, 2018. 595~596쪽. 본문에 인용한 한국어판은 프랑스어 원문을 번역한 것이고 로스와 니스벳은 프랑스어를 영어로 옮긴 책을 인용했기 때문에 일부 다른 부분이 있다. 각 문단 앞에 대괄호로 표시한 부분은 영문판 내용으로 프랑스어 원문은 '강의 우안에 사는'과 '강의 좌안에 사는 아메리카인'이다. 또한 두 번째 문단 중간에 괄호로 표시한 '오하이오'는 프랑스 원문에만 있는 내용이다.

요약하면 남부 사람은 총을 보유하고 (결투와 유혈 싸움을 포함해) 스포츠에서 이 총을 사용했으며 다른 사람들이 자신을 위해 일하는 동안 기본적으로 무료한 시간을 보냈다. 이런 행동은 명예가 모든 것이고 모욕은 반드시 피로 복수해야 한다는 기사도 정신을 갖춘 영국 후손에게 자연스러운 일이었다.

미국의 전국 살인율 통계를 조사해온 이래 살인은 1인 기준으로 북부 주보다 남부 주에서 더 일반적이라고 알려졌다. 그렇지만 이 차이가 문화 차이를 입증하지는 않는다. 오히려 구조 차이와 관계가 있는 다른 설명이 가능하다. 여러 주에서 도시에 사는 인구 비중이 상당히 다른 것이 한 가지 예다. 더 중요한 것은 주마다 경제 구조와 생태 면에서 다른 유형을 보인다는 점이다. 농업 경제나 짐승 떼를 몰고 다녀야 하는 경제 구조는 총을 바로 사용할 수 있어야 하므로 총 사용을 부추기는 경로요인이 만들어졌을 것이다. 심지어 기후도 영향을 주는 것으로 보인다. 크레이그 앤더슨Craig Anderson과 그의 동료[30]가 수행한 연구에 따르면 높은 온도는 높은 폭력 범죄율과 연관이 있다.

단순히 통계 비교를 넘어 살인율 차이가 문화에 근거한다는 것을 보여주는 두 가지 흥미로운 시도가 있었다. 하나는 사회과학자 레이먼드 덩컨 개스틸Raymond Duncan Gastil(1971)의 연구다. 그는 남부가 어떤 주에 미치는 영향의 정도, 즉 그 주가 남부로부터 이주를 겪은 정도를 측정하는 것이 해당 주의 살인율을 예측하는 가장 강력한 척도라는 점을 확인했다. 특히 서부의 주들은 남부 본토박이 비율이 높고 살인율도 높다. 물론 이것은 완벽히 만족스러운 설명이 아니다. 여전히 앞서 언급한 요인들이 주마다 다르기 때문이다. 범죄학 연구자 콜린 로프틴Colin Loftin과 사회학자 로버트 힐Robert Hill(1974)이 유사한 노력을 기울였다. 이들은 폭력과 관련해 자칭 공식 폭력 지수Legitimate Violence Index라 부르는 흥미로운 문화 측정 기준을 만들었다. 이들은 각 주마다 1인당 폭력적인 TV쇼 시청자 수와 폭력적 잡지 구독자 수, 1인당 축구선수 수, 학교에서 용인하는 체벌 정도, 사형으로 이어진 살인 유죄선고 비율 같은 폭력 선호 지표를 계산했다. 그 결과 이 지수가 한 주의 살인율, 그 주의 남부 인구 비율 모두와 상관관계가 있음을 알아냈다. 그러나 이 연구는 필요한 모든 구조요인, 즉 생태요인과 경제요인을 통제하지 않았다.

이러한 관련 없이 영향력을 덜 받는 실험을 하기 위해 니스벳과 그레그 폴리Greg Polly(1991)는 더 복합적인 분석을 했다. 이들은 살인율의 지역 차이는 작은 마을들 사이에서는 최대여야 하고 대도시들 사이에서는 최소여야 한다고 추론했다. 한 지역에서 작은 마을은 서로 문화가 더 유사하며 대도심에 비해 다른 지역의 작은 마을과는 더 구별되기 때문이다(실제 코즈모폴리터니즘cosmopolitanism이라는 말의 진정한 의미는 지역의 작은 도시를 특징짓는 문화적 발산을 나타낸다). 나아가 만약 살인율이 진정 문화요인을 반영한다면 지역 차이는 대도시보다 인구가 적은 도시에서 더 드러날 뿐 아니라 문화 지표(앞서 인용한 남부 사람들의 지표나 공식 폭력 지수)가 대도시보다 소도시에서 살인율을 더 잘 예측할 수 있음을 보여줄 것이라고 추론했다. 실제로 이들은 추론이 맞는다는 것을 알아냈다. 히스패닉이 아닌 백인의 살인율은 남부 소도시가 북부 소도시보다 약 3배 높았다. 반대로 남부 대도시의 살인은 북부 대도시보다 아주 약간 더 일어났을 뿐이다. 추가로 문화 변수와 살인율 사이의 상관관계는 대도시보다 소도시에서 더 높았다.

이 데이터는 진정한 문화 차이와 관련해 극단적으로 암시하는 바가 있다. 이들은 온도차가 도시 규모와 중요한 연관성이 없다고 생각해 이를 제외했다. 차이 설명에서 생태·경제·민족 차이를 제외하기 위해 니스벳과 폴리는 생태·경제 측면에서는 본질적으로 동일하지만 남부 사람들의 비율에서는 서로 차이가 나는 지역을 검토하는 것으로 토크빌의 자연 실험을 변형했다. 그곳은 노스다코타주에서 북부 텍사스까지 광활한 대초원이 뻗어 있는 농업 지역이다. 북부 텍사스의 작은 마을에서 히스패닉이 아닌 백인의 살인율은 그 지역보다 더 북쪽 주에 있는 작은 마을의 몇 배에 달했다.

어쩌면 지역 간 살인율 차이가 총기 보유율 차이에서 기인하는 것은 아닌지 궁금해 하는 사람이 있을지도 모른다. 만약 총기 보유율 차이가 존재한다면 그것이 경제나 생태 영향보다 문화 영향을 반영한 것인지 고려해야 한다는 점을 짚고 넘어가야 한다. 공교롭게도 그런 고려는 필요가 없다. 소비자조사를 가장해 니스벳과 폴리는 북부 텍사스와 네브래스카주에 사는 수백 명에게 전화를 했고, 두 지역 모두 히스패닉이 아닌 백인 남성 중 대략 70퍼센트가 총기를 소지하고 있음을 확인했다. 당연히 모욕이나 다툼이 있을 경우 두 지역 모두 대다수 남성이 총기를 사용할 준비를 갖추고 있었다. 북부 텍사스 남성은 총기를 사용할 가능성이 훨씬 더 높았다. 왜냐하면 폭력이 개인 간 갈등의 해결책이 될 수 있다는 것이 이들의 문화 지식 중 일부이기 때문이다.

우리는 몇 가지 이유에서 이들 데이터가 중요하다고 생각한다. (1)이들 데이터는 어느 정도의 행동 차이는 문화요인으로 상당히 달라진다는 것을 높은 신뢰도로 입증한다. (2)이들 데이터는 문화 차이가 이를 만들어낸 구조적·경제적 사실이 사라진 이후에도 오랫동안 남아 있을 수 있음을 보여준다. (3)이들 데이터는 구조적·경제적 차이보다 문화 차이를 찾아내는 방법론 전략을 제안한다. 만약 문화 차이라면 그 차이는 크기가 작고, 세계적인 도시와 관련이 적은 지역에서 다른 문화변수와 더 확연하고 강하게 연결되어야 한다.

문화 규범의 강제

대부분의 집단규범과 마찬가지로 사람들이 공유하는 문화 가치와 전통을 소중하게 여기고 심지어 적극 보호해야 한다는 점을 기억하는 것이 중요하다. 소집단이 어두운 방에서 불빛이 얼마나 멀리 움직였는지를 판단하는 셰리프의 실험부터 베닝턴 학생들이 사회 쟁점과 관련해 새로운 정당 노선을 충실히 따르는 것, 샥터의 토론집단 중에서 '일탈하는' 사람을 마주한 실험 참가자에 이르기까지 사회심리학 역사는 사람들이 자신의 신념과 사회적 구성을 적극 촉진하며 그것에 반대하는 사람을 선뜻 용납하지 않는다는 것을 확인해왔다. 사회심리학자들이 연구한 비공식 집단보다 훨씬 더 많은 이해관계가 있는 문화는 신념과 가치 노선으로 자신들의 구성원을 지키는 것에 더 열정적이다. 문화가 완전히 균등하게 각각 다를 수 있는 것은 이런 이유 때문이다.

사회심리학은 문화가 사회 현실에 관해 획일적 관점을 강제하는 것을 쉽게 혹은 어렵게 만드는 조건도 알려준다. 개인이 집단의 의견에 동의하지 않을 가능성은 외부에 참고할 만한 것이 있는지, 지지 세력이 있는지에 상당히 좌우된다. 분리는 문화 규범 안정성의 핵심으로 다른 지역과 문화 사이에 계속 증가하는 소통과 접촉의 양은 이러한 문화 안정성에 지대한 영향력을 행사하게 만든다. 중세에 인접한 유럽 마을은 가까운, 심지어 상대적으로 떨어진 오늘날의 유럽 국가보다 문화면에서 더 차이가 났을 것이라는 입장이 지배적이었다. 두 마을의 소작농은 옷을 다르게 입는 경향이 있었고 관습과 전통이 달랐으며 어떤 경우에는 서로 이해하기 힘들 정도로 다른 방언을 사용했다. 반면 오늘날 '지구촌'에서 런던, 보스턴, 카라치, 부에노스아이레스의 도시 엘리트들은 유사한 정보와 아이디어를 접하며 그들의 세계관과 가치관의 차이는 평상시 관찰자가 알아차리기 힘들 정도로 작다. 이와 유사하게 여행자들은 사실상 세계의 어느 수도에서든 음악, 옷, 음식에 대한 취향을 공유하는 젊은이들의 하위문화를 발견하는데, 이는 여행자 자신이 사는 공동체의 연장자들이나 심지어는 다른 젊은이들의 취향에 비해 다른 대륙의 유사한 하위문화와 더 긴밀하다는 것을 시사한다.

교통과 커뮤니케이션 혁명 결과 하위문화가 지속적으로 주류에 편입되면서 독특한 정체성을 잃어가고 있다. 하지만 새로운 하위문화가 계속 형성되고 오래된 민족성은 꾸준히 다시 새로워지면서 되살아나고 있다. 다음으로 정체성과 집단관계에서 일어나는 이 급격한 변화를 두고 사회과학자들이 이야기한 바가 무엇인지 살펴볼 것이다.

긴장 시스템 문화

이번 장에서 우리는 문화의 객관과 주관 측면 간의 밀접한 관계를 살펴보았다. 한편으로는 생태와 경제의 영향력, 다른 한편으로는 이념과 가치가 어떻게 현재 상황을 보존하는 방식으로 서로를 강화할 수 있는지 이야기했다. 그와 함께 어떻게 경제 환경 변화 또는 새로운 사회와 아이디어의 접촉이 문화 규범과 관행을 바꿀 수 있는지도 이야기했다. 요약하면 왜 문화가 이 책에서 이야기한 일종의 긴장 시스템을 형성하는지 그 이유를 대략 보여주었다. 이제 그 역동적 현상을 보다 상세히 구체화할 시간이다. 미국에서 스스로의 경험으로 변화해온 동시에 기존 문화에 지워지지 않을 흔적을 남긴 두 집단의 운명을 논하는 것으로 시작하겠다. 두 경우 모두 경제학자 토머스 소웰Thomas Sowell(1981, 1983)이 미국 민족사를 다룬 매력적인 두 책(《민족 아메리카Ethnic America》, 《인종 경제와 정치The Economics and Politics of Race》)에 상당히 의지했다는 점을 밝혀둔다.

미국의 문화 변화

보스턴 시장이 "우리에게 결코 스며들지 않고 항상 독특하게 적대적으로 남아 있을 인종"[✧]이라며 개인 의견을 밝혔을 때 그는 어떤 집단을 마음에 두고 있었을까? 힌트를 주자면 우리는 더 큰 사회에서 많은 사람이 이 집단의 특성으로 생각하는 고정관념, 즉 멍청하고 게으르며, 폭력적이고 미신을 따르며, 약물을 남용하지만 태평스럽고 종교적이며, 음악 재능이 있고 놀라울 정도로 흥미로우며 강력한 방식으로 말하는 능력을 갖춘 이들을 살펴본다.

보스턴 시장이 염두에 둔 집단이 아일랜드인이라고 추측했

✧ 1830년대 보스턴 시장을 역임한 시어도어 라이먼Theodore Lyman이 보스턴 시의회 연설에서 한 말을 인용한 것이다.

다면 맞다. 시장이 그런 말을 한 해는 1840년이었다. 아일랜드인은 알코올을 남용하는 것으로 알려졌고 아일랜드 출신 가수들의 숭고한 전통은 아일랜드인의 음악 재능에 고유의 평판을 만들어냈다. 물론 이 서술은 흑인을 향한 미국의 최근 고정관념과 유사하지만 당시 예의 바른 보스턴 사람뿐 아니라 뉴욕과 필라델피아 사람도 아일랜드인보다 흑인을 이웃이나 직원으로 선호했다는 점을 생각해볼 필요가 있다.[31] 대공황 후반까지도 이 도시의 구인광고에는 종종 '아일랜드인은 지원할 필요가 없습니다'라는 단서가 달렸다.

아일랜드인을 향한 더 큰 문화권의 태도는 단지 민족 전통을 잘 이해하지 못하고 종교적 편견이 있었기 때문일까? 완전히 그렇지는 않다. 위대한 흑인 사학자이자 사회학자인 윌리엄 E. B. 두 보이스William E. B. Du Bois는 아일랜드 소작농의 경제 상황이 해방 시기 미국 노예의 조건보다 나빴다[32]고 말했다. 많은 소작농이 자신이 돌보는 가축과 유사한 환경에서 살았다. 실제로 아일랜드, 영국, 미국에 사는 아일랜드인은 도시 지역에 살 때도 더러 돼지와 닭을 집에서 키웠다. 이는 이웃들이 좋아할 리 없는 관습이었다. 이들은 고용주에게도 매력적인 부류의 노동자가 아닐 가능성이 높았다. 소웰(1983)에 따르면 아일랜드인은 알코올 남용률이 매우 높았고 폭력성 때문에 좋지 않은 평판이 돌기도 했다('파이팅 아이리시fighting Irish'라는 말은 한때 노트르담의 운동팀보다 더 위협적이었다.✧ 수십 명의 주먹다짐을 뜻하는 '도니브룩donnybrook'이라는 용어의 어원은 아일랜드의 마을 이름에서 왔다).

소웰[33]에 따르면 미국으로 이주한 아일랜드 이민자를 불리하게 만든 행동은 아일랜드 소작농이 고향에서 오랫동안 겪어온 경제 상황이라고 이해할 수 있다. 소작농이 경작하는 땅, 이들이 기르던 가축 사육 시설, 이들이 사는 집은 모두 영국 부재지주不在地主 소유물이었다. 이들 재산을 개조하면 법에 따라 지주만 부유해지게 만들 뿐이었고 재산 가치가 더 높아져 지대를 높이는 결과만 불러왔다. 따라서 빈곤한 농부들은 어떤 식으로든 경제적으로 나아질 기회나 동기가 거의 없었다. 이들에게는 가난한 사람이 흔히 그렇듯 노래와 이야기, 독한 술로 고된 삶을 이겨내야 할 수많은 이유가 있었고 극심한 가난과 함께 그러한 문화 특징을 이민 가는 곳마다 가져갔다. 공공연하게 각색한 스토리텔링과 말로 하는 놀이 전통에서 나온 한 가지 눈에 띄는 결과는 극작가 존 밀링턴 싱John Millington Synge과 극작가 숀 오케이시Sean O'Casey부터 소설가 제임스 조이스James Joyce, 극작가이자 소설가 조지 버나드 쇼George Bernard Shaw, 극작가 브렌던 비언Brendan Behan까지 세계 문학에 아일랜드인이 엄청난 기여를 했다는 점이다.

오늘날 아일랜드인은 사회·경제적으로 어느 위치에 있을

✧ 미국 명문대학 노트르담대학교를 대표하는 운동팀을 노트르담 파이팅 아이리시Notre Dame Fighting Irish라고 부른다. 즉, 과거에는 노트르담 운동부가 잘하는 정도보다 '파이팅 아이리시'가 더 위협적인 표현이었다는 뜻이다.

까? 오랫동안 잘 알려진 이들의 감언이설에 이후 갈고닦은 정치 감각으로 무장해 매력이 더해지면서 아일랜드인은 앞서 말한 보스턴 시장 후손의 지지와 표를 기반으로 오랜 기간 보스턴을 움직여 왔다.✧ 나아가 **종교** 교리와 개신교 윤리를 받아들이지 않았음에도 불구하고 아일랜드인은 미국 사회에서 주류와 본질적으로 구분할 수 없는 지위를 얻었다. 사실 아일랜드인은 대체로 미국인 평균보다 약간 높은 수입, 교육 정도, 지능지수라는 조건을 갖추고 있다.[34] 그렇지만 아일랜드 초기 문화의 모든 측면이 변한 것은 아니다. 이들은 미국의 선두작가 중에서도 여전히 두드러진다. 극작가 유진 오닐Eugene O'Neill, 소설가 메리 매카시Mary McCarthy, 소설가 플래너리 오코너Flannery O'Connor, 소설가 메리 고든Mary Gordon, 그 밖에 수많은 아일랜드계 미국인의 경력이 이를 입증한다. 그리고 아일랜드인은 문제가 있을 때 불행히도 여전히 술에 의존한다. 아일랜드계 미국인의 알코올 관련 질병률은 이탈리아계 미국인의 25배, 유대계 미국인의 50배 정도다.[35]

이러한 아일랜드 민족 집단 이야기는 몇 가지 중요한 측면에서 긴장 시스템의 역동성을 보여준다. 이 집단은 앞서 영국인, 네덜란드인, 독일인처럼 미국에서 즉각 번창하지 않았다. 이들은 상당 기간 동안 경제 기술과 문화 가치에서 북유럽 집단과는 완전

✧ 미국 매사추세츠주 보스턴시의 단일 민족 중 최대 집단은 아일랜드 후손이다.

히 다른 방식으로 남아 있었다. 모두 고국의 몹시 낙후된 경제 환경에서 나온 가난의 가시적 영향, 경제 기술 부족, 문화 가치와 관행이 집단 선입견을 부채질했고 그 탓에 이들이 구할 수 있는 경제 기회는 더 줄어들었다. 하지만 19세기 초와 20세기 후반 사이 어디쯤에선가 아일랜드인의 가난과 초기 가난이 만든 독특한 문화 측면이 많이 사라지면서 아일랜드인은 사회에 동화되고 그들의 객관적인 경제 현실이 자리를 잡았다.

가톨릭 국가에서 온 이민자 중 개신교도보다 경제 수준이 우위에 있는 경우를 보면 아일랜드인이 유일한 것은 아니다. 1970년대 수입과 직업 명망으로 볼 때 미국 가톨릭교도는 대다수 개신교 집단을 뛰어넘었다.[36] 가톨릭교도가 더 부유한 주에 몰려 산다고 전제해도 그 사실은 변하지 않는다. 가톨릭교도의 번영이 원래 개신교 문화의 성취 가치에 동화했기 때문인지, 일본인과 유대인처럼 문화에 부를 창출하는 다른 가치나 관습의 씨앗이 있었기 때문인지는 알 수 없다. 하지만 적어도 성취동기가 하나로 모이는 지점에 몇 가지 근거가 있다. 사회심리학자 조지프 베로프Joseph Veroff와 동료 연구자들이 1960년대 미국 개신교도가 가톨릭교도보다 성취동기가 더 높다는 것을 보여줄 수 없었다는 점을 상기하자. 그 시절 가톨릭교도가 이룬 경제적 진전을 감안할 때 이 결과는 당시 맥클랜드의 전반적 시각과 잘 맞지 않는 것처럼 보인 것과 달리 이제는 더 확실하게 해주는 것으로 보인다. 아마 이러한 수렴은 유럽에서도 동시에 일어나고 있었을 것이다. 어쨌든 몽테스키외가 영국을 관찰한 것은 오랫동안 쓸모없는 일이었다. 그의 고향 프랑스는 1인당 GNP가 거의 한 세대 전에 영국을 넘어섰고 한때 뒤처졌던 이탈리아 경제도 1980년대 중반 영국 경제를 넘어섰다. 이 사실은 역사나 사회과학 관점이 부족한 사람에게는 정해진 것처럼 보이는 문화 차이가 실은 일시적임을 극명하게 다시 알려주고 있다.

미국 남부의 흑인과 백인

미국 내 아프리카인의 긴 여정은 아일랜드인의 그것에 비해 더 극적이고 복잡하다. 그 여정 이야기 중 초기의 일부는 당연히 알려져야 할 만큼 널리 알려지지 않아 우리가 그 개요를 보여주고자 한다. 우리는 아프리카인과 유럽인이 공동으로 만든 미국 남부 문화와 두 가지 하위문화 사이의 역동관계를 훌륭하게 설명해 준 이스라엘 역사학자 메칼 소벨Mechal Sobel(1987)에게 빚지고 있다.

남부 문화에 관한 일반 가정은 공생하는 두 문화, 즉 영국 문화를 남부 상황에 적용한 지배적인 백인 문화 그리고 약간의 화법·관습·미신·음악·스토리텔링이라는 민족 전통 형태로만 남아 있는 아프리카 문화와 함께 가혹한 노예 상태에 적응한 노예 문화가 있었다는 것이다.

소벨의 책은 18세기에 형성된 남부 문화가 유럽과 아프리카의 진정한 조합이라는 점을 설득력 있게 설명한다. 소벨은 무엇보다 흑인과 백인이 서로 지속적으로 만난다는 점에 주목한다. 백인은 기본적으로 유모로 일하는 흑인 여성의 손에서 자란다. 적어도 이들이 10대가 될 때까지 흑인과 백인은 완전히 통합한 방식으로 함께 어울렸다. 백인 농장주는 누구보다 자신의 흑인 감독관과 더 많은 시간을 보낼 가능성이 컸다. 더구나 초기에는 아직 인종 우월성에 기반한 분리주의 이념이 발달하지 않았다는 점에 주목하는 것이 중요하다. 흑인과 백인은 간혹 흑인 성직자와 함께 같은 교회에서 예배를 봤다. 소벨과 다른 저자들이 보여주었듯 노예제도를 만든 노예 주인들이 종교와 정치 측면의 도전에 직면해 점차 자신들을 정당화하기 힘들어지자 양심의 가책을 덜기 위해 이후 분리주의 이념을 도입한 것이다.[37]

결과적으로 지배적인 백인 문화 구성원에게 남부 농장 문화에서 섞인 다양한 아프리카인과 영국인의 특징 그리고 근원이 분명하지 않았음에도 불구하고 이러한 상호 접촉 상황에서 문화 영향력은 필연적으로 쌍방향이었다. 소벨은 영국 전통과 아프리카 문화가 몇 가지 중요한 측면에서 처음부터 유사했다는 점에 주목하며 이 상호 영향력을 설명한다. 이번 장의 앞선 논의를 상기해보면 남부에서 우세했던 영국 문화의 형태는 자본주의 이전의 농업 전통을 변형한 것으로 일 그 자체에 그다지 가치를 두지 않았고 게으름을 비난하지도 않았다. 베버가 지적했듯 전통 소작농은 식탁에 음식을 올리는 데 필요한 것 이상으로 일하지 않는다. 이 측면에서 영국 문화는 아프리카 문화와 비슷하다. 영국 문화에서 일에 관한 사고방식 자체는 가치체계에서 어떤 역할도 하지 않았다. 서부 아프리카 대부분 지역에서도 사람들은 1년 중 농사일이 필요한 두 달 동안만 일했다. 두 문화권은 미신도 매우 유사하다. 두 곳 모두 마녀의 힘과 요정의 존재, 숲의 정령精靈을 믿었다. 마지막으로 두 집단은 종교 신념도 비슷했다. 부활은 아프리카인에게 새로운 사고였지만 천지창조나 아담과 이브 이야기는 서아프리카의 전통 이야기와 동일했다. 결국 이러한 유사성은 상호 영향을 가능하게 했다.

최근 떠오르고 있듯 남부 문화에 미친 아프리카의 영향력은 몇몇 측면, 특히 농업과 건축에서 두드러졌다. 남부 농업의 많은 기술이 아프리카 기술을 적용한 것이다. 예를 들어 지면에 있는 벌레를 피하기 위해 기둥 위에 집을 짓는 기법은 아프리카 기술이다. 집 건축의 몇 가지 다른 형태도 아프리카식의 더 단단한 건축 유형에서 직접 가져온 것이었다.

남부의 가치 역시 아프리카 전통에서 영향을 받았다. 남부에서 친족의 정의는 처음부터 북부보다 넓었고, 이는 아프리카에서 일반적이던 확장 가족과 친척을 규정하는 정의와 동일했다. 소벨은 무뚝뚝한 북부에 비해 미국 남부 사람들이 보이는 일반 정서에 부분적으로 아프리카의 영향이 있다고 보았다. 이러한 정서는 특히 종교 표현 형태에 더 분명히 나타났다. 감정과 소유욕을 적

나라하게 드러내는 소위 종교에 대한 광신적 접근은 바로 아프리카의 관습이었다. 흑인과 백인, 남부의 근본주의 종파는 이 같은 열광적인 접근의 한 형태를 보여주었다. 죽음을 친족과 관련된 재결합으로 보는 개념은 아프리카 전통이지 영국 전통이 아니다. 심지어 오랫동안 확립해온 프로테스탄트 교회에도 남부의 종교 이념이 들어왔다. 남부의 많은 미신은 특히 아프리카에 기원을 두고 있었다.

아마도 아프리카인이 가장 중요하게 지속적으로 기여한 부분은 남부 언어 분야일 것이다. 아프리카인은 속담, 은유, 비유적 표현 등에 풍부한 언어를 도입했고 이는 많은 학자가 주목했듯 남부 영어에 직접 옮겨졌다.[38] 실제로 남부 문학의 위대함은 아프리카 형태의 언어 표현을 혼합한 것에서 기인한다. 이 측면에 흑인의 기여가 실제로 중요했다는 점은 니스벳과 헨더슨Henderson(1991)이 수행한 연구가 입증한다. 이 연구에 따르면 (소설가 랠프 엘리슨Ralph Ellison, 시인 랭스턴 휴스Langston Hughes, 소설가 리처드 라이트Richard Wright, 소설가 제임스 볼드윈James Baldwin부터 소설가 토니 모리슨Toni Morrison, 소설가 앨리스 워커Alice Walker, 극작가 오거스트 윌슨August Wilson에 이르기까지) 현대 흑인 문학이 기여한 것은 교육 수준과 사회·경제 지위 측면에서 백인에게 유리한 차별에도 불구하고 북쪽이나 남쪽의 백인이 기여한 것보다 1인당 기여 측면에서 더 크다.

마지막으로 세계에서 인정받는 남부 흑인이 남부 문화와 세계 문화의 음악 전통에 기여한 바에 주목해보자. 18세기 유럽의 멜로디는 아프리카 리듬과 충돌해 빅뱅으로 이어졌고 그 예기치 않은 부산물은 흑인 영가에서 래그타임ragtime, 재즈, 리듬 앤 블루스, 로큰롤, 소울, 랩에 이르기까지 오늘날에도 계속 영향을 미치고 있다.

남부 문화는 처음부터 (아프리카와 유럽) 두 문화의 융합이었다. 이 두 문화는 양쪽 모두에 새로웠던 환경과 문화를 구성한 노예 제도에 보인 반응에서 많은 점이 유사했다.

노예 제도 유산은 흑인의 경제적 성공에 지속적인 영향을 주었는데 이는 아일랜드인의 노예에 가까운 최초 상황이 아일랜드인 집단에 미친 영향과 유사했다. 소웰(1983), 존 오그부John Ogbu✧(1978), 그 밖에 다른 사람들이 지적했듯 노예 제도의 조건과 이후 계급 지위로 강요받은 직업의 유효한 최대 상한선은 적어도 도심 지역에서 오늘날까지 이어지는 일과 일 관련 기술을 습득하는 것에 관한 태도를 형성했다. 1960년대 시민권 발전 시대에 유리한 입장에 선 흑인, 즉 웬만큼 좋은 직업과 직업이 있던 사람들은 경제적 주류로 활발하게 이동했다. 실제 1980년까지 대학을 나온 흑인 부부는 대졸 백인 부부와 거의 같은 수입을 올렸다.[39]

✧ 소수집단을 구분한 인류학자다. 이민자처럼 자국 정체성을 지니고 새로운 환경에 들어온 사람을 '자발적 소수집단voluntary minorities'으로, 미국의 흑인처럼 새로운 세계에 들어온 이후 주류 사회의 차별 속에서 자신들의 집단 정체성을 만들어가는 사람을 '불수의적 소수집단involuntary minorities'으로 구분했다.

반면 시민권 시대 초기에 자리를 잘못 잡은 흑인은 상황이 더 나빠졌다. 당연히 1960년대 이후 실업률, 투옥률, 가족 해체 비율이 상승했다. 사회학자 윌리엄 줄리어스 윌슨William Julius Wilson(1987)은 이 상태를 주로 중산층의 전통 출발점이던 블루칼라 일자리에서 소외되었기 때문으로 보았다. 이러한 소외는 널리 인식하고 있는 것보다 더 컸고 특히 흑인이 많은 비중을 차지한 북쪽 도심 지역에서 많이 일어났다. 빈곤층 흑인에게 기회가 줄어들고 이들의 지위와 연결되는 사회 병리가 지속되는 것은 백인의 인종주의와 흑인의 절망을 영구화하는 것을 조장한다. 흑인은 미국의 경제생활에 자신들이 완전하고 평등하게 참여하는 것을 허용하는 객관적 상황과 주관적 인식 변화 그리고 자신들이 많이 기여해온 사회와 문화 제도 변화를 여전히 기다리고 있다.

전통 일본 문화와 자본주의

극적으로 발전한 문화 이야기는 대다수 세계인에게 알려진다. 이런 이야기에는 대체로 두 가지 관련 주제가 있다. 먼저 상황의 일부가 엄청난 방식으로 변화한다는 것이고, 그다음은 본래 문화 그 자체는 변화가 동화하는 방식으로 영향을 미친다는 주장이다.

이들 이야기 중 가장 놀랍고 시의적절한 것은 1870년대 전통 일본 문화가 자본주의를 도입한 것과 관련이 있다. 당시 일본은 서양의 압력을 받아 강제로 문호를 개방했다. 초기 일본을 관찰한 사람들은 일본이 절대 어떤 부도 쌓지 못할 것이라는 결론을 내렸다. 이 의견은 부분적으로 일본의 섬들에 천연자원이 거의 없다는 정확한 가정에 근거하고 있었다. 다른 한편으로 그 시절 관찰자에게는 일반적이었지만 더 현대적인 관찰자에게는 모순적인 믿음에 기반한 것으로 일본인이 생산성 있는 경제를 이루기에는 너무 게으르고 삶에서 재미만 찾는다는 것이었다. 하지만 일본인은 50년 내에 자신들이 자본주의 생산수단과 유통수단의 달인임을 입증했다. 이들은 생산성과 수출을 토대로 역동적·성공적인 경제를 일구었고 이는 이미 2차 세계대전 이전에 절정에 달했다. 일본인은 전쟁에 따른 대규모 파괴 이후 심지어 더 높은 단계로 경제를 끌어올렸다. 더 극적인 것은 일본인이 자기 나라 내부에서 자본주의의 특징을 변화시키고 점차 전 세계에 영향을 미쳤다는 점이다. 이러한 자본주의의 특징 변화는 경영진과 노동자 사이의 협력관계와 관련이 있는데 이는 일본 사회의 전통 요소, 즉 장군과 가신 간의 관계와 동일하며 여기에서 기인했다고 볼 수도 있다.[40]

> 일본의 전통 제도에서 부하에게는 '권리'가 없었다. 계약관계가 아니었기 때문에 과거에 부하가 유일하게 의지할 수 있었던 것은 상사가 베푸는 친절함과 선의의 마음이었다. 이런 감정을 불러일으키는 방법은 자비와 감사라는 그들의 잠재 감정에 호소하는 것이었다. 상사가 친절함과 자선을 베풀도록 교묘하게 유도하는 능력

을 일본어로 아마에루甘える라고 부른다.[41]

이 관계 유형을 현대에 적용한 결과 일본 기업에서 상사는 직원들에게 부모 같은 감정을 지닌다고 여겨진다.

> 실제로 그의 역할에 거는 사회의 기대는 간혹 그에게 그런 감정이 있는지 없는지 분명히 드러내는 행동을 하게 한다. (…) 그가 자신의 권위 아래 있는 다른 사람들을 향한 책임감을 내재화하는 것이다. (…) 예를 들어 일본에서 임원, 감독 심지어 더 높은 직위의 임원은 이따금 자신의 부하직원이 제대로 결혼할 수 있도록 중개자 역할도 한다. 이는 부모 같은 책임감을 분담하거나 정말로 부하를 배려하는 전형으로 보이게 한다.[42]

이에 따라 현대 일본 기업은 서양 기업보다 가족 형태와 훨씬 더 닮아 있다. 관리자는 직원들의 일상생활에 관심을 기울이고 직원은 관리자가 자신의 관심사를 돌봐줄 것이라 믿는다. 결국 일본은 마르크스가 불가피하다고 상정한 두 계급 사이의 근본 이해관계 충돌을 놀라운 수준으로 저지했다. 이것이 직원의 사기와 효율성에 장점이 있다고 밝혀지면서 미국, 즉 우리가 8장에서 다룰 쿠르트 레빈이 직원-고용주 사이의 갈등을 줄이기 위해 기술(일본식 '가족' 모형이 아니라 민주적 참여의 미국식 이상에 기반한 기술)을 개척한 바로 그 나라에서 일본 경영 기술을 광범위하게 모방하기 시작했다.

특성, 민족성 그리고 개인차

지금까지 우리는 무엇을 알게 되었을까? 다음 교훈이 가장 중요한 것으로 보인다.

1. 경제 환경은 사회생활의 다른 객관적 사실, 예를 들어 한 집단이 다른 집단에게 대우받는 방식같이 심오한 방식으로 문화를 형성한다. 그 결과 문화는 그들의 가치와 행동 습관 형태에서 완전히 다를 수 있다.

2. 종교와 이념 측면을 포함해 문화의 주관적 측면은 객관적 상황에 보이는 반응에 영향을 미치며 어떤 경우 새로운 사회·경제 상황을 만들어내는 데 중요한 역할을 한다.

3. 문화는 긴장 시스템으로 흔히 보수적이며 변화에 저항하지만 한편으로 변화에 대비하는 강력한 수단일 수 있다. 객관적 압력과 제약이 바뀌면 또는 다른 집단과의 접촉으로

구성이 바뀌면 문화는 때로 심오하고 예상치 못한 방식으로 변화한다.

4. 문화 측면은 과감히 바뀔 수 있지만 그 밖에 다른 측면은 영향을 받지 않는 상태로 놓일 수 있다. 미국 대학 캠퍼스와 기업 이사회에서 활동하는 자신감 있고 사회적으로 잘 융화하는 유대인 후손에게서 과거 유대인 마을에 살던 공손한 유대인의 모습은 찾아볼 수 없다. 그러나 2,000년 전 유대인이 종교와 상업 전통에 확립한 학문적·실용적 전통은 오늘날 서양 유대인으로 이뤄진 전 세계 모든 집단에서 발견할 수 있다. 과거 지저분하고 무지하던 아일랜드인은 오늘날 대서양의 어디에서도 찾기 힘들다. 반면 언어를 능숙하게 매만지는 전통은 살아 있고 스트레스와 불행을 다루는 문화 처방도 여전히 알코올로 남아 있다.

최근 출현한 문화심리학과 인지인류학 분야[43]는 보다 더 만족스럽고 체계적인 방식으로 이 과정의 역학을 설명하고 예측하는 데 도움을 준다. 인류학, 경제학, 사회학, 심리학의 교차로에 놓여 있는 이들 새로운 분야는 사회과학이 부활시킨 학제 간 정신의 이점을 누릴 만한 곳에 자리 잡고 있다. 전통 사회심리학은 우리가 활용할 수 있는 문화적 사실의 혼돈스러운 양식에서 어떤 일관성을 찾아내기 위해 공동으로 노력하는 데서 중요한 역할을 한다.

민족성이 특성을 대체할 수 있는가?

이번 장의 초반 문단은 문화적 소양의 역할을 환기했는데 이는 일상 사회생활에서 우리가 보는 행동을 예상하고 제대로 반응하도록 돕는다. 그렇지만 그 문단과 이 장의 다른 어느 부분에서도 민족 차이와 문화 차이에 관한 지식이 특성 연구에서 이미 실패한 개인차를 예측하는 데 왕도를 제공할 거라는 인상을 주지 않았기를 바란다. 문화나 하위문화 지식이 사회생활의 많은 영역에서 무엇이 바람직하고 허락 혹은 금지될 가능성이 있는지 많은 것을 알려주긴 하겠지만 여기에는 제한이 있다. 예를 들어 빌이 사회·경제 지위가 낮은 아일랜드계 남부 사람으로 현재 남서부에 살고 있고, 잭은 중산층 유대인으로 로스앤젤레스에 살고 있다는 것을 알아도 특정 상황에서 빌의 행동이 잭과 어떻게 다를지 별로 알 수 없다. 행동 관행은 사회마다 다르며 사회 안에서도 그 차이는 좀처럼 크거나 일관성이 있지 않다. 이렇게 균질화한 이유는 각기 다른 집단 구성원이 사회의 영향력과 보다 큰 사회 안에서 대체로 비슷한 객관적 현실에 직면하고 이를 토대로 규정되는 사실과 많은 관련이 있다. 실제로 이 장에서 살펴본 미국 사회 내부의 일부 문화·민족·계급 차이는 적어도 몇 가지 전통적 측정으로는 그리 크지 않은 경향이 있다. 가령 사회·경제 지위가 높고 낮은 집단 사이의 가치와 신념에는 겹치는 부분이 상당하다. 이는 알코올의존증과 살인이 일어나는 정도나 음악, 예술, 운동 또는 특별한 지적 영역에 예외적으로 기여하는 것처럼 극단적 행동이 일어나는 정도를 살펴봤을 때만 그렇다. 민족 차이가 특히 눈에 띄는 경우는 우리가 4장에서 살펴본 개인차 통계와 일관성 있는 결과를 보여준다.

여러 민족 차이는 전통적 특성 차원과 연관(이를테면 개신교 윤리가 성실성이라는 일반 개념과 연관이 있고 히스패닉의 호감이나 개인의 민감성 전통이 친절함과 연관되는 것)이 있지만 이는 아마추어 심리학에서 두드러지지 않고 개인차를 보여주는 전통 구조의 일부로 볼 수 없다는 점을 인식하는 것이 중요하다. 예를 들어 친족관계의 중요성과 같은 집단주의의 여러 측면과 통제 소재 같은 사회계급 편차의 여러 측면은 일반인에게 분명해보일 수 있는 차원에 해당하지 않는다. 그 결과 서로 상호작용하는 사람들이 어떤 흥미롭고 중요한 문화 차이를 간과하거나 오해할 수 있다. 문화적 근원이 있는 행동 규범이나 구성 차이로 행동 차이가 일어날 때 이는 개념적으로 관련된 개인차 차원에 잘못 연결될 수 있다. 그러한 문화요인과 상관없는 새로운 차원의 행동 예측은 잘못되거나 적어도 정당화할 수 없는 확신에 그칠 것이다.

현대 사회의 민족 갈등 문제

20세기가 저물어가면서 하나는 희망적이고 하나는 고통스러운 두 사실이 세계 풍경을 지배했다. 희망적인 사실은 사회 발달로 경제와 정치 체계가 점차 안정되었다는 점이다. 고통스러운 사실은 국가 내부 혹은 국가 사이에 민족 분열이 늘어났다는 것이다. 이러한 분열은 미국 대학 캠퍼스에서 인종 간 갈등 형태로, 소련에서 중앙정부 권위가 약해지면서 발생한 민족 갈등 형태로, 전 세계에 걸쳐 종족과 종교 적대감이 이어지는 형태로 나타났다.

절망과 희망이라는 두 사실이 연결되어 있을 가능성이 있을까? 연결은 계몽주의 및 개혁주의의 합리주의에서 시작해 근대 세계에서 가장 잘 작동할 것으로 보이는 경제로 이어진다. 기본적으로 자본주의 경제지만 자본의 착취 경향에 관한 마르크스의 끔찍한 예측을 누그러뜨리는 방식을 찾는 경제, 이를테면 국가가 부를 재분배하는 스칸디나비아 모델이나 소유주가 가부장적인 일본 스타일도 하나의 유형이다. 이를 지탱하는 경제와 사회는 세상에 알려진 가장 합리적이면서도 인도적인 것이다.

그렇지만 이런 사회의 개방성과 합리성이 민족 갈등의 씨앗을 뿌릴 수도 있다. 첫째, 인식 가능한 집단이 별도로 혜택을 받는 사회에서는 사회 태도가 일부 집단에게 불리하고 기술이나 일과 관련된 태도에서 차별적 위치를 점하기 때문에 그 자유가 민족 갈등을 빠르게 부채질할 수 있다. 둘째, 경제가 발전한 소수의 새로운 사회만이 의미와 공동체에 대한 인간의 욕구를 충족할 것으로 여겨지는 이념을 제시해왔다. 종교는 이러한 현대 사회의 많은 곳에서 영향력이 약한 존재인 반면 민족성은 위험하지만 매력 있는 대안이다.

민족성과 관련된 새로운 사실이 일시적인 것이 아니라면, 우리가 그 근원을 추측한 것에 어떤 가치가 있다면, 사회과학자가 민족 차이를 찾아내고 보다 큰 사회의 각각 다른 구성원에게 이것을 설명하는 한편 갈등을 부채질하는 힘을 줄일 방법을 명확히 찾아내야 한다.

8

사회심리학, 현장에 적용하기

사회심리학자가 자신의 분야를 학교, 직장, 공동체에서 일어나는 문제에 적용할 때 이들의 노력은 상황주의 원리의 큰 영향을 받고 더러 극적인 증거로 남는다. 평범한 일반인이 어떤 문제의 주요 원인을 인간의 취약성과 특정 유형의 개인 약점으로 볼 경우 사회심리학자는 '피해자에게 책임 돌리기'를 꺼린다. 그 대신 사회심리학자는 근본 원인을 분석하고 잠재 해결책을 제시하며 상황의 장벽과 이를 극복하기 위한 전략을 찾는다. 우리 중에서도 레빈주의 전통에 빠져 있는 사람은 직접적인 환경, 특히 행동 규범을 형성하는 사회 과정이나 태도와 행동 사이의 관계를 조정하는 경로 요인에 집중하는 경향이 있다.

사회심리학을 실무에 응용하는 사람은 틀림없이 상황주의자겠지만 이들의 궁극적 성공은 이 책 전체에 걸쳐 논해온 또 다른 두 가지 통찰, 즉 주관적 해석의 중요한 역할 그리고 인지와 사회체계의 역동성을 제대로 인식하는 것에 달려 있다. 이러한 추가 통찰의 첫 번째는 특정 상황과 그 상황을 개선하기 위해 만든 어떤 개입에서 행위자의 주관적 평가를 실무자가 고려(만약 필요하다면 변화)해야 한다는 것이다. 두 번째는 사람들이 기능하는 사회체계와 정보를 처리하는 인지체계 모두 실무자가 그 역학관계를 인지해야 한다는 점이다. 노련한 실무자는 특히 사회 공동체와 신념체계 모두 강력한 힘에 의해 안정을 찾지만 우연히 혹은 계획적으로 안정화하는 힘이 약화할 때 두 체계가 완전히 변화할 수 있음을 알고 있다.

이번 장에서 우리는 개입이 성공하고 실패한 다양한 경우를 다루면서 사회심리학의 이 근본 통찰로 계속 되돌아갈 것이다. 또한 이 통찰이 개입 프로그램을 만드는 사람과 실무자뿐 아니라 자녀와 부모, 학생과 교사, 환자와 의사, 직원과 고용주 등 사회에서 기능하는 우리 모두에게 제공하는 교훈으로 되돌아간다. 이러한 교훈에는 우리의 사회 경험, 즉 우리가 매일 사회에 참여해 관찰하고 경험하는 것, 동료에게 전해 듣는 주목할 만한 사건, 언론에 오르내리는 보다 중대한 상황을 구성하는 사건을 이해하고 여기에 반응하는 방식을 바꿔놓는 힘이 있다. 그렇지만 먼저 사회심리학 이론이 아닌 방법론과 관련해 우리가 배워온 몇 가지 교훈을 살펴보는 데 시간을 써야 한다.

연구자와 소비자를 위한 방법론 교훈

훈련받은 사회심리학자는 자신의 연구를 진행하는 방식뿐 아니라 사회문제와 해결책을 놓고 언론이 제시하는 해설에 반응하는 방식에서도 전문성을 보인다. 사회심리학을 교육받을 경우 사람들이 견고한 연구 근거 없이 단지 이론 분석이나 '임상 경험'에 근거해 말하는 것에 깊은 회의를 보인다는 점은 주목할 만하다. 이러한 회의론은 어느 정도 사회심리학의 업적을 인식하는 것에서 나온다.

우리는 사회 트렌드와 결과를 전망하는 '전문가'의 예측이 얼마나 자주 빗나가는지, 이론과 상식에 비춰 합리적 개입 프로그램이 얼마나 자주 비효과적이거나 심지어 역효과를 내는지 보아왔다. 그리고 우리의 회의론은 앞서 살펴본 동일한 일반적인 이론 통찰, 즉 상황의 미묘한 영향력, 주관적 구성의 예상 밖 변화, 인지체계와 사회체계의 복합적 역동성 통찰과 연결될 수 있다. 우리는 에이즈가 사회에 미치는 장기적 영향, 코카인 합법화의 비용 대비 효과, 노숙자 문제를 해결할 최선책, 다양한 육아 방식의 상대적 이점, 스탠퍼드대학교와 미시간대학교 교육의 이점 같은 질문에 직접적인 근거 없이 사회심리학 분야의 근본적인 통찰만으로 제시하는 해답의 가치에 한계가 있음을 깨닫는다.

동시에 일상 추론 연구[1]는 다양한 인지와 동기 심지어 지각 편향을 경고한다. 이런 편향은 사람을 기분 좋게 만들지만 자기 신념과 예측에 부적절한 자신감을 갖게 만들고 전문가와 일반인이 과거 사건의 의미를 이해한다는 착각,[2] 미래 사건을 정확히 예측할 수 있다는 착각[3]을 하게 만든다. 우리는 응용 연구를 하면서 우리를 잘못 이끌 수 있는 방법론의 위험과 결과물에 관해 많은 것을 깨달았고 직관이나 이념에 근거해 판단 혹은 결정할 때의 단점도 더 많이 알게 되었다.

사회정책 문제와 관련해 사회심리학 분야의 교훈은 사람들이 깊이 생각해 설계하고 주의 깊게 실행한 경험 연구의 가치와 비용 효과를 옹호하게 만든다. 우리는 법률체계의 중심에 있는 쟁점을 다루고[4] 공중보건과 안전을 개선하고자 설계한 교육 프로그램의 효과를 시험하는 데[5] 실험과 현장 연구가 얼마나 가치 있는지 목격해왔다. 만약 제대로 된 실험이 가능한 경우 사회심리학자는 정식 실험 설계를 주장한다. 그보다 더 자주 있는 경우로 정식 실험이 불가능할 때 사회심리학자는 방법론, 통계, 해석에서 주의해야 할 점과 예방책의 중요성을 강조한다.[6]

'진정한 실험'의 가치

공식 실험의 가치와 더 많은 '임상' 평가 절차의 위험을 다룬 중요하고 극적인 사례는 의학 학회지에 나온다. 그 고전적 사례는 '문맥대정맥문합술' 연구 역사에서 찾아볼 수 있다. 흔치 않은 메타 분석✧으로 의학자 노먼 그레이스Norman Grace, 카를 무엔흐Karl H. Muench, 토머스 찰머스Thomas C. Chalmers(1966)는 간경화증 분야에서 한때 유행한 외과 치료법을 평가할 때 각각 다른 연구 설계를 이용한 연구자들의 결론을 비교했다. 이 치료법은 환자의 간문맥을 대정맥에 직접 연결하는 것으로 〈표 8.1〉은 그 비교 결과를 요약한 것이다.

출판한 51개 보고서 중 가장 많이 차지한 32개 연구는 표준 임상 평가 절차에 따랐다. 즉, 연구자들은 문맥대정맥문합술을 받은 뒤 환자 표본이 보인 개선 유무에 근거해(짐작컨대 연구진은 문맥대정맥문합술을 받지 않은 간경병증 환자의 운명과 관련해 알고 있는 것을 이용했겠지만) 결론을 내렸다. 〈표 8.1〉이 명확히 보여주듯 거의 모

설계	(수술 가치에) 열의를 보이는 정도		
	뚜렷함	보통	없음
통제 없음	24	7	1
통제는 있지만 무작위로 행해지지 않았음	10	3	2
무작위 통제	0	1	3

표 8.1 문맥대정맥문합술 연구에 관한 연구. 51개 문맥대정맥문합술 연구의 결론은 그 설계와 관련이 있다. 잘 설계한 연구를 보면 수술은 거의 또는 전혀 가치가 없다. 반대로 잘못 설계한 연구는 수술 가치를 과장했다.[7]

✧ 특정 분야의 여러 연구 결과를 종합해 양적으로 분석하는 것을 말한다.

든 연구자는 문맥대정맥문합술 효과 연구에서 긍정적 결론에 도달했다. 그다음으로 많은 15개 연구 집단에서는 문맥대정맥문합술을 받은 사람과 받지 않은 사람을 직접 비교했다. 하지만 이들은 문맥대정맥문합술을 받는 것과 받지 않는 조건에 환자를 **무작위로** 배정하지 않았다. 이 배정 방식으로 대부분의 연구자가 긍정적 결론을 냈다. 단지 4개 연구만 '진정한 실험'으로 인정받는 데 필요한 무작위 배정 방식을 채택했다. 바로 몇 안 되는 그 연구가 의사들이 옳은 것으로 밝혀진 결론에 이르게 만들었다. 즉, 문맥대정맥문합술은 실제로 환자에게 전혀 이점이 없었다. 암묵리에 공식 절차를 덜 사용해 알아낸 긍정적 결과는 '플라시보 효과'(이것은 이번 장 후반부에서 논한다)나 환자를 무작위가 아닌 방식으로 치료 조건에 배정한 결과에서 나온 편향 때문이었다.

몇몇 가능한 편향은 일단 살펴보고 나면 매우 명백하다. 가령 새로운 절차나 치료를 받을 때 일부 환자만 선택을 받는데 이들은 '좋은 후보'일 가능성이 높다. 좋은 환자란 치료나 평가를 복잡하게 만들 추가 질병이 없는 환자, 태도가 긍정적이라 의사의 지시에 따를 확률이 높은 환자, 나아가 환자 가족이 가능한 한 가장 최신에다 최고의 치료를 간절히 원하는 경우를 말한다. 그러나 이 좋은 환자가 표준 치료를 받은 환자(혹은 전혀 치료받지 못한 환자)보다 치료 이후 상태가 좋았을 때 여기서 드러나는 차이는 새로운 치료법의 어떤 이점과 거의 또는 전혀 상관이 없다. 단지 이전의 건강,

치료 지시 이행 정도, 가족의 지원 같은 관점에서 좋은 후보군이 누린 유리한 점을 반영한 결과일 뿐이다. 비슷한 편향이 사회 실험에 영향을 주기도 하는데, 예를 들면 특별 사회 복귀 프로그램에 배정받은 '적절한' 또는 '그럴 만한' 재소자의 재범률을 보다 표준 방식으로 다룬 재소자의 재범률과 비교하는 경우가 있다.

사례 연구와 잘못 설계한 비교 연구에는 단점이 있지만 이들은 적어도 아무런 연구 근거 없이 일을 추진하다가 겪는 어리석음으로부터 우리를 보호해준다. 상식과 좋은 의도에만 기반해 개입한 비극적 사례는 1950년대와 1960년대 '슬럼 철거 정책' 수단으로 추진한 '타워 인 더 파크Tower in The Park' 프로젝트에서 볼 수 있다. 이 프로젝트의 기본 논리는 간단하다. 즉, 3~4층 공동주택이 가득한 도시의 한 구획에서 기존 건물을 철거한 다음 그 구획 중앙에 20층 건물을 세워 동일한 수의 사람들이 입주하게 하고 나머지 공간을 놀이터와 커다란 정원으로 바꾸는 것이다. 그런 다음 편안히 앉아 환경 '개선' 결과로 얻는 사회적 이득을 챙기려는 프로젝트였다.

도시 계획자들의 의도는 좋았으나 이들은 세심하지 못한 상황주의 탓에 구식 공동주택 구역 내의 섬세하게 균형 잡힌 생태계를 예측하지 못했다. 물리적으로 객관적 조건은 비참하게 보였을지 모르지만 이곳 사람들은 적어도 자기 건물에 사는 모든 사람을 알았고 매일 자주 접촉하며 관계를 유지했다. 또 이웃에게 좋은 의견을 듣는 것을 중요시했고 여느 정상 공동체에서 작동하는 방식으로 사회 규범을 이행하고 소통했다. 나아가 모든 사람이 누가 앞 건물에 있고 누가 복도에 있는지 잘 알았으며 어머니들은 창문 너머로 아이들이 안전하게 놀고 있는지, 현관 입구 계단에 앉아 있는지 볼 수 있었다. 새로 들어선 건물에서는 이러한 긴장 시스템이 파괴되었다. 비공식 사회 압력과 집단 화합이 극도로 줄어들었는데 이는 사람들이 개인적 관계를 만들 기회와 일상생활에서 서로의 행동을 관찰할 기회가 최소화했기 때문이다. 달갑지 않은 외부인과 범죄자에게 그 구역을 떠나라고 말할 수도 없었다. 이는 주민들이 누가 그 구역에 사는지 구분할 수 없었고 사회적으로 고립된 주민들이 집단 문제를 처리할 책임을 느낄 가능성도 낮았던 탓이다. 아이들은 아파트에 갇혀 지내거나 건물 혹은 공원의 보이지 않는 구석에서 뛰어다녔다. 오랫동안 가난하긴 했어도 사회체계가 작동했던 그곳에는 얼마 지나지 않아 시설 파괴는 물론 무질서, 두려움, 절망이 생겨났고 사회적·물리적 환경은 악화되었다.

대담하지만 가난한 사람들의 삶에 불행을 안겨준 이 개입이 있고 나서 20년 뒤 정부는 황폐한 건물을 허물기 시작했다. 이 어리석은 조치가 초래한 재정 손실은 수천억 달러에 이를 것이다. 물론 사람들이 당한 고통의 대가는 쉽게 계산할 수 없다. 어느 빈민가를 완전히 없애는 프로젝트를 설계하기 전 다양한 도심에 몇 개 건물을 세우고 주민과 주변 이웃이 잘 사는지 최소 몇 년 정도 관찰하며 실험의 성공 여부를 측정했다면 이 무시무시한 희생은 피할 수 있었을지도 모른다.

우리는 소규모 평가 연구가 사회정책을 안내하는 데 쓰일 때 반드시 명확한 답을 줄 것이라는 인상을 절대 주지 않기를 바란다. 지난 수십 년 동안 이뤄진 수많은 유명한 개입과 평가 연구는 거기에서 얻은 결과를 적절히 해석하는 문제를 놓고 열띤 토론을 불러일으켰다. 각각의 경우 관련 결과는 화려한 수사의 거품을 빼내고 이후 논의 쟁점을 보다 날카롭게 만드는 가치 있는 목적을 달성했다. 우리는 여기서 얻은 결론이 들어간 비용의 몇 배 가치를 주었다고 생각한다.[8]

1968~1978년에 진행한 야심찬 '역逆소득세negative income tax'✧ 또는 '보장 소득guaranteed income' 연구를 생각해보자.[9] 사람들이 예상하듯 소득이 규정된 '최저' 수준 밑으로 내려갈 경우, 돈을 받은 실험집단 참여자는 통제집단 참여자에 비해 주당 일한 평균시간이 적었다(부분적으로 이들은 더 자주, 더 긴 시간 동안 실직했다). 이 차이가 발생한 이유는 주로 가정에서 가장 이외의 구성원이 일한 시간이 다소 더 급격히 감소했기 때문이다. 예를 들어 가장 대규모로 가장 잘 진행한 시애틀과 덴버 지역의 경우 남편은 9퍼센트 감소한 반면 아내는 20퍼센트 감소했고, 젊은 미혼 남성은 그보다 더 큰 폭으로 감소했다.[10] 또한 프로그램을 지지하는 많은 사람의 희

✧ 저소득자에게 정부가 지급하는 보조금을 말한다.

망이나 예측과 반대로 소득을 보장받은 가족 사이에 가족 해체 비율이 낮지 않고 오히려 더 높다는 것도(가령 시애틀과 덴버 지역에서는 35~40퍼센트 높은 것으로) 드러났다.[11]

이 결과는 몇 가지 어려운 질문을 던진다. 기혼 여성, 특히 돌봐야 할 아이가 있는 여성은 더 적은 시간을 일하는 것이(더 정확히는 이러한 표본 집단은 전혀 일하지 않는 것이) 바람직한가, 아니면 그렇지 않은가? 소득 보장은 가족 문제와 갈등을 줄이는가, 아니면 늘리는가? 또는 소득 보장은 단지 갈등이 있는 부부들이 경제 관점에서 이혼할 수 있도록 만들어주었을 뿐인가? 이들 어려운 질문은 논의의 범위를 좁혀준다는 점에서 가치가 있다. 비판자들은 소득을 보장해도 '누구도' 또는 '거의 아무도' 일하지 않을 것이라고 계속 주장할 수 없다. 찬성자들은 가족 해체 감소율이 실험 비용을 정당화할 것이라고 계속 주장할 수 없다. 그리고 연구자와 프로그램 계획자는 이후 어떤 개입 프로그램에서든 자신들이 무엇을 측정하거나 변경하고 싶은지 훨씬 더 명확히 이해한다.

마찬가지로 1960년대 초반 이뤄진 '보석 보증서' 연구[12]는 형사피고인에게 보석금을 마련하라고 요구하지 않은 채 풀어주는 것이 바람직한지, 그렇지 않은지 논란을 불러일으켰다. 이 정책은 피고인이 재판에 나타나지 않는 비율이 받아들이기 힘들 정도로 높지 않을 것이라는 점을 입증했다. 보석금을 없애는 정책으로 피고인 중 '나타나지 않는no-show' 피고인 비율은 2퍼센트보다 낮았다(일반적으로 피고인의 기저율보다 **더 낮았다**). 앞으로 논하겠지만 이와 유사하게 잘 설계한 1960년대 몇몇 헤드스타트 프로그램 평가 연구는 그 연구의 비용 효과 논의를 끝낼 수 없었다. 그런데 그 덕분에 20년 뒤 진보 지지자의 비현실적인 약속과 보수 비평가의 부당한 프로그램 묵살을 모두 견제하게 만들었다.

호손 연구의 의미

사회심리학자들이 공식 실험 설계의 가치를 인식하면서 이들은 실험 사회심리학에서도 보다 정교해졌다. 다음 이야기의 중요한 초기 장면은 1924년 시카고에 있는 서부 전기회사 호손 공장✧에서 시작된다. 그곳에서 '과학 경영'의 초기 추종자들이 한 연구 프로그램을 시작했다. 이들은 종종 풍자되고 사람들의 반감을 산 '시간 동작 연구time and motion study✧✧'로 무장한 이른바 효율성 전문가였다. 몹시 놀랍고 실망스럽게도 이들은 더 효율적인 방법을 만들어 노동자가 이에 따라 행동을 바꾸도록 하는 것만으로는 생산성을 순조롭게 올릴 수 없음을 금세 알아차렸다. 노동자들은 이

✧ 1924~1932년 호손 공장에서 진행한 이 연구의 목적은 조명, 인센티브, 휴식 등이 생산성에 미치는 영향을 살펴보는 데 있었다. 이후 이 연구는 작업자 태도, 관리자 스타일, 집단 역학 등의 통찰로 이어졌다.

✧✧ 산업체나 복합 과제를 단계별로 나눠 그 각각을 수행하는 데 필요한 시간을 측정하는 분석 방법이다. 프레드릭 테일러Frederick W. Taylor의 과학적 관리법scientific management에서 많이 활용했다.

강요가 자신들을 로봇처럼 바꿔놓는 것이라고 느껴 모욕적이라 생각했고 분개하며 그들을 신뢰하지 않았다. 결국 이들은 저항했다. 독자 여러분은 이제 주관적 지각과 긴장 시스템 작동의 중요성을 알 만큼 현명해졌을 테니 이런 결과가 그리 놀랍지 않을 것이다.

조명 조건의 효과를 다룬 소규모 연구는 생산성 문제와 관련해 상당히 다른 접근 방식의 출발점이 되었다. 비록 어떤 면에서는 이 연구가 부정적 결과를 불러왔지만 말이다. 특히 호손 연구자들은 개선한 조명이 작업자의 생산성을 초기엔 늘린다는 것을 알아냈으나 실험 기간을 확장해 조명 조건을 체계적으로 조작했을 때는 생산성과 조명 조건 사이에서 어떠한 관련성도 찾아내지 못했다. 이로써 연구자들은 이런 요인은 물리적 환경과 거의 관련이 없고 실험 참가자의 지각과 느낌이 중요한 역할을 할지도 모른다는 생각을 했다.

이 해석을 지지하는 추가 입증은 1927~1932년 하버드경영대학원 사회과학자들의 도움을 받아 진행한 일련의 후속 연구에서 나왔다. 이러한 연구 중 가장 잘 알려진 것은 '시계열time-series' 실험이다. 이 실험은 서로 다른 실험 방에 있는 여성 조립공 다섯 명의 생산성에 초점을 두었는데 이들은 합산 결과물에 따라 돈을 받는 단가 도급률로 급여를 받았다. 연구진은 짧게는 3~4주에서 길게는 30주에 이르기까지 23회에 걸쳐 이 집단의 휴식과 식사시간 횟수, 시기를 체계적으로 조작하면서 집단 생산성을 관찰했다. 이 실험 결과 혹은 연구자들이 결과를 요약 제시한 인간관계 해석[13]은 곧 심리학과 경영학 개론서의 절대 진리가 되었다.

이에 따르면 실험 참가자는 조건에 발생한 거의 모든 변화 이를테면 휴식시간과 식사시간의 빈도 조정, 시간 축소와 확대, 심지어 시간을 전혀 주지 않는 변화를 주어도 생산성이 늘어나는 반응을 보였다.

최종 결론(가장 자주 인용하는)은 13번 수행한 실험 기간 동안 노동자의 생산성은 꾸준히 올라갔는데, 실험 이전 기준치로 삼은 기간 동안보다 30~40퍼센트 더 높아질 때까지는 사용한 특정 휴식 일정과 거의 독립적이었다는 것이다. 대다수 설명에서 이 실험 기간 중 마지막 2번의 실험이 특별한 주목을 받았다. 12번째 기간에 토요일 아침 휴식이 없어졌고 노동자들은 앞선 기간 동안 즐기던 2번의 휴식시간도 박탈당했다. 그럼에도 불구하고 결과는 전반적으로 11퍼센트 생산성 향상으로 나타났다. 13번째 기간에는 2번의 휴식시간을 되돌려주었고 회사는 점심에 무료로 음료를 제공했다. 그 결과는 4퍼센트 추가 생산성 향상이었다.

이 결과 패턴을 설명할 때 인간관계를 옹호하는 사람은 13번째 작업 기간 동안 제공한 휴식 일정의 특성과 실험 조작은 중요하지 않으며, 생산성 증가는 단지 작업 집단 내부의 사회관계가 변화하고 노동자와 감독관 사이의 관계가 개선되었기 때문이라고 주장했다. 엘턴 메이오Elton Mayo✧와 동료들에 따르면 다른 노동자와 떨어져 시험실에 있던 조립공 다섯 명은 집단 화합과 단결심 개선을 촉진하는 특별한 상태에 있다고 생각했다. 또한 이 작은 집단 구성원은 자신들이 갑자기 감독관에게 더 많은 우호적 관심을 받는다고 느꼈는데, 여기서 중요한 것은 감독관이 처음 노동자들에게 피드백과 제안을 적극 구했다는 점이다. 이들 요인은 공장 전체가 아닌 자신이 속한 작은 집단의 생산성에 기반해 수입을 올리는 새로운 급여체계와 함께 이들이 생산성 향상, 상호 도움, 관리자를 향한 긍정적 태도 같은 집단규범을 만들도록 이끌었다. 또한 한 세대 후의 레빈주의자로서 강조하자면 이 방식은 노동자 다섯 명의 생산성을 억제한 공장 전체 규범(1931~1932년 수행한 별도의 연구로 호손 공장의 '배전기 권선작업실'에서 노동자의 언어와 신체를 억압하며 집행한 규정[14])의 억제 효과를 떨쳐버리게 해주었다.

최근 호손 연구는 방법론상의 몇 가지 결함(동일한 시기에 작업 조건이 같은 통제집단이 없었다는 점을 포함해), 초반 보고와 지속된 결과 해석에 영향을 준 명백한 이념 편향[15] 등으로 정당한 비판을 받아왔다. 특히 교과서로 배운 학생들이 일반적으로 믿는 것보다 호손 노동자들은 더 의식적이었고 순진하지 않았으며 친절한 말과 관리자들의 관심에 따라 조작될 가능성이 낮다는 것이 명백해졌

✧ 심리학자이자 사회학자로 1928년부터 호손 연구에 참여했다. 이 연구에서 직업 만족도는 단기 인센티브보다 직원들이 의사결정에 참여함으로써 높아질 수 있다는 점을 알아냈다.

다. 예를 들어 우리는 노동자들이 비교적 재미있는 실험 작업 조건에 계속 참여하는 '특전'을 유지하기 위해서 혹은 실험 성공이 공장의 전체 작업 조건을 개선해주리라는 희망에서 암시적이거나 대놓고 생산성을 계속 높여야 한다는 사회 압력에 노출되어 있음을 발견했다. 또한 중간에 두 명의 노동자가 거부감을 보이며 비협조적이었을 때 연구가 성공하도록 보다 적극 기여하려는 두 명의 여성으로 대체했다는 것도 발견했다. 전체 23번의 관찰 기간 동안 실제로 2번의 가장 큰 생산성 향상은 이러한 인력 변화 뒤에 일어났고, 대공황(어떤 일에서든 당연히 가치와 매력을 높였을 사건)이 시작된 후 일어났다는 점은 훨씬 뒤에 알아챘다.

그러나 이런 비판은 유명한 호손 연구의 중요성을 떨어뜨리기보다 더 큰 의미를 생각하게 만들었다. 이후 수십 년간 호손 연구는 사회관계와 일터에서 의욕의 중요성을 보여주는 구체적인 사례 이상의 역할을 해왔다. 통제집단과 실험집단 실험 참가자가 자신이 특별히 주목 혹은 관찰을 받는 것을 느끼는 정도가 다르지 않아야 함을 상기시키는 것도 마찬가지다. 이 연구는 오늘날에도 연구자와 실험 참가자 사이 상호관계의 사회 역학에 늘 주목해야 한다는 일반적 교훈을 일깨워준다. 이는 실험실이든 현장이든 연구 참여자는 조작의 수동적인 대상이 아니라 자신의 행동이 전하는 메시지의 결과에 신경 쓰는 존재라는 점을 생각하게 한다. 가장 중요한 것은 호손 이야기가 알려주듯 연구 결과를 읽거나 사용하는 수준 높은 소비자들이 어떤 결과를 받아들이기 전에 연구 방법론과 다양한 참여자의 동기가 미치는 가능한 영향이 무엇인지 냉엄하게 살펴야 한다는 점이다.

'커다란' 개입이 실패할 때

호손 연구에서 얻은 방법론 교훈 덕분에 우리는 응용한 성공 사례를 해석할 때 신중해진다. 하지만 호손 효과에도 불구하고 합리적이고 잘 설계한 많은 응용 노력이 실패한다. 어쨌든 과학 연구로 얻은 교훈과 실패가 전해주는 사회적 의미를 생각해보는 것은 가치가 있다.

상황주의, 진보주의 그리고 개입의 정치학

많은 사람이 마음속으로 우리가 상황주의라고 부르는 견해와 응용사회심리학 전통을 진보 정치 철학과 긴밀히 연관짓는다. 그러한 연관은 이해가 간다. 지난 30년 동안 학교 인종차별 폐지, 식료품 할인구매권, 저소득자 의료보장 제도, 출생 이전의 보건, 직업 교육, 약물 교육, 보상 교육compensatory education✧ 등과 관련해 진보 진영이 주장해온 것을 보면 이들의 근본 가정이나 제안하는 해결책은 모두 분명 상황주의적이다. 그렇지만 이런 등식이 너무 단

세포적이면 안 된다. 더 가혹한 범죄 처벌, 경찰 감시 강화, 학교 규율 개선, '만성' 실업자 채용을 위한 세금우대 조치 같은 보수 진영 제안 역시 그 요지를 보면 유사하게 상황주의적이다(이들 대책을 지지하는 사람은 대개 관련 문제를 상황주의로 설명하는 것을 거부하겠지만 말이다). 물론 안전벨트 착용 의무화, 금연, 식생활 개선 프로그램을 포함한 많은 상황주의적 개입은 합리적으로 보면 진보나 보수라는 용어로 정의할 수 없다.

그러나 지난 10년의 정치 풍토가 주로 사회과학자가 제시하는 분석과 해결책의 종류에 전혀 호의적이지 않았다는 점에 주목하지 않으면 우리는 자기를 기만하는 꼴이 될 것이다. 몇 가지 역사상의 정당화를 거칠 경우 우리는 대체로 케네디, 존슨 시대 사회 계획과 관련이 있는데 이들 계획은 필요한 기금을 위해 로비한 많은 사람의 터무니없는 희망과 약속을 충족해주지 못했다. 적어도 신보수주의 비평가들 비난에 따르면 우리는 청소년 비행, 빈번하게 결석하는 학생, 복지 제도로 사기를 치는 사람, 약물 남용자, 성범죄자 들에게 그들 행동의 책임을 묻지 않고 도움을 주거나 '부드럽게 다뤄야' 한다는 시각과도 관련이 있다. 또한 우리는 받아들이기 쉽지 않은 주장과도 관련이 있는데 이는 가장 긴급한 사회 문

✧ 사회에서 혜택을 받지 못하는 어린이의 지적·사회적 기술을 개선하기 위해 마련한 특별 교육 프로그램을 말한다. 이 책에 나오는 헤드스타트가 대표적이다.

제를 다루려면 훨씬 더 많은 연방 지출(따라서 더 많은 세금)이 필요하다는 것이다. 실제로 사려 깊고 진보적인 많은 사람이 분노하기보다 슬퍼하며 "뜻은 좋았지만 순진한" 사회과학자들이 지지한 개입 프로그램은 실패한 실험이었다고 주장한다.

야심 찬 상황주의자의 개입이 종종 실패하거나 적어도 약속과 기대에 미치지 못한다는 점을 부정하는 사람은 없다.[16] 때로 이런 실패는 이론가의 관점이 아니면 특별히 유익할 것이 없다. 종이에 제법 그럴듯하게 계획된 프로그램을 지나치게 서툴고 열성도 없이 실행하다 실패하면, 그 프로그램을 디자인할 때 고려한 상황주의 분석의 건실함과 관련해서는 얻는 것이 거의 없다. 이는 우리가 문제의 실험 조작이 엉망이 되어버린 것을 발견했을 때 실패한 실험실 실험 결과에서 별다른 정보를 얻지 못하는 것과 같다. 그 외의 다른 실패는 단지 우리가 극복해야 할 상황요인을 과소평가했음을 입증해준다. 반면 어떤 실패는 사회심리학 통찰을 제시하는데 이것은 훨씬 덜 뻔한 이야기면서도 우리 분야의 지적 핵심과 보다 더 관련이 있다. 지금 우리가 살펴보겠지만 제대로 계획하고 잘 설계했으며 세심하게 실행한 개입 프로그램은 실패해도 교과서에서 인용하는 성공적인 연구실 실험만큼 심오한 교훈을 제공하고 도발적 질문을 제시한다.

케임브리지-소머빌 청소년 연구

1935년 내과의사 리처드 클라크 캐봇Richard Clarke Cabot은 야심적이고 흥미진진한 개입 프로그램을 시작했다. 이 프로그램은 환경과 과거 행동으로 볼 때 비행이나 범죄를 저지를 가능성이 큰 청소년들의 요구에 도움을 주고자 설계한 것이다.[17] 그 대상은 동부 매사추세츠주 인구 밀집 지역의 저소득층 가정에서 태어난 소년 약 250명으로 학교, 경찰, 복지기관은 이들 중 상당수를 특별히 '위험한 상태'로 판단했다. 그들은 5~13세에 이 프로그램을 시작해 평균 **5년간** 지속적으로 참여했다. 이 기간 동안 진보 사회과학자는 무기고에 있던 모든 무기를 결합해 개입에 사용했다. 사회복지사는 각각의 소년을 한 달에 2번씩 방문해 타당한 것이면 무엇이든 도와주었는데, 대략 3분의 1이 가족 갈등에 적극 개입해주길 원했다. 50퍼센트에게는 사회복지사가 학과목 개별 지도를 주선해주었다. 100명 이상의 소년 또는 대략 40퍼센트의 표본은 의학과 정신의학 치료를 받았다. 사회적·오락적 요구도 유사하게 다뤘다. 대다수 청소년은 보이스카우트, YMCA, 그 밖에 다른 청소년 단체와 접촉했고 약 25퍼센트는 여름캠프에 참여했다. 요약하면 장기간에 걸쳐 다양한 측면에서 진행한 이 프로그램은 오늘날 많은 사회과학자가 실행해보고 싶어 하지만 현실적으로 정치 풍토상 진행하기가 너무 야심차고 비용이 많이 든다는 점을 인정할 수밖에 없는 것이었다.

그런데 케임브리지-소머빌 연구에서 가장 주목할 만한 특징은 개입 그 자체의 성격과 아무런 상관이 없었다. 대신 연구 설계의 전형적 특성과 관련이 있었다. 무엇보다 진정한 무작위 배정 절차를 채택해 치료 프로그램에 참여한 청소년 250명의 운명을 통제그룹에 배정한 '비슷한 친구' 여러 명과 비교할 수 있었다. 더 흔치 않은 것은 장기간의 효과를 연구하기 위해 공들여 후속 연구를 진행했다는 점이다. 개입 기간 이후 40년 동안 이어진 후속 연구로 원래 표본의 약 95퍼센트에서 최소한 몇 가지 기본 데이터를 성공적으로 얻을 수 있었다.[18]

케임브리지-소머빌 프로젝트의 개입 범위와 평가 절차 특성을 모두 고려하면 우리는 그 결과를 심각하게 받아들일 수밖에 없다. 사실 그 결과는 명백히 실망스러웠다. 사회복지사의 호의적인 인상과 이 프로그램을 위해 봉사한 많은 사람이 조사에서 밝힌 긍정적 기억에도 불구하고 냉정하고 명백한 통계 비교 결과는 실패만 보여줄 뿐이었다. 청소년 범죄에서 관련 조치집단treated group과 통제집단 사이에는 전혀 차이가 없었다(각 집단의 약 3분의 1에게는 '공식' 범죄 기록이 있었고 추가로 5분의 1에게는 '비공식' 기록이 있었다). 이후 성인 범죄에서도 프로그램에서 조치를 받은 실험 참가자는 통제집단에 비해 더 나을 것이 없었다. 각 집단에서 15~20퍼센트는 사람이나 재산과 관련된 중대 범죄를 저지른 것으로 나타났다. 사실 성인 범죄율에는 약간의 차이가 있었는데 이것은 **통제**집단이 더 낮았다. 한 가지 충격적인 측정, 즉 중복 범행에서도 이 차이는 통계 유의성의 일반 수준에 이르렀다. 건강과 사망률, 직업에서의 성공, 삶의 만족도 같은 다른 측정치도 똑같았다. 측정을 하고 또 해도 모든 측정에서 조치를 받은 집단이 통제집단보다 더 나았음을 보여주는 증거는 찾아볼 수 없었다. 의미 있는 차이를 보인 몇 가지 측정치(가령 알코올의존증 비율과 사무직이나 전문직 지위에 이르는 비율)에서 더 나은 쪽은 통제집단이었다.

케임브리지-소머빌 연구에서 나온 이 같은 결과로 인해 정치적으로 보수 쪽인 몇몇 해석자는 사회에서 혜택을 받지 못하는 청소년을 위한 프로그램 예산을 삭감하는 것이 정당하며 범죄자 혹은 정직한 시민으로 자라는 것을 결정하는 요인은 개인의 가치, 능력, 성향이라고 주장한다. 진보 쪽의 급진적 해석자는 걸핏하면 상황주의 용어를 써서 단호하게 반응하는데, 이들은 수많은 청소년이 심각하게 반사회적 행동을 하도록 만든 환경의 힘이 너무 강력하기 때문에 그들의 사회·경제 지위와 이웃한 환경의 질을 뚜렷이 개선하지 않으면 해결하기 힘들다고 주장한다. 또 다른 해석자는 특정 청소년을 범죄 행위로 유도하는 것은 크게 보면 위험이 예측을 불허하는 방식으로 변화하는 탓이라고 주장할지도 모른다. 그러나 이들 발언에 휘둘려 케임브리지-소머빌 결과가 제기한 복잡하지만 중요한 질문에 집중하는 걸 간과해서는 안 된다. 왜 다양한 도움의 원천이 최소한 **몇몇** 소년을 돕는 데 실패했고 적어도 몇

몇 사회 일탈 관련 정책을 줄이게 만들었을까?

우리는 명백한 근거를 갖고 이 질문에 답할 수 없다. 그러나 케임브리지-소머빌 연구 결과를 이 책에서 강조해온 세 가지 원리의 주제와 연결해 몇 가지 추측을 해볼 수는 있다. 먼저 첫 번째 주제와 관련된 상황의 영향력이 미치는 힘에서는 다듬을 것이 거의 없다. 케임브리지-소머빌 개입이 조작한 상황요인이 이들의 잠재 '효과 크기'에서 적어도 조작이 불가능한 다른 상황요인의 영향력과 관련해 사소했을 수 있다. 이 단순한 답변은 부분적으로는 맞을지 모르지만 완전히 만족스럽지는 않다. 특히 수많은 참여자에게 개입이 강한 영향을 미쳤고 도움을 주었다는 증언을 고려해볼 때 더욱 그렇다. 더 만족스러운 답을 찾기 위해 우리는 개입이 몇몇 개인에게는 도움을 주었을 테지만 어쨌든 순수한 혜택이 없었던 (실제로 순수한 **손해**를 측정한 몇 가지가 암시하는) 것은 개입으로 몇몇 청소년이 분명 **피해**를 봤음을 의미한다는 가정에서 진행해야 한다고 생각한다. 그 유해한 효과가 나타날 원천을 탐구하는 것은 결국 우리가 자주 고려하는 익숙한 두 주제, 즉 주관적 해석의 중요성과 일상의 사회 맥락에서 작동하는 힘 그리고 제약의 역동적 성격을 따라간다.

명명[◇]과 귀인

다른 어떤 사회개입과 마찬가지로 케임브리지-소머빌 프로그램에서 우리는 대상 모집단과 이들을 관리하는 사람들에게 전달된 개입 의미나 메시지가 그다지 친절하지 않았을 가능성에 주의를 기울여야 한다. 개입 행위는 그러한 개입의 **필요성**을 암시한다. 가령 사회복지사는 개선해야 하는 어떤 문제가 있어서 방문한다. 이는 부정적 결과가 생겼다는 것, 어쩌면 그것이 미래에 일어날 수 있다는 것을 세상에 알리는 셈이다. 이 같은 메시지는 도움받는 사람들에게 꼬리표를 붙이고 낙인을 찍어 다른 사람들의 이후 행동을 바꿀 수 있다("나는 식료품점 배달원으로 존을 추천하지 않겠어. 그는 어떤 비행청소년 관리 프로그램에 들어가 있단 말이야", "오늘 이 업무에 지원한 존 로코가 좋은 아이처럼 보이긴 하지만 혹시 얼마 전까지 나쁜 짓을 한 건 아닐까? 나는 어떤 사회복지사가 몇 년 동안 그의 집을 방문해왔다는 걸 알고 있어"). 더 중요한 것은 이런 메시지가 그 소년이 자신의 성향, 능력, 스스로 책임지는 행동과 관련된 지각을 바꿔놓을 수 있다는 점이다.

✧ 명명 이론labeling theory은 한 개인을 특정 행동 특성으로 분류할 때, 즉 누군가에게 특정 '꼬리표'를 달았을 때 어떤 현상이 벌어지는지 보여준다. 이 분류 대상, 다시 말해 꼬리표를 받은 개인은 일종의 자기 충족적 예언에 따라 행동에 적지 않은 영향을 받을 수 있다. 이 책에서 labeling은 '명명'으로 label은 '꼬리표'로 옮겼다.

비교 절차

얄궂게도 문제를 해결하려는 사회개입은 혜택받는 사람들의 박탈감을 줄이기는커녕 오히려 늘리기도 하는데, 이들은 스스로 과거보다 더 나빠졌다고 생각할 수 있다. 케임브리지-소머빌의 몇몇 청소년은 자신이 받은 도움과 성취 결과에 실망했을지도 모르며 이들은 자신의 원래 상황이 아니라 자신이 희망하거나 기대한 도움 혹은 결과 유형과 비교했을 수도 있다. 중산층 사회복지사, 개인 지도교사, 캠프 상담가 들과 접촉하며 이들의 상대적 박탈감과 자기 삶의 낮은 가망성에 절망감이 높아졌을 가능성도 있다. 더구나 개입의 **마지막**이 무언가를 잃어버렸다는 상실감을 느끼게 했을지도 모른다. 그 상실 앞에서 미래 문제와 만날 자신의 자원과 능력을 의심했을 수도 있다.

의도하지 않은 개입의 역동적 결과

사회개입은 지각과 해석뿐 아니라 사회체계와 사회관계의 역학도 바꿔놓는다. 강력한 저항력(가령 반사회적 규범을 거듭 주장하고 강요하는 동료의 압력) 행사를 넘어 사회개입이 없으면 건설적 영향력을 행사했을지도 모를 어떤 힘이 오히려 사회개입으로 약화될 수도 있다. 케임브리지-소머빌의 맥락에서 외부 기관 개입은 이들 가족이 성직자, 특별한 선생 심지어 도움을 줄 가능성이 있는 이웃에게 눈길을 돌리는 걸 막았을지도 모른다. 마찬가지로 '외부' 도움이 분명히 있을 경우 개인과 공동체는 스스로 도움을 제공하거나 영향을 주려는 의향과 책임을 덜 느낄 확률이 높다. 케임브리지-소머빌 사례에서처럼 외부의 도움이 영원히 이어지지 않고 자원 제공이 중단되면 이는 불행한 결과로 이어질 수 있다.

균형

저소득층 청소년에게 필요한 상담과 격려를 제공하는 것이 분명한 혜택을 주기보다 우리가 주장해온 미묘하게 해로운 효과가 더 큰 것은 아닌지 의심하는 비평을 논하려면 비용과 혜택 사이의 균형trade-off을 살펴봐야 한다. 대상 모집단의 10퍼센트가 어떤 개입도 없는 경우 특정 문제나 병리 측면 행동(예를 들어 심각한 성인 중범죄)을 보인다고 해보자. 또한 관련 치료나 개입이 매우 효과적이라 이것이 없으면 문제를 보일 사람 중 무려 50퍼센트를 '구할 수' 있다고 가정해보자. 나아가 이런 개입이 없으면 문제를 보였을 사람들에게 끼친 피해가 상대적으로 작다(이를테면 '피해자 비율' 8퍼센트)고 해보자. 단순하게 계산하면 개입의 순수 효과는 부정적이라는 결과가 나온다. 즉, 관련 문제의 전반적 사고 비율은 대략 10퍼센트가 아닌 12퍼센트(즉, 0.5×10%+0.08×90%=12.2%)가 된다. 이러한 가정의 핵심은 개입이 좋은 영향을 주기보다 해를 끼칠 수밖에 없는 운명임을 밝히려는 게 아니다(반대로 기대하지 않은 혜택이 기대하지 않은 비용보다 더 다양하고 뚜렷할 것이다). 다만 장기간의 개입 결과를 예측하는 일이 어렵다는 점과 그에 따라 조심스럽게 잘 설계한 평가 연구가 필요하다는 점을 다시 강조하고 싶을 뿐이다.

케임브리지-소머빌 개입의 실패 이유를 추측한 것이 이 연구의 가장 중요한 교훈을 희석하지 않았기를 바란다. 만약 그랬다면 건강한 사회 발전을 촉진하는 여러 요인의 상대적 중요성과 그 요인 사이의 상호관계에 관한 우리의 무지의 깊이만 드러낸 꼴이다. 게다가 이 교훈은 개입의 외부 효과에만 적용되는 것이 아니다. 2장에서 인용한 케임브리지-소머빌 연구에서 통제집단 청소년이 어떤 결과를 얻었는지 다시 생각해보자. 한쪽 극단에서 어떤 소년들은 저소득층의 모델인 모범 가족 출신으로 아버지는 계속 직장에 다녔고 어머니는 야무진 주부였다. 또 다른 극단에서 어떤 소년들은 사회 병리의 복합체에 시달리는 가정 출신이었다. 예를 들어 아버지는 만성 실업자에다 알코올의존자고 어머니는 정신적으로 병들어 있으며 그동안 가족이 몇몇 사회기관에 의지해 지내왔다. 그런데 40년 후 체포와 투옥 비율, 정신질환 발병 정도, 수입과 고용 기록, 사회계급 성취 등을 포함해 많은 결과 변수를 보면 최고를 예상할 만한 가정 출신자와 최악을 예상할 만한 가정 출신자 사이에는 차이가 작거나 전혀 없었다.[19]

가족 조건이 미치는 영향력은 사회과학자의 야심 찬 프로그램이 조치집단에 있는 또래에게 미친 것보다 통제집단 청소년에게 거의 지속적이지 않았던 것으로 보인다. 어떤 사람은 자기 직업에서 성공했고 남편과 아버지로서 존중받았으며 자신에게 만족했다. 어떤 사람은 범죄자로 일자리를 구할 수 없었고 알코올의존자였으며 남편과 아버지로서 학대하는 사람이었다. 하지만 이러한 결과는 환경 측정으로 예측할 수 없었을 뿐더러 일반인과 사회과학자 모두 상식적으로 매우 중요하게 생각하는 환경 개입으로도 막을 수 없었다.

이는 사람들이 삶에서 가장 중요하게 여기는 결과에 영향을 미치는 것이 무엇인지 우리가 전혀 모른다는 의미가 아니다. 가령 우리는 통제집단 청소년의 지능이 이후 삶의 결과를 예측하는 데 가치가 있음을 알고 있다. 또한 우리는 6장에서 인용한 카스피, 엘더, 벰(1987)이 수행한 연구 결과로 심하게 짜증을 내는 소년은 또래에 비해 성인이 된 뒤 능력 이하의 일을 하고 이혼할 가능성이 높다는 것을 알고 있다. 삶의 결과를 예측하는 지능이나 기질 같은 개인차는 일찌감치 결정되지 않고 유전과 관련이 있는 것도 아니다. 사회계급과 관련된 상황 기반의 이익과 불이익은 지능, 심지어 그 이전의 학업 성취보다 더 클 수 있다. 예를 들어 고등학교에서 성적이 좋지 않은 중산층 청소년은 성적이 좋은 저소득층 청소년보다 대학에 갈 가능성이 훨씬 더 크다.[20] 그리고 여러 연구에 따르면 대학 학위를 얻는 것은 성인의 사회·경제 지위를 예측하는 가장 강력한 요인 중 하나다.

케임브리지-소머빌 연구가 우리에게 알려주는 것은 (성인의 성공 이유와 연관성에서 우리가 예상한 몇 가지를 재검토해야 한다는 사실과 별개로) 긴장 시스템과 관련된 중요한 어떤 것이다. 정상적인 인간의 마음은 대개 우리가 직관적으로 생각하는 것보다 더 강건하고 초기(또는 이후)에 겪는 트라우마에 덜 지배받는다.[21] 이와 유사하게 케임브리지-소머빌 같은 대다수 평범한 공동체는 우리가 인식하는 것보다 잠재 일탈자에게 미치는 영향력이 더 강력하고 안정적이다. 같은 이치로 그것이 얼마나 일찍 진행되든 혹은 얼마나 강력해 보이든 상관없이 공동체 환경이 개인에게 영향을 미치면 긍정적 개입은 적어도 평균보다 더 크거나 오래 지속되는 효과를 내지 못한다.

'작은' 개입이 성공할 때

가끔은 많은 돈을 투입한 대규모 개입이 실패하는 반면 상대적으로 보통 정도 개입이 효과적인 것으로 밝혀지기도 한다. 그 개입이 강력한 경로요인과 인간 행동을 많이 강제하거나 억제하는 사회의 영향력에 집중할 때 특히 그렇다. 여기서 우리는 이 분야의 고전을 살펴볼 텐데 이 연구는 쿠르트 레빈의 집단 토론 테크닉 group-discussion technique이 발전하는 데 중대한 것이었고 거의 반세기 이후에도 우리의 사고에 지속적으로 영향을 미치고 있다.

레빈의 토론집단과 민주 절차

2차 세계대전 중 그리고 그 직후 레빈과 그의 동료들이 진행한 유명한 일련의 현장 연구[22]는 상대적으로 짧은 기간 동안 집단 영향력을 식별하고 방향을 새롭게 바꾸는 것으로 어떻게 견고한 행동 패턴이 변화할 수 있는지 보여주었다. 한 가지 기억할 만한 연구 출발점은 전시戰時에 음식 소비 패턴을 바꾸려 노력한 영양사들이 겪은 복잡하지만 문서로 충분히 입증한 어려움이었다. 특히 늘 먹던 것이라 당시 공급이 부족했던 고깃덩어리 대신 잘 소비하지 않던 송아지 췌장, 신장, 심장, 그 밖에 다른 기관을 먹도록 미국인을 설득하는 데 어려움을 겪었다. 종종 그렇듯 포스터, 팸플릿, 다른 매체로 설득하는 것은 효과적이지 않은 것으로 밝혀졌다. 청중을 모아놓고 자리를 뜰 수 없게 만든 뒤 잘 준비한 강연을 해도, 강연에서 영양학적 가치와 저렴한 가격을 강조해도, 요리법과 고기 손질 기술을 제안해도, 전쟁에 도움을 주기 위해 음식 자원을 다양하게 늘릴 필요성을 설명하며 애국주의에 호소해도 이들 노력은 결국 실패에 직면했다. 가족 구성원이 저항하고 또 상상할 수 있다시피 '우리 같은 사람'이 소비하고 즐기는 음식 종류에 관한 견고한 문화 규범은 만만찮은 장애물이라 순전히 정보를 전달하며 호소하는 것만으로는 극복하기 어려웠다.

레빈이 억제하는 힘과 경로요인을 주의 깊게 관찰하고 분석한 뒤 내놓은 해결책은 가족의 식탁에 오를 음식을 결정하는 핵심

'게이트키퍼gatekeeper'인 주부들과 함께하는 소규모 토론집단을 활용하는 것이었다. 이 토론집단에서는 훈련받은 리더가 문제를 간단히 소개하고 '당신 같은 사람'들이 새로운 음식과 가능한 요리법을 활용하는 과정에서 어떤 장애(주로 가족 구성원의 반대)를 만나든 극복할 수 있는 방법을 애기해보도록 참석자들을 격려했다. 마무리 단계에서 리더는 주부들에게 다음번 미팅 이전에 새로운 음식 몇 가지를 시도해볼 의향이 있으면 손을 들어달라고 했다. 그 결과는 극적이었다. 통제 상황에서 정보로 가득한 강연을 했을 때는 청중의 3퍼센트만 새로운 음식 중 적어도 한 가지를 가족에게 제공한 반면, 토론집단에 참여한 주부는 30퍼센트 이상이 가족에게 새로운 음식을 제공하기로 했다. 후속 연구에서 집단토론 기술은 건강 습관이나 양육과 관련해 유사하게 견고한 행동을 다양하게 변화시키는 데 이용할 수 있는 것으로 드러났다. 예를 들어 산부인과 병원에서 영양사가 지방에 사는 어머니들에게 대구 간유肝油를 신생아에게 먹이도록 개인적으로 조언했을 때 첫 실험 기간 동안 20퍼센트만 이에 따랐다. 동일한 정보를 여섯 명의 토론집단에게 소개했을 때 이를 즉각 따른 비율은 2배가 넘는 45퍼센트에 달했다.

연구의 이런 단순성 때문에 레빈이 개입에 앞서 행한 분석의 통찰력이나 이용한 구체적 기법의 정교함을 못 보고 지나치면 안 된다.[23] 레빈은 새로 만든 참조집단 맥락 안에서 새로운 규범을 교묘하게 소개하는 동시에 사람들과 그 규범을 지지하는 합의를 소통하고 또 손을 드는 절차로 행동을 약속하도록 유도하는 강력한 사회적·동기적 절차를 활용했다. 그의 학생과 지적 계승자는 이후 20년 동안 실험실과 훈련 집단에서 레빈의 전통을 이어갔다. 그렇지만 초기 연구의 기본 메시지는 명확하고 그때와 마찬가지로 지금도 의의가 있다. 첫째, 정보 제공은 설령 그 정보가 상당히 관련성 높고 언뜻 설득력이 높아 보여도 감정과 행동을 바꾸려 할 경우 때로 약한 도구로 밝혀진다. 둘째, 개인이 현재의 집단적 압력과 제약에서 벗어나게 해주는 것은 특히 그들이 이후 새로운 규범과 사회의 영향력에 노출될 경우 간혹 그 변화를 이루는 놀랍고도 강력한 수단인 것으로 판명된다.

레빈의 전통에서 마지막 집단 연구는 특별히 언급할 가치가 있는데 앞서 설명한 호손 연구와 '인간관계 접근 방식' 시각에서는 더욱더 그렇다. 심리학자 레스터 코치Lester Coch와 존 프렌치John R. P. French[24]는 익숙한 업무 현장 딜레마, 즉 분노, 낮아지는 사기, 생산성 감소를 초래하지 않고 노동자들이 생산방식 변화를 받아들이게 하는 문제와 씨름했다. 이 고전적 연구가 선택한 환경은 파자마 공장(우연치 않게 레빈의 지도를 받은 학생이자 전기傳記작가인 앨프레드 모로Alfred Morrow가 소유한 공장)이었다. 공장에는 대략 600명의 노동자가 있었는데 이들은 대부분 지방에 사는 여성들로 제각각 다른 작업에 필요한 시간을 세밀히 평가한 것에 근거해 일한 분량에 따라 돈을 받고 있었다. 코치와 프렌치는 연구를 위해 노동자들을 비교

가능한 세 개 집단으로 구성했고 각 집단은 파자마를 재봉하거나 상자에 포장하는 일에서 외관상 소소한 변화를 요구받았다.

통제집단에서 노동자들은 생산 방법 변화(그에 따라 일한 만큼 돈을 받는)와 관련된 정보를 받았고 단순히 물건을 모아 정리했다. 과거의 경우와 마찬가지로 이 집단은 비판적으로 반응했다. 이들은 적대감과 분노를 표현했고(그들 중 17퍼센트는 곧 일을 그만두었다) 생산성 비율은 즉각 급락했으며 이를 극복하는 과정은 상대적으로 느리고 불완전했다. 사실상 8주 뒤 38퍼센트의 노동자만 원래의 비율로 돌아왔다. 두 번째 집단에서는 요구하는 변화를 다소 다른 방식으로 소개했다. 먼저 집단회의를 열어 더 효율적인 생산 방법으로 제품원가를 낮춰야 할 필요성을 생생하고 구체적인 방식으로(노동자들에게 상당히 차이가 나는 생산단가로 제작한 비교 가능한 옷을 보여주는 방식으로) 세시했다. 이어 노동자들이 대표자를 선정했고 이들은 경영진과 만나 새로운 방식을 배운 뒤 다른 노동자에게 설명하고 실행하도록 도움을 주었다. 이 **대표자** 선발 방식은 통제조건보다 훨씬 더 좋은 결과를 냈다. 노동자의 사기가 낮아지거나 노동자와 경영진 간의 관계가 나빠지는 일은 없었고(어느 노동자도 그만두지 않았다) 2주 안에 이전의 생산성 비율을 회복했다. 세 번째 집단은 모든 노동자가 대표자 또는 '특별 운영자'가 되었고, 요구하는 생산 방법 변화를 실행하도록 돕게 한 것 외에는 초기와 비슷한 방식을 적용했다. **전체가 참여하는** 이 조건에서 이득은 더욱 극적이었다. 초기에 생산성이 급락하는 비율은 낮았고 그것도 단지 하루 동안만 지속되었다. 그 뒤 집단의 생산성은 꾸준히 올라가 이전의 생산 비율보다 대략 15퍼센트 높은 수준까지 상승했다. 노동자들의 사기도 계속 높게 유지되었다. 여기서는 어떤 노동자도 불만을 제기하지 않았고 누구도 직장을 그만두지 않았다.

다시 한 번 말하지만 이런 단순한 증명 실험은 앞서 이뤄진 복잡한 분석에 전혀 힌트가 되지 않는다. 레빈의 전통을 따르는 연구자들은 개입을 설계하기 앞서 일반적으로 생산성을 억압하고 절차적 변화에 특별한 저항을 초래한 동기요인과 집단 과정을 신중히 분석했다. 또 생산성 향상을 위해 채택한 특별한 기술에는 유사하게 몇 가지 미묘한 특징(가령 제안한 변화와 실행을 다룬 세부사항을 노동자들이 자신의 조언이나 동의 없이 강요받는 무엇이 아니라 집단규범으로 받아들이도록 장려하는 방식)이 있었다. 더욱이 행동 변화를 위해 사람들을 설득할 때 일어나는 모든 문제를 집단 의사결정으로 해결할 수 있다고 결론짓는 것은 이 책의 의도는 말할 것도 없고, 레빈의 메시지를 오해하는 일이다. 그러나 연구의 궁극적 메시지는 오늘날 이 메시지를 제대로 이해한 것으로 보이는 경쟁자들에게 전례 없이 도전받는 미국 산업에 명확하고 시의적절하다. 집단 역학과 노동자의 개인적인 삶에 주의 깊게 집중하는 것은 생산성과 성과 개선에서 핵심일 수 있다. 그리고 이 이점을 얻는 데 필요한 절차는 극단적이거나 비용이 많이 들거나 혐오스럽지 않아도 된다.

레빈이 참여 경영과 작업 집단 결정 절차work-group decision procedure 이념을 제창한 지 40년 뒤 미국은 이 두 가지를 '일본식' 경영 기법으로 도입했다. 이런 명칭을 붙인 이유는 일본이 이 방식을 처음 광범위하게 도입했기 때문이다. 하지만 애초에 일본에서 기원한 것은 아니다. 우리가 일본의 사회심리학자 미스미 주지Misumi Jyuji에게 들은 바에 따르면 레빈은 1930년대 초반 일본을 방문했고 이때 일본 산업과 학계에 깊은 영향을 미쳤다고 한다. 실제로 그는 도쿄대학교의 산업관계 학과장을 제안받았다. 곧이어 벌어진 세계 전쟁을 고려하면 레빈이 전쟁 전에 미국으로 돌아온 것은 현명한 처사였다. 역설적으로 산업관계에 관한 레빈의 견해는 미국보다 전후 일본에서 영향이 더 크게 지속되었다. 미국에서 레빈의 유산은 그의 추종자들이 현대 미국식 삶의 도처에 존재하는 특징인 의식 고양, 대면, 자기실현, 자조自助집단 등을 발전시켜 나가는 것에 있다.[25]

친사회 행동의 '모범' 효과

실험실과 현장 연구 모두 입증한 일관성 있는 효과 중 하나는 한 개인이 다른 사람에게 발휘할 수 있는 영향력이다. 적절한 사회 모범이 있으면 음식이나 알코올 소비 비율을 바꿀 수 있다. 이는 한 개인이 웃고 우는 것, 접근하거나 회피하는 것, 만족을 지연하거나 추구하는 것, 애정을 주거나 주지 않는 것 그리고 공격적·이타적·관습적·혁신적으로 행동하거나 실제로 어떤 행동을 하도록 할 가능성을 바꿀 수 있다.[26] 놀랄 것도 없이 많은 연구가 사회 모범의 정도는 그 모범의 **특성**(이를테면 높은 지위 대 낮은 지위, 매력 또는 권력)과 **결과**의 성격(가령 칭찬과 비난, 어떤 관련 목표를 달성하는 데 성공하는 것 대 실패하는 것)에 따라 큰 영향을 받는다는 것을 입증한다. 무엇보다 사회 모범에 특별히 차별화 속성이 없을 때마저, 그 행동이 결과와 관련해 어떤 실질적 정보를 전달하지 않을 때마저 영향을 줄 수 있다는 점은 놀라운 일이다.

두드러진 사회 모범은 사람들이 사회적으로 바람직한 행동을 하도록, 즉 긍정적 태도와 긍정적 행동 사이의 연결을 촉진하도록 하는 데서 특히 강력한 경로요인이다. 효과의 크기는 다양하지만 일반적으로 절대 의미에서 대다수 직관과 비교하면 상당히 크다. 예를 들어 심리학자 존 필립 러시턴John Philippe Rushton과 앤 캠벨Anne Campbell(1977)은 주변에 헌혈 관련 모범 사례가 없는 상황에서 대면으로 헌혈을 요청했을 때는 25퍼센트만 응했으나 주변의 친한 동료가 실험자의 요청에 응해 헌혈했을 때는 긍정 반응이 67퍼센트에 이른다는 것을 보여줬다. 더 인상적인 것은 결국 누가 헌혈을 하려고 모습을 드러냈는지 밝혀낸 후속 연구 결과다. 모범이 없는 조건에서는 어떤 여성✧도 없었지만 모범이 있는 조건에

✧ 러시턴과 캠벨은 당시 43명의 여성(18~21세)을 대상으로 연구를 진행했다.

서는 33퍼센트의 여성이 나타났다. 이타적인 실험 협조자가 만들어낸 유사한 효과는 심리학자 제임스 브라이언과 메리 앤 테스트[27]의 연구에서도 나타났는데, 운전자가 400야드(약 365미터) 전에 한 실험 협조자가 차를 길 한쪽에 세우고 누군가를 돕는 것을 볼 경우 타이어가 펑크 난 여성을 도울 가능성이 훨씬 높다는 것을 입증했다.

사회심리학자 엘리엇 애런슨Elliot Aronson과 마이클 올리어리Michael O'Leary(1983)는 1980년대 초 에너지 위기가 한창일 때 특별히 강력한 사회 모범 효과를 입증했다. 실험 장소는 체육관 샤워실이었는데 그곳에는 에너지 절약을 위해 비누칠할 때는 샤워기를 끄고 비눗물을 씻어낼 때만 샤워기를 틀도록 권고하는 표지판이 붙어 있었다. 거의 모든 학생이 그 표지판이 있다는 걸 알았고 권고대로 하면 에너지를 절약한다는 것도 인식했으나 소수의 학생만 그에 따랐다. '기초선baseline'인 한 주 동안 샤워한 학생의 6퍼센트만 비누칠을 하는 동안 샤워기를 잠갔다. 표지판 메시지가 두드러지도록 동일한 공지를 더 커다란 표지판에 쓴 뒤 삼각대에 세워 샤워 공간 중앙에 두었을 때는 순응 비율이 대략 20퍼센트로 올라갔다. 그러나 적절한 사회 모범을 추가했을 때, 즉 실험 협조자가 샤워기를 끄고 비누칠하는 모습을 보여 표지판 메시지의 이해를 도왔을 때(다른 샤워기 사용자들에게 어떤 말도 하지 않고) 훨씬 더 극적인 효과가 있었다. 한 명이 모범을 보일 때 이를 따르는 비율은 거의

50퍼센트까지 올라갔고 두 명이 모범을 보이면 67퍼센트까지 뛰었다. 다시 말하지만 이 교훈은 사회심리학에서 아주 중요한 것이다. 사람들이 자신의 긍정적 의도를 똑같이 긍정 행동으로 바꾸길 원할 때, 권고와 논리정연한 호소가 제한적 효과를 보일 때, 소소한 사회적 입증✧은 매우 유용할 수 있다.

소수집단 학생의 성공을 만들어내는 개입

오늘날 미국이 직면한 중요한 사회 문제 중 하나는 교육과 직업 측면에서 흑인, 히스패닉, 북미원주민을 포함한 특정 소수민족의 성공률이 낮다는 점이다. 이들이 교육체계(희망 없는 '특별교육' 프로그램으로 '편성할' 가능성이 높은)와 처음 만날 때부터 초등학교와 중등학교(실패하거나 중퇴할 확률이 높은 학교)를 거쳐 심지어 대학과 대학원에 이르기까지 이 집단이 경험하는 어려움은 명백하다. 비슷한 어려움이 직업 세계에도 존재하는데 소수민족 사이에는 실업과 불완전고용이 만연해 있고 이들은 관리자나 전문 직종에 거의 진출하지 못한다. 심지어 진보주의자도 이런 사실을 숙고하면서 현재 지구상에 살고 있는 누군가의 생애 동안 바뀔 것 같지 않은 다루기 힘든 문제, 극복할 수 없는 구조적 장벽, 문화 차이에 투

✧ 사회심리학자 로버트 치알디니는 이러한 통찰을 사회적 증거의 원칙principle of social proof이라 불렀다.

덜거리며 고개를 가로저을 뿐이라는 사실을 우리 두 사람은 알고 있다. 그러므로 교육체계의 각 단계에서 소수민족의 변화를 이끌어낸 몇 가지 놀라운 성공(상대적으로 '작고' 비용 효과적 개입으로 성취한 성공)이 있었다는 사실에 주목하는 것은 고무적이다.

먼저 버클리대학교 수학자 유리 트레이스먼Urie Treisman(1989)의 프로그램을 살펴보자. 1970년대 트레이스먼은 자신이 몸담은 대학에서 수학 입문 수업을 듣는 흑인 학생의 성취도가 낮다는 점에 주목했다. 그 수업에서 낮은 학점을 받은 학생은 대부분 자연과학이나 의학 쪽으로 갈 길이 실질적으로 막혀버렸다. 그보다 수학 입문에 등록한 흑인 학생의 3분의 2가 버클리대학교를 졸업하지 못한다는 점이 더 심각했다. 트레이스먼은 준비 과정의 불리한 점을 한탄하거나 적절한 동기부여 부족을 심사숙고하기보다 인류학자로 변신해 흑인 학생들이 어떻게 살아가는지 말 그대로 따라가 보았다. 뿐만 아니라 그는 버클리대학교 수학과 과학 과목에서 성취도가 돋보이는 또 다른 그룹인 아시아계 학생들의 삶도 따라가 보았다. 트레이스먼이 발견한 이들의 가장 놀라운 차이점은 흑인은 혼자 공부하는 반면 아시아계 학생은 집단으로 공부한다는 사실이었다. 수학을 집단으로 모여 공부하는 이점은 분명해 보였다. 학생들은 문제를 푸는 데 실패해도 의기소침해질 필요가 없었다. 집단 내 누군가에게 해결책이 있을 것이었기 때문이다. 나아가 집단으로 공부할 때 유사한 도움을 필요로 하는 다른 학생들과 상호작용하며 사회적 지지와 참조집단이 제공하는 기회는 물론 각자 다른 사람의 비법과 전략을 보고 자신에게 적용해볼 기회를 누렸다.

다시 사회심리학자로 변신한 트레이스먼은 입학한 흑인 학생들에게 수학을 집단으로 공부하는 특별한 '우등' 프로그램에 등록하도록 설득했다(이 설득은 결코 쉽지 않은 일이었다. 학생들에게는 보충수업 인상을 주는 것은 무엇이든 거부하는 경향이 있었고 특히 집단 학습은 이들에게 생소한 일이었기 때문이다). 어쨌든 트레이스먼은 학생들을 체계적으로 관찰하며 격려했는데 그 결과는 극적이었다. 특별 집단 학습 프로그램에 참여한 흑인 학생은 수학 입문에서 평균적으로 백인과 아시아계 학생과 동일한 성적을 받았다. 더 중요한 사실은 흑인 학생의 중도 탈락 비율이 현저히 줄어들어 그동안 높은 성취를 이룬 다른 두 집단과 동일한 수준이 되었다는 점이다. 어떤 특징, 예를 들어 특별 프로그램이라는 외형상의 명성이나 집단 학습 절차 혹은 트레이스먼의 관찰과 격려가 그 프로그램이 이룬 놀라운 성공의 결정적 요소였는지 확신을 담아 말하기는 어렵다. 그러나 우리는 그처럼 일반 자원을 활용해 수많은 사람의 삶에 커다란 차이를 만들어낸 개입에 마땅히 경의를 표해야 한다.

미시간대학교 생물학자 루이스 클레인스미스Lewis Kleinsmith[28]도 비슷한 결과를 얻어냈다. 클레인스미스는 생물학 입문 학생들의 교육 효과를 높이기 위해 상호작용 컴퓨터 프로그램을 개발했다. 일반 수업에서 백인 학생보다 성적이 훨씬 낮은 흑인 학생은 학교에서는 물론 과학 분야 경력에서도 뒤처져 어려움을 겪었다. 클레인스미스의 상호작용 컴퓨터 프로그램은 모든 학생의 성적을 적지 않게 끌어올렸는데 특히 흑인에게 준 영향은 극적이었다. 새로운 프로그램에서 흑인의 수준은 통상적인 백인 수준으로 올랐고 이 프로그램을 사용하기 이전의 기준으로는 백인보다 더 높은 수준으로 올랐다. 실용 차원에서 그 효과의 크기는 상당히 놀라웠다. 많은 학생에게 이것은 이들이 생각하는 대학이 주는 기회의 이점을 최대한 누리는 것과 대학을 그만두거나 미래 선택을 대폭 좁히는 길로 가는 것 사이의 차이를 의미했다.

사회적으로 혜택을 받지 못한 학생을 대상으로 한 극적인 교육 효과는 흑인과 고등교육 환경에서만 나타나는 것이 아니다. 고등학교 수학교사로 영화 〈스텐드 앤 딜리버Stand and Deliver〉의 실존 인물인 유명한 교육자 제이미 에스칼란테Jaime Escalante는 다면적인 프로그램을 만들었고, 덕분에 그가 가르친 대부분의 저소득층 히스패닉 고등학생의 대학진학 비율은 높은 수준으로 상승했다. 이는 미국 내에서 가장 특권을 누리며 인정받는 대다수 고등학교의 상당수가 도달하는 수준과 비교해도 손색이 없을 정도였다. 흑인과 히스패닉 모두를 가르친 다른 교육자들도 상대적으로 저렴한 비용으로 비슷한 성과를 올린 프로그램을 개발했고 결국 도심 지역 초등학생 학력은 전국 평균이거나 그보다 높아졌다.[29] 요약하면

학교에서 진행하는 상대적으로 간단한 상황 조작은 성공**할 수 있으며** 이는 불이익을 받는 소수민족 학생이 개인의 한계나 사회적 장벽과 불평등으로 실패할 운명이라고 주장하는 사람들의 직관이 틀렸음을 보여준다.

원격 개입 vs. 근접 개입

교육 분야 개입에서 거둔 극적인 성공을 1960년대 헤드스타트 같은 프로그램 결과와 비교하기 위해 잠시 멈춰 돌아보자. 이들 프로그램은 도심 지역의 취학 전 아동 사이에 상당한 조기 이득(즉, 유치원에서 지능지수가 높은 아이일 수록 초등학교 1학년과 그 이후 학년에서 하는 특별교육 프로그램으로 전향하는 경우가 적은 것)을 만들어냈다. 그러나 고학년에서 장기간에 걸친 지능지수와 학업 성취에는 실질적인 차이가 없었다.[30] 이제는 고등학교 중퇴 비율, 실업률과 교도소에 가는 비율 등에서 상당히 의미 있는 장기간의 이득, 즉 진보·보수 정치지도자 모두 이런 프로그램을 충분히 정당한 것으로 여긴다는 것을 알게 되었지만[31] 초기에 헤드스타트 프로그램의 학업 결과에 실망한 것은 깊고 파괴적인 영향을 미쳤다. 정치 스펙트럼의 모든 지점에 있는 많은 비판자가 당장 눈앞에 있는 교육 문제를 처치 곤란한 것으로 여겼다. 좌파 비판자는 미국 사회와 교육의 중대한 구조 변화 없이는 어린이의 사회·경제적 불이익을 극복하는 것은 불가능하다고 주장했다. 우파 비판자는 어린이를 지적으로 제한하고 보살핌 지원이 부족해 비싼 교정 프로그램을 돈 낭비로 만든다고 지적했다.

반면 소수의 비판자는 초기 개입 대 이후 개입(또는 '원격' 개입 대 '근접')의 몇 가지 기본 가정을 재검토할 필요가 있다고 인식했다. 특히 미국의 행동주의자와 프로이트주의자 모두 조기학습 경험의 중요성을 강조하며 "예방은 치료약보다 낫다"는 격언의 지혜에 주목했다. 우리가 보기에는 프로이트주의자가 아동의 성격 형성 요인과 관련해 즉각적인 상황의 힘과 제약의 영향을 과소평가한 것보다 더 설득력 있고 잘못 판단한 것은 어디에도 없다. 프로이트와 동시대인으로 젊고 지적 반대자였던 레빈은 프로이트가 정신분석 진단과 치료 역사 측면을 지나치게 강조한다고 느꼈고 이를 강하게 비판했다. 유명한 비유에서 그는 이것을 다락방 바닥이 주어진 무게를 견딜 만큼 강할지 결정하는 문제로 생각했다. 레빈은 사람들이 건설 재료의 특성과 질을 결정하고 건축가·건축업자의 설계와 평판을 조사하고 나면 건축물이 세월의 혹독함을 견뎌낼지 예측할 수 있을 거라고 보았다. 혹은 더 이득을 얻는 방법은 현재 조건에서 그처럼 바닥의 강도를 **시험하는** 적절한 절차를 설계하는 것이라고 보았다.

물론 레빈은 현재 상황에 영향을 미치는 역사적 사실이 지닌 잠재 중요성을 부정하지 않았다. 단지 그는 대부분의 체계가 내·외부 힘의 작용으로 예상할 수 없는 변화에 큰 영향을 받는다는 것을 강조했다. 또한 그는 현재의 상황적 영향력이 충분히 강력하고 '정확할 때' 이는 강력한 역사적 요인의 영향력보다 우선한다고 주장했다. 조기교육 개입에 나타난 실망스러울 정도의 낮은 효과와 나중에 개입한 것의 고무될 정도로 큰 효과 사이의 분명한 모순은 사회심리학의 두 가지 주요 원리와 이 책의 두 가지 주요 주제를 떠올리게 한다. 나중에 더 근접 개입proximal interventions하는 것은 이들이 즉각적인 상황의 중요한 특징을 변화시킬 때 강력할 수 있다. 특히 경로요인이 긍정적 의도와 건설적 행동 사이의 연결을 촉진할 때 그렇다. 반대로 조기의 원격 개입은 덜 강력하거나 적어도 예측하기 어려운 효과를 낼 가능성이 높은데 이는 인간 사회(그리고 인간의 마음) 자체가 끊임없는 변화가 이어지는 역동적 긴장 시스템이기 때문이다.

사회개입의 실용 측면을 지지하는 관점에서는 이보다 더 낙관적인 메시지를 생각하기 힘들다. 과거는 운명일 필요가 없다. 대규모에다 비용이 많이 드는 '조기' 개입은 실망스러울 정도로 낮은 장기 효과를 낼 수 있지만, (특히 우리가 협소한 범위의 결과 측정치를 놓고 탐구할 때) 규모가 작고 비용이 적게 들어도 더 특별한 목표가 있는 '늦은' 개입은 상황주의자의 믿음을 재건하기에 충분할 정도로 강력할 수 있다.

교실에서의 명명과 귀인 효과

이 책 전체에 걸쳐 이야기했듯 사회심리학의 가장 중요하고도 꾸준한 기여 중 하나는 인간사에서 주관적 해석이 차지하는 지대한 역할을 이론으로 설명한 것과 실험으로 입증한 것이다. 이제 이 방향에서 기여한 몇 가지 응용을 알아봐야 할 시간인데 특히 교육 결과물에서 사회적 꼬리표, 자기 지각과 귀인 절차가 하는 역할에 집중하고자 한다.

사회적 꼬리표와 자기 성취 기대

거의 반세기 전 로버트 머튼(1948)은 자기 충족적 예언이라는 유명한 개념을 내놓았다.[32] 이 개념의 기본 생각은 어떤 사람과 집단을 어떠하다고 판단하는 누군가의 믿음이 그 신념을 확인해주는 현실을 만드는 데 일조할 수 있다는 것이다. 그런 신념이 없는 상태에서는 현실이 상당히 다를 수 있다. 이러한 현상이 벌어지는 여러 방식[33]이 있는데 그중 몇 가지는 이미 책의 앞부분에서 설명했다. 가장 극적인 것은 1968년 사회심리학자 로버트 로젠탈Robert Rosenthal과 그의 동료이자 초등학교 교장이던 레노어 제이콥슨Lenore Jacobson이 제공한 사례다. 이들 연구자는 초등학교의 몇몇 학생에게 지능지수 검사를 실시한 뒤 그 결과를 학생들의 교사와 공유했다. 동시에 이들은 각 학급의 일부 학생을 지목하며 교사에게 이번

학년 동안 상당한 정도로 지능지수가 오를 것이라는 예측을 들려주었다. 사실 연구진은 어린이들의 잠재된 향상 가능성을 전혀 모르는 상태에서 무작위로 선택한 것이었다.

이제 널리 알려진 이 작은 개입의 결과에 따르면 지목받은 어린이들은 예측한 대로 지능지수가 올라갔다. 그 향상 효과는 크고 일관성이 있었으며 1학년과 2학년의 경우 현실적·통계적으로 충분히 의미가 있었다. 후속 연구의 통계 수치는 로젠탈과 제이콥슨의 기본 결과[34]를 입증했고 이들은 이처럼 명명 효과labeling effect를 내는 몇 가지 방식을 더 상세히 들여다보기 시작했다. 가장 눈에 띈 것은 교사들이 긍정 꼬리표를 단 어린이를 다른 어린이와 다르게 대하는 것처럼 보였다는 점인데, 그들은 긍정 꼬리표 어린이의 행동에 더 주의를 기울였고 다른 언어적·비언어적 피드백을 주거나 더 노력을 쏟았다.[35] 교사의 기대가 어린이의 지적 성장에 영향을 미친다는 결론은 소수민족 교육 측면에서도 매우 중요하다. 실제로 교육자가 일반적으로 소수민족 어린이에게 낮은 성과를 기대한다는 증거가 있으며[36] 이 기대치가 그 어린이의 낮은 교육 성과 요인일 수 있다는 강력한 상황 증거가 있다.[37]

행동 변화를 이뤄내기 위한 명명 vs. 훈계

대부분의 심리학자는 당연히 받아야 할 주목을 덜 받았다고 생각하는 연구 논문을 적어도 몇 가지는 댈 수 있다. 우리가 보기에 그런 논문 중 하나는 임상심리학자 리처드 루이스 밀러Richard Louis Miller, 사회심리학자 필립 브릭먼, 임상심리학자 다이애나 볼렌Diana Bolen이 1975년에 쓴 것이다. 이에 따르면 어린이는 긍정적인 사회적 꼬리표와 그 어린이에게 이미 있는 관련 장점을 연결해 행동을 제안하는 것보다 행동을 바꾸도록 훈계하는 소통 방식에 덜 반응할 수 있다. 밀러와 동료들이 처음 연구하면서 살펴본 특정 행동은 교실에 쓰레기를 버려 지저분하게 만드는 것이었다. 한 교실은 통제 조건에 배정해 교실 쓰레기통에 버려지는 쓰레기 비율을 측정하기만 했다. 두 번째 교실은 '설득' 조건에 배정했다. 이 조건에서는 8일에 걸쳐 교사와 교장 심지어 학교 관리인이 어린이들에게 다양한 형태의 문서와 구두로 호소했는데 그 내용은 교실을 깔끔하게 유지하고, 모든 쓰레기는 적절한 용기에 넣고, 바닥에서 발견한 쓰레기는 줍자는 것이었다. 세 번째 교실은 '긍정 꼬리표' 조건에 배정했다. 이 조건에서는 동일하게 8일에 걸쳐 동일한 소통자들이 단 한 번도 어린이에게 어떤 방식으로든 행동을 바꾸라고 훈계하지 않았다. 대신 어린이들에게 **이미** 깔끔하다고 칭찬했다. 즉, 어떤 형태로든 각 메시지는 특정 학급(학교 내 다른 학급에 비해)이 상당히 깨끗하고 쓰레기 처리에 관심이 있다며 학생들을 칭찬했다.

이제 연구진은 각각 다른 세 시기를 정해 얼마만큼의 쓰레기(연구자들이 일부러 만들어낸 쓰레기도 일부 포함해)가 각 학급의 쓰레기통에 들어가는지 측정했다. 첫 번째는 어떤 조작을 하기 전의 선행 검사 시기였고, 두 번째는 8일 동안 조작한 이후 즉각 실행한 효과 측정 검사 시기였으며, 마지막은 어떤 교실에서도 쓰레기와 관련된 언급 없이 2주간 보낸 뒤 실행한 지연 효과 측정 검사 시기였다. 결과는 아주 뚜렷했다. 선행 검사 동안 세 조건에서 쓰레기통에 들어가는 쓰레기 비율은 동일하게 낮았다(20퍼센트 미만). 조작 후 즉각 실행한 효과 측정 검사 동안에는 설득 조건 교실이 쓰레기로 지저분해지는 비율이 중간 정도(쓰레기통으로 45퍼센트가 들어가는)로 줄어들었다. 귀인 조건 교실에서는 쓰레기로 지저분해지는 비율이 상당한 정도(대략 80퍼센트의 쓰레기가 쓰레기통으로 들어가는)로 줄었다. 바람직한 행동 변화를 유지하는 것이 어렵다는 점을 고려할 때 지연 효과 측정 검사 결과가 특히 더 의미가 있었다. 설득 조건 어린이들은 곧 높은 비율로 다시 쓰레기를 버려 지저분하게 만드는 특징을 보였는데, 이는 그들의 예비 검사 시기와 연구에서 측정한 세 시기 모두에 걸쳐 통제 조건 수준이었다. 반면 긍정 꼬리표를 받은 어린이들은 대부분의 쓰레기를 계속 쓰레기통에 버림으로써 꼬리표에 맞는 행동 패턴을 유지했다.

후속 연구에서 밀러와 동료들은 수학 성취도와 그에 따른 자존감 변화는 귀인이나 꼬리표 조작에 유사하게 반응하도록 하는 데 비해, 설득과 다른 통상 조작은 그렇지 않음을 증명했다. 학생들의 수준 높은 현재 능력이나 동기를 칭찬하는 메시지는 이들의 검사 성과에 상당하고 오랫동안 유지되는 개선 효과를 냈다. 반대로 설득적인 훈계와 단순한 강화 기법은 비슷한 규모와 지속성이라는 효과를 내지 않았다. 이 연구의 핵심은 쓰레기 버리기 연구와 마찬가지로 다시 한번 귀인과 명명 절차의 중요성을 강조해서 보여준다. 행동의 긍정적 변화는 그런 행동이 외부의 일시적인 힘이 아니라 그들 자신의(아마도 오래갈) 가치와 능력에 귀인하는 방식으로 그 대상인 개인을 유도했을 때 가장 분명하고 오래 지속된다.

불필요한 장려책이 만든 동기 결과

3장에서 우리는 마크 레퍼와 그의 동료들[38]의 연구로 관련 없거나 '불필요한' 보상이라는 귀인 결과와 동기 결과를 설명했다. 기억하겠지만 이 실험의 핵심 연구 결과는 실험 기간 막바지에 '훌륭한 참가자상'을 받기 위해 사인펜을 갖고 놀던 유치원 어린이들이 처음에 아무런 보상을 기대하지 않고 사인펜을 갖고 놀던 어린이들보다 그로부터 2주 뒤 진행한 즉흥적이고 자유로운 놀이 기간에 사인펜을 덜 갖고 놀았다는 것이다.

이 기본 현상은 많은 연구자가 다른 여러 실험실에서 다양한 연령대와 작업 그리고 외부 유인책을 사용한 실험으로 잘 확립했다.[39] 드러난 부정적 결과의 범위도 꽤 많이 늘어났다. 사실 불필요한 보상은 우연 학습incidental learning,✧ 더 도전적인 문제를 시도해 보려는 의지, 제품 자체의 전반적 질과 창의성을 포함해 성과의 많은 측면을 오히려 악화할 수 있다. 관련 없는 보상을 받을 가능성이 문제 해결자가 무언가 새로운 것을 시도해 '틀을 깨기'보다 무모하게 비생산적·비효율적 전략을 계속하도록 만들 수 있다는 증거도 있다. 마지막으로 보상이나 다른 장려책이 더 이상 가능하지 않을 때 따라오는 반응 일반화와 장기 결과를 보여주는 추가 증거가 있다. 즉, 어린이들은 과제의 원래 상태 작업에 흥미를 덜 보이고 덜 좋아할 뿐 아니라 그 과제의 더 도전적인 상태보다 쉬운 상태를 계속 선호한다.

그 응용 연구의 의미는 귀인 이론 원리에서 손쉽게 끌어낼 수 있다. 과거 외부의 힘이 전혀 없는 상태에서도 기꺼이 해온 일 또는 그보다 약하거나 미묘한 외부 영향력에 반응해 기꺼이 한 일, 자신의 선택과 선호로 했다고 굳게 믿는 어떤 일을 강력하고 두드러진 장려책을 써서 사람들이 하도록 만드는 것을 피해야 한다는 뜻이다. 학교에서 관찰할 수 있는 안타까운 동기 문제와 이들 연구의 관련성은 똑같이 분명하다. 교육 개혁가와 부모 모두 간혹 목격하듯 공식 교육을 시작하기 전 지적 호기심과 배우려는 갈망이 있

◇ 계획적이거나 의도하지 않은 학습을 뜻한다. 일부 이론가는 학습은 많이 배우려는 의도와 상관없이 우연한 기회에 다른 인지 정보 처리로 행해진다고 주장한다. 우연 학습을 비非의도 학습nonintentional learning이라고도 부른다. 여기서는 불필요한 보상 도입이 우연 학습 기회를 없애고 보상을 받으려는 의도를 불러일으켜 상황을 악화할 수 있다는 점을 지적했다.

던 행복한 미취학 아동은 전형적인 미국 교실에서 우발적으로 벌어지는 사건과 사회 통제에 시달리면서 배움을 향한 열정을 잃는 것처럼 보인다.

하지만 불필요한 사회 통제의 부정적 결과를 다룬 연구 출판물과 이론화 작업은 폭발적인 논란과 비판을 촉발했다. 이처럼 적대적 반응이 일어난 이유는 레퍼와 동료들이 일반적이고 외형상 성공적인 행동 교정 방식, 예를 들면 눈에 띄는 보상을 채택하고 토큰 경제token economy(다양한 보상과 특전으로 '포인트'를 얻어 교환할 수 있는 경제)를 만들어내는 것에 의문을 제기한 것으로 보였기 때문이다. 레퍼가 강조했듯 쟁점은 이러한 강화 기법의 즉각적인 효과가 아니다. 연구 결과가 여기에 의문을 제기한 것도 아니다. 그보다는 변화를 장기간 유지하는 것과 관련 외부 장려책이 사라진 새로운 상황에서 일반화하는 것이 수상쩍어 보인다는 얘기다.

이제 모든 종류의 학파에 설득과 관련해 연구자들이 진행한 강화의 장기 효과를 다룬 많은 연구가 있다. 이들 연구는 대부분 귀인 이론가가 경고한 보상과 다른 장려책을 불필요하게 채택하는 것이 바람직하지 않은 결과를 낼 수 있음을 보여주기[40] 위해 혹은 강화에 신중히 접근하면 바람직하지 않은 결과를 초래하지 않고 교육상의 이득을 얻을 수 있음을 보여주기 위해 설계했다.[41] 여기서는 복잡하고 심지어 상반되는 일련의 증거와 지금 존재하는 해석을 요약하거나 체계화하지 않을 것이다. 대신 우리는 이론적·실증적 대립의 중요한 유산, 즉 잠재 교육 혜택을 극대화하고 자신의 영향력에 따른 귀인적·동기적 비용을 최소화하려는 실무자(교사는 물론 부모)에게 지침을 제시하는 일련의 원칙과 경고 같은 것을 다룬다.[42]

초기 흥미도가 높고 외부 제약이 불필요하면서 현저할 때 그리고 누군가가 활동에 개입하는 것에 심리적으로 그럴듯한 설명을 제공할 때, 다시 말해 보상이 '뇌물'로 보이기 쉬울 때 외부 제약은 해로운 효과를 낼 가능성이 높다. 반면 실질 보상이 과제 성과의 질에 근거할 때,[43] 즉 보상을 이미 본질적으로 동기화한 과제의 능숙함에 기본 피드백을 제공하거나 그것을 인식하게 하는 것으로 사용할 경우 해로운 효과를 낼 가능성은 낮다. 그 예로는 토너먼트 우승자에게 주는 멋진 트로피 또는 1분 동안 20가지 간단한 곱셈을 성공적으로 마친 어린이에게 주는 작은 금별딱지가 있다. 문제의 보상이 보상하는 행동과 필수 관계에 있을 때, 가령 중요한 프로젝트를 완수하기 위해 밤늦게까지 일한 직원에게 하루 휴식을 주는 것은 해로운 효과가 생길 가능성이 낮다. 요약하면 보상하는 행동이 뇌물이 아니라 받는 사람의 성취를 인정하는 보너스 수준일 경우 보상은 본질적 흥미와 온전한 동기를 남긴다.

사회심리학자 다이애나 코르도바Diana I. Cordova와 레퍼(1989)는 본질적 흥미와 동기를 높이기 위해 설계한 기법의 이점을 입증하기 시작했다. 이 연구에서 어린이들은 문제해결 과제를 수행했는데 이는 인기 있는 추리 보드게임 '클루Clue'에서 문제를 해결하는 방식과 유사했다. 이들의 연구 설계는 과제 완성만 조건으로 하는 외부 보상(연구자들이 마련한 '수수께끼 상자'에서 장난감을 선택할 기회)이 있거나 없는 것과 어린이들이 과제에 더 많은 흥미를 보이도록 만든 여러 교육 장식물(기본적으로 만화책 스타일로 '범죄'를 서술하고 이를 해결하는 탐정으로 활약하도록 어린이를 초대하는 도입부)을 특징으로 삼았다. 코르도바와 레퍼가 보고한 가장 인상적인 결과는 어린이들이 두 유형의 장려책에 보인 반응에 드러난 지적 성과와 즐거움의 질적 차이와 관계가 있었다. 이 차이는 초반 과제 성과는 물론 2주 뒤에 실시한 후속 검사에도 나타났는데, 후속 검사에서는 외적·내적 동기 상승요인을 모두 제공하지 않은 상태에서 관련은 있지만 다른 과제를 사용했다. 보상이 주어지면 어린이는 추측과 상상력이 부족한 무모한 전략을 사용하는 바람에 상대적으로 좋지 못한 성과를 이룬다. 이 때문에 어린이는 자신의 성과와 능력을 보다 부정적으로 평가하며 미래에 보다 쉬운 문제를 선호한다. 반면 본질적 흥미를 높이기 위해 교육 장식물을 사용하는 경우 어린이를 보다 복합적이고 효율적인 문제해결 전략과 우수한 성과로 이끈다. 이로 인해 어린이는 과제와 자신의 능력을 보다 긍정적으로 평가하며 미래 과제에 보다 야심 있는 선호를 보인다.

교실에서의 성공과 실패에 귀인하기

모든 학생은 학업에서 실패와 실망을 경험한다. 그러나 이러한 사건의 결과는 교사와 학생 자신이 해석하는 방식에 달려 있다.[44] 학생의 낮은 성과를 저조한 능력 탓으로 귀인하는 교사는 학생을 위로하고 쉬운 과제를 배정하거나 미래에 그 학생을 무시할 가능성이 있다. 그 귀인에 동의하는 학생은 관련 과제를 회피하고 만약 이를 피할 수 없을 때는 상대적으로 거의 노력하지 않거나 하지 않으려 고집을 피울 가능성이 있다. 반대로 저조한 성과를 변화시킬 요인, 즉 노력 부족이나 적절하지 않은 교습 또는 학습 전략에 귀인하는 경우 다른 결과가 나올 가능성이 높다. 이때 학생은 더 열심히 노력하고 무언가 다른 방식을 시도하거나 이번의 특정 상황에서만 성공에 따른 보상을 얻기 위해 노력할 가치가 없다고 판단한다. 이 경우 그 학생이 할 가능성이 **없는** 것은 성공의 불가능성을 인정하고 그에 따라 학교와 직업을 선택하는 일이다. 교사도 그 학생에게 더 '현실적인' 목표와 계획을 받아들이라고 조언할 가능성은 높지 않다.

연구자들은 귀인 방식과 관련된 이 질문을 몇 가지 도발적 방향으로 가져갔다. 심리학자 캐럴 드웩Carol Dweck✧과 동료들은 각

✧ 자기 개념이 동기와 자기 조절에서 차지하는 역할 그리고 성취와 대인관계에 미치는 영향을 연구한다. 대표 저서로《마인드셋Mindset》이 있다.

각 다른 어린이들이 과제가 더 어려워지고 실패 경험이 더 늘어나는 것(연구진은 이전에 해결 가능한 수수께끼를 푼 어린이에게 설명할 수 없는 문자 수수께끼를 제시했다)에 반응하는 방식에서 개인차를 연구했다. 그중 한 가지 반응 패턴은 연구자들이 '숙달mastery'이라고 이름을 지었는데, 이는 실패에 맞서 더 노력하게 하고 해결 가능한 문제 뒤에 해결 불가능한 문제가 나왔을 때 기존 성공 방식을 새롭게 바꿔보는 것이다. 또 다른 반응 패턴은 '무력함helplessness'으로 이것은 실패에 마주하면 노력을 덜하고 심지어 해결하지 못하던 문제를 해결한 후에도 실패가 이어지는 것이다.[45] 마틴 셀리그먼과 동료들은 관련 연구에서 설명 방식[46]과 학업 성공[47] 사이의 유사관계를 입증했다.

드웩은 자신의 특정 연구 결과를 성별 차이와 관련해 학계에서 오랫동안 주목해온 두 가지 곤혹스러운 부분과 연결했다. 첫째는 소녀들이 자신의 실패를 동기나 노력 부족보다 낮은 능력으로 귀인하려는 경향이 강하다는 사실이다. 둘째는 소녀들이 '학습된 무기력'을 반영한 것처럼 보이는 동기와 성과 감소로 실패(또는 실패 위협 심지어 더 높아진 평가 압력)에 더 크게 반응하는 경향이 있다는 점이다. 이 성별 차이가 곤혹스러운 이유는 소녀들이 평균적으로 더 칭찬받고 덜 비판받으며 초등학교에서 소년들보다 더 높은 성적을 얻는다는 사실 때문이다. 실제로 소녀들은 모든 유형의 개인 평가에서 교사와 다른 성인들에게 더 좋은 평가를 받는다.[48]

역설처럼 보이는 이 문제를 밝히기 위해 드웩과 그의 동료들은 교실에서 4학년과 5학년 학생이 교사와 상호작용하는 것을 세심하게 관찰했다.[49] 먼저 연구진이 알아챈 것은 소녀들이 교사에게 긍정 피드백을 많이 받지만 그 피드백이 '깔끔함'처럼 지적이지 않은 문제와 관련될 가능성이 소년들보다 훨씬 높다는 점이다(소녀의 경우 21퍼센트지만 소년은 단지 7퍼센트였다). 부정 피드백의 차이는 더 놀랍다. 소녀들이 부정 피드백을 받을 때는 88퍼센트가 지적 자질과 관련이 있고, 단지 12퍼센트만 엉성함이나 제대로 갖춰지지 않은 형식과 관련이 있었다. 소년들이 부정 피드백을 받을 때는 단지 54퍼센트만 지적 내용과 관련이 있었고 46퍼센트는 깔끔함이나 형식과 관련이 있었다. 요약하면 피드백의 전체 패턴은 소녀보다 소년에게 자신의 성공은 학업 능력을 반영하지만 실패는 그렇지 않다며 더 격려한다는 것이었다.

관련 연구에서 드웩과 다른 연구자들은 학생에게 제시한 피드백 종류를 측정하기보다 조작하려 했다. 비교적 쉽게 어린이와 성인이 새로운 귀인 방식을 채택하게 만들 수 있을지 논의하기엔 아직 너무 이르지만 몇 가지 흥미로운 연구 결과, 여성과 남성 모두 '무기력한' 학생은 일련의 성공 경험보다 '귀인 재훈련attributional retraining'에서 이점을 얻을 수 있다는 증거가 보고되었다.[50]

티모시 윌슨과 심리학자 퍼트리샤 린빌Patricia W. Linville[51]이 수행한 매우 단순한 여러 연구는 학생들의 주관적 해석과 귀인을 바꿔줌으로써 학업에서 실망한 결과를 잘 처리할 수 있음을 보여주는 더 많은 증거를 제공한다. 연구진은 학급에서 절반 이하 성적을 얻은 대학교 1학년 학생들에게 낮은 학점의 원인을 '바꿀 수 있다'는 것을 암시하는 정보를 주었다. 즉, 학생들에게 1학년 때 상대적으로 낮은 학점은 일반적이라는(그리고 학업 환경에 익숙해지면서 오를 가능성이 높다는) 확신을 주었다. 한 연구에서 실험 조건에 있는 1학년 학생들은 관련 통계 정보를 받았고 고학년 학생 4명의 인터뷰를 비디오로 봤는데, 이들은 자신의 학점 개선을 구체적인 방식으로 이야기했다. 또 다른 연구에서 1학년 학생들은 학업 능력과 무관하게 신입생의 학점을 낮추는 특별히 불안정한 요인 정보(가령 과목 선정 오류, 불편한 삶의 조건 등)가 담긴 에세이(표면적으로는 그 주州의 고등학생들을 위한 글)를 썼다. 물론 각 연구의 통제집단은 1학년 때의 낮은 성적이 일반적이라거나 해가 가면서 향상을 기대할 수 있다는 안도할 만한 암시는 전혀 건네받지 않았다.

윌슨과 린빌이 도입한 귀인 처리는 학생이 미국 대학원 입학자격시험GRE의 표본 시험 항목에서 즉각 성과를 내고 그다음 학기 학점을 모두 높이는 데 효과적인 것으로 나타났다(흥미롭게도 드웩의 연구 결과에 따르면 그 이득은 여학생보다 남학생이 더 큰 것으로 밝혀졌다). 관련 이득은 어떤 것도 엄청나지 않았지만(남학생도 장기간 학점에서 본 평균 차이가 표준편차의 절반에 그치거나 정상분포 40~60번째 백분위수에 그쳤다) 단순하고 비용이 많이 들지 않는 한 번의 개입이 객관적인 학업 성과 측정에서 식별할 만한 차이를 낼 수 있다는 것은 고무적인 일이다.

주관적 지각과 객관적 건강 결과

이제 교육학 분야 연구자는 주관적 꼬리표, 기대와 귀인의 중요성을 인식하고 있고 의학과 건강심리학 연구자는 질병과 건강에서 이 요인의 중요성을 더욱 인식하고 있다. 실제로 사회의 건강관리 주안점이 전염병 치료에 필요한 '특효약'을 찾는 것에서 건강을 해치는 행동을 피하고 장기질환, 심신을 쇠약하게 만드는 치료, 고령의 허약함에 대응하도록 돕는 전략으로 변화하면서 사회적·심리적 절차가 더욱 중요해졌다.[51] 뒤에 나오는 간단한 설명으로 적용의 핵심 영역인 이 부분을 제대로 다루기는 어렵다. 하지만 독자에게 최소한 몇 가지 중요한 쟁점과 기여를 드러내는 눈에 띄는 예를 보여줄 수는 있다.

플라시보 효과와 역플라시보 효과

의사들은 오래전부터 '플라시보 효과placebo effect'를 알고 있었다. 플라시보 효과란 고통 감소가 명백하게 효과가 있는 치료제 때문이 아니라 환자가 일종의 일시적 처방이나 요법을 행했다고 **믿는**

것에서 비롯된 효과를 말한다. 의학이나 심리학 연구 문헌을 접해 본 일반 독자는 플라시보 효과를 단순한 착각 또는 감사를 느끼거나 겁먹은 환자가 자신을 치료하느라 애쓴 훌륭한 의사를 기쁘게 해주기 위한 노력 정도로 생각할지도 모르겠다. 사실 많은 연구가 플라시보 효과가 주관적인 고통 평가(통상적인 결과에 따르면 3분의 1 정도 환자에게 상당한 진통제 효과가 있다)뿐 아니라 질병의 객관적 증상에 상당하고도 측정 가능한 효과가 있음을 보여준다. 나아가 효과가 **입증된** 마취제와 진정제가 환자들이 그런 약을 투여받았다는 사실을 모르거나,[53] 그 효과를 의심하는 의사에게 투여받는 경우[54] 상당히 덜 효과적일 수 있음을 보여주는 증거도 있다.

이런 결과가 나오자 의사는 물론 심리학자도 플라시보 효과의 작동 메커니즘에 더 많은 관심을 쏟았다. 일반 증상의 65퍼센트는 그 원인이 심인성心因性인 것으로 추정해왔다.[55] 플라시보가 낙관론을 낳고 불안감을 줄여주며 주의나 돌봄을 바라는 환자의 욕구를 충족해주는 만큼 이것은 환자들의 주관적 행복 경험을 바꾸는 것으로 보이며 이는 다시 정신적 증상을 완화한다.

지난 20년 동안의 연구로 불안, 스트레스, 무력감 같은 감정이 내분비계와 면역체계에 미치는 부정 효과는 상당히 많이 밝혀졌고 플라시보의 심리적 이점에 담긴 객관적·생리학적 근거도 밝혀진 것으로 보인다. 사실 플라시보 효과에는 적어도 한 가지 특정 메커니즘이 있는 듯하다. 즉, 외부에서 투여하는 마취제와 비슷한 방식으로 '자연' 진통제처럼 기분 좋게 만드는 베타 엔도르핀beta-endorphin이 나오는 것이다. 여러 도발적인 연구[56]에서 드러난 이 메커니즘 증거는 플라시보가 날록손naloxone(몸 자체의 베타 엔도르핀을 포함해 아편제 활동을 막는 것으로 알려진 약물)을 투여해 그 효과가 없어지는 경우 고통을 줄여주는 능력을 **잃을** 수도 있음을 암시한다. 이러한 메커니즘을 알아내면서 우리는 순전히 주관적 사건이 객관적 물질 환경을 중재하거나 심지어 지배하는 실제 메커니즘을 보기 시작했다.

새로운 약물이나 치료효과를 평가할 때 플라시보 효과 문제는 오늘날 널리 알려져 있으며, 이것은 우리 사회가 장기 퇴행성 질병과 바이오피드백biofeedback, 침술, 비타민, 엄격한 식단 그리고 다른 비전통 치료에서 드러난 많은 논란을 다루면서 점차 더 중요해졌다. 플라시보 효과의 밑바탕인 특별한 생리학 메커니즘을 주의 깊게 탐구하는 것은 앞으로 의학계에 중요한 결과를 가져올 것이다. 그러나 중요한 것은 플라시보 효과를 보다 넓게, 보다 역사적으로, 보다 사회적 관점[57]에서 고려하는 일이다. 3,000년 넘는 기간 동안 또는 17세기에 퀴닌quinine으로 말라리아를 치료하는 행위를 시작할 때까지 대부분의 의약품(초기 이집트인이 선호한 도마뱀 피와 악어 똥부터 중세시대 의사들이 쓰던 유니콘의 뿔, 이집트의 미라, 독사의 살덩이 그리고 이국적인 혼합물까지)과 대다수 의학적 치료(설사제 사용, 사혈瀉血요법, 발포發疱요법, 냉찜질 등 포함)는 지금은 플라시보 효과라 일컫는 특이하지 않고 심리적 중재 절차로 얻는 어떤 이득에 기댔을 가능성이 높다. 사실 플라시보와 이를 적용한 치료는 모든 사회에서 치유자가 훌륭한 평판을 유지하는 데 도움을 줄 정도로 충분히 자주 잘 작동했다. 연구자들이 계속 '실제' 효과와 '플라시보' 효과 사이의 차이를 구분해내면 질병 치료 과정에서 의학자나 의사의 주관적 절차와 역할은 더욱 정교해질 것이다. 이 경우 의사-환자 관계에서 플라시보 혜택은 늘어나고 의사가 환자의 사회정서적·심리적 욕구를 보다 잘 충족해주며 도움을 주고자 하는 의학계 목표를 향해 나아갈 것을 기대할 수 있다.

플라시보 효과나 치료에 긍정적 기대를 하는 것에는 일반적 이점이 있지만 사회심리학자들은 연구를 거쳐 **역플라시보 효과**도 일어날 수 있음을 보여준다. 이는 효과적인 약물 처방이나 치료를 받고 있다는 잘못된 신념이 환자의 증상을 완화하기보다 악화를 초래할 수 있다는 얘기다. 이 역설적 결과를 설명한 내용은 귀인 이론에서 발견할 수 있는데 특히 정서 경험과 자기에게 꼬리표를 붙이는 것에 적용할 때 그렇다.[58] '반드시' 완화 효과가 나타나야 하는 치료를 받고도 부정적 증상이 계속되면 그 증상은 무언가 심각하고 고칠 수 없는 것이라는 식으로 귀인할 수 있다. 사람들의 증상을 악화하는 걱정과 고심을 유발할 수도 있는데 이러한 '내부 귀인'은 해롭다. 사실 사람들의 증상은 다소 해롭지 않은 '외부' 귀인으로, 그 귀인이 **맞지 않더라도**, 더 나아질 수 있다.

한 연구에서 이 추론을 따른 스톰과 니스벳(1970)은 불면증이 있는 실험 참가자(잠잘 시간에도 문제를 생각하느라 깨어 있다고 보고한 학생들)에게 플라시보 설탕약을 주고 잠들기 직전 먹도록 했다. 한 집단에는 그 알약이 '진정시켜'줄 것이라고 했고, 또 다른 집단에는 알약이 '더 흥분시킬' 것이라고 했다. 예상대로 '진정시켜주는 플라시보' 약을 먹은 집단에서 진정되지 않는 효과가 생겼다. 즉, 실험 참가자들은 평상시보다 잠드는 데 40퍼센트 정도 시간이 더 걸렸다고 보고했다. 이 역플라시보 효과를 두고 연구자들은 실험 참가자가 자신이 평상시 수준으로 잠들지 못하는 것을 알고 불면증(그리고 잠들지 못하게 하는 염려)이 '평소보다 더 나빠진' 것이 분명하다고 여겼을 것이라 추론했다. 반면 연구자들이 예측한 것처럼 '더 흥분시키는 플라시보' 약을 먹은 집단에서는 역설적으로 진정 효과가 나타났다. 실험 참가자들은 평상시보다 더 빨리 잠들었다고 보고했는데 이는 아마도 이들이 흥분 상태를 자신의 문제보다 '약'에 귀인했기 때문일 것이다. '흥분시키는 약을 먹은 뒤에도' 평상시보다 더 잠을 못 드는 것이 아니라는 사실에 일종의 안도감을 얻은 결과다.

이와 비슷한 결과가 스톰과 심리학자 케빈 맥콜Kevin D. McCaul(1976)에게서도 나왔다. 이들은 말더듬이에게 말을 더듬는 것이 각성물질 투여 때문이라고 말함으로써 상황이 더 나아지고, 차분하게 만드는 물질을 투여했다고 말함으로써 상황이 더 나빠지는 결과를 보여주었다. 아직까지는 일반적인 플라시보 효과가 아닌 역효과가 언제 생기는지, 언제 '오귀인誤歸因'이 증상을 완화할 수 있는지 명확하지 않다. 심리학자 조엘 브로크너Joel Brockner와 월터 스왑Walter C. Swap(1983)이 수행한 한 연구에 따르면 스톰과 니스벳이 알아낸 귀인 효과를 보여주는 사람은 비교적 내성적이고 사려 깊었으며, 다른 사람은 아무 효과가 없거나 심지어 이들이 알아낸 것과 반대의 효과를 보여주었다. 이번 장의 나머지 부분에 나오지만 주관적 기대와 귀인이 '객관적' 조건에 관한 환자의 반응을 결정할 때 얼마나 중요한 역할을 하는지 점차 명확해지고 있다.[59]

사전 경고와 대처 정보의 유익한 효과

플라시보와 역플라시보 효과는 잘못된 정보에 달려 있다. 그런데 때로는 의사들이 공개하길 꺼려하는 **정확한** 정보에 접근하는 것이 환자의 안녕과 회복 속도를 결정하기도 한다. 1958년 어빙 레스터 제니스Irving Lester Janis는 수술 환자들의 스트레스와 대처에 관한 흥미로운 설문 결과를 보고했는데 이는 의학적 사고思考와 환자 간호에 중요한 변화의 길을 열었다. 당시에는 여러 의학 맥락에서 환자에게 정확한 진료 절차와 이들이 경험할 가능성이 있는 특별한 혐오감과 증상을 최소한으로 이야기하는 것이 일반 관행이었다. 이렇게 정보 제공을 꺼리는 것은 의사가 '시간을 들여 환자를 보살피는 것'에 무관심하거나 자발적이지 않음을 일부 반영했다. 또한 어차피 치료받을 때 동반되거나 그 이후 찾아오는 불편함을 환자가 곧 충분히 알 것이므로 너무 일찍 걱정하게 만드는 것은 아무 의미가 없다는 근거에서 정당화한 관행이기도 했다. 실제로 더러는 의사가 정보를 알려주지 않는 것을 정당화하기 위해 플라시보 효과 개념의 한 형태를 사용하기도 했다. 그 주장에 따르면 환자에게 가능한 합병증이나 부작용을 너무 많이 알려주면 환자가 정말로 이를 경험하면서 환자와 의사 모두에게 문제가 생길 수 있다는 것이었다. 그러나 제니스의 설문 결과는 이 주장을 뒤집었다. 그는 수술 후의 감각과 반응 설명을 상대적으로 더 잘 들은 환자는 (의사가 더 많은, 더 정확한 정보를 제공한 덕분이거나 환자가 그 정보를 더 잘 이해하고 기억한 덕분에) 설명을 적게 들은 환자보다 수술 뒤에 더 잘 적응한다는 것을 알아냈다.

이 결과가 일부 의사를 놀라게 했을 수 있지만 현대 심리학자에게는 그다지 놀라운 것이 아니었다. 동물과 인간이 전기충격이나 다른 유해한 자극을 계속 받을 때 독특한 신호로 미리 주의를 받으면 고통을 덜 느끼고 여기에 더 효과적으로 대응한다는 것을 보여주는 여러 실험 연구 결과는 이미 있었다.[60] 제니스는 사전 경고를 받으면 적어도 몇몇 환자는 스스로 수술 경험이 야기하는 두려움, 불안, 무력감 등을 '견뎌낼' 마음의 준비를 한다는 이유를 근거로 자신의 기본 연구 결과를 예상했다. 3장에서 논한 감정에 꼬리표를 잘못 붙이는 것을 다룬 연구에서 영향을 받은 다른 이론가들은 사전 경고가 환자들이 자기 증상의 의미를 두고 걱정하는 것, '무언가 잘못되지' 않을지 우려하는 것, 더 심각하게는 이유가 밝혀지지 않은 신체 증상에 무시무시한 이유를 상상하는 것 등으로 불확실성과 불안감이 이어지면서 신체 증상을 악화하고 전형적인 악순환을 만들어내는 경향을 줄였다고 주장했다. 여전히 다른 이론가들은 수술 전에 제공하는 정보가 환자들이 피하려 하는 또는 부끄러워하는 증상(설사, 구토, 배뇨 시 통증)에 대처할 방법을 구체적으로 생각하게 하고 의사나 간호사와 함께 증상과 가능한 대처 전략을 이야기하며 준비하게 만들 수 있음을 강조했다.

이후 수십 년에 걸쳐 축적된 방대한 사전 경고 관련 연구는 이제 충분히 입증되어 다른 설명을 하기 힘들게 만들었다. 수많은 연구가 사전 경고와 불편함을 관리하고 줄이는 구체적인 기술을 조언하는 것이 환자에게 도움을 줄 수 있다는 점을 밝혔다. 그렇지만 이들 연구가 어떤 유형의 정보가 가장 중요한지, 어떤 환자에게 어떤 정보가 가장 도움을 주는지, 어떤 특별한 혜택이 생길 가능성이 있는지에 항상 동의하는 것은 아니다. 그래도 이 분야 연구는 환자와 의료인 모두가 누리는 잠재 혜택 규모를 명확하게 해주었다. 제니스의 상관관계 연구 결과 이후 이뤄진 평가 연구는 이들 혜택이 얼마나 클 수 있는지 입증한다.

이 연구는 선택적 복부수술 뒤 환자의 회복을 연구한 마취과 의사 로런스 에그버트Lawrence D. Egbert와 3명의 의사[61]가 진행한 것으로 아주 세심하고 잘 설계한 것이었다. 실험에서 환자들은 무작위로 두 집단으로 나뉘었다. 이때 통제집단은 수술 후유증에 관해 (모든 환자에게 관례적으로 제공하는 최소한의 정보 이상으로) 어떤 특별한 정보도 받지 않았다. 그리고 '특별 치료' 집단에 속한 환자들은 수술 전에 마취과 의사에게 두 가지 다른 유형의 정보를 받았다. 하나는 수술 뒤의 고통과 관련된 것이었다. 특별 치료 집단 환자들은 복부수술 뒤의 통증은 정상임을 확인받았고 어느 부위에 통증을 느낄지, 얼마나 심할지, 얼마나 오래갈지 설명을 들었다. 다른 하나는 대처 전략에 관한 것이었다. 특별 치료 집단 환자들은 수술 뒤의 통증이 절개 부위 밑 근육 경련으로 일어나는 것이며 이 근육을 이완해 통증을 가라앉힐 수 있다는 설명을 들었다. 또한 이들은 심호흡 이완법을 배우는 한편 복부 근육에 힘을 주지 않고 어떻게 신체 위치를 바꿀 수 있는지 특정 교육도 받았다. 나아가 두 유형의 정보 모두 마취과 의사가 특별 치료 환자들을 수술한 뒤 오후 방문과 그 이후 방문했을 때 반복해서 전달했다.

이 연구에서 나온 첫 번째 주목할 만한 결과는 환자가 요구하고 외과 레지던트의 지시로 병동 간호사(참고로 간호사와 의사 모두 그 환자가 특별 치료 집단 또는 통제 조건에 배정된 사실을 몰랐고 환자들도 자신이 실험에 참여하고 있는지 알지 못했다)가 투여한 진통제의 양과 관련이 있다. 수술한 날 이 두 집단은 대략 동일한 정도의 모르핀이 필요해 투여받았다. 둘째 날에는 통제집단이 특별 치료 집단보다 50퍼센트 정도 더 많은 모르핀을 요구했다. 이후 투여량은 두 집단 모두 줄어들었다. 그러나 그 뒤 나흘 동안 통제집단은 매일 특별 치료 집단보다 투여량에서 적어도 2배를 더 요구했다. 연구자들은 이 차이가 단지 특별 치료 집단 환자들이 고통을 더 잘 참으려 해서 생긴 게 아니라는 점을 보여주었다. 통증과 관련된 주관적인 자기 보고를 비롯해 '보이지 않는' 관찰자가 환자들이 확실히 편안해 보이는 정도와 신체·정서 조건을 평가한 것을 보면 특별 치료 집단이 통제집단보다 다소 덜 고통스러워한 것으로 나타났다.

이 연구의 또 다른 의미 있는 결과는 두 집단이 수술 뒤 활동에서 분명한 차이를 보였다는 점이다. 특정 환자가 특별 치료 집단 혹은 통제집단에 있는지 몰랐던 의사들은 통제집단 환자보다 특별 치료 환자를 평균 3일 일찍 퇴원시켰다. 약간의 정보도 인간의 통증과 비용을 놀라울 정도로 줄여준다.[62]

사전 경고와 대처 정보 효과는 마치 가장 강력한 현상처럼 크게 증가할 수 있는 것으로 나타났다. 에그버트와 그의 동료들은 이러한 수술 전 정보 프로그램을 '적극적인 플라시보 효과'로 생각했다. 즉, 누군가가 알아차리고 도와주려 하는 데서 오는 환자의 만족감이나 곧 고통이 줄어들 것이라는 낙관주의에만 기대는 효과가 아니라 환자 자신이 더 이상 무력하지 않고 그들에게 스스로를 도울 정보와 기법이 있다는 확신을 주는 시도로 여겼다. 이 같은 환자의 태도 전환은 환자에게 더 많은 지식을 제공해 환자가 덜 의존적이고 덜 취약하며 정당하지 않은 두려움의 대상이 되지 않게 함으로써 이뤄진다. 또한 이 변화는 환자가 치료받는 동안 통증을 줄이고 스스로를 이완하는 특별한 방법으로 무장하거나 몸을 보다 편하게 다루는 것으로 이룰 수 있다. 마지막으로 귀인 절차가 하나의 역할을 한다. 앞으로 자신에게 어떤 일이 일어날지 아는 환자는 통증이나 익숙하지 않은 신체 증상을 경험할 때 무언가가 잘못되고 있다는 것을 믿지 않을 가능성이 있다.

지각한 효험과 통제가 건강에 미치는 결과

우리가 논한 플라시보 효과와 환자에게 대처 정보를 제공하는 것의 이점은 현대 건강심리학과 심리 치료의 주요 주제, 즉 귀인 절차와 통제 감정의 중요성을 앞서서 알려준다. 교육과 마찬가지로 건강에서도 개인 효능감, 나아가 개인 책임감은 일반적으로 무효능감과 무기력감보다 더 적응 반응을 촉진하는 것으로 보인다. 실제 통제뿐 아니라 지각한 통제 방식은 건강상의 이점을 만들어낼 수 있다.[63] 이것은 주관적 위협과 스트레스를 줄이는 것을 포함하며 자진해서 더 나은 건강 습관을 실천하고 필요한 경우 진단과 처방받은 식이요법을 추구하는 것을 넘어 증상에 꼬리표를 붙이는 것에도 변화를 일으킬 수 있다. 실제 통제와 지각한 통제 모두 내분비계는 물론 면역체계 작동과 관련된 생리학 요인으로 중재할 수 있다는 더 많은 증거가 있다.

지난 20년 동안 이 분야의 연구 문헌은 급속도로 늘어났는데[64] 그 결과는 너무 다양하고 복잡해 간단히 요약하기 어려우며 이론과 응용의 영향에 관한 결론은 훨씬 덜 확정적이다. 그러나 왜 연구자와 실무자가 일반 심리요인, 특히 귀인요인과 대처 방식 요인이 건강·질병·회복에서 하는 역할을 점차 더 확신하게 되었는지 아는 것은 쉽다.

이러한 확신의 한 원천은 긍정 심리학자 마틴 셀리그먼, 크리스토퍼 피터슨Christopher Peterson과 동료들[65]의 중대한 연구에서 찾을 수 있다. 이 연구는 우울을 무력감이나 절망감과 연관짓고 부정적 감정·결과·삶의 조건을 통제할 수 없는 개인과 상황 요인으로 귀인하는 특별한 귀인 양식에 연결했다. 개인의 무효능감과 스스로 자기 운명을 제어할 수 없다는 느낌은 장기간의 부정적 기분뿐 아니라 근무 중의 스트레스, '소진burnout'[66], 좋지 않은 건강, 높은 사망률[67]과도 연결된다.

이제는 질병의 원인에 관한 주관적 신념과 사망률, 회복률 그리고 장애에 적응하는 것 같은 객관적 측정 사이의 관계를 연구한 그야말로 수백 편의 논문이 있다. 질병의 다른 유형(가령 암 대 심장병) 혹은 트라우마(강간 대 척수 손상)는 귀인과 예후 사이에 다른 상관관계를 만들어내는 것으로 보인다. 더구나 인과 귀인과 관련해 주의해서 구분할 필요가 있다(예를 들면 질병과 트라우마 비난하기 대 후속 대처에 따른 **책임감**, 잠재 **치료**에 보이는 기대 효능 대 지각하는 **자기** 효능). 하지만 고통받는 사람은 자신의 고통 속에서 의미나 적어도 질서를 찾고,[68] 개인 효능감을 다시 회복하며 희생자가 된 느낌과 취약성을 줄여 혜택을 얻는다는 점이 점차 명확해지고 있다.

응용심리학의 이러한 분야에서 유용한 대다수 증거는 상관관계에 있으며 인과관계 방향을 해석하고 관련된 중재의 영향력을 예상하는 몇몇 문제는 명확하다.[69] 특정 귀인 양식은 직·간접적으로 더 나은 건강과 적응을 만들어낼 수 있다. 그 반대 방향으로 건강이 좋거나 적응을 잘하는 것이 효능감에 기여할 수도 있다. 또한 개인 능력, 사회·경제 요인, 그 밖에 다른 삶의 상황을 **포함한** 제3의 변인이 귀인과 건강 모두에 영향을 미칠 수 있다. 연구자들은 귀인 양식에서 건강의 결과로 연결되는 인과 경로를 확립하기 위해 상당한 투지와 독창성을 보여주었다.[70] 그리고 원인과 효과 구분에는 정교한 통계분석을 사용해왔다.[71] 그뿐 아니라 신경내분비와 면역체계 기능을 포함한 수많은 생리학적 조정자physiological mediator를 귀인, 대처 방식 그리고 의학적 결과의 모든 측정에 연결했다.[72]

반면 관찰한 상관관계보다 귀인 절차 조작에 근거한 실험 증거가 나오는 속도는 느렸다. 그래도 몇 가지 아주 흥미로운 암시와 발전이 있었다. 특히 보호시설 거주 노인처럼 개인 자율성과 효능 손실로 위협받는 모집단에 관심 있는 연구자들은 단순하지만 이론에 영감을 받은 개입으로 주·객관적 건강 지표를 개선하는 데 성공했다고 보고했다. 슐츠[73]는 보호시설 환자의 일상에 예측 가능한 긍정적 사건, 즉 대학 학부생의 개인적 방문을 도입해 이런 개선을 이뤘다. 심리학자 엘렌 랭어Ellen Langer와 주디스 로딘Judith Rodin[74]은 환자에게 이미 존재하는 선택의 중요성과 통제 기회를 높인 것만으로도 유사한 결과를 얻었다.

또한 연구자들은 '자립' 집단을 잘 활용했는데 이들은 암 환자, 강간 생존자, 사고 희생자, 비극적인 문제와 손실을 접한 다른 사람의 잠재적 파괴 귀인을 변화시켜 중요한 역할을 해냈다.[75] 환자는 자기 문제와 다른 사람 문제에 부정적으로 반응하는 것에서 유사성을 본 뒤, 그 반응을 정상적이고 개인의 약점을 반영하는 게 아니라 압도적 상황 도전에 적절히 반응한 것으로 이해한다.[76] 동료에게 얻은 이 교감 정보는 대중 심리학의 해석과 의도가 좋은 친구 혹은 가족 구성원이 건네는 충고("분노를 억누르면 안 된다", "이 질병과 맞서 싸워야 한다", "슬퍼하지 말고 네 삶을 계속 살아야 한다")보다 훨씬 더 가치 있는 것으로 입증되었다. 암 환자 지원 단체가 실제로 생명을 상당히 연장한다는 증거가 있는데 이는 아마도 스트레스를 줄여주고 환자가 신체 트라우마에 대처하는 데 필요한 더 많은 자원을 주기 때문일 것이다.[77]

귀인 이론은 상대적으로 새롭지만 그 영향력은 이미 미국 심리요법에 광범위하게 퍼져 있다. 인지와 행동 치료를 지향하는 치료 전문가 모두 환자의 개인 효능감을 북돋우는 것이 중요하다는 것을 알고 있다. 사실 지금까지의 정신의학 연구 결과는 치료 과정과 성공 결정에서 치료 전문가에게 자신의 역할을 줄이고 환자의 책임감을 강조하도록 하고 있다.

사회심리학의 일상 적용

이번 장의 짧지 않은 서술에도 불구하고 우리가 논하지 **않은** 사회심리학을 활용한 흥미롭고 가치 있는 수많은 사용처, 그러니까 여기서 다룬 산업심리학을 비롯해 교육·의학·법·경영·갈등 관리·국제 관계[78]가 있다는 것을 우리 두 사람은 잘 알고 있다. 그렇지만 우리가 이 책에서 다룬 사례가 전체에 걸쳐 논의해온 보다 일반적인 이론 통찰과 기여의 유용성을 강조하는 데 도움을 주었다고 믿는다. 이제 그 생각을 일상의 삶에 적용하는 것에 대해 독자에게 들려주며 이 책을 마무리할까 한다.

사회심리학의 주요 원리와 현실세계의 긴급한 문제에 그것을 적용한 사례는 개개인이 목격하는 사회 사건, 나아가 언론 보도로 전해 듣는 사건에 우리가 어떤 반응을 보여야 할지 안내하는 일종의 지적 교과서로 작용할 수 있다. 이 교과서는 우리에게 사람이나 그들의 행동에 담긴 의미에 너무 빨리 결론을 내리지 말라고 알려준다. 대신 엄청난 어리석음이나 금전상의 커다란 무절제(또는 그런 점 때문에 후덕해 보이는 것) 같은 말과 행동을 처음 접할 때, 즉 어떤 종류든 실제로 개인적 속성이 담긴 듯한 행동을 마주할 때 우리는 잠시 판단을 중지하고 상황을 생각해보라고 자신에게 말해야 한다. 행동의 직접적인 맥락에 담긴 세부사항은 무엇인가? 행위자는 상황을 어떻게 구성했는가? 행위자가 활동하는 더 넓은 사회 맥락 또는 사회체계는 무엇인가? 더 예리하게 지적하자면 어떤 객관적 상황의 특징, 주관적 구성, 긴장 시스템의 고려사항이 예외적으로 보이는 행동을 덜 예외적으로 만들었는가? 그리고 평범한 사람(우리를 포함해)의 일반적 행동 방식에 관해 우리에게 가르쳐준 어떤 경험과 더 일치하는가? 우리가 사람이 누군가가 직장이나 관계에서 바보 같은 선택을 할 경우 이런 질문을 해야 한다. 심지어 우리는 우리가 경멸하는 누군가가 특히 비열해 보이는 행동을 할 때도 이 질문을 해야 한다.

사회심리학적 관점은 우리가 예리한 동시에 인기 없는 질문을 던지도록 할 뿐 아니라 잠정적이고 때로는 상충하는 '작업 가설 working hypotheses✧'을 고려할 것을 요구한다. 개인 또는 집단이 장려책과 겉보기에 강력한 다른 상황요인에 반응하지 않았다는 증거와

✧ 두 가지 또는 그 이상의 변수관계에 관한 임시 진술로 실험한 뒤 수정하는 가설을 말한다.

마주할 때, 우리는 이를 크게 의심하면서 관련 상황의 현재 정보가 잘못되거나 완벽하지 않다는 혹은 그 상황을 바라보는 우리의 시각과 행위자의 시각 사이의 격차를 인식하는 데 실패했다는 점을 고려해야 한다. 간혹 사실로 밝혀지면서 충분히 설득력을 갖춘 증거를 두고도 기존 행동을 바꾸는 데 실패할 때 우리는 그들의 비타협적 태도를 기질상의 고집, 어리석음, 어두운 이면의 동기로 귀인하려는 유혹에 저항해야 한다. 그 대신 우리는 현재 상황을 유지하는 역학관계를 보다 깊이 생각해봐야 한다. 기존의 행동 유형이 제공하는 불분명한 기능들과 변화를 억제하는 눈에 보이지 않는 힘들을 생각할 필요가 있다. 마찬가지로 외형상 작은 사건이 행동에서 중요한 변화를 일으킬 때 그 변덕을 너무 빠르게 혹은 생각 없이 기질로 설명해서는 안 된다. 그보다는 우리에게 익숙한 삼각대, 보이지 않는 상황의 세부사항, 구성이나 주관적 의미에서 생각하지 못한 차이점 그리고 우리가 전체를 인지하지 못한 상태에서 지금까지 현 상태를 유지하는 데 도움을 준 사회적 힘 사이의 역학관계가 어긋난 것을 다시 봐야 한다.

우리가 설명해온 더 구체적인 결과와 이론은 추가 조언을 건네준다. 레빈주의자는 개인이나 집단의 행동에서 긍정적 변화를 이뤄내기 어려운 것으로 밝혀질 때 다음을 생각해봐야 한다고 계속해서 일깨워준다. 기존 집단의 규범과 다른 저항력이 하는 역할, 긍정적 태도나 가치와 긍정적 행동 사이의 연결을 촉진하기 위해 조작할 수 있는 경로요인을 말이다. 부조화와 자기 지각 이론가는 우리의 목표가 '순응'보다 '내재화'일 때 사회적 통제를 행사하는 데 있어 우리가 절제하고 현명해야 하며 때로 멀리 돌아가야 한다는 점을 일깨워준다. 이들은 아이가 요청하기 이전이 아니라 요청한 **이후** 피아노 수업을 제공하는 것의 이점, 일을 마치기 위해 위협과 장려책을 '충족할 만큼만' 사용하는 것의 미덕을 깨우쳐준다. 또한 이들은 사람들에게 자기 방식을 바꾸도록 재촉하지 말고 그들의 신념, 가치, 자기 인식의 가장 긍정적 측면과 일치하게 행동하도록 격려하고 요구하게 유도한다. 사회 학습 이론가[✧]는 우리가 영향을 주고자 하는 사람들에게 구체적인 사회 모델을 제시하는 것에 담긴 잠재 가치(또는 비용)를 알려준다. 그리고 아마도 가장 중요한 귀인 이론가는 우리의 도움이 필요한 사람들에게 숙달과 통제감을 부여해 개인 효능감과 자아 존중감을 줄이기보다 높이는 방식으로, 자기 운명에 따른 책임감을 받아들이도록 만드는 방식으로 도움을 제공할 것을 강조한다.

지난 60여 년 동안 사회심리학이 알려준 원리에는 개인적

✧ 사회 학습 이론에 따르면 학습은 많은 부분이 모델링, 모방, 사회의 상호작용 등으로 이뤄지며 행동은 다른 개인이나 칭찬·비난·보상 같은 외부 강화의 영향을 받는다. 예를 들어 다른 학생이 일찍 등교해 교사에게 칭찬받는 모습을 본 학생은 이를 따라 할 가능성이 있다. 이 같은 모델링은 조직 내부에서 특정 행동을 전파하는 강력한 도구다.

의미뿐 아니라 사회와 정치 면에서 넓은 의미가 담겨 있다. 경제학자이자 정치 이론가인 토머스 소웰(1987)은 지난 수 세기에 걸쳐 인간 본성과 사회에 관한 두 가지 반대 전망이 서로 싸워왔다고 주장했다. 그는 이것을 '제약constrained' 시각과 '비제약unconstrained' 시각이라고 불렀다. 제약 시각은 인간 본성과 사회생활의 광범위한 윤곽은 상대적으로 고정적이고 바꾸기가 힘들다고 본다. 또 변화를 일으키기 위해 의도적으로 개입하는 것의 효과는 예측 불가능하고 통상 어떤 긍정적 결과를 무효화하거나 그보다 더 큰 보이지 않는 부정적 결과를 낸다고 여긴다. 비제약 시각은 인간 본성은 바꾸기 쉽고 영향을 잘 받으며 인간 조건을 제대로 개선해줄 개입을 계획할 수 있을 정도로 개인 심리학과 사회체계 법칙을 충분히 알고 있다고 생각한다. 우리 두 사람은 사회심리학이 부분적으로 제약 시각을 보이는 사람들의 편을, 또 부분적으로 비제약 시각을 보이는 사람들의 편을 들면서 이들 질문에 명확한 목소리를 낸다고 믿는다.

제약 관점에 선 사람들은 개입 효과를 예측하기 힘들다는 주장에서 분명 옳고 그 이유도 옳다. 즉, 사회과학은 새로운 개입 결과를 예측하는 일에 적합하지 않다(우리는 앞으로도 **절대로** 적합하지 않다고 말할 것이다). 사회심리학자는 20세기 이전에 보기 드물던 무언가, 즉 특정 사회의 상황 효과에 관한 이들의 예측이 잘못된 것이었음을 체계적 방식으로 입증할 기회를 정기적·개인적으로 경험한다. 실험실 연구자로서 우리의 가설은 완전히 맞는 때보다 완전히 틀릴 때가 더 잦으며 절반 정도 맞으면 평균 이상인 셈이다. 실험실 연구에서 응용 환경으로 바뀔 때 우리의 실적은 개선은커녕 오히려 더 악화된다.

다른 한편으로 이제 개입이 유익한 결과를 낼 수 있는지 묻는 질문에 비제약 관점을 지지할 만한 충분한 근거가 있다. 이번 장에서 우리는 사회과학자의 성공적인 개입을 보여주는 작은 본보기만 인용했다. 어떤 특정 개입의 성공과 그것이 나아갈 방향을 미리 확신할 수는 없지만 우리는 불행한 삶이나 왜곡된 사회 과정에 적절한 결과를 불러오도록 개입하는 것이 종종 가능하다는 것을 안다. 경로요인, 참조집단, 개인 효능감과 책임감에 귀인하기 그리고 인지체계와 사회체계에 존재하는 균형 잡힌 힘의 미묘한 역학의 중요성에 관해 어렵게 얻은 사회심리학 교훈은 이러한 개입을 만들 때 상식으로 이끄는 것을 보완해주는 전략의 레퍼토리를 구성한다. 도널드 캠벨이 〈실험으로서의 개혁〉이라는 적절한 제목을 단 자신의 1969년 논문에서 거침없이 주장했듯 체계적인 방식으로 효과를 측정하려는 진지한 시도와 함께 실험 정신 아래 초기 개입을 수행하는 한 사회공학자로서 우리의 역할은 계속 이로울 수 있다. 여론의 추는 이러한 실험과 달리 확실히 너무 빨리 움직였다. 이에 따라 20세기의 마지막 10년과 그 이후의 도전을 마주하며 사회는 전례 없이 사회과학자를 필요로 했다. 경험으로 우리가 잘못을 제대로 깨닫고 성급한 예측과 약속을 조금 더 천천히 한다면 사회심리학 분야는 삶을 보다 풍요롭고 더 만족감을 주는 이론적·방법론적 도구를 갖춰갈 것이다.

저자 후기

지난 20년 동안 사회심리학은 어떤 발전을 이루었나

만약 이 책을 20년 뒤에 썼다면 사회심리학 분야에서 그 이후 나온 발전에 힘입어 우리는 사람 대 상황의 상대적 영향보다 두 가지가 서로 상호작용하는 방식에 더 역점을 두었을 것이다. 우리는 과거의 유전과 환경 혹은 선천성·후천성 논란을 시대에 뒤떨어진 것으로 만든 도발적이고 새로운 후성 유전학epigenetics(특정 경험과 상황의 영향으로 유전자를 활성화하거나 전환하거나 분리하는) 분야[1]를 독자에게 소개할지도 모른다. 그렇지만 우리의 보다 큰 초점은 압살롬 카스피와 다릴 벰의 연구를 논할 때 간단히 다룬 누적 결과 개념에 있지 그것의 이론과 응용의 중요성에서 나온 깊이에 있지는 않으리라. 우리 세대의 다른 사회심리학자와 마찬가지로 우리는 시간이 지남에 따라 영향력이 더 커지는 역동적인 과정보다 '한 번'의 도발적인 실험과 즉각적인 상황의 영향력에 상당히 집중했다.

특히 한 시점에 나타난 사람과 상황의 특징이 이후의 경험과 사건 해석을 바꿀 수 있고, 이는 다시 행위자와 그가 마주할 기회나 도전 모두를 바꾼다는 것이 더욱 확실해졌다. 말콤 글래드웰의《아웃라이어》는 그 상승·하강 나선과 관련해 놀라운 사례를 보여주는데 그중에는 프로 하키 리그에서 나이가 같은 선수들 가운데 생일이 빠른 선수가 늦은 선수보다 정규 리그에서 활약할 기회를 더 많이 얻는다는 극적인 과잉 대표성 이야기도 있다. 글래드웰이 설명한 것처럼 평균적으로 팀 동료보다 크고 강하고 기술 측면에서 앞서가는 사람이 더 호감을 얻으며 결국 팀의 동료보다 경기 투입 시간이 길어지고 성공 가능성도 높아진다. 이 경우 코치나 부모의 열성 어린 관심을 더 끌어내고 자신의 기술을 더욱 개발하면서 스스로 '하키선수'로서 인정받는다.

물론 프로 선수의 길을 가려면 타고난 재능과 비범한 동기부여 능력을 갖춰야 한다. 그러나 행운 혹은 불운한 생일에 따라 주어진 상황의 이점이나 불리함은 재능과 결단력에서 의미 있는 개인차를 증폭한다. 상대적으로 재능이 부족한 젊은이는 난처한 기량 부족이나 눈에 크게 띄지 않는 평범함이라는 운명에 처할 수 있다.

글래드웰은 사회 정의, 자기 지각 예측 효과와 함께 생일이 학교교육 준비와 성공·실패의 초기 경험에서 최초의 차이를 만들어낼 수 있다고 지적했다. 하지만 그 같은 교육의 상승·하강 나선에서 더 중요한 자극은 성공과 실패에 관한 주관적 해석을 결정짓는 개인차일 수도 있다. 특히 캐럴 드웩은 능력을 '고정된 것'으로 여기는 '마인드셋mindset'은 성장을 위한 도전을 회피하게 하고 실패 앞에서 노력을 포기하게 만들기도 하는 반면, 능력을 '가변적'인 것으로 여기는 마인드셋은 노력과 학습으로 성장하게 하고 도전과 결국 새로운 숙달new mastery에 이르게 한다고 썼다.[2] 나아가 드웩은 변화 가능한 메시지를 전달하고자 설계한 간단한 교육 개입으로 이런 기회가 없었다면 성장하기 힘든 마인드셋에 갇혀 있을지도 모를 학생들에게 숙달과 어려움에 직면해도 기꺼이 집요하게 버티려는 마음을 촉진할 수 있음을 보여주었다.

좀더 실질적인 상황적 장점과 약점의 영향 또한 점차 분명해졌다. 누구도 사회와 경제의 장점 혹은 약점에 내포된 지속적인 영향력을 의심하지 않는다. 그렇지만 경제학자 라지 체티Raj Chetty와 그의 동료들이 수행한 연구에 따르면 모든 것이 동일한 조건에서 우수한 유치원 교사 한 명이 아이에게 주는 경제 가치를 감정을 배제한 경제학자의 객관적인 눈으로 측정할 경우 27세 때 수입에 연간 1,000달러 정도까지 차이가 날 수 있다고 한다.[3] 수량화하기가 좀 더 어려운 삶의 기술, 배움에 보이는 애정, 자신에 관한 감정의 가치는 추측하건대 더 클 것이다.

얄궂게도 개인차의 누적 결과를 연구한 또 다른 연구자는 월터 미셸(전통 성격 특성의 행동 표현에서 서로 다른 상황 간 일관성 부족을 앞서 밝혀낸 심리학계의 가장 영향력 있는 학자)이다. 미셸이 고전적 연구에서 이야기했던 것처럼 미셸과 그의 동료들은 가장 극적으로 통제한 실험 조건에서 유치원 아이들에게 '만족 지연' 능력이 있고 없음에 따른 개인차로 이후 학업 성취도를 놀라울 만큼 잘 예측할 수 있음을 발견했다.[4]

기초 통찰 삼각대 논의도 우리가 그것을 다룬 1991년과 지금은 다소 다를 것이다. 상황주의는 여전히 확실하게 주연의 위치에 있다. 그러나 이제 우리는 더 설득력 있는 현실세계 사례를 제공할 수 있다. 가장 설득력 있는 것은 치명적인 교통사고가 일어났을 때 자신의 신체 장기를 이식할 수 있도록 시민이 기증을 약속하는 단계에 작은 차이를 만들어 서유럽 국가들을 비교한 연구다.[5] 일부 국가는 기증자가 운전면허증 뒤에 있는 선 위에 서명함으로써 (미국의 경우처럼) 자기 의사를 확인할 것을 요구했다. 다른 나라는 그렇게 의사를 확인하라고 요구하지 않았다. 대신 장기 기증 의사가 없는 운전자만 운전면허증 뒷면의 지정 공간에 서명해 표시하게 했다.

전자의 경우, 즉 '표준default'을 잠재 기증자에게 기증 의사가 없는 것으로 하는 '옵트인opt-in' 시스템에서는 잠재 기증자 비율이 대체로 25퍼센트보다 낮았다. 후자의 경우, 즉 '표준'을 잠재 기증자에게 기증 의사가 있는 것으로 하는 '옵트아웃opt-put' 시스템에서는 그 비율이 전반적으로 80퍼센트를 넘어섰다. 예를 들어 '옵트인' 방식을 채택한 독일은 운전자의 12퍼센트가 장기 기증에 자원했지만 '옵트아웃' 방식을 선택한 오스트리아의 비율은 실질적으로 99퍼센트 이상이었다. 스칸디나비아 국가를 비교해보면 장기기증자 비율이 '옵트인' 방식인 덴마크는 4퍼센트, '옵트아웃' 방식인 스웨덴은 86퍼센트로 나타났다.✧ 우리는 일반 독자가 '경로요인'의 힘을 상당히 과소평가해 장기를 기증하겠다고 한 스웨덴 운전자의 일반적인 이타주의와 기증을 거부한 덴마크 운전자의 이타주의 부재에 적절하지 않은 귀인을 할 것이라고 예상한다. 또한 우리는 이처럼 '자발성'을 쉽게 만드는 사소한 차이 이상의 무언가가 이런 극적인 결과를 설명한다고 생각한다. '표준' 선택안은 행동규범, 다시 말해 이러한 프로그램에 참여할 것인지 아니면 참여하지 않을 것인지의 의미를 담고 있다. 옵트인의 경우 기본이자 사람들이 인지하는 표준은 참여하지 않는 것이다. 따라서 옵트인을 선택하는 것은 특정 개인이 이타주의를 실천하는 것이거나 신체 훼손을 염려하지 않는 것일 가능성이 있다. 반대로 옵트아웃의 경우 기본이자 사람들이 인지하는 표준은 참여하는 것이다. 옵트아웃을 선택하는 것은 사람을 싫어하거나 바람직하지 않은 시민의식 혹은 기이한 종교 신념의 결과로 보일 가능성이 있다.

삼각대의 두 번째 다리, 즉 주관적 해석과 구성의 중요성 연

✧ 원서에는 이 문장의 일부 국가(오스트리아)와 수치가 다르게 나온다. 이는 원서상의 실수로 저자와 직접 확인해 수정한 것임을 밝힌다.

구는 특히 생산적이고 도발적이다. 가장 눈에 띄는 것은 의사결정 '프레이밍'과 '점화' 효과 연구다. 사실 《사람일까 상황일까》를 출판하기 훨씬 전에 하버드대학교 공중보건대학원 교수 바버라 맥닐Barbara McNeil과 동료들은 경력이 있는 의사들마저 치료의 위험과 이득을 '프레임'하는 방식 변화에 민감하다는 것을 입증했다. 특히 학회에 참석한 의사들이 수술보다 덜 위험하지만 잠재 효과가 낮은 방사선 치료 결과를 사망률로 표현했을 때는 선호가 명확했으나(가령 수술 사망률 10퍼센트 대 방사선 치료 사망률 0퍼센트) 동일한 위험을 생존율로 설명했을 때는 치료 선호도가 사라졌다(예를 들어 수술 생존율 90퍼센트 대 방사선 치료 생존율 100퍼센트).[6]

전통 경제학자의 지혜에 도전하기 위해 설계한 보다 최근 연구에서 의사결정 이론 전문가 바르다 리버먼Varda Liberman과 동료들은 죄수의 딜레마 게임을 이용해 참가자의 평판보다 게임에 붙인 이름으로 이들이 배신할지 협조할지에 관한 결정을 보다 잘 예측할 수 있음을 입증했다. 실제로 기숙사 상담자들이 이 게임에서 가장 잘 또는 가장 덜 협조할 것 같은 사람으로 지명한 참가자는 협조할 가능성에서 차이가 없었다. 그런데 이 게임을 월스트리트 게임The Wall Street Game이라고 부를 때보다 공동체 게임The Community Game이라고 지칭했을 때 참가자가 일반적으로 협조할 가능성이 2배(66퍼센트 대 33퍼센트) 더 높았다.[7] 심리학자 존 바그John Bargh와 그의 동료들이 이끄는 다른 연구자들은 더 미묘하고 암시적인 종류의 프레이밍 조작(무관한 것으로 보이는 이전 문장 해독 과제에 포함된 하나의 단어 또는 의식적으로 처리하거나 기억하기에는 스크린에서 너무 빨리 휙 지나가는 단어나 그림)도 표현 태도와 행동을 변화시킬 수 있음을 보여주었다.[8]

사회심리학에서 상황주의 전통을 설명할 때 우리는 '기본적 귀인 오류'를 언급했는데, 이는 사람들이 상황요인의 영향을 과소평가하고 전형적인 성격 특성의 역할을 과대평가하는 흔한 경향성을 뜻했다. 만약 이 책을 지금 쓴다면 우리는 우리가 더 '근본적'이라고 믿는 추론과 판단에 영향을 주는 편향의 '근원'(자신의 지각, 추론, 판단 등이 객관 현실의 반영이라는 강한 신념)을 강조했을 것이다. 로스와 워드가 소박한 현실주의naive realism라고 명명한 이 인식론 태도는 합리적이고 객관적인 다른 사람들도 우리의 관점을 공유할 것이라고 기대하게 한다. 또한 이것은 판단 불일치 특성이 있는 우리가 다른 사람에 관한 무언가(가령 기질, 특이한 환경과 경험, 다른 왜곡 인지, 동기적 · 문화적 편향)에 귀인하게 한다.[9]

삼각대에서 세 번째 다리, 즉 '긴장 시스템'의 중요성을 인식하는 것은 응용 분야에서도 특히 눈에 띄었다. 그 분야에서 쿠르트 레빈은 바람직한 변화를 이끌어내고자 밟는 단계뿐 아니라 그 변화를 이루기 위해 반드시 극복해야 하는 제약과 장벽에 집중하라고 조언했다. 참조집단 태도·자기 방어·손실 혐오·부조화·저항을 포함한 심리적 장벽은 식사와 운동 습관을 바꾸는 것부터 지구온난화와 싸우는 것, 전 세계에서 집단 간 갈등을 해결하는 것까지 현재 우려하는 많은 영역에서 앞으로 나아가는 것을 방해한다. 변화는 유인책을 추가하기보다 이들 장벽을 다루고 극복함으로써, 설득력 있는 새로운 주장을 제시함으로써, 강제 수단을 도입함으로써 촉진되고 약한 압력과 갈등으로 성취할 수 있다. 현명한 사회정책을 내놓기 위해 노력하는 동시에 이런 장벽을 다루는 것은 다음 세대 사회심리학자에게 중요한 도전과 기회를 약속한다.

1991년 이후 우리 분야에서 이룬 가장 중요한 발전을 고려하면 우리는 삼각대에 또 하나의 다리를 놓아 더 견고한 발판을 만들 때가 되었다고 본다. 추가하는 다리는 일상 사회 기능에서 자아중심성을 인식하는 일이다. 이 인식은 사람들이 긍정적 자존감을 위해 위협으로부터 자아를 방어하거나 자신의 신념과 행동에서 인지의 일관성, 응집력, 성실감을 얻고자 노력한다는 익숙한 생각을 넘어선다. 자아와 관련해 한 가지 중요한 새로운 생각은 자신에 관한 이론, 즉 행동을 안내하고 노력과 실패 위험을 기꺼이 각오하는 것뿐 아니라 성취와 성장을 좌우하는 이론으로 행하는 역할이다. 앞서 살펴보았듯 지능과 학업 능력 유연성에 보인 드웩의 중요한 신념은 이 점에서 특히 중요했고, 니스벳이《인텔리전스》[10]에 언급한 것처럼 지능 유연성에 관한 믿음이 커져갈 뿐 아니라 사실 맞는다는 증거가 쌓이고 있기에 여기에는 특별한 의의가 있다.

이 책에서 문화와 적용을 다룬 두 장은 이제 막 그 가능성에 이르기 시작한 분야를 묘사했다. 어떤 것이든 최신 학회지 저자들의 목록을 훑어보면 기고자의 민족과 문화 다양성이 엄청나게 늘어나고 있음을 볼 수 있을 것이다. 이러한 발전은 우리 분야의 파벌주의가 줄어든 것을 반영한다. 단연코 가장 눈에 띄는 발전은 미국 문화가 자체 다양성으로 개인주의 규범, 가치, 관행 면에서 연속성 극단을 나타낸다는 사실을 더 인지하고 연구로 뒷받침하고 있다는 점이다.[11] 특히 동아시아 문화를 포함해 더 집단적인 문화는 자신에게 초점을 덜 맞추고 가족과 다른 내집단 구성원에게 더 초점을 맞출 뿐더러 세계관에서는 덜 성향주의적이고 기본적 귀인 오류를 덜 범하는 경향이 있다. 이들은 행위자에게 초점을 덜 맞추고 행위자를 둘러싼 사회 상황에 초점을 더 맞춘다.

여러 해 동안 문화 차이 연구는 생각, 감정, 행동 특징에서 세계적 차이를 연구하는 방향으로 나아갔다. 지난 수년 동안 전 세계 많은 실험실 연구자들이 문화 자체가 '점화primed'될 수 있음을 증명해오면서 이들 연구가 통합되는 중요한 지점이 있었다. 이는 그 이전에 제시한 단어나 그림을 미묘하게 조작해 인지적으로 더 노출하면서 결국 참여자의 반응에 더 큰 영향력을 발휘하는 지점이다. 또 다른 통합은 정서와 긍정 심리를 다룬 연구에서 이뤄졌는데 심리학자 진 차이Jeanne Tsai와 동료 연구자들이 입증했듯 미국 문화 구성원은 흥분 같은 '높은 각성'의 긍정 정서 경험에 가치를 두고 극대화하려 애쓰는 반면, 동아시아 문화 구성원은 조용한 만족

처럼 '낮은 각성'의 긍정 정서에 더 가치를 두고 극대화하려는 경향이 있다.[12]

심리학 적용을 다룬 장을 보면 '유용한 이론'이 가까이에 있었다는 낙관론과 이 이론을 오래된 몇몇 사회 기술을 해결하는 데 이용할 수 있다는 약속이 얼마나 정당한 것으로 밝혀져왔는지에 감탄하게 된다. 소수민족이나 사회와 경제적으로 불리한 다른 집단 구성원이 학업에서 자신의 잠재성을 더 잘 깨닫도록 돕는 크고 작은 교육 개입 발전이 이를 명백히 보여준다. 사회심리학자 클로드 스틸Claude Steele과 그 동료들은 고정관념의 위협에 따른 정신적 유해corrosive 효과를 연구했는데, 이는 소수집단 학생이 학업에서 도전하는 것을(그리고 여성이 많은 기술과학 분야에 필요한 수학 같은 과목을 수강하는 것을) 단념하게 만들며 그런 도전을 하는 사람들의 실험 결과 효과를 떨어뜨린다.[13]

스틸을 비롯한 미국 내 많은 연구자는 고정관념의 위협을 완화하는 지혜로운 정책과 실천이 극적으로 성과를 개선할 수 있음을 밝혀왔다. 앞서 말했듯 드웩은 학생들의 마음가짐을 바꿔 학업 능력과 우리가 생각하는 전반적인 지능이 고정적이기보다 잘 변하는 것이라 노력으로 개선할 수 있다는 인상적인 결과물을 보여준 바 있다. 나아가 사회심리학자 조슈아 애런슨Joshua Aronson, 심리학자 제프 코헨Geoff Cohen, 그레그 월턴Greg Walton과 동료들을 포함한 새로운 세대 연구자들은 '유연성 트레이닝', '긍정', '친밀한 관계' 같이 실험실에서 효과를 입증한 것을 활용한 개입을 일반 교실과 학교에서 성취 간극을 줄이도록 그 '규모를 확대할' 수 있음을 보여주었다.[14] 이제 남은 것은 연구자의 도움 없이 일반 학급 교사들이 이러한 개입을 스스로 실행할 수 있는 방법이다.

교육뿐 아니라 건강 증진과 개인이 에너지를 절약하고 이산화탄소 배출을 억제하도록 하는 곳에서도 그 영향력을 발휘하는 발전적 응용사회심리학 분야를 여기서 완벽하게 다룰 수는 없다. 하지만 우리가 이 책에서 다룬 사회심리학의 어떤 핵심 사상을 댄 애리얼리Dan Arieli와 조지 로웬스타인George Loewenstein 같은 행동경제학의 대표주자뿐 아니라 이 책의 서문을 쓴 글래드웰처럼 유능한 언론인이 이용·확대·개선하면서 퍼져나간 범위는 언급하고자 한다. 특히 주목할 만한 좋은 사례는 대표적인 행동경제학자 리처드 탈러Richard Thaler와 저명한 법학자 캐스 선스타인Cass Sunstein이 쓴 읽기 쉬우면서도 도발적인《넛지》다.[15]

탈러와 선스타인은 그들이 일컫는 '자유주의적 개입주의', 즉 보기에 모순 어법이지만 정치적으로 매력 있는 이 정책 조합을 옹호한다. 이 정책은 사람들에게 자신의 시간·에너지·돈을 어떻게 쓸을지, 자신의 장기적 안녕과 사회 안녕을 어떻게 보장할지 선택할 때 상당한 자유를 주는 한편 우리가 인간의 동기와 의사결정에 관해 알고 있는 것('손실 혐오', '판단 기준', '프레이밍' 그리고 카너먼과 트버스키가 노벨상을 받은 연구 결과로 우리가 탐구해온 다른 영향력과 편향성)을 이용하는 방식으로 의사결정 선택 지점을 구조화하고 특징을 만들어낸다.

항상 모든 것을 인정받지는 않아도 우리는 일반적으로 심리학의 영향력과 사회심리학에서 이같이 증가하고 있는 연구에 갈채를 보내고 용기를 얻는다. 그와 함께 이들 기여자가 자신이 활용하고 다듬는 생각의 근원과 연결이 끊어지지 않도록 노력해야 한다고 생각한다. 사회심리학자를 점심식사나 시원한 맥주를 먹는 자리에 초대하는 것은 특히 권할 만하다. 아마도 적은 비용으로 행동에 영향을 끼치려 하는 행위자의 시각, 압력, 제약과 관련해 균형을 고려해야 한다는 점을 다시 생각해볼 수 있을 것이다. 사회정책 설계자나 실행자에게 자기표현과 자기 지각은 특히 중요하다. 이들은 경제적 사익 추구를 넘어 이런 정책에 비춰 어떤 정책과 잠재 반응이 나올지, 즉 어떤 행동이 규범적이고 칭찬받을 만하며 자랑거리로 보일지 그리고 어떤 행동이 반규범적이고 비난받을 만하며 쑥스러움과 수치심 거리로 보일지 주의 깊게 생각해봐야 한다.

감사의 말

이 책을 우리의 멘토인 스탠리 샥터에게 바친다. 이 책에서 설명하고자 하는 구조적 영향력의 힘과 미묘함, 주관적 해석의 중요한 역할, 개인의 마음과 사회 집단과 제도 안에 존재하는 긴장 시스템의 역학이 주는 교훈을 배우기 시작한 것은 그의 제자로 일할 때였다.

그는 차례대로 쿠르트 레빈, 레온 페스팅거 그리고 우리 두 저자와 사회심리학 분야가 상당한 빚을 지고 있는 거목에게서 받은 통찰을 적절히 다듬고 향상시켜 우리에게 전달해주었다. 우리가 제공하려는 이러한 통찰 형식과 그 논의의 초점은 그동안 변화했는데 이는 지난 20년 동안 스탠퍼드대학교와 미시간대학교에서 만난 소중한 동료들과의 교류로 풍요로워진 것이다.

이 원고를 기획하고 작성하고 교정하는 데 도움을 준 사람들은 특별히 언급해야 한다. 폴 B. 안드레아슨, 다릴 벰, 리사 브라운, 주니스 하라키에비츠, 마크 레퍼, 월터 미셸, 마이클 모리스, 데

이비드 G. 마이어스, 클로드 스틸, 그리고 티모시 윌슨이다. 또한 우리의 비서인 피오나 앤더슨과 도로시 워커의 노력과 인내심, 응원에 큰 빚을 졌다. 셀 수 없이 다양한 방식으로 원고를 보다 낫게 만들어준 안드레아 로렌스에게 특별한 감사를 표하고 싶다. 맥그로 힐 출판사의 크리스토퍼 로저스와 커트 버로코위츠는 뛰어난 솜씨와 통찰력으로 이 책의 제작을 맡아주었다.

콜게이트대학교의 존 도비디오, 펜실베이니아주립대학교의 멜빈 마크, 노스캐롤라이나대학교의 바이다 톰슨은 맥그로 출판사의 요청으로 이 책의 초고를 리뷰해주었고 도움을 준 논평과 제안을 해주었다.

마지막으로 사랑과 감사를 담아 우리의 작업뿐 아니라 우리 인생에서 가장 중요한 협력자가 되어주고 우리의 개인적 상황을 풍요롭고 만족스럽게 만들어준 주디, 조슈아, 팀, 레베카, 케이티 로스와 수잔, 매튜, 사라 니스벳에게 다시 한번 고마운 마음을 전한다.

역자 후기

그동안 보지 못했던 것들을 보게 해준 책

우리는 종종 직장 동료나 친구, 길거리 행인을 보며 '저 사람은 왜 저런 방식으로 행동할까?' 하는 의문을 품는다. 직장 내 나이든 매니저와 임원은 2030 세대를 보며 이기적이라 생각하고 반대로 젊은 세대는 나이든 선배를 보수적인 꼰대로 여긴다.

사회심리학은 우리가 간혹 궁금해 하는 이러한 의문과 사람들의 상반된 생각에 질문을 던지며 과학적인 답을 찾아가는 학문이다. 이 책의 제목《사람일까 상황일까》는 사회심리학의 핵심 논지를 집약해서 보여준다.

그가 그렇게 행동한 것은 독특한 성격 탓일까, 아니면 그가 처한 상황 때문일까?

심리학에 아마추어인 우리는 보통 이 질문 앞에서 "그는 성격이 관대해서(혹은 과격해서, 내성적이라서) 그래" 하는 답을 내놓는다. 나아가 매년 세계에서 200만 명 이상이 치를 만큼 인기 있는(하지만 많은 전문 심리학자에게 그 과학적 토대를 공격받는) 성격진단 검사

MBTI[◇]의 결과 유형을 들먹이기도 한다.

반면 '프로' 사회심리학자는 한 사람의 성격과 특성에서 성급하게 답을 찾는 것을 조심하고, 그보다는 그렇게 행동할 수밖에 없는 상황요인이 무엇인지 찾아본다. 사회심리학이 수십 년에 걸친 실험과 검증으로 지금까지 찾아낸 결론에 따르면 우리는 행동에 미치는 사람의 성격요인은 과대평가하고, 상황이 행동에 미치는 영향은 과소평가한다. 이를 학술용어 '기본적 귀인 오류'로 명명한 사람이 이 책의 저자 중 한 명인 리 로스 교수다.

나는 박사 과정 중 귀인 이론을 활용해 공개사과의 인지 영향을 주제로 연구논문을 쓸 때 이 책을 처음 접했다. 누가 봐도 학자들이 저술한 교과서처럼 보이는(문장이 딱딱한 편이다!) 이 책을 내 논문의 참고자료로 직접 사용한 것은 아니지만, 내가 직장에서 일하고 삶을 살아가는 데는 직접 참고서로 삼을 만했다.

살다 보면 더러 나를 괴롭히고 힘들게 하는 사람을 접할 때

◇ MBTI의 문제점과 탄생 과정은 《기브 앤 테이크》, 《오리지널스》로 잘 알려진 심리학자 애덤 그랜트Adam Grant가 〈사이콜로지투데이Psychology Today〉에 쓴 "Say Goodbye to MBTI, the Fad That Won't Die" (2013. 9. 18), "MBTI, If You Want Me Back, You Need to Change Too" (2013. 9. 24); 조지프 스트롬버그와 에스텔 캐스웰Joseph Stromberg and Estelle Caswell이 복스vox.com에 쓴 "Why the Myers-Briggs test is totally meaningless" (2015. 10. 8); 머브 엠리Merve Emre가 쓴 책《The Personality Brokers: The strange history of Myers-Briggs and the birth of personality testing》(2018, Doubleday, New York)을 참조할 것.

가 있다. 그럴 경우 대개는 속으로 그 사람의 못된 성격을 탓하며 속상해하지만 이 책을 읽고 난 뒤에는 그 상황을 어떻게 바꿔야 할지 고민하는 자신을 발견한다. 즉, 내가 상대를 대하는 방식(그에게는 상황)을 바꿔볼 궁리를 한다. 이는 혼자 속상해하는 것보다 효과적이고 자존감도 높여준다. 나의 행동이 상대방에게는 중요한 상황 요인이 될 수 있다는 것을 깨닫고 나면, 결국 상대가 바뀌기를 기대하기보다(그런 일은 좀처럼 벌어지지 않는다!) 내가 그를 대하는 방식을 바꾸는 것이 보다 과학적이고 현명한 방식이라는 것을 알게 된다.

나는 조직·리더십 커뮤니케이션 분야에서 컨설팅과 코칭을 하며 이 책을 여러 번 인용했다. 우리는 가끔 상사나 부하에게 불만을 품거나 그들의 말과 행동을 못마땅해 하면서 불평한다. 상사를 향해서는 "왜 좋은 아이디어를 제안했는데 답변도 없고 실행하지도 않지?"라며 답답해한다. 부하직원에게는 "왜 저들은 늘 불평만 하지?"라는 불만이 쌓인다. 그리고 부하나 상사의 행동을 꽤 자주 그들의 성격 탓으로 돌린다. 무심해서, 수동적이어서 등등….

1972년부터 미국 매사추세츠주 케이프코드에서 파워랩 프로그램을 운영하며 50년 가까이 조직행동을 관찰 연구해온 배리 오슈리Barry Oshry는 그 이유를 '시스템 무지system blindness' 때문이라고 결론을 내린다. 나는 싱가포르와 보스턴에서 두 차례에 걸쳐 그의 통찰을 직접 배웠다. 그가 말하는 시스템 무지란 곧 상대방이 처한 상황을 제대로 못 본다는 뜻이다.

오슈리에 따르면 상사들은 과적overload 상태를 겪는다. 이들은 직원과 고객, 정부, 경쟁자에게 끊임없이 요구를 받는 탓에 복잡성을 피하려는 행동을 한다. 그런 이유로 그들은 종종 직원들에게 "지금은 안 돼", "내가 알아서 할게"라고 말한다. 반면 직원은 취약성vulnerability 상태에 놓인다. 이들은 조직이나 상사가 시도하는 변화를 위험으로 여기고 피해의식을 느낀다.

가끔은 조직 내에서 서로가 처한 상황은 못 본 채 비난만 할 때도 있다. 상사와 부하가 대화할 때 이는 개인 대 개인이 아니라 상대방이 처한 '상황'과 이야기하는 셈이다. 상대방이 처한 상황을 제대로 이해할 경우 상사에게 요청할 때 상사가 내 제안을 쉽게 지지하도록 단순화하는 것이 핵심임을 알아챈다. 그러면 상사의 무심함을 탓하기 전에 보고서 양식이나 방식을 고쳐 조직 내에 내 뜻을 관철할 가능성을 높이려 한다. 상황을 이해하면 상사 역시 부하를 비난하기에 앞서 부하가 피해의식을 느끼지 않도록 정보를 적극 제공하고, 프로젝트에 함께 참여해 피해자가 아닌 공동창조자co-creator로 만들려고 노력한다.

우리는 대부분 '아마추어 심리학자'로 상황이 행동에 상당한 영향력을 행사한다는 것을 모르거나 인정하지 않으려 한다. 누군가는 상황의 힘을 알고 이를 적극 활용하지만 또 누군가는 이유도 모른 채 다른 사람의 영향을 받는다. 똑똑한 직원, 소비자, 시민으로 살아가고 싶다면, 현명한 리더, 교사, 부모, 정책 입안자로 활동하고 싶다면 로스 교수와 니스벳 교수가 들려주는 사회심리학의 교훈에 귀를 기울일 필요가 있다.

이 책의 번역은 우연한 계기로 이뤄졌다. 내가 푸른숲의 김수진 부사장, 조한나 차장과 식사를 하면서 이 책을 국내에 꼭 소개했으면 좋겠다고 말할 때까지만 해도 책을 번역할 생각은 없었다. 훌륭한 책이긴 하지만 읽기 쉬운 책은 아니기 때문이다. 그런데 푸른숲은 이 책에 나오는 쿠르트 레빈의 경로요인을 설계하듯 나를 서서히 번역자로 끌어들였다. 처음에는 번역 검토서 작성을 부탁했고 검토서를 쓴 뒤에는 번역을 맡겼는데 어쩌다 보니 결국 나는 발을 들여놓고 말았다!

작업은 2016년 시작했으나 여러 가지 현실적 이유로 늦춰지다 2018년과 2019년에 걸쳐 번역을 했다. 원서의 문장은 대체로 몇 개 문장을 이어붙인 것이 많아 읽기가 쉽지 않다. 이는 적절히 몇 개 문장으로 끊어서 번역했다.

번역 과정에서 여러 사람의 도움을 받았다. 김윤재(미국 변호사, 정치컨설턴트), 데이비드 차드David Chard, EngagingMinds, 이강희(국립정신건강센터 사업부장), 이세진(펜실베이니아대학교 의대 보건정책연구원), 이정모(국립과천과학관장), 임재준(서울대병원 공공부원장, 서울대의대 호흡기내과 교수)은 각 전문용어 번역과 관련해 조언을 주었다. 내가 니스벳 교수와 로스 교수의 전작《Human Inference》의 번역본《인간의 추론: 판단방략과 그 결함》(한규석, 박상철 공역)을 구할 수 없어 곤란해 할 때, 이를 번역한 전남대 한규석 교수는 친절히 책을 보내주고 응원해주었다. 1, 3, 4장의 통계 관련 부분은 권다롱새 박사(통계학)가 꼼꼼히 살펴보고 의견을 주었다. 번역가로는 나보다 한참 선배인 아내(김은령, 디자인하우스 부사장)는 번역상의 고민이 있을 때 함께 고민해주었다. 번역 당시 나와 함께 일한 심심 편집팀의 이은정 편집장과 김수연 편집자에게 감사의 뜻을 전한다. 특히 김수연 씨는 초벌 번역 원고에 꼼꼼한 피드백을 주었다. 번역 과정에서 저자에게 확인할 것이 있을 때 내 본래 계획은 먼저 로스 교수에게 이메일을 보낸 뒤 답이 없으면 니스벳 교수에게 연락하는 것이었다. 그런데 여든이 가까운 로스 교수는 40여 통의 이메일을 주고받는 동안 늘 빠르게 답변을 해주었다. 한국어 번역판 출간 후 자신의 집으로 책을 보내달라며 기뻐하던 로스 교수는 2021년에 56년을 함께한 아내와 4명의 자녀, 그리고 7명의 손주를 두고 78세의 나이로 세상을 떠났다. 〈뉴욕타임스〉는 그의 부고 기사 제목에서 "우리가 왜 서로를 오해하는지 밝힌 전문가였다"고 썼다.

책 본문 하단의 역자주는 심리학 용어와 인물을 중심으로 달았다. 주석 작업에 예상 외로 시간이 많이 들었지만 이는 의미 있는 작업이었다(분량상 많은 부분을 줄여야 했지만). 심리학 개념은 주로 미국 심리학회American Psychological Association의 《미국 심리학회 사전APA Dictionary of Psychology》 제2판(Kindle Edition)을 참고했고 그 밖에 다른 참조사항은 표시를 해놓았다. 심리학자 정보는 두 가지를 참고했다. 하나는 〈뉴욕타임스〉와 심리학자의 소속기관 등에서 발표한 부고기사였다. 사회심리학계 거장들의 삶과 업적을 집약해서 보여주었기 때문이다. 또 하나는 《심리학 인명사전Biographical Dictionary of Psychology》(Kindle Edition)이었다.

이 책의 추천 서문을 쓴 베스트셀러 작가 말콤 글래드웰은 2013년 〈뉴욕타임스〉와의 인터뷰에서 《사람일까 상황일까》가 자신의 삶을 바꿔놓았다고 말했다. 그는 2021년 〈뉴욕타임스〉 인터뷰에서 이 책을 다시 언급하며 이렇게 말했다.

"내가 쓴 거의 모든 책은 '기본적 귀인 오류'에 대한 것이다. 어떤 사람은 내 책《티핑 포인트》가 과학 저술의 새로운 장르를 만들었다고 하는데, 나는 전혀 그렇게 생각하지 않는다. 나는《사람일까 상황일까》에서 접했던 내용을 저널리스트 입장에서 정리했을 뿐이다."

이 책은 내가 나 자신 그리고 주변 사람을 바라보는 시각을 바꿔놓았고, 어떻게 살 것인지 생각하는 깊이에도 변화를 일으켰다. 그동안 세상을 살아오면서 내가 놓치고 보지 못했던 것을 보게 해준 이 책에 담긴 과학적 지혜의 세계로 한국 독자 여러분을 초대하는 길에 한몫을 할 수 있어 정말 기쁘다.

김호

미주

1장

1 Ross, 1977; Nisbett & Ross, 1980; see also Jones, 1979; Gilbert & Jones, 1986.

2 Widom, 1989.

3 Furstenberg, Brooks-Gunn, & Morgan, 1987.

4 Schein, 1956.

5 Brickman, Coates, & Janoff-Bulman, 1978.

6 J. McCord, 1978; J. McCord & W. McCord, 1959; W. McCord & J. McCord, 1959.

7 Long & Vaillant, 1984.

8 Newcomb, 1943.

9 Sherif, Harvey, White, Hood, & Sherif, 1961.

10 Gleick, 1987.

11 Holland, Holyoak, Nisbett, & Thagard, 1986; McCloskey, 1983.

12 예를 들어 Bennett, 1955; Coch & French, 1948; Lewin, 1952.

13 Van Dort & Moos, 1976.

14 Lewin, 1951, p. 25.

15 Lewin, 1951, p. 173.

16 Festinger, 1957; Aronson, 1969 참조.

17 Aronson, 1969; Calder, Ross, & Insko, 1973; de Charms, 1968; Linder, Cooper, & Jones, 1967 참조.

18 Gleick, 1987.

19 Markus, Smith, & Moreland, 1985.

20 cf. Cantor & Kihlstrom, 1987.

21 Abelson, 1985 참조.

2장

1 Festinger, Pepitone, & Newcomb, 1952; Singer, Brush, & Lublin, 1965; Zajonc, 1965; Zimbardo, 1970.

2 Rohrer, Baron, Hoffman, & Swinder, 1954.

3 Asch, 1940.

4 Asch, 1951, 1952, 1955, 1956.

5 Crutchfield, 1955.

6 예를 들어 Berelson, Lazarsfeld, & McPhee, 1954; Hyman & Sheatsley, 1947.

7 예를 들어 McGuire, 1986; Roberts & Maccoby, 1985.

8 Newcomb, Koenig, Flacks, & Warwick, 1967.

9 특히 Festinger et al., 1950; Siegal & Siegal, 1957도 참조.

10 예를 들어 Back, 1951; Schachter, 1951.

11 Sherif & Sherif, 1953; Sherif, White, & Harvey, 1955; Sherif et al., 1961.

12 Cook, 1957, 1979, 1985; Deutsch & Collins, 1951; Gerard & Miller, 1975; Pettigrew, 1971, 1986.

13 Tajfel, 1970, 1981; Tajfel, Billig, Bundy, & Flament, 1971.

14 R. Brown, 1986, pp.543-551 리뷰 참조.

15 Latané & Rodin, 1969.

16 Darley & Latané, 1968.

17 Latané & Nida, 1981.

18 Deutsch & Gerard, 1955.

19 Moscovici, Lage, & Naffrechoux, 1969; Moscovici & Personnaz, 1980.

20 Festinger, Schachter, & Back, 1950.
21 Cartwright & Zander, 1953 참조.
22 Schachter, 1951.
23 Cartwright, 1949.
24 Carlsmith & Gross, 1968.
25 Isen, Clark, & Schwartz, 1976; Isen, Shalker, Clark, & Karp, 1978.
26 Pliner, Hart, Kohl, & Saari, 1974.
27 Cann, Sherman, & Elkes, 1975; Snyder & Cunningham, 1974.
28 Cialdini et al., 1975.
29 Festinger, 1957.
30 Bem, 1972.
31 Nisbett & Ross, 1980; Ross, 1977.
32 Steiner, 1980.
33 Ross, 1988 참조.
34 Milgram, 1963, p. 377.

3장

1 Watson, 1930, p. 82.
2 Kahneman & Tversky, 1979.
3 Tversky & Kahneman, 1981.
4 Brickman et al., 1978.
5 특히 Festinger, 1954 참조.
6 Strack, Martin, & Schwarz, 1988.
7 Tesser, 1980.
8 Taylor, 1983.
9 Festinger & Carlsmith, 1959.
10 Cooper, Zanna, & Taves, 1978; Steele, 1988.
11 1890/1948, p. 154, 원문에 이탤릭체.
12 1890/1948, p. 157.
13 1890/1948, p. 101.

14 예를 들어 Koffka, 1935.
15 N. H. Anderson, 1974; Wishner, 1960.
16 Hovland, Janis, & Kelley, 1953.
17 1979; 또한 Nisbett & Ross, 1980; Ross & Lepper, 1980 참조.
18 Ross & Stillinger, 1991.
19 Thomas & Znaniecki, 1918.
20 Ball, 1972; Schutz, 1970 참조.
21 예를 들어 Goffman, 1959; Mead, 1934.
22 Abbey, 1982; D'Andrade, 1981; Forgas, 1976; Shweder, 1991; Triandis, 1972; Waller, 1961.
23 Bartlett, 1932; Piaget, 1930.
24 Abelson, 1981; Schank & Abelson, 1977.
25 Langer, 1989.
26 Cantor & Kihlstrom, 1987; Fiske & Taylor, 1990; Hamilton, Dugan, & Trolier, 1985; Markus & Zajonc, 1985; Nisbett & Ross, 1980; Petty & Cacioppo, 1985; Rumelhart, 1980 등의 리뷰 참조.
27 예를 들어 McArthur, 1972; Orvis, Cunningham, & Kelley, 1975.
28 Nisbett & Ross, 1980; Ross, 1977.
29 Nisbett & Schachter, 1966.
30 Dienstbier & Munter, 1971.
31 Weiss & Brown, 1977.
32 Wilson & Stone, 1985 참조.
33 Nisbett & Ross, 1980; Ross, 1990.
34 Ross et al., 1977.
35 Holmes, 1968; Katz & Allport, 1931; Kelley & Stahelski, 1970.
36 Dunning, Griffin, Milojkovic, & Ross, 1990.
37 Vallone, Griffin, Lin, & Ross, 1990.
38 Dawes, 1988; Kahneman, Slovic, & Tversky, 1982; Nisbett & Ross, 1980; Ross, 1977.
39 Nisbett & Ross, 1980; Ross, 1977.

4장

1 예를 들어 Eysenck, 1967; Norman, 1963.

2 예를 들어 Digman & Inouye, 1986; Norman, 1963.

3 Mischel, 1973; also Cantor & Kihlstrom, 1987.

4 Jennings, Amabile, & Ross, 1982.

5 Block, 1971; Conley, 1984.

6 Bem & Allen, 1974; Chaplin & Goldberg, 1985; Kenrick & Funder, 1988; Mischel & Peake, 1982a.

7 Dawes, 1988; Fiske & Taylor, 1990; Kahneman, Slovic, & Tversky, 1982; Nisbett & Ross, 1980; Taylor & Fiske, 1978.

8 Buss & Craik, 1983, 1984도 참조.

9 Mischel & Ebbesen, 1970.

10 예를 들어 Alker, 1972; Block, 1977; Olweus, 1977; Wachtel, 1973.

11 Ross, Griffin, & Thomas, 1989.

5장

1 1984; Winter, Uleman, & Cunniff, 1985.

2 Park, 1986, 1989; Lewicki, 1986 참조.

3 Kinda & Nisbett, 1986.

4 by Brandon, Lawrence, Griffin, and Ross, 1990.

5 Borgida & Nisbett, 1977; Nisbett & Borgida, 1975 참조.

6 Nisbett & Ross, 1980.

7 Hunter & Hunter, 1984.

8 Stein, 1966.

9 예를 들어 Klitgaard, 1985; Mayfield, 1964; Ulrich & Trumbo, 1965 참조.

10 Stein, 1966.

11 Kunda & Nisbett, 1986.

12 Hunter & Hunter, 1984.

13 Heider, 1958, p. 54.

14 Heider, 1958, p. 81.

15 Jones and Nisbett, 1972.

16 Lord, Lepper, & Ross, 1979; Ross, Lepper, & Hubbard, 1975.

17 Ross & Lepper, 1980.

18 Chapman & Chapman, 1967, 1969; Kunda & Nisbett, 1986; Nisbett & Ross, 1980.

19 Kahneman & Tversky, 1973; Kunda & Nisbett, 1986.

20 Nisbett, 1980.

6장

1 또한 Cantor & Kihlstrom, 1987; Snyder & Ickes, 1985 참조.

2 Elder, 1969.

3 Clifford & Walster, 1973; Dion, Berscheid, & Walster, 1972.

4 Hatfield & Sprecher, 1986; also Albright, Kenny, & Malloy, 1988; Chaiken, 1979.

5 Dion, 1972; also Berkowitz & Frodi, 1979.

6 Landy & Sigall, 1974.

7 Cooper & Fazio, 1979; Word, Zanna, & Cooper, 1974.

8 사람-상황 상호작용의 더 상세한 논의는 Endler, 1983; Kenrick & Funder, 1988; Pervin, 1977; Snyder, 1981, 1983; and Swann, 1984 참조.

9 Einhorn & Hogarth, 1978; also Swann, 1984.

10 Block, 1971.

11 Caspi, Bem, & Elder, 1989 참조.

12 Patterson, 1982.

13 Dodge, 1986.

14 Mischel, Shoda, & Rodriguez, 1989.

15 Holland et al., 1986; Nisbett, 1980, 1987.

16 Champagne, Klopfer, & Anderson, 1980; McCloskey, 1983.

17 Lewin, 1935, p. 28; 이탤릭체는 원문에 따름.

18 예를 들어 Cantor & Kihlstrom, 1987; Markus & Nurius, 1986.

19 Mischel, 1968.

20 McClellard, Atkinson, Clark, & Lowell, 1953.

21 Lewin, 1935; Murray, 1938; Brunswik, 1956; Barker, 1968.

22 Bem & Funder, 1978; Cantor & Kihlstrom, 1982의 검토 연구 참조.

23 Forgas, 1982; Magnusson & Ekehammar, 1973; Moos, 1968, 1973; Cantor, Mischel, & Schwartz, 1982; Harré & Secord, 1973도 참조.

24 Pervin, 1976; 1985.

25 Rotter, 1966.

26 Bandura, 1977a, 1977b.

27 Dweck, 1975.

28 예를 들어 Seligman, 1975.

29 Crandall, Katkovsky, & Crandall, 1965; Rotter, 1966.

30 예를 들어 Collins, 1974; Lefcourt, 1972; Weiner, Freize, Kukla, Rest, & Rosenbaum, 1972.

31 Markus, 1977; Markus et al., 1985.

32 Markus et al., 1985; Spence & Helmreich, 1978도 참조.

33 Snyder, 1974, 1979.

34 Higgins, Klein, & Strauman, 1985; Higgins, Strauman, & Klein, 1986.

35 Cantor et al., 1987도 참조.

7장

1 LeVine, 1982; B. Whiting & J. W. M. Whiting, 1975.

2 가령 Barry, Child, & Bacon, 1959.

3 Lowie, 1954.

4 Lowie, 1954.

5 Tocqueville, 1835/1969, p. 514.

6 Tocqueville, 1835/1969, p. 190.

7 Esman & Uphoff, 1984, p.40.

8 이 제안과 관련된 훌륭한 연구는 다음에서 찾아볼 수 있다. D'Andrade, 1981; Shweder, in press; Shweder & LeVine, 1984; and Stigler, Shweder, & Herdt, 1990.

9 Weber, 1905/1984, p.45.

10 Weber, 1905/1984, p. 108-109.

11 Weber, 1905/1984, p. 111-112.

12 Weber, 1905/1984, p. 69.

13 McClelland et al., 1953.

14 Veroff, Feld, & Gurin, 1962.

15 Putnam, 1987; Putnam, Leonardi, Nanetti, & Pavoncello, 1983.

16 Putnam, 1987, p. 18-19, 이탤릭체는 원문을 따름.

17 Useem, Setti, & Kanchanabucha, 1988.

18 Triandis, 1987; Triandis, Bontempo, Villareal, Asai, & Lucca, 1988; also Boykin, 1986; Deutsch, 1982; Hofstede, 1980; Hui, 1984; J. M. Jones, 1983; Markus & Kitayama, 1991; Spence, 1985.

19 Frager, 1970.

20 Triandis et al., 1988.

21 Barry, Child, & Bacon, 1959; Hess, 1970; Laosa, 1981; and Rosen, 1959.

22 Markus and Kitayama, 1991.

23 Bellah et al., 1985.

24 Triandis et al., 1988.

25 Marmet & Syme, 1976.

26 P. Gurin, G. Gurin, & Morrison, 1978.

27 Kohn & Schooler, 1969.

28 Bahr & Harvey, 1979; Bornstein, Clayton, Hlikas, Maurice, & Robins, 1973; McIntosh, Silver, & Wortman, 1989; Sanders, 1980.

29 Tocqueville, 1835/1969, p. 378-379.

30 C. A. Anderson, 1987; C. A. Anderson & D. C. Anderson, 1984.

31 Sowell, 1983.

32 Sowell, 1983에서 인용.

33 1983, p.63.

34 Greeley, 1976, 1989; Sowell 1983, p. 192.

35 Sowell, 1983.

36 Greeley, 1976, 1989.

37 van den Berghe, 1981.

38 예를 들어 Brooks, 1985.

39 U.S. Bureau of the Census, 1981.

40 Doi, 1971.

41 De Vos, 1985, p. 160.

42 De Vos, 1985, p. 160.

43 D'Andrade, 1981; Shweder, 1991; and Stigler and colleagues, 1990.

8장

1 Dawes, 1988b; Kahneman, Slovic, & Tversky, 1981; Kunda, 1990; Nisbett & Ross, 1980.

2 Fischhoff & Beyth, 1975; Fischhoff, Slovic, & Lichtenstein, 1977.

3 Dunning et al., 1990; Vallone et al., 1990.

4 Ellsworth, 1985; Hastie, Penrod, & Pennington, 1983.

5 Evans, 1982; Meyer, Maccoby, & Farquahar, 1980; Robertson et al., 1974.

6 Campbell, 1969; Campbell & Stanley, 1963, 1966; Cook & Campbell, 1979; Cronbach, 1982.

7 Grace, Muench, and Chalmers, 1966, p.685, by Freedman, Pisoni, and Purves, 1978, p.8. 요약.

8 Kiesler, 1980 참조.

9 Moffitt, 1981.

10 Robins & West, 1980.

11 Hannan, Tuma, & Groeneveld, 1977.

12 Ares, Rankin, & Sturz, 1963; Riecken & Boruch, 1974; Wholey, 1979.

13 Mayo, 1933, 1945; Roethlisberger, 1941; Roethlisberger & Dickson, 1939.

14 Homans, 1952 참조.

15 Bramel & Friend, 1981; Franke & Kaul, 1978; Parsons, 1974.

16 Abt, 1976 참조.

17 Powers & Whitmer, 1951.

18 Long & Vaillant, 1984; J. McCord, 1978; J. McCord & W. McCord, 1959; W. McCord & J. McCord, 1959.

19 Long & Vaillant, 1984.

20 Sewell & Hauser, 1976.

21 Kagan, 1984.

22 Lewin, 1952에서 요약.

23 Bennett, 1955.

24 Coch and French, 1948.

25 Back 1972; Lieberman, Borman, & Associates, 1979의 검토 논문 참조.

26 검토 논문은 Bandura, 1973, 1977a, 1977b, 1986 참조.

27 Bryan and Test, 1967.

28 Johnston & Kleinsmith, 1987.

29 Schorr, 1988.

30 Consortium for Longitudinal Studies, 1978.

31 Royce, Darlington, & Murray, 1983; Woodhead, 1988.

32 또한 Snyder, 1984 참조.

33 Darley & Fazio, 1980 참조.

34 Rosenthal & Rubin, 1978.

35 Harris & Rosenthal, 1985; Meichenbaum, Bowers, & R. Ross, 1969; Rosenthal, 1976, 1985; Zanna, Sheras, Cooper & Shaw, 1975.

36 Brophy & Good, 1974.

37 Dreeben & Barr, 1983.

38 Lepper et al., 1973.

39 예를 들어 Deci, 1971, 1972; Karniol & M. Ross, 1977; Kruglanski, Friedman, & Zeevi, 1971; Kruglanski et al., 1975; 검토 논문은 Deci & Ryan, 1985; Kassin & Lepper, 1984; Lepper & Greene, 1978 참조.

40 Condry, 1977; Lepper, 1988; Morgan, 1984.

41 Bandura & Schunk, 1981.

42 Lepper & Hodell, 1989; also Harackiewicz, Abrahams, & Wageman, 1987.

43 Harackiewicz, 1979.

44 Nicholls, 1984, 1988; Weiner, 1974, 1979, 1985.

45 Diener & Dweck, 1978, 1980; Dweck, 1975; Dweck & Leggett, 1988; Dweck & Wortman, 1982 참조.

46 Nolen-Hoeksema, Girgus, & Seligman, 1986; Kamen & Seligman, 1987

47 Seligman & Shulman, 1986.

48 Dweck & Goetz, 1978; McCandless, Roberts, & Starnes, 1972.

49 Dweck, Davidson, Nelson, & Enna, 1978.

50 Dweck, 1975; Dweck et al., 1978; also review by Forsterling, 1985 참조.

51 1982, 또한 Wilson & Stone, 1985.

52 Taylor, 1986 참조.

53 Beecher, 1959.

54 Feldman, 1956.

55 Shapiro, 1978.

56 예를 들어 Levine, Gordon, & Fields, 1978.

57 Shapiro, 1960, 1964.

58 Ross, Rodin, & Zimbardo, 1969; Valins & Nisbett, 1972.

59 Pennebaker, 1982 참조.

60 Glass & Levy, 1982; Reim, Glass, & Singer, 1971.

61 Egbert, Battit, Welch, & Bartlett, 1964.

62 또한 Healy, 1968; Johnson & Leventhal, 1974; Leventhal, Brown, Shacham, & Engquist, 1979 참조.

63 Rodin, 1986 참조.

64 Bandura, 1989; Michela & Wood, 1986; Rodin & Salovey, 1989; Seligman, Kamen, & Nolen-Hoeksema, 1989 참조.

65 Abramson, Garber, & Seligman, 1978; C. Peterson & Seligman, 1984; Seligman, 1975.

66 Maslach, 1982.

67 C. Peterson, Vaillant, & Seligman, 1985.

68 Taylor, 1983.

69 Rodin, 1986 참조.

70 Michela & Wood, 1986 참조.

71 C. Peterson & Seligman, 1987 참조.

72 Ader, 1981; Cohen & Williamson, 1991 참조.

73 Schulz, 1976.

74 1976; Rodin & Langer, 1977.

75 Rodin, 1985 참조.

76 Cohen & McKay, 1984; Gottlieb, 1983; Lieberman et al., 1979; Singer & Lord, 1984; Wortman, 1983.

77 Spiegel, Bloom, Kraemer, & Gottheil, 1988.

78 Fisher, 1982; Oskamp, 1984 참조.

저자 후기

1 Masterpasqua, F. (2009) Psychology and Epigenetics, *Review of General Psychology, 13*, (3) September 2009, Pages 194-201. 저자 후기나 다른 곳에서 우리는 특정 영역에서 진전을 이룬 생각과 개인을 몇 가지 구체적으로 인용했다. 독자는 인터넷에서 개념과 연구자의 이름을 검색하거나 기타 정보에 접근해 도움을 얻을 수 있을 것이다.

2 Dweck, C. S. (1999). *Self-theories: Their role in motivation, personality, and development*. Philadelphia, PA: The Psychology Press.

3 Leonhardt, D. (2010). The case for $320,000 kindergarten teachers. *New York Times*. Retrieved from http://www.nytimes.com/2010/07/28/business/economy/28leonhardt.html

4 Mischel, W, Shoda, Y & Rodriguez, M.L. (1989). Delay of gratification in children, *Science*, New Series, Vol. 244, No. 4907, 933-938.

5 Johnson, E. J., & Goldstein, D. (2003). Do defaults save lives? *Science*, 302, 1338-1339.

6 McNeil, B.J., Pauker, S.G., Sox, H.C., & Tversky, A. (1982). On the elicitation of preferences for alternative therapies. *New England Journal of Medicine*, 306, 1259-1262.

7 Liberman, V., Samuels, S. M., & Ross, L. (2004). The name of the game: Pre-

dictive power of reputations versus situational labels in determining Prisoner's Dilemma game moves. *Personality and Social Psychology Bulletin, 30*, 1175-1185.

8 Bargh, J.A. (1997). The automaticity of everyday life. In R.A.S. Wyer, Jr. (ed.). *Advances in social cognition*. (Vol. 10, pp.1-61). Mahwah, NJ: Erlbaum. Also, Bargh, J.A. (Ed.) *Social psychology and the unconscious: The automaticity of higher mental processes*. Philadelphia, Psychology Press.

9 Ross, L., & Ward, A. (1996). Naive realism in everyday life: Implications for social conflict and misunderstanding. In E. S. Reed, E. Turiel, & T. Brown (Eds.), *Values and knowledge* (pp. 103 – 135). illsdale, NJ: Erlbaum.

10 Nisbett, R. E. (2009). *Intelligence and how to get it: Why schools and cultures count*. New York: Norton.

11 Henrich, J., Heine, S. J., & Norenzayan, A. (2010). The weirdest people in the world? *Behavioral and Brain Sciences*, 33, 61-135.

12 Tsai, J.L. Knutson, B., & Fung, H. H. (2006). Cultural variation in affect valuation. *Journal of Personality and Social Psychology, 2*, 288-307.

13 Steele, C. M. (1997). A threat in the air: How stereotypes shape intellectual identity and performance. *American Psychologist, 52*, 613-629.

14 Aronson, J., Cohen, G., & McColskey, W. (2009). *Reducing stereotype threat in classrooms: A review of social-psychological intervention studies on improving the achievement of Black students*. U.S. Department of Education, Institute of Education Sciences (IES), National Center for Education Evaluation and Regional Assistance, Regional Educational Laboratory Program, Regional Educational Laboratory at SERVE Center UNC, Greensboro, No. 076 (July). Aronson, J., Fried, C. B., & Good, C. (2002). Reducing the effect of stereotype threat on African American college students by shaping theories of intelligence. *Journal of Experimental Social Psychology, 38*, 113-125. Cohen, G. L., Garcia, J., Apfel, N., & Master, A. (2006). Reducing the racial achievement gap: A social-psychological intervention. *Science, 313*, 1307-1310, Cohen, G. L., Garcia, J., Purdie-Vaughns, V., Apfel, N., & Brzustoski, P.

(2009). Recursive processes in self-affirmation: Intervening to close the minority achievement gap. *Science, 324*, 400-403. Walton, G. M. & Cohen, G. L.(2007). A question of belonging: Race, social fit, and achievement. *Journal of Personality and Social Psychology, 92*, 82-96.

15 Thaler, R. H. & Sunstein, C. S. (2008). *Nudge: Improving decisions about health, wealth, and happiness*. New Haven: Yale University Press.

참고문헌

Abbey, A. (1982). Sex differences in attributions for friendly behavior: Do males misperceive females' friendliness? *Journal of Personality and Social Psychology, 42*, 830-838.

Abelson, R. P. (1981). The psychological status of the script concept. *American Psychologist, 36*, 715-729.

Abelson, R. P. (1985). A variance explanation paradox: When a little is a lot. *Psychological Bulletin, 97*, 129-133.

Abramson, L. Y., Garber, J., & Seligman, M. E. P. (1980). Learned helplessness in humans: An attributional analysis. In J. Garber & M. E. P. Seligman (Eds.), *Human helplessness: Theory and applications*. New York: Academic. Abt, C. C. (Ed.). (1976). *The evaluation of social programs*. Beverly Hills, CA: Sage.

Ader, R. (1981). *Psychoneuroimmunology*. New York: Academic.

Adorno, T. W., Frenkel-Brunswik, E., Levinson, D. J., & Sanford, R. N. (1950). *The authoritarian personality*. New York: Harper.

Albright, L., Kenny, D. A., & Malloy, T. E. (1988). Consensus in personality judgments at zero acquaintance. *Journal of Personality and Social Psychology, 55*, 337-348.

Alker, H. A. (1972). Is personality situationally consistent or intrapsychically consistent? *Journal of Personality, 40*, 1-16.

Allport, C. W. (1937). *Personality: A psychological interpretation*. New York: Holt.

Allport, C. W. (1954). The historical background of modern social psychology. In G. Lindzey (Ed.), *Handbook of social psychology* (Vol. 1). Cambridge, MA: Addison-Wesley.

Allport, G. W., & Odbert, H. S. (1936). Trait-names: A psycholexical study. *Psychological Monographs, 27* (Whole No. 211).

Andersen, S. M. (1984). Self-knowledge and social inference: II. The diagnosticity of cognitive/affective and behavioral data. *Journal of Personality and Social Psychology, 46*, 294-307.

Andersen, S. M., & Ross, L. (1984). Self-knowledge and social inference: I. The impact of cognitive/affective and behavioral data. *Journal of Personality and Social Psychology, 46*, 280-293.

Anderson, C. A. (1987). Temperature and aggression: Effects on quarterly, yearly, and city rates of violent and nonviolent crime. Journal of Personality and Social Psychology, 52, 1161-1173.

Anderson, C. A., & Anderson, D. C. (1984). Ambient temperature and violent crime: Tests of the linear and curvilinear hypotheses. *Journal of Personality and Social Psychology, 46*, 91-97.

Anderson, N. H. (1965). Averaging versus adding as a stimulus combination rule in impression formation. *Journal of Experimental Psychology, 70*, 394-400.

Anderson, N. H. (1974). Cognitive algebra: Integration theory applied to social attribution. In L. Berkowitz (Ed.), *Advances in experimental social psychology* (Vol. 7). New York: Academic.

Ares, C. E., Rankin, A., & Sturz, H. (1963). The Manhattan bail project: An interim report on the use of pretrial parole. *New York University Law Review, 38*, 67-95.

Arkin, R., & Duval, S. (1975). Focus of attention and causal attributions of actors and observers. *Journal of Experimental Social Psychology, 11*, 427-438.

Aronson, E. (1969). The theory of cognitive dissonance: A current perspective. In L. Berkowitz (Ed.), *Advances in experimental social psychology* (Vol. 4). New York: Academic.

Aronson, E., & Carlsmith, J. M. (1963). Effect of the severity of threat on the devaluation of forbidden behavior. *Journal of Abnormal and Social Psychology, 66*, 584-588.

Aronson, E., & O'Leary, M. (1983). The relative effectiveness of models and prompts on energy conservation: A field experiment in a shower room. *Journal of Environmental Systems, 12*, 219-224.

Asch, S. E. (1940). Studies in the principles of judgments and attitudes: II. Determination of judgments by group and by ego standards. *Journal of Social Psychology, 12*, 433-465.

Asch, S. E. (1948). The doctrine of suggestion, prestige, and imitation in social psychology. *Psychological Review, 55*, 250-277.

Asch, S. E. (1951). Effects of group pressures upon the modification and distortion of judgment. In H. Guetzkow (Ed.), *Groups, leadership, and men*. Pittsburgh: Carnegie Press.

Asch, S. E. (1952). *Social psychology*. New York: Prentice-Hall.

Asch, S. E. (1955, November). Opinions and social pressure. *Scientific American*, 31-35.

Asch, S. E. (1956). Studies of independence and conformity: A minority of one against a unanimous majority. *Psychological Monographs, 70* (9, Whole No. 416).

Back, K. (1951). The exertion of influence through social communication. *Journal of Abnormal and Social Psychology, 46*, 9-23.

Back, K. (1972). *Beyond words: The story of sensitivity training and the encounter movement*. Russell Sage Foundation.

Bahr, H. M., & Harvey, C. D. (1979). *The social psychology of religion*. London: Routledge & Kegan Paul.

Ball, D. W. (1972). The definition of the situation: Some theoretical and methodological consequences of taking W. I. Thomas seriously. *Journal of Theory in Social Behavior, 2*, 61-82.

Bandura, A. (1973). *Aggression: A social learning analysis*. Englewood Cliffs, NJ: Prentice-Hall.

Bandura, A. (1977a). Self-efficacy mechanism in human agency. *American Psychologist, 37*, 122-147.

Bandura, A. (1977b). Self-efficacy: Toward a unifying theory of behavioral change. *Psychological Review, 84*, 191-215.

Bandura, A. (1986). *Social foundations of thought and action: A social cognitive theory*. Englewood Cliffs, NJ: Prentice-Hall.

Bandura, A. (1989). Self-efficacy mechanisms in psychological activation and health promoting behavior. In J. Madden, IV, S. Matthysse, & J. Barchas (Eds.), *Adaptation, learning, and affect*. New York: Raven.

Bandura, A., & Schunk, D. H. (1981). Cultivating competence, self-efficacy, and intrinsic interest through proximal self-instruction. *Journal of Personality and Social Psychology, 41*, 586-598.

Barker, R. G. (1968). *Ecological psychology*. Stanford, CA: Stanford.

Barry, H., Child, I., & Bacon, M. (1959). Relation of child training to subsistence economy. American Anthropologist, 61, 51-63.

Barsalou, L. W. (1987). The instability of graded structure: Implications for the nature of concepts. In U. Neisser (Ed.), *Concepts and conceptual development: Ecological and intellectual factors in categorization*. New York: Cambridge.

Bartlett, F. C. (1932). *Remembering*. Cambridge: Cambridge.

Beecher, H. K. (1959). *Measurement of subjective responses*. New York: Oxford.

Bellah, R. N., Madsen, R., Sullivan, N. M., Swidler, A., & Tipton, S. M. (1985). *Habits of the heart. Individualism and commitment in American life*. Berkeley, CA: University of California Press.

Bem, D. J. (1967). Self-perception: An alternative interpretation of cognitive dissonance phenomena. *Psychological Review, 74*, 183-200.

Bem, D. J. (1972). Self-perception theory. In L. Berkowitz (Ed.), *Advances in experimental social psychology* (Vol. 6). New York: Academic.

Bem, D. J., & Allen, A. (1974). On predicting some of the people some of the time: The search for cross-situational consistencies in behavior. *Psychological Review, 81*, 506-520.

Bem, D. J., & Funder, D. C. (1978). Predicting more of the people more of the time: Assessing the personality of situations. *Psychological Review, 85*, 485-501.

Bem, S. L. (1981). Gender schema theory: A cognitive account of sex typing. *Psychological Review, 88*, 354-364.

Bem, S. L. (1985). Androgyny and gender schema theory: A conceptual and empirical integration. In T. B. Sonderegger (Ed.), *Nebraska symposium on motivation: Psychology and gender* (Vol. 32). Lincoln, Nebraska: University of Nebraska Press.

Bennett, E. (1955). Discussion, decision, commitment and consensus in "group decision." *Human Relations, 21*, 251-273.

Berelson, B. R., Lazarsfeld, P. R., & McPhee, W. N. (1954). *Voting*. Chicago: University of Chicago Press.

Berkowitz, L., & Frodi, A. (1979). Reactions to a child's mistakes as affected by her/his looks and speech. *Social Psychology Quarterly, 42*, 420-425.

Block, J. H. (1971). *Lives through time*. Berkeley, CA: Bancroft Books.

Block, J. H. (1977). Advancing the psychology of personality: Paradigmatic shift or improving the quality of research? In D. Magnusson & N. S. Endler (Eds.), *Personality at the crossroads: Current issues in interactional psychology*. Hillsdale, NJ: Erlbaum.

Borgida, E., & Nisbett, R. E. (1977). The differential impact of abstract versus concrete information on decisions. *Journal of Applied Social Psychology, 7*, 258-271.

Bornstein, P. E., Clayton, P. J., Hlikas, J. A., Maurice, W. L., & Robins, E. (1973). The depression of widowhood after thirteen months. *British Journal of*

Psychiatry, 12, 561-566.

Boykin, W. A. (1986). The triple quandary and the schooling of Afro-American children. In U. Neisser (Ed.), *The school achievement of minority children*. Hillsdale, NJ: Erlbaum.

Bramel, D., & Friend, R. (1981). Hawthorne, the myth of the docile worker, and class bias in psychology. *American Psychologist, 36*, 867-878.

Brandon, E., Lawrence, A., Griffin, D. W., & Ross, L. (1991). *Lay views of crosssituational consistency and predictability for "simple" versus "aggregated" measures*. Unpublished manuscript. Stanford University.

Brickman, P., Coates, D., & Janoff-Bulman, R. J. (1978). Lottery winners and accident victims: Is happiness relative? *Journal of Personality and Social Psychology, 36*, 917-927.

Brockner, J., & Swap, W. C. (1983). Resolving the relationships between placebos, misattribution, and insomnia: An individual-differences perspective. *Journal of Personality and Social Psychology, 45*, 32-42.

Brooks, C. (1985). *Language of the American South. Athens*, GA: University of Georgia.

Brophy, J. E., & Good, T. L. (1974). *Teacher-student relationships: Causes and consequences*. NY: Holt.

Brown, R. (1965). *Social psychology*. Glencoe, IL: Free Press.

Brown, R. (1986). *Social psychology: The second edition*. New York: Free Press.

Bruner, J. (1957). *Contemporary approaches to cognition*. Cambridge, MA: Harvard.

Brunswik, E. (1956). *Perception and the representative design of psychological experiments* (2nd ed.). Berkeley: University of California Press.

Bryan, J. H., & Test, M. A. (1967). Models and helping: Naturalistic studies in aiding behavior. *Journal of Personality and Social Psychology, 6*, 400-407.

Buss, D. M., & Craik, K. H. (1983). The act frequency approach to personality. *Psychological Review, 90*, 105-126.

Buss, D. M., & Craik, K. H. (1984). Acts, dispositions, and personality. *Progress in*

Experimental Personality Research, 13, 241-301.

Calder, B. J., Ross, M., & Insko, C. A. (1973). Attitude change and attitude attribution: Effects of incentive, choice, and consequences. *Journal of Personality and Social Psychology, 25*, 84-99.

Campbell, D. T. (1969). Reforms as experiments. *American Psychologist, 24*, 409-429.

Campbell, D. T., & Stanley, J. C. (1963). Experimental and quasi-experimental designs for research on teaching. In N. I. Gage (Ed.), *Handbook of research on teaching*. Chicago: Rand McNally.

Campbell, D. T., & Stanley, J. C. (1966). *Experimental and quasi-experimental designs for research*. Chicago: Rand McNally.

Cann, A., Sherman, S. J., & Elkes, R. (1975). Effects of initial request size and timing of a second request on compliance: The foot in the door and the door in the face. *Journal of Personality and Social Psychology, 22*, 774-782.

Cantor, N., & Kihlstrom, J. F. (1987). *Personality and social intelligence*. Englewood Cliffs, NJ: Prentice-Hall.

Cantor, N., & Mischel, W. (1979). Prototypes in person perception. In L. Berkowitz (Ed.), *Advances in experimental social psychology* (Vol. 12). New York: Academic.

Cantor, N., Mischel, W., & Schwartz, J. (1982). A prototype analysis of psychological situations. *Cognitive Psychology, 14*, 45-77.

Cantor, N., Norem, J. K., Niedenthal, P. M., Langston, C. A., & Brower, A. M. (1987). Life tasks, self-concept ideals, and cognitive strategies in a life transition. *Journal of Personality and Social Psychology, 53*, 1178-1191.

Carlsmith, J. M., & Gross, A. E. (1968). Some effects of guilt on compliance. *Journal of Personality and Social Psychology*, 11, 232-239.

Cartwright, D. (1949). Some principles of mass persuasion: Selected findings of research on the sale of U.S. War Bonds. *Human Relations, 2*, 253-267.

Cartwright, D. (Ed.). (1951). *Field theory in social science*, by Kurt Lewin. New York: Harper.

Cartwright, P., & Zander, A. (1953). *Group dynamics*. (First Edition). Evanston, IL: Row, Peterson and Company.

Caspi, A., Bem, D. J., & Elder, G. H., Jr. (1989). Continuities and consequences of interactional styles across the life course. *Journal of Personality, 57*, 375-406.

Caspi, A., Elder, G. H., Jr., & Bem, D. J. (1987). Moving against the world: Life-course patterns of explosive children. *Developmental Psychology, 22*, 303-308.

Caspi, A., Elder, G. H., Jr., & Bem, P. J. (1988). Moving away from the world: Life-course patterns of shy children. *Developmental Psychology, 24*, 824-831.

Chaiken, S. (1979). Communicator physical attractiveness and persuasion. *Journal of Personality and Social Psychology, 37*, 1387-1397.

Champagne, A. B., Klopfer, L. E., & Anderson, J. H. (1980). Factors influencing the learning of classical mechanics. *American Journal of Physics, 8*, 1074-1079.

Chaplin, W. F., & Goldberg, L. R. (1985). A failure to replicate the Bem and Allen study of individual differences in cross-situational consistency. *Journal of Personality and Social Psychology, 47*, 1074-1090.

Chapman, L. J., & Chapman, J. P. (1967). Genesis of popular but erroneous diagnostic observations. *Journal of Abnormal Psychology, 72*, 193-204.

Chapman, L. J., & Chapman, J. P. (1969). Illusory correlation as an obstacle to the use of valid psychodiagnostic signs. *Journal of Abnormal Psychology, 74*, 271-280.

Cialdini, R. B. (1988). *Influence: Science and practice*. (2nd Edition). Glenview, IL: Scott, Foresman/Little, Brown.

Cialdini, R. B., Vincent, J. E., Lewis, S. K., Catalan, J., Wheeler, P., & Darby, B. L. (1975). A reciprocal concessions procedure for inducing compliance: The door-in-the-face technique. *Journal of Personality and Social Psychology, 21*, 206-215.

Citation World Atlas. (1980). Maplewood, NJ: Hammond.

Clifford, M. M., & Walster, E. H. (1973). The effect of physical attractiveness on teacher expectations. *Sociology of Education, 46*, 248-258.

Coch, L., & French, J. R. P., Jr. (1948). Overcoming resistance to change. *Human Relations, 1*, 512-532.

Cohen, J. (1965). Some statistical issues in psychological research. In B. B. Wolman (Ed.), *Handbook of clinical psychology*. New York: McGraw-Hill.

Cohen, J. (1977). *Statistical power analysis for the behavioral sciences*. (Rev. ed). New York: Academic.

Cohen, S., & McKay, C. (1984). Social support, stress, and the buffering hypothesis: A theoretical analysis. In A. Baum, J. E. Singer, & S. E. Taylor (Eds.), *Handbook of psychology and health* (Vol. 4). Hillsdale, NJ: Erlbaum.

Cohen, S., & Williamson, G. M. (1991). Stress and infectious diseases in humans. *Psychological Bulletin, 109*, 5-24.

Collins, B. E. (1974). Four components of the Rotter internal-external scale: Belief in a difficult world, a just world, a predictable world, and a politically responsive world. *Journal of Personality and Social Psychology, 29*, 381-391.

Condry, J. (1977). Enemies of exploration: Self-initiated versus other-initiated learning. *Journal of Personality and Social Psychology, 35*, 459-477.

Conley, J. J. (1984). Relation of temporal stability and cross-situational consistency in personality: Comment on the Mischel-Epstein debate. *Psychological Review, 91*, 491-496.

Consortium for Longitudinal Studies. (1978). *Lasting effects after pre-school*. Washington, D.C.: Department of Health, Education, and Welfare.

Cook, S. W. (1957). Desegregation: A psychological analysis. *American Psychologist, 12*, 1-13.

Cook, S. W. (1979). Social science and school desegregation: Did we mislead the Supreme Court? *Personality and Social Psychology Bulletin, 5*, 420-437.

Cook, S. W. (1985). Experimenting on social issues: The case of school desegregation. *American Psychologist, 40*, 452-460.

Cook, T. D., & Campbell, D. T. (1979). *Quasi-experimentation: Design and analysis issues for field settings*. Chicago: Rand McNally.

Cooper, J., & Fazio, R. H. (1979). The formation and persistence of attitudes that support intergroup conflict. In W. G. Austin & S. Worchel (Eds.), *The psychology of intergroup relations*. Monterey, CA: Brooks/Cole.

Cooper, J., Zanna, M. P., & Taves, P. A. (1978). Arousal as a necessary condition for attitude change following induced compliance. *Journal of Personality and Social Psychology, 36*, 1101-1106.

Cordova, D., & Lepper, M. R. (1991). *The effects of intrinsic versus extrinsic rewards on the concept attainment process: An attributional approach*. Unpublished manuscript, Stanford University.

Cousins, S. D. (1989). Culture and self-perception in Japan and the U. S. *Journal of Personality and Social Psychology, 56*, 124-131.

Crandall, V. C., Katkovsky, W., & Crandall, V. C. (1965). Children's beliefs in their own control of reinforcements in intellectual-academic achievement situations. *Child Development, 36*, 91-109.

Cronbach, L. J. (1982). *Designing evaluations of educational and social programs*. San Francisco: Jossey-Bass.

Crutchfield, R. A. (1955). Conformity and character. *American Psychologist, 10*, 191-198.

D'Andrade, R. G. (1981). The cultural part of cognition. *Cognitive Science, 5*, 179-195.

Darley, J. M., & Batson, C. D. (1973). From Jerusalem to Jericho: A study of situational and dispositional variables in helping behavior. *Journal of Personality and Social Psychology, 27*, 100-119.

Darley, J. M., & Fazio, R. H. (1980). Expectancy confirmation processes arising in the social interaction sequence. *American Psychologist, 35*, 867-881.

Darley, J. M., & Latane, B. (1968). Bystander intervention in emergencies: Diffusion of responsibility. *Journal of Personality and Social Psychology, 8*, 377-383.

Dawes, R. M. (1988a). *Rational choice in an uncertain world*. New York: Harcourt, Brace, Jovanovich.

Dawes, R. M. (1988b). *The potential non-falsity of the false consensus effect*. Unpublished manuscript, Carnegie-Mellon University, Pittsburgh.

de Charms, R. (1968). *Personal causation: The internal affective determinants of behavior*. New York: Academic.

Deci, E. L. (1971). Effects of externally mediated rewards on intrinsic motivation. *Journal of Personality and Social Psychology, 18*, 105-111.

Deci, E. L. (1972). Effects of contingent and noncontingent rewards and controls on intrinsic motivation. *Organizational Behavior and Human Performance, 8*, 217-229.

Deci, E. L., & Ryan, R. M. (1980). The empirical exploration of intrinsic motivational processes. In L. Berkowitz (Ed.), *Advances in experimental social psychology* (Vol. 13). New York: Academic.

Deci, E. L., & Ryan, R. M. (1985). *Intrinsic motivation and self-determination in human behavior*. New York: Plenum.

Deutsch, M. (1982). Interdependence and psychological orientation. In V. J. Derlega and J. Grzelad (Eds.), *Cooperation and helping behavior*. New York: Academic.

Deutsch, M., & Collins, M. E. (1951). *Inter-racial housing: A psychological evaluation of a social experiment*. Minneapolis: University of Minnesota Press.

Deutsch, M., & Gerard, H. B. (1955). A study of normative and informational social influence upon individual judgment. *Journal of Abnormal and Social Psychology, 51*, 629-636.

De Vos, G. (1985). Dimensions of the self in Japanese culture. In A. Marsella, C. De Vos, & F. Hsu (Eds.), *Culture and self*. London: Tavistock.

Diener, D. I., & Dweck, C. S. (1978). An analysis of learned helplessness: Continuous changes in performance, strategy, and achievement conditions following failure. *Journal of Personality and Social Psychology, 36*, 451-462.

Diener, D. I., & Dweck, C. S. (1980). An analysis of learned helplessness: II. The processing of success. *Journal of Personality and Social Psychology, 39,* 940-952.

Dienstbier, R. A., & Munter, P. O. (1971). Cheating as a function of the labeling of natural arousal. *Journal of Personality and Social Psychology, 17,* 208-213.

Digman, I. M., & Inouye, J. (1986). Further specification of the five robust factors of personality. *Journal of Personality and Social Psychology, 50,* 116-123.

Dion, K. K. (1972). Physical attractiveness and evaluations of children's transgressions. *Journal of Personality and Social Psychology, 24,* 207-213.

Dion, K. K., Berscheid, E., & Walster, E. (1972). What is beautiful is good. *Journal of Personality and Social Psychology, 24,* 285-290.

Dodge, K. A. (1986). A social information processing model of social competence in children. In M. Permutter (Ed.), *Minnesota symposium on child psychology* (Vol. 18). Hillsdale, NJ: Erlbaum.

Doi, T. L. (1971). *Amae no kozo: The anatomy of dependency.* Tokyo: Kobunsho.

Dreeben, R., & Barr, R. (1983). *How schools work.* Chicago, IL: University of Chicago Press.

Dunning, D., Griffin, D. W., Miojkovic, J., & Ross, L. (1990). The overconfidence effect in social prediction. *Journal of Personality and Social Psychology, 58,* 568-581.

Dweck, C. S. (1975). The role of expectations and attributions in the alleviation of learned helplessness. *Journal of Personality and Social Psychology, 31,* 674-685.

Dweck, C. S., Davidson, W., Nelson, S., & Enna, B. (1978). Sex differences in learned helplessness: II. The contingencies of evaluative feedback in the classroom and III. An experimental analysis. *Developmental Psychology, 14,* 268-276.

Dweck, C. S., & Goetz, T. E. (1978). Attributions and learned helplessness. In J. H. Harvey, W. Ickes, & R. F. Kidd (Eds.), *New directions in attribution theory* (Vol. 2). Hillsdale, NJ: Erlbaum.

Dweck, C. S., & Leggett, E. L. (1988). A social-cognitive approach to motivation and personality. *Psychological Review, 95*, 256-273.

Dweck, C. S., & Wortman, C. B. (1982). Learned helplessness, anxiety, and achievement motivation. In H. W. Krohne & L. Laux (Eds.), *Achievement, stress, and anxiety*. New York: Hemisphere.

Egbert, L. D., Battit, G. E., Welch, C. E., & Bartlett, M. K. (1964). Reduction of post-operative pain by encouragement and instruction of patients: A study of doctor-patient rapport. *New England Journal of Medicine, 270*, 825-827.

Einhorn, H. J., & Hogarth, R. M. (1978). Confidence in judgment: Persistence of the illusion of validity. *Psychological Review, 85*, 395-416.

Elder, G. H., Jr. (1969). Appearance and education in marriage mobility. *American Sociological Review, 34*, 519-533.

Ellsworth, P. (1985, July). Juries on trial. *Psychology Today*, 44-46.

Endler, N. S. (1983). Interactionism: A personality model, but not yet a theory. In M. M. Page (Ed.), Nebraska symposium on motivation, 1982: *Personality - current theory and research*. Lincoln, Nebraska: University of Nebraska Press.

Epstein, S. (1979). The stability of behavior: I. On predicting most of the people much of the time. *Journal of Personality and Social Psychology, 37*, 1097-1126.

Epstein, S. (1983). Aggregation and beyond: Some basic issues in the prediction of behavior. *Journal of Personality, 51*, 360-391.

Esman, M. J., & Uphoff, N. T. (1984). *Local organizations: Intermediaries in rural development*. Ithaca, NY: Cornell.

Evans, R. I. (1982). Determining smoking in adolescents: A case study from a social psychological research program. In A. W. Johnson, O. Grusky, & B. H. Raven (Eds.), *Contemporary health services: Social science perspectives*. Boston: Auburn House.

Eysenck, H. J. (1967). *The biological basis of personality*. Springfield, IL: Thomas.

Farr, R. M., & Moscovici, S. (Eds.). (1984). *Social representations*. Cambridge:

Cambridge.

Feldman, P. E. (1956). The personal element in psychiatric research. *American Journal of Psychiatry, 11*, 52-54.

Festinger, L. (1954). A theory of social comparison processes. *Human Relations, 7*, 117-140.

Festinger, L. (1957). *A theory of cognitive dissonance*. Stanford, CA: Stanford.

Festinger, L., & Carlsmith, J. M. (1959). Cognitive consequences of forced compliance. *Journal of Abnormal and Social Psychology, 58*, 203-210.

Festinger, L., Pepitone, A., & Newcomb, T. (1952). Some consequences of deindividuation in a group. *Journal of Abnormal and Social Psychology, 47*, 382-389.

Festinger, L., Schachter, S., & Back, K. (1950). *Social pressures in informal groups: A study of human factors in housing*. New York: Harper.

Fischhoff, B., & Beyth, R. (1975). "I knew it would happen" - remembered probabilities of once-future things. *Organizational Behavior and Human Performance, 13*, 1-16.

Fischhoff, B., Slovic, P., & Lichtenstein, S. (1977). Knowing with certainty: The appropriateness of extreme confidence. *Journal of Experimental Psychology: Human Perception and Performance, 3*, 552-564.

Fisher, R. J. (1982). *Social Psychology: An applied approach*. New York: St. Martin's.

Fiske, S. T., & Taylor, S. E. (1990). *Social cognition*. (2nd Edition). Reading, MA: Addison-Wesley.

Forgas, J. P. (1976). The perception of social episodes: Categorical and dimensional representations in two different social milieus. *Journal of Personality and Social Psychology, 33*, 199-209.

Forgas, J. P. (1982). Episode cognition: Internal representations of interaction routines. In L. Berkowitz (Ed.), *Advances in experimental social psychology* (Vol. 15). New York: Academic.

Forsterling, F. (1985). Attributional retraining: A review. *Psychological Bulletin, 98*,

495-512.

Frager, R. (1970). Conformity and anti-conformity in Japan. *Journal of Personality and Social Psychology, 15*, 203-210.

Franke, R. H., & Kaul, J. D. (1978). The Hawthorne experiment: First statistical interpretation. *American Sociological Review, 43*, 623-643.

Freedman, J. L., & Fraser, S. C. (1966). Compliance without pressure: The foot-in-the-door technique. *Journal of Personality and Social Psychology, 4*, 195-202.

Freeman, D., Pisani, R., & Purves, R. (1978). *Statistics*. New York: Norton.

Freud, S. (1901/1960). *Psychopathology of everyday life*. Standard Edition (Vol. 6). London: Hogarth.

Furstenberg, F. F., Jr., Brooks-Gunn, J., & Morgan, P. S. (1987). *Adolescent mothers in later life*. Cambridge: Cambridge.

Gastil, R. D. (1971). Homicide and regional culture of violence. *American Sociological Review, 36*, 412-427.

Gerard, H., & Miller, N. (1975). *School desegregation*. New York: Plenum.

Gilbert, D. T., & Jones, E. E. (1986). Perceiver-induced constraints: Interpretation of self-generated reality. *Journal of Personality and Social Psychology, 50*, 269-280.

Glass, C. R., & Levy, L. H. (1982). Perceived psychophysiological control: The effects of power versus powerlessness. *Cognitive Therapy and Research, 6*, 91-103.

Gleick, J. (1987). *Chaos: Making a new science*. New York: Viking.

Goffman, E. (1959). *The presentation of self in everyday life*. Garden City, NY: Doubleday-Anchor.

Gottlieb, B. H. (1983). *Social support strategies: Guidelines for mental health practice*. Beverly Hills, CA: Sage.

Grace, N. D., Muench, H., & Chalmers, T. C. (1966). The present status of shunts for portal hypertension in cirrhosis. *Gastroenterology, 50*, 684-691.

Greeley, A. (1976). *Ethnicity, denomination, and inequality*. Beverly Hills, CA:

Sage.

Greeley, A. (1989). *Ethnic groups in the U.S.: Religious change in America*. Cambridge, MA: Harvard University Press.

Griffin, D. W., Dunning D., & Ross, L. (1990). The role of construal processes in overconfident predictions about the self and others. *Journal of Personality and Social Psychology, 59*, 1128-1139.

Gurin, P., Gurin, G., & Morrison, B. M. (1978). Personal and ideological aspects of internal and external control. *Social Psychology, 41*, 275-296.

Hamilton, D. L., Dugan, P. M., & Trolier, T. K. (1985). The formation of stereotypic beliefs: Further evidence for distinctiveness-based illusory correlations. *Journal of Personality and Social Psychology, 48*, 5-17.

Hannan, M. T., Tuma, N. B., & Groeneveld, L. P. (1977). Income and marital events: Evidence from an income maintenance experiment. *American Journal of Sociology, 82*, 1186-1211.

Harackiewicz, J. M. (1979). The effects of reward contingency and performance feedback on intrinsic motivation. *Journal of Personality and Social Psychology, 37*, 1352-1361.

Harackiewicz, J. M., Abrahams, S., & Wageman, R. (1987). Performance evaluation and intrinsic motivation: The effects of evaluative focus, rewards, and achievement orientation. *Journal of Personality and Social Psychology, 53*, 1015-1023.

Harre, R., & Secord, P. F. (1973). *The explanation of social behaviour*. Oxford: Blackwell.

Harris, M. J., & Rosenthal, R. (1985). The mediation of interpersonal expectancy effects: 31 meta-analyses. *Psychological Bulletin, 97*, 363-386.

Hartshorne, H., & May, M. A. (1928). *Studies in the nature of character, I: Studies in deceit*. New York: Macmillan.

Hastie, R., Penrod, S. D., & Pennington, N. (1983). *Inside the jury*. Cambridge, MA: Harvard.

Hastorf, A., & Cantril, H. (1954). They saw a game: A case study. *Journal of Ab-*

normal and Social Psychology, 49, 129-134.

Hatfield, E., & Sprecher, 5. (1986). *Mirror, mirror: The importance of looks in everyday life*. Albany, NY: SUNY Press.

Healey, K. M. (1986). Does preoperative instruction make a difference? *American Journal of Nursing, 68*, 62-67.

Heath, S. B. (1983). *Ways with words: Language, life, and work in communities and classrooms*. New York: Cambridge.

Heider, F. (1958). *The psychology of interpersonal relations*. New York: Wiley.

Helson, H. (1964). *Adaptation level theory: An experimental and systematic approach to behavior*. New York: Harper & Row.

Hess, R. D. (1970). Social class and ethnic influences upon socialization. In P. H. Mussen (Ed.), *Carmichael's manual of child psychology* (Vol. 2). New York: Wiley.

Higgins, E. T., Kline, R., & Strauman T. (1985). Self-concept discrepancy theory: A psychological model for distinguishing among different aspects of depression and anxiety. *Social Cognition, 3*, 51-76.

Higgins, E. T., Strauman, T., & Kline R. (1986). Standards and the process of self-evaluation: Multiple affects from multiple stages. In R. Sorrentino & E. Higgins (Eds.), *Handbook of motivation and cognition: Foundations of social behavior*. New York: Guilford.

Hofstede, C. (1980). *Culture's consequences*. Beverly Hills, CA: Sage.

Holland, J. H., Holyoak, K. J., Nisbett, R. F., & Thagard, P. R. (1986). *Induction: Processes of inference, learning and discovery*. Cambridge, MA: Bradford Books/M.I.T.

Holmes, D. S. (1968). Dimensions of projection. *Psychological Bulletin, 69*, 248-268.

Holyoak, K. J., & Gordon, P. C. (1979). Social reference points. *Journal of Personality and Social Psychology, 44*, 881-887.

Homans, G. C. (1952). Group factors in worker productivity. In G. E. Swanson, T. E. Newcombe, & E. L. Hartley (Eds.), *Readings in social psychology*. New

York: Holt.

Hovland, C. I., Janis, I. L., & Kelley, H. H. (1953). *Communication and persuasion*. New Haven, CT: Yale.

Hui, C. H. (1984). *Individualism-collectivism: Theory measurement and its relation to reward allocation*. Unpublished doctoral dissertation, University of Illinois, Urbana.

Humphrey, R. (1985). How work roles influence perception: Structural-cognitive processes and organizational behavior. *American Sociological Review, 50*, 242-252.

Hunter, J. E., & Hunter, R. F. (1984). Validity and utility of alternative predictors of job performance. *Psychological Bulletin, 96*, 72-98.

Hyman, H., & Sheatsley, P. B. (1947). Some reasons why information campaigns fail. *Public Opinion Quarterly*. II, 413-423.

Isen, A. M., Clark, M., & Schwartz, M. F. (1976). Duration of the effect of good mood on helping: Footprints on the sands of time. *Journal of Personality and Social Psychology, 34*, 385-393.

Isen, A. M., Shalker, T. E., Clark, M., & Karp, L. (1978). Affect, accessibility of material in memory, and behavior: A cognitive loop. *Journal of Personality and Social Psychology, 36*, 1-12.

Jacobs, R. C., & Campbell, D. T. (1961). The perpetuation of an arbitrary tradition through several generations of a laboratory microculture. *Journal of Abnormal and Social Psychology, 62*, 649-658.

James, W. (1890/1948). *Psychology*. Cleveland: World Publishing.

Janis, I. L. (1958). *Psychological stress*. New York: Wiley.

Janis, I. L. (1982). *Groupthink* (2nd ed.). Boston: Houghton Mifflin.

Jennings, D., Amabile, T. M., & Ross, L. (1982). Informal covariation assessment: Data-based vs. theory-based judgments. In A. Tversky, D. Kahneman, & P. Slovic (Eds.), *Judgment under uncertainty: Heuristics and biases*. New York: Cambridge.

Johnson, J. E. (1984). Psychological interventions and coping with surgery. In A.

Baum, S. E. Taylor, & J. E. Singer (Eds.), *Handbook of psychology and health* (Vol. 4). Hillsdale, NJ: Erlbaum.

Johnson, J. E., & Leventhal, H. (1974). Effects of accurate expectations and behavioral instructions on reactions during anxious medical examination. *Journal of Personality and Social Psychology, 29*, 710-718.

Johnston, J., & Kleinsmith, L. (1987). *Computers in higher education: Computer-based tutorials in introductory biology*. Ann Arbor: Institute for Social Research.

Jones, E. E. (1979). The rocky road from acts to dispositions. *American Psychologist, 34*, 107-117.

Jones, E. E., & Davis, K. E. (1965). From acts to dispositions: The attribution process in person perception. In L. Berkowitz (Ed.), *Advances in experimental social psychology* (Vol. 2). New York: Academic.

Jones, E. E., & Harris, V. A. (1967). The attribution of attitudes. *Journal of Experimental Social Psychology, 3*, 1-2.

Jones, E. E., & Nisbett, R. E. (1972). The actor and the observer: Divergent perceptions of the causes of behavior. In E. E. Jones, D. E. Kanouse, H. H. Kelley, R. E. Nisbett, S. Valins, & B. Weiner (Eds.), *Attribution: Perceiving the causes of behavior*. Morristown, NJ: General Learning Press.

Jones, J. M. (1983). The concept of race in social psychology. In L. Wheeler & P. Shaver (Eds.), *Review of personality and social psychology* (Vol. 4). Beverly Hills, CA: Sage.

Kagan, J. (1984). *The nature of the child*. New York: Basic Books.

Kahneman, D., & Miller, D. T. (1986). Norm theory: Comparing reality to its alternatives. *Psychological Review, 93*, 136-153.

Kahneman, D., Slovic, P., & Tversky, A. (Eds.). (1982). *Judgment under uncertainty: Heuristics and biases*. New York: Cambridge.

Kahneman, D., & Tversky, A. (1973). On the psychology of prediction. *Psychological Review, 80*, 237-251.

Kahneman, D., & Tversky, A. (1979). Prospect theory: An analysis of decision under risk. *Econometrica, 47,* 263-291.

Kamen, L. P., & Seligman, M. E. P. (1987). *Explanatory style predicts college grade point average.* Unpublished manuscript, University of Pennsylvania.

Karniol, R., & Ross, M. (1977). The effect of performance-relevant and performance-irrelevant rewards on children's intrinsic motivation. *Child Development, 48,* 482-487.

Kassin, S. M., & Lepper, M. R. (1984). Oversufficient and insufficient justification effects: Cognitive and behavioral development. In J. Nicholls (Ed.), *Advances in motivation and achievement* (Vol. 3). Greenwich, CT: Jai Press.

Katz, D. (1931). *Students' attitudes: A report of the Syracuse University reaction study.* Syracuse, NY: Craftsman Press.

Kazin, A. (1983, January). Anti-semitism: The banality of evil. *The Economist,* 286-291.

Kelley, H. H. (1967). Attribution theory in social psychology. In D. Levine (Ed.), Nebraska symposium on motivation (Vol. 15). Lincoln: University of Nebraska Press.

Kelley, H. H. (1972). Causal schemata and the attribution process. In E. E. Jones, D. E. Kanouse, H. H. Kelley, R. E. Nisbett, S. Valins, & B. Weiner (Eds.), *Attribution: Perceiving the causes of behavior.* Morristown, NJ: General Learning Press.

Kelley, H. H., & Staheiski, A. J. (1970). The social interaction basis of cooperators' and competitors' beliefs about others. *Journal of Personality and Social Psychology, 16,* 66-91.

Kelly, G. A. (1955). *The psychology of personal constructs* (2 Vols.). New York: Norton.

Kenrick, D. T., & Funder, D. C. (1988). Profiting from controversy: Lessons from the personsituation debate. *American Psychologist, 43,* 23-34.

Kiesler, C. A. (1980). Mental health policy as a field of inquiry for psychology. *American Psychologist, 35,* 1066-1080.

Kitayama, S., Markus, H., Tummula, P., Kurokawa, M., & Kato, K. (1989). *Culture and self-cognition*. Unpublished manuscript, University of Oregon.

Klitgaard, R. (1985). *Choosing elites*. New York: Basic Books.

Koffka, K. (1935). *Principles of gestalt psychology*. New York: Harcourt Brace Jovanovich.

Kohn, M. L., & Schooler, C. (1969). Class, occupation, and orientation. *American Sociological Review, 34*, 657-678.

Kruglanski, A. W., Friedman, I., & Zeevi, G. (1971). The effects of extrinsic incentive on some qualitative aspects of task performance. *Journal of Personality, 39*, 606-617.

Kruglanski, A. W., Riter, A., Amatai, A., Margolin, B., Shabati, L., & Zaksh, D. (1975). Can money enhance intrinsic motivation: A test of the content-consequence hypothesis. *Journal of Personality and Social Psychology, 31*, 744-750.

Kunda, Z. (1990). The case for motivated reasoning. *Psychological Bulletin, 108(3)*,480-498.

Kunda, Z., & Nisbett, R. E. (1986). The psychometrics of everyday life. *Cognitive Psychology, 18*, 195-224.

Landy, D., & Sigall, H. (1974). Beauty is talent: Task evaluation as a function of the performer's physical attractiveness. *Journal of Personality and Social Psychology, 29*, 299-304.

Langer, F. J. (1989). *Mindfulness*. Reading, MA: Addison-Wesley.

Langer, E. J., & Rodin, J. (1976). The effects of choice and enhanced personal responsibility for the aged: A field experiment in an institutional setting. *Journal of Personality and Social Psychology, 34*, 191-198.

Laosa, L. M. (1981). Maternal behavior: Sociocultural diversity in modes of family interaction. In R. W. Henderson (Ed.), *Parent-child interaction: Theory, research, and prospects*. Orlando. FL: Academic Press.

Latane, B., & Darley, J. M. (1968). Group inhibition of bystander intervention in emergencies. *Journal of Personality and Social Psychology, 10*, 215-221.

Latane, B., & Nida, S. (1981). Ten years of research on group size and helping.

Psychological Bulletin, 89, 308-324.

Latane, B., & Rodin, J. (1969). A lady in distress: Inhibiting effects of friends and strangers on bystander intervention. *Journal of Personality and Social Psychology, 5*, 189-202.

LeBon, G. (1896). *The crowd*. London: Unwin. (Translated from *Psychologies des foules*. Paris: Oleon, 1895.)

Lefcourt, H. M. (1972). Internal versus external control of reinforcement revisited: Recent developments. In B. A. Maher (Ed.), *Progress in experimental personality research* (Vol. 6). New York: Academic.

Lepper, M. R. (1988). Motivational considerations in the study of instruction. *Cognition and Instruction, 5*, 289-309.

Lepper, M. R., & Greene, D. (1978). Overjustification research and beyond: Toward a meansend analysis of intrinsic and extrinsic motivation. In M. R. Lepper & D. Greene (Eds.), *The hidden costs of reward: New perspectives on the psychology of human motivation*. Hillsdale, NJ: Erlbaum.

Lepper, M. R., & Greene, D., (Eds.). (1979). *The hidden costs of reward*. Hillsdale, NJ: Erlbaum. Lepper, M. R., Greene, D., & Nisbett, R. E. (1973). Undermining children's intrinsic interest with extrinsic reward: A test of the overjustification hypothesis. *Journal of Personality and Social Psychology, 28*, 129-137.

Lepper, M. R., & Hodell, M. (1989). Intrinsic motivation in the classroom. In G. Ames & R. E. Ames (Eds.), *Research on motivation in education* (Vol. 3). New York: Academic.

Leventhal, H., Brown, D., Shacham, S., & Engquist, C. (1979). Effects of preparatory information about sensations, threat of pain, and attention on cold pressor distress. *Journal of Personality and Social Psychology, 37*, 688-714.

Leventhal, H., Singer, R. P., & Jones, S. H. (1965). The effects of fear and specificity of recommendation. *Journal of Abnormal and Social Psychology, 64*, 385-388.

Levine, J. D., Cordon, N. C., & Fields, H. L. (1978). The mechanism of placebo analgesia. *Lancet, 2*, 654-657.

LeVine, R. A. (1982). *Culture, behavior and personality: An introduction to the comparative study of psychosocial adaptation*. New York: Aldine.

Lewicki, p. (1986). *Nonconscious social information processing*. Orlando, FL: Academic.

Lewin, K. (1935). *Dynamic theory of personality*. New York: McGraw-Hill.

Lewin, K. (1951). *Field theory in social science*. (Edited by D. Cartwright.) New York: Harper.

Lewin, K. (1952). Group decision and social change. In G. E. Swanson, T. M. Newcomb & E. L. Hartley (Eds.), *Readings in social psychology*. New York: Henry Holt.

Lewin, K., Lippitt, R., & White, R. K. (1939). Patterns of aggressive behavior in experimentally created "social climates." *Journal of Social Psychology, 10*, 271-299.

Lieberman, M. A., Borman, L. D., & Associates. (1979). *Self-help groups for coping with crisis: Origins, members, processes, and impact*. San Francisco: Jossey-Bass.

Linder, D. C., Cooper, J., & Jones, E. E. (1967). Decision freedom as a determinant of the role of incentive magnitude in attitude change. *Journal of Personality and Social Psychology, 6*, 245-254.

Livesley, W. J., & Bromley, D. B. (1973). *Person perception in childhood and adolescence*. London: Wiley.

Loftin, C., & Hill, R. H. (1974). Regional subculture and homicide: An empirical examination of the Gastil-Hackney thesis. *American Sociological Review, 39*, 714-724.

Long, J. V. F., & Vaillant, C. E. (1984). Natural history of male psychological health, XI: Escape from the underclass. *American Journal of Psychiatry, 14*, 341-346.

Lord, C. C., Lepper, M. R., & Ross, L. (1979). Biased assimilation and attitude polarization: The effects of prior theories on subsequently considered evidence. *Journal of Personality and Social Psychology, 37*, 2098-2109.

Lowie, R. H. (1954). *Indians of the plains*. New York: McGraw-Hill.

Magnusson, E., & Ekehammar, B. (1973). An analysis of situational dimensions: A replication. *Multivariate Behavioral Research, 8*, 331-339.

Markus, H. (1977). Self-schemata and processing information about the self. *Journal of Personality and Social Psychology, 35*, 63-78.

Markus, H., & Kitayama, S. (1991). Culture and the self: Implications for cognition, emotion, and motivation. *Psychological Review, 98*, 224-253.

Markus, H., & Nurius, P. (1986). Possible selves. *American Psychologist, 41*, 954-969.

Markus, H., Smith, J., & Moreland, R. L. (1985). Role of the self-concept in the perception of others. *Journal of Personality and Social Psychology, 49*, 1495-1512.

Markus, H., & Zajonc, R. B. (1985). The cognitive perspective in social psychology. In G. Lindzey & E. Aronson (Eds.), *The handbook of social psychology: Vol. 1. Theory and methods*. New York: Random House.

Marmet, M. C., & Syme, S. L. (1976). Acculturation and coronary heart disease in Japanese children. *American Journal of Epidemiology, 104*, 225-247.

Marx, K. (1859/1904). *A contribution to the critique of political economy*. Chicago: Charles H. Kerr (translated).

Maslach, C. (1982). *Burn out: The cost of caring*. New Jersey: Prentice-Hall.

Mayfield, E. C. (1964). The selection interview: A re-evaluation of published research. *Personnel Psychology, 17*, 239-260.

Mayo, E. (1933). *The human problems of an industrial civilization*. New York: Macmillan.

Mayo, E. (1945). *The social problems of an industrial civilization*. Cambridge, MA: Harvard.

McArthur, L. Z. (1972). The how and what of why: Some determinants and consequences of causal attribution. *Journal of Personality and Social Psycholo-*

gy, 22, 171-193.

McArthur, L. Z., & Post, D. (1977). Figural emphasis and person perception. *Journal of Experimental Social Psychology, 13*, 733-742.

McCandless, B., Roberts, A., & Starnes, T. (1972). Teachers' marks, achievement test scores, and aptitude relations with respect to social class, race, and sex. *Journal of Educational Psychology, 63*, 153-159.

McClelland, D. C., Atkinson, J. W., Clark, R. A., & Lowell, E. L. (1953). *The achievement motive*. New York: Appleton-Century-Crofts.

McCloskey, M. (1983, April). Intuitive physics. *Scientific American, 248*, 122-130.

McCord, J. (1978). A thirty-year follow-up of treatment effects. *American Psychologist, 33*, 284-289.

McCord, J., & McCord, W. (1959). A followup report on the Cambridge-Somerville youth study. *Annals of the American Academy of Political and Social Science, 32*, 89-96.

McCord, W., & McCord, J. (1959). *Origins of crime*. New York: Columbia.

McGuire, A. (1989). *Mistaken reliance on individual difference variables in predicting social behavior*. Unpublished manuscript, University of Michigan, Ann Arbor.

McGuire, W. J. (1986). The myth of massive media impact: Savagings and salvagings. In C. Comstock (Ed.), *Public communication and behavior*. Orlando, FL: Academic Press.

McIntosh, D. N., Silver, R. C., & Wortman, C. B. (1989, August). *Adjustment in bereavement: Religion, social support and cognitive processing*. Paper presented at the meeting of American Psychological Association, New Orleans, LA.

Mead, C. H. (1934). *Mind, self, and society*. Chicago: University of Chicago Press.

Meichenbaum, D. H., Bowers, K. S., & Ross, R. R. (1969). A behavioral analysis of teacher expectancy effect. *Journal of Personality and Social Psychology, 13*, 306-316.

Merton, R. (1948). The self-fulfilling prophecy. *The Antioch Review, Summer*,

193-210.

Meyer, A. J., Maccoby, N., & Farquhuar, J. W. (1980). Cardiovascular risk modification by community-based programs for life-style. *Journal of Consulting Psychology, 48*, 159-163.

Michela, J. L., & Wood, J. V. (1986). Causal attributions in health and illness. In P. C. Kendall (Ed.), *Advances in cognitive-behavior research and therapy* (Vol. 5). New York: Academic.

Milgram, S. (1961, December). Nationality and conformity. *Scientific American*, 45-51.

Milgram, S. (1963). Behavioral study of obedience. *Journal of Abnormal and Social Psychology, 67*, 371-378.

Miller, J. (1984). Culture and the development of everyday social explanation. *Journal of Personality and Social Psychology, 46*, 961-978.

Miller, R. L., Brickman, P., & Bolen, D. (1975). Attribution versus persuasion as a means for modifying behavior. *Journal of Personality and Social Psychology, 3*, 430-441.

Mischel, W. (1968). *Personality and assessment*. New York: Wiley.

Mischel, W. (1973). Toward a cognitive social learning reconceptualization of personality. *Psychological Review, 80*, 252-283.

Mischel, W. (1974). Processes in delay of gratification. In L. Berkowitz (Ed.), *Advances in experimental social psychology* (Vol 7). New York: Academic.

Mischel, W. (1984). Convergences and challenges in the search for consistency. *American Psychologist, 39*, 351-364.

Mischel, W. (1990, April). *Searching for personality: Toward a conditional analysis of dispositions*. Katz-Newcomb Lecture, Ann Arbor, MI.

Mischel, W., & Ebbesen, E. (1970). Attention in delay of gratification. *Journal of Personality and Social Psychology, 16*, 329-337.

Mischel, W., & Peake, P. K. (1982a). Beyond deja vu in the search for cross-situational consistency. *Psychological Review, 89*, 730-755.

Mischel, W., & Peake, P. K. (1982b). In search of consistency: Measure for measure. In M. P. Zanna, E. T. Higgins, & C. P. Herman (Eds.), *Consistency in social behavior: The Ontario Symposium* (Vol. 2). Hillsdale, NJ: Erlbaum.

Mischel, W., Shoda, Y., & Rodriguez, M. L. (1989). Delay of gratification in children. *Science, 24*, 933-938.

Moffitt, R. A. (1980). The negative income tax: Would it discourage work? *Monthly Labor Review, 104*, 23-27.

Moos, R. H. (1968). Situational analysis of the therapeutic milieu. *Journal of Abnormal Psychology, 73*, 49-61

Moos, R. H. (1973). Conceptualizations of human environments. *American Psychologist, 28*, 652-665.

Morgan, M. (1984). Reward-induced decrements and increments in intrinsic motivation. *Review of Educational Research, 54*, 683-692.

Moscovici, S., Lage, S., & Naffrechoux, M. (1969). Influence of a consistent minority on the responses of a majority in a color perception task. *Sociometry, 32*, 365-380.

Moscovici, S., & Personnaz, B. (1980). Studies in social influence: V. Minority influence and conversion behavior in a perceptual task. *Journal of Experimental Social Psychology, 76*, 270-282.

Murray, H. A. (1938). *Explorations in personality*. New York: Oxford.

Nemeth, C. (1986). Differential contributions of majority and minority influence. *Psychological Review, 93*, 23-32.

Newcomb, T. M. (1929). *The consistency of certain extrovert-introvert behavior patterns in 51 problem boys*. New York: Columbia University, Teachers College, Bureau of Publications.

Newcomb, T. M. (1943). *Personality and social change*. New York: Dryden.

Newcomb, T. M., Koenig, K. E., Flacks, R., & Warwick, D. P. (1967). *Persistence and change: Bennington College and its students after twenty-five years*. New York: Wiley.

Newton, F., Griffin, D. W., & Ross, L. (1988). *Actual versus estimated impact of person and situation in determining pro-social behavior*. Unpublished manuscript. Stanford University.

Nicholls, J. C. (1984). Achievement motivation: Conceptions of ability, subjective experience, task choice, and performance. *Psychological Review, 91*, 328-346.

Nicholls, J. G. (1988). *Competence, accomplishment, and motivation: A perspective on development and education*. Cambridge, MA: Harvard.

Nisbett, R. E. (1980). The trait construct in lay and professional psychology. In L. Festinger (Ed.), *Retrospections on social psychology*. New York: Oxford.

Nisbett, R. E. (1987). Lay personality theory: Its nature, origin and utility. In N. E. Grunberg, R. E. Nisbett, Judith Rodin, & J. E. Singer (Eds.), *A distinctive approach to psychological research: The influence of Stanley Schachter*. Hillsdale, NJ: Erlbaum.

Nisbett, R. E., & Borgida, E. (1975). Attribution and the psychology of prediction. *Journal of Personality and Social Psychology*, 32, 932-943.

Nisbett, R. F., Caputo, C., Legant, P., & Maracek, J. (1973). Behavior as seen by the actor and as seen by the observer. *Journal of Personality and Social Psychology*, 27, 154-164.

Nisbett, R. E., & Henderson, E. (1991). *Economic change and cultural achievements*. Unpublished manuscript, University of Michigan.

Nisbett, R. E., & Polly, G. (1991). *Homicide as a culturally-preferred form of conflict resolution*. Unpublished manuscript, University of Michigan.

Nisbett, R. E., & Ross, L. (1980). *Human inference: Strategies and shortcomings of social judgment*. Englewood Cliffs, NJ: Prentice-Hall.

Nisbett, R. E., & Schachter, S. (1966). Cognitive manipulation of pain. *Journal of Experimental Social Psychology, 2*, 227-236.

Nisbett, R. E., & Wilson, T. D. (1977). Telling more than we can know: Verbal reports on mental processes. *Psychological Review, 8*, 231-259.

Nolen-Hoeksema, S., Girgus, J. S., & Seligman, M. E. P. (1986). Learned helplessness in children: A longitudinal study of depression, achievement, and explanatory style. *Journal of Personality and Social Psychology, 51*, 435-

442.

Norman, W. T. (1963). Toward an adequate taxonomy of personal attributes: Replicated factor structures in peer nomination personality ratings. *Journal of Abnormal and Social Psychology, 66*, 574-583.

Norman, W. T., & Goldberg, L. R. (1966). Raters, ratees, and randomness in personality structure. *Journal of Personality and Social Psychology, 4*, 681-691.

Ogbu, J. (1978). *Minority education and caste: The American system in cross-cultural perspective*. Hillsdale, NJ: Erlbaum.

Olweus, D. (1977). A critical analysis of the "modern" interactionist position. In D. Magnusson & N.S. Endler (Eds.), *Personality at the crossroads: Current issues in interactional psychology*. Hillsdale, NJ: Erlbaum.

Orvis, B. R., Cunningham, J. D., & Kelley, H. H. (1975). A closer examination of causal inference: The roles of consensus, distinctiveness, and consistency information. *Journal of Personality and Social Psychology, 32*, 605-616.

Oskamp, S. (1984). *Applied social psychology*. Englewood Cliffs, NJ: Prentice-Hall.

Ostrom, T. M. (1975, August). *Cognitive representation of impressions*. Paper presented at the meeting of the American Psychological Association.

Park, B. (1986). A method for studying the development of impressions of real people. *Journal of Personality and Social Psychology*, 51, 907-917.

Park, B. (1989). Trait attributes as on-line organizers in person impressions. In J. N. Bassili (Ed.), *On-line cognition in person perception*. Hillsdale, NJ: Erlbaum.

Parsons, H. M. (1974). What happened at Hawthorne. *Science, 183*, 922-932.

Patterson, C. R. (1982). *Coercive family process*. Eugene, OR: Catallia.

Pennebaker, J. W. (1982) *The psychology of symptoms*. New York: Springer-Verlag.

Penrod, S., & Hastie, R. (1980). A computer simulation of jury decision making. *Psychological Review, 87*, 133-159.

Pervin, L. A. (1976). A free-response description approach to the analysis of person-situation interaction. *Journal of Personality and Social Psychology,*

34, 465-474.

Pervin, L. A. (1977). The representative design of person-situation research. In D. Magnusson & N. S. Endler (Eds.), *Personality at the crossroads: Current issues in interactional psychology*. Hillsdale, NJ: Erlbaum.

Pervin, L. A. (1985). *Personality: Current controversies, issues and directions*. In M. Rosenzweig & L. W. Porter (Eds.), *Annual Review of Psychology* (Vol. 36). Palo Alto: Annual Reviews.

Peterson, C., & Seligman, M. E. P. (1984). Causal explanations as a risk factor for depression: Theory and evidence. *Psychological Review, 91*, 347-374.

Peterson, C., & Seligman, M. E. P. (1987). Explanatory style and illness. *Journal of Personality*, 55, 237-265.

Peterson, C., Vaillant, G. E., & Seligman, M. E. P. (1988). Pessimistic exploratory style as a risk factor in physical illness: A thirty-five-year longitudinal study. *Journal of Personality and Social Psychology, 55*, 23-27.

Peterson, D. R. (1968). The clinical study of social behavior. New York: Appleton. Pettigrew, T. F. (1986). *Racially separate or together?* New York: Mc-Graw-Hill.

Pettigrew, T. F. (1986). The intergroup contact hypothesis reconsidered. In M. Hewstone & R. Brown (Eds.), *Contact and conflict in intergroup encounters*. Oxford: Blackwell.

Petty, E., & Cacioppo, J. T. (1985). The elaboration likelihood model of persuasion. In L. Berkowitz (Ed.), *Advances in experimental social psychology* (Vol. 19). New York: Academic.

Piaget, J. (1930). *The child's conception of physical causality*. London: Kegan Paul.

Pietromonaco, P., & Nisbett, R. E. (1982). Swimming upstream against the fundamental attribution error: Subjects' weak generalizations from the Darley and Batson study. *Social Behavior and Personality, 10*, 1-4.

Pliner, P., Hart, H., Kohl, J., & Saari, D. (1974). Compliance without pressure: Some further data on the foot-in-the-door technique. *Journal of Experimental Social Psychology, 10*, 17-22.

Powers, E., & Whitmer, H. (1951). *An experiment in the prevention of delinquency: The Cambridge-Somerville youth study*. New York: Columbia.

Putnam, R. D. (1987). Institutional performance and political culture: Some puzzles about the power of the past. Paper presented at the meeting of the American Political Science Association, Chicago.

Putnam, R. D., Leonardi, R., Nanetti, R. Y., & Pavoncello, F. (1983). Explaining institutional success: The case of Italian regional government. *American Political Science Review, 77*, 55-74.

Reim, B., Glass, D. C., & Singer, J. E. (1971). Behavioral consequences of exposure to uncontrollable and unpredictable noise. *Journal of Applied Social Psychology, 17*, 44-66.

Riecken, H. W., & Boruch, R. F. (Eds.) (1974). *Social experimentation*. New York: Academic.

Roberts, D., & Maccoby, N. (1985). Effects of mass communication. In G. Lindzey & E. Aronson (Eds.), *The handbook of social psychology: Vol. II. Special fields and applications*. New York: Random House.

Robertson, K., Kelley, A., O'Neill, B., Wixom, C., Eisworth, R., & Haddon, W., Jr. (1974). A controlled study of the effect of television messages on safety belt use. *American Journal of Public Health, 64*, 1071-1080.

Robins, P. K., & West, R. W. (1980). Labor supply response over time. *Journal of Human Resources, 15*, 524.

Rodin, J. (1985). The application of social psychology. In G. Lindzey & E. Aronson (Eds.), *The handbook of social psychology: Vol. II. Special fields and applications*. New York: Random House.

Rodin, J. (1986). Aging and health: Effects of the sense of control. *Science, 233*, 1271-1276.

Rodin, J., & Langer, E. J. (1977). Long-term effects of a control-relevant intervention with the institutionalized aged. *Journal of Personality and Social Psychology, 35*, 897-902.

Rodin, J., & Salovey, P. (1989). Health psychology. *Annual Review of Psychology*,

533-579.

Roethlisberger, F. J. (1941). *Management and morale*. Cambridge, MA: Harvard.

Roethlisberger, F. J., & Dickson, W. J. (1939). *Management and the worker*. Cambridge, MA: Harvard.

Rohrer, J. H., Baron, S. H., Hoffman, E. L., & Swinder, D. V. (1954). The stability of autokinetic judgment. *Journal of Abnormal and Social Psychology, 49*, 595-597.

Rosen, B. C. (1959). Race, ethnicity, and the achievement syndrome. *American Sociological Review, 24*, 47-60.

Rosenthal, R. (1976). *Experimenter effects in behavioral research* (enlarged ed.). New York: Irvington.

Rosenthal, R. (1985). From unconscious experimenter bias to teacher expectancy effects. In J. B. Dusek, V. C. Hall, & W. J. Meyer (Eds.), *Teacher expectancies*. Hillsdale, NJ: Erlbaum.

Rosenthal, R., & Jacobson, L. (1968). *Pygmalion in the classroom: Teacher expectation and pupils' intellectual development*. New York: Holt.

Rosenthal, R., & Rubin, D. B. (1978). Interpersonal expectancy effects: The first 345 studies. *The Behavioral and Brain Sciences, 3*, 377-386.

Ross, L. (1977). The intuitive psychologist and his shortcomings. In L. Berkowitz (Ed.), *Advances in experimental social psychology* (Vol. 10). New York: Academic.

Ross, L. (1988). Situationist perspectives on the obedience experiments. *Contemporary Psychology, 33*, 101-104.

Ross, L. (1990). Recognizing the role of construal processes. In I. Rock (Ed.), *The legacy of Solomon Asch*. Hillsdale, NJ: Erlbaum.

Ross, L., Amabile, T. M., & Steinmetz, J. L. (1977). Social roles, social control, and biases in social-perception processes. *Journal of Personality and Social Psychology, 35*, 485-494.

Ross, L., Bierbrauer, G., & Hoffman, S. (1976). The role of attribution processes in conformity and dissent: Revisiting the Asch situation. *American Psycholo-*

gist, 31, 148-157.

Ross, L., Greene, D., & House, P. (1977). The false consensus effect: An egocentric bias in social perception and attribution processes. *Journal of Experimental Social Psychology, 13*, 279-301.

Ross, L., Griffin, D. W., & Thomas, E. (1989). *Statistical considerations relevant to "simple" and "aggregated" cross-situational consistency: Computations from a thought experiment*. Unpublished manuscript, Stanford University.

Ross, L., & Lepper, M. R. (1980). The perseverance of beliefs: Empirical and normative considerations. In R. A. Shweder (Ed.), *New directions for methodology of behavioral science: Fallible judgment in behavioral research*. San Francisco: Jossey-Bass.

Ross, L., Lepper, M. R., & Hubbard, M. (1975). Perseverance in self-perception and social perception: Biased attributional processes in the debriefing paradigm. *Journal of Personality and Social Psychology, 32*, 880-892.

Ross, L., & Penning, P. (1985). *The dispositionist bias in accounting for behavioral disconfirmation*. Unpublished manuscript, Stanford University.

Ross, L., Rodin, J., & Zimbardo, P. (1969). Toward an attribution therapy: The reduction of fear through induced cognitive emotional misattribution. *Journal of Personality and Social Psychology*, 12, 279-288.

Ross, L., & Stillinger, C. (1991). Barriers to conflict resolution. *Negotiation Journal, 8*, 389-404.

Rotter, J. B. (1966). Generalized expectancies for internal versus external control of reinforcement. *Psychological Monographs, 80* (Whole number 609).

Royce, J. M., Darlington, R. B., & Murray, H. W. (1983). Pooled analysis: Findings across studies. In Consortium for Longitudinal Studies, *As the twig is bent*. London: Erlbaum.

Rumelhart, D. (1980). Schemata: The building blocks of cognition. In R. Spiro, B. Bruce & W. Brewer (Eds.), *Theoretical issues in reading comprehension*. Hillsdale, NJ: Erlbaum.

Rushton, J. P., & Campbell, A. C. (1977). Modelling vicarious reinforcement and extroversion on blood donating in adults: Immediate and long term effects. *European Journal of Social Psychology, 7*, 297-306.

Safer, M. A. (1980). Attributing evil to the subject, not the situation: Student reaction to Milgram's film on obedience. *Personality and Social Psychology Bulletin, 6*, 205-209.

Sanders, C. M. (1980). A comparison of adult bereavement in the death of a spouse. *Omega*, 10, 303-319.

Schachter, S. (1951). Deviation, rejection and communication. *Journal of Abnormal and Social Psychology, 46*, 190-207.

Schachter, S., & Singer, J. E. (1962). Cognitive, social and physiological determinants of emotional state. *Psychological Review, 69*, 379-399.

Schank, R., & Abelson, R. P. (1977). *Scripts, plans, goals, and understanding: An inquiry into human knowledge structures*. Hillsdale, NJ: Erlbaum.

Schein, E. H. (1956). The Chinese indoctrination program for prisoners of war: A study of attempted brainwashing. *Psychiatry, 19*, 149-172.

Schorr, L. B. (1988). *Within our reach: Breaking the cycle of disadvantage*. New York: Doubleday.

Schulz, R. (1976). Effects of control and predictability on the physical and psychological wellbeing of the institutionalized aged. *Journal of Personality and Social Psychology, 33*, 563-573.

Schutz, A. (1970). *On phenomenology and social relations*. Chicago: University of Chicago Press.

Sears, R. R. (1963). Dependency motivation. In M. R. Jones (Ed.), *Nebraska symposium on motivation* (Vol. 11). Lincoln: University of Nebraska Press.

Seligman, M. E. P. (1970). On the generality of the laws of learning. *Psychological Review, 77*, 406-418.

Seligman, M. E. P. (1975). *Helplessness: On depression, development, and death*. San Francisco: Freeman.

Seligman, M. E. P., Kamen, L. P., & Nolen-Hoeksema, S. (1988). Explanatory style across the life span: Achievement and health. In E. M. Hetherington & O.

C. Brim (Eds.), *Child development in a lifespan perspective*. Hillsdale, NJ: Erlbaum.

Seligman, M. E. P., & Shulman, P. (1986). Explanatory style as a predictor of productivity and quitting among life insurance sales agents. *Journal of Personality and Social Psychology, 50*, 832-838.

Sewell, W. H., & Hauser, R. M. (1976). Causes and consequences of higher education: Models of the status attainment process. In W. H. Sewell, R. M. Hauser, & C. Featherman (Eds.), *Schooling and achievement in American society*.

Shapiro, A. K. (1960). A contribution to a history of the placebo effect. *Behavioral Science, 5*, 109-135.

Shapiro, A. K. (1964). Factors contributing to the placebo effect: Their implications for psychotherapy. *American Journal of Psychotherapy, 18*, 73-87.

Shapiro, A. K. (1978). Placebo effects in medical and psychological therapies. In S. L. Garfield & A. E. Bergen (Eds.), *Handbook of psychotherapy and behavior change: An empirical analysis*. New York: Wiley.

Sherif, M. (1937). An experimental approach to the study of attitudes. *Sociometry, 1*, 90-98.

Sherif, M. (1966). *In common predicament: Social psychology of intergroup conflict and cooperation*. Boston: Houghton Mifflin.

Sherif, M., Harvey, O. J., White, B. J., Hood, W. R., & Sherif, C. W. (1961). *Intergroup conflict and cooperation: The robbers cave experiment*. Norman: University of Oklahoma Book Exchange.

Sherif, M., & Sherif, C. W. (1953). *Groups in harmony and tension*. New York: Harper & Row.

Sherif, M., White, B. J., & Harvey, O. J. (1955). Status in experimentally produced groups. *American Journal of Sociology, 60*, 370-379.

Shweder, R. A. (1991). *Thinking through cultures: Expeditions in cultural psychology*. Cambridge, MA: Harvard.

Shweder, R. A., & LeVine, R. A. (Eds.). (1984). *Culture theory: Essays on mind, self, and emotion*. New York: Cambridge.

Siegal, A. E., & Siegal, S. (1957). Reference groups, membership groups, and attitude change. *Journal of Abnormal and Social Psychology, 55*, 364-366.

Sims, J. H., & Baumann, D. D. (1972). The tornado threat: Coping styles of the North and South. *Science, 17*, 1386-1392.

Singer, J. E., Brush, C. A. & Lublin, S. C. (1965). Some aspects of deindividuation: Identification and conformity. *Journal of Experimental Social Psychology, 1*, 356-378.

Singer, J. F., & Lord, D. (1984). The role of social support in coping with chronic life-threatening illness. In A. Baum, S. E. Taylor, & J. E. Singer (Eds.), *Handbook of psychology and health* (Vol. 4). Hillsdale, NJ: Erlbaum.

Snyder, M. (1974). The self-monitoring of expressive behavior. *Journal of Personality and Social Psychology, 30*, 526-537.

Snyder, M. (1979). Self-monitoring processes. In L. Berkowitz (Ed.), *Advances in experimental social psychology* (Vol. 12). New York: Academic.

Snyder, M. (1981). On the influence of individuals on situations. In N. Cantor & J. F. Kihlstrom (Eds.), *Personality and social interaction*. Hillsdale, NJ: Erlbaum.

Snyder, M. (1983). The influence of individuals on situations: Implications for understanding the links between personality and social behavior. *Journal of Personality, 51*, 497-516.

Snyder, M. (1984). When belief creates reality. In L. Berkowitz (Ed.), *Advances in experimental social psychology* (Vol. 18). New York: Academic.

Snyder, M., & Cunningham, M. R. (1975). To comply or not to comply: testing the self-perception explanation of the "foot-in-the-door" phenomenon. *Journal of Personality and Social Psychology, 31*, 64-67.

Snyder, M., & Ickes, W. (1985). Personality and social behavior. In G. Lindzey & E. Aronson (Eds.), *The handbook of social psychology: Vol. II: Special fields and applications*. New York: Random House.

Snyder, M., Tanke, E. D., & Berscheid, E. (1977). Social perception and interpersonal behavior: On the self-fulfilling nature of social stereotypes. *Journal of Personality and Social Psychology, 35*, 656-666.

Sobel, M. (1987). *The world they made together: Black and white values in eighteenth-century Virginia*. Princeton, NJ: Princeton.

Sowell, T. (1981). *Ethnic America*. New York: Basic Books.

Sowell, T. (1983). *The economics and politics of race*. New York: Morrow.

Sowell, T. (1987). *A conflict of visions*. New York: William Morrow.

Spence, J. T. (1985). Achievement American style: The rewards and costs of individualism. *American Psychologist, 40*, 1285-1295.

Spence, J. T. (1985). Gender identity and its implications for the concepts of masculinity and femininity. In T. B. Sonderegger (Ed.), *Nebraska symposium on motivation: Psychology and gender* (Vol. 32). Lincoln: University of Nebraska Press.

Spence, J. T., & Helmreich, R. L. (1978). *Masculinity & femininity: Their psychological dimensions, correlates, and antecedents*. Austin: University of Texas Press.

Spiegel, D., Bloom, J., Kraemer, H., & Gottheil, E. (1988). Effects of psychosocial treatment on survival of patients with metastic breast cancer. *Lancet, 2*, 889-891.

Steele, C. M. (1988). The psychology of self-affirmation: Sustaining the integrity of the self. In L. Berkowitz (Ed.), *Advances in experimental social psychology* (Vol. 21). New York: Academic.

Stein, M. I. (1966). *Volunteers for peace*. New York: Wiley.

Steiner, J. (1980) The SS yesterday and today: A sociopsychological view. In J. E. Dimsdale (Ed.), *Survivors, victims, and perpetrators: Essays on the Nazi holocaust*. Washington, DC: Hemisphere Publishing.

Stigler, J. W., Shweder, R. A. & Herdt, G. (1990). *Cultural psychology: Essays on comparative human development*. New York: Cambridge.

Stillinger, C., Epelbaum, M., Keltner, D., & Ross, L. (1990). *The reactive devaluation barrier to conflict resolution*. Unpublished manuscript, Stanford University.

Storms, M. D. (1973). Videotape and the attribution process: Reversing actors' and observers' points of view. *Journal of Personality and Social Psychology, 27*, 165-175.

Storms, M. D., & McCaul, K. D. (1976). Attribution processes and emotional exacerbation of dysfunctional behavior. In J. H. Harvey, W. J. Ickes, & R. F. Kidd (Eds.). *New directions in attribution research* (Vol. 1). Hillsdale, NJ: Erlbaum.

Storms, M. D. & Nisbett, R. E. (1970). Insomnia and the attribution process. *Journal of Personality and Social Psychology, 16*, 319-328.

Stouffer, S. A. (Ed.). (1950). *Studies in social psychology in World War II: Vol. 4. Measurement and prediction*. Princeton, NJ: Princeton.

Strack, F., Martin, L. L., & Schwarz, N. (1988). Priming and communication: Social determinants of information use in judgments of life satisfaction. *European Journal of Social Psychology, 18*, 429-442.

Swann, W. B., Jr. (1984). Quest for accuracy in person perception: A matter of pragmatics. *Psychological Review, 91*, 457-477.

Tajfel, H. (1970, November). Experiments in intergroup discrimination. *Scientific American, 223*, 96-102.

Tajfel, H. (Ed.) (1981). *Human groups and social categories*. Cambridge: Cambridge.

Tajfel, H., Billig, M. G., Bundy, R. P., & Flament, C. (1971). Social categorization and intergroup behavior. *European Journal of Social Psychology, 1*, 149-178.

Tarde, G. (1903). *The laws of imitation* (translated). New York: Holt.

Taylor, S. E. (1983). Adjustment to threatening events: A theory of cognitive adaptation. *American Psychologist, 41*, 1161-1173.

Taylor, S. E. (1986). *Health psychology*. New York: Random House.

Taylor, S. E., & Crocker, J. (1986). *Is the social perceiver a behaviorist or a trait theorist?* Unpublished manuscript, University of California, Los Angeles.

Taylor, S. E., & Fiske, S. T. (1975). Point of view and perceptions of causality. *Journal of Personality and Social Psychology, 32*, 439-445.

Taylor, S. E., & Fiske, S. T. (1978). Salience, attention and attribution: Top of the head phenomena. In L. Berkowitz (Ed.), *Advances in experimental social psychology* (Vol. 11). New York: Academic.

Tesser, A. (1980). Self-esteem maintenance in family dynamics. *Journal of Personality and Social Psychology, 39*, 77-91.

Thomas, W. I., & Znaniecki, F. (1918). *The Polish peasant in Europe and America*. Chicago: University of Chicago Press.

Tocqueville, A. (1835/1969). *Democracy in America*. J. P. Mayer (Ed.), George Lawrence, trans. Garden City, NY: Anchor Books.

Treisman, U. (1989). *A study of the mathematics performance of black students at the University of California, Berkeley*. Unpublished manuscript, University of California, Berkeley.

Triandis, H. C. (1972). *The analysis of subjective culture*. New York: Wiley.

Triandis, H. C. (1987). *Collectivism and development*. Paper presented at International Union of Psychological Sciences Conference.

Triandis, H. C., Bontempo, R., Villareal, M. J., Asai, M., & Lucca, N. (1988). Individualism and collectivism: Cross-cultural perspectives on self-ingroup relationships. *Journal of Personality and Social Psychology, 54*, 323-338.

Tversky, A. (1977). Features of similarity. *Psychological Review, 84*, 327-352.

Tversky, A., & Kahneman, D. (1981). The framing of decisions and the psychology of choice. *Science, 21*, 453-458.

Ulrich, L., & Trumbo, D. (1965). The selection interview since 1949. *Psychological Bulletin*, 63, 100-116.

U.S. Bureau of the Census. (1981). *Current population reports* (Series P-20, No. 366). Washington, DC: U.S. Government Printing Office.

Useem, M., Setti, L., & Kanchanabucha, K. (1988). Predictors of success in a participatory project in Thailand. *Public Administration and Development, 8*, 289-303.

Valins, S., & Nisbett, R. E. (1972). Attribution processes in the development and treatment of emotional disorders. In E. E. Jones, D. E. Kanouse, H. H. Kelley, R. E. Nisbett, S. Valins, & B. Weiner (Eds.), *Attribution: Perceiving the causes of behavior*. Morristown, NJ: General Learning Press.

Vallone, R. P., Griffin, D. W., Lin S., & Ross, L. (1990). Overconfident prediction of future actions and outcomes by self and others. *Journal of Personality and Social Psychology, 58*, 582-592.

Vallone, R. P., Ross, L., & Lepper, M. R. (1985). The hostile media phenomenon: Biased perception and perceptions of media bias in coverage of the "Beirut Massacre." *Journal of Personality and Social Psychology, 49*, 577-585.

Van den Berghe, P. L. (1981). *The ethnic phenomenon*. New York: Praeger.

Van Dort, B. E., & Moos, R. H. (1976). Distance and the utilization of a student health center. *Journal of the American College Health Association, 24*, 159-162.

Veroff, J., Feld, S., & Gurin, G. (1962). Achievement motivation and religious background. *American Sociological Review, 27*, 205-21.

Wachtel, p. (1973). Psychodynamics, behavior therapy and the implacable experimenter: An inquiry into the consistency of personality. *Journal of Abnormal Psychology, 82*, 324-334.

Waller, W. (1961). *The sociology of teaching*. New York: Wiley.

Watson, J. B. (1930). *Behaviorism*. New York: Norton.

Weber, M. (1905/1984). *The Protestant ethic and the spirit of capitalism*. London: Unwin (translated).

Weiner, B. (Ed.). (1974). *Achievement motivation and attribution theory*. Morristown, NJ: General Learning Press.

Weiner, B. (1979). A theory of motivation for some classroom experiences. *Journal of Personality and Social Psychology, 71*, 3-25.

Weiner, B. (1985). Attributional theory of achievement motivation and emotion. *Psychological Review, 92*, 548-573.

Weiner, B., Frieze, I., Kukla, A., Rest, S., & Rosenbaum, R. M. (1972). Perceiving the causes of success and failure. In E. E. Jones (Ed.), *Attribution: Perceiving the causes of behavior*. Morristown, NJ: General Learning Press.

Weiss, J., & Brown, P. (1977). *Self-insight error in the explanation of mood*. Unpublished manuscript, Harvard University.

White, C. M. (1980). Conceptual universals in interpersonal language. *American Anthropology, 82*, 759-781.

Whiting, B. B., & Whiting, J. W. M. (1975). *Children of six cultures*. Cambridge, MA: Harvard.

Wholey, J.S. (1979). *Evaluation: Promise and performance*. Washington, DC: Urban Institute.

Widom, C. S. (1989). The cycle of violence. *Science*, 24, 160-166.

Wilson, T. D., & Linville, P. W. (1982). Improving the academic performance of college freshmen: Attribution therapy revisited. *Journal of Personality and Social Psychology, 42*, 367-376.

Wilson, T. D., & Stone, J. I. (1985). Limitations of self-knowledge: More on telling more than you can know. In P. Shaver (Ed.), *Self, situations, and social behavior: Review of personality and social psychology*. Beverly Hills, CA: Sage.

Wilson, W. J. (1987). The truly disadvantaged. Chicago: University of Chicago Press.

Winter, L., & Uleman, J.S. (1984). When are social judgments made? Evidence for the spontaneousness of trait inferences. *Journal of Personality and Social Psychology, 47*, 237-252.

Winter, L., Uleman, J. S., & Cunniff, C. (1985). How automatic are social judgments? *Journal of Personality and Social Psychology, 49*, 904-917.

Wishner, J. (1960). Reanalysis of "impressions of personality." *Psychological Review, 67*, 96-112.

Woodhead, M. (1988). When psychology informs public policy: The case of early childhood intervention. *American Psychologist, 43*, 443-454.

Word, C. O., Zanna, M. P., & Cooper, J. (1974). The nonverbal mediation of self-fulfilling prophecies in interracial interaction. *Journal of Experimental Social Psychology, 10*, 109-120.

Wortman, C. B. (1983). Coping with victimization: Conclusions and implications for future research. *Journal of Social Issues, 39*, 195-221.

Wright, J. C., & Mischel, W. (1987). A conditional approach to dispositional constructs: The local predictability of social behavior. *Journal of Personality and Social Psychology, 53*, 1159-1177.

Zajonc, R. B. (1965). Social facilitation. *Science, 149*, 269-274.

Zanna, M. P., Sheras, P., Cooper, J., & Shaw, C. (1975). Pygmalion and Galatea: The interactive effect of teacher and student expectancies. *Journal of Experimental Social Psychology, 11*, 279-287.

Zimbardo, P. C. (1970). The human choice: Individuation, reason, and order versus deindividuation, impulse, and chaos. In W. J. Arnold & D. Levine (Eds.), *Nebraska symposium on motivation, 1969* (Vol. 17). Lincoln: University of Nebraska Press.

찾아보기

인명

용어

ㄴ

사람일까 상황일까

첫판 1쇄 펴낸날 2019년 8월 26일
7쇄 펴낸날 2023년 11월 30일

지은이 리처드 니스벳·리 로스
옮긴이 김호
발행인 김혜경
편집인 김수진
편집기획 김교석 조한나 유승연 문해림 김유진 곽세라 전하연 박혜인 조정현
디자인 한승연 성윤정
경영지원국 안정숙
마케팅 문창운 백윤진 박희원
회계 임옥희 양여진 김주연

펴낸곳 (주)도서출판 푸른숲
출판등록 2003년 12월 17일 제2003-000032호
주소 서울특별시 마포구 토정로 35-1 2층, 우편번호 04083
전화 02)6392-7871, 2(마케팅부), 02)6392-7873(편집부)
팩스 02)6392-7875
홈페이지 www.prunsoop.co.kr
페이스북 www.facebook.com/simsimpress 인스타그램 @simsimbooks

ISBN 979-11-5675-792-4(03180)

심심은 (주)도서출판 푸른숲의 인문·심리 브랜드입니다.

* 잘못된 책은 구입하신 서점에서 바꾸어 드립니다.
* 본서의 반품 기한은 2028년 11월 30일까지 입니다.

옮긴이 김호

더랩에이치THE LAB h 대표. 리더십, 조직, 위기 커뮤니케이션 분야에서 전문가로 20년 넘게 일해왔다. 카이스트 문화기술대학원에서 〈공개사과에 대한 인지적 연구〉로 박사학위를 받았으며 국내 유일의 설득의 심리학 공인 트레이너 CMCT로도 활발하게 활동하고 있다. 세계 최대 독립 기업 커뮤니케이션 컨설팅사 에델만 한국법인 대표를 역임했으며 서강대학교 영상대학원과 경희대학교 언론정보대학원 겸임교수를 지냈다. 《쿨하게 사과하라》(공저), 《쿨하게 생존하라》, 《나는 이제 싫다고 말하기로 했다》, 《직장인에서 직업인으로》, 《그렇게 물어보면 원하는 답을 들을 수 없습니다》 등을 썼고, 《설득의 심리학-완결편》(공역), 《메이커의 뚝딱뚝딱 목공도구》 등을 옮겼다. 〈동아일보〉에 '직장인을 위한 김호의 생존의 방식' 칼럼을 연재 중이며 SBS 라디오 〈책하고 놀자〉에서 '김호의 서바이벌 키트'를 진행하고 있다. 여행과 음식에 관한 라이프스타일 블로그 her-report.com을 아내와 함께 운영하고 있다.